权威·前沿·原创

皮书系列为
"十二五""十三五""十四五"时期国家重点出版物出版专项规划项目

BLUE BOOK

智 库 成 果 出 版 与 传 播 平 台

绍兴蓝皮书

BLUE BOOK OF SHAOXING

绍兴经济社会发展报告
（2024）

ANNUAL REPORT ON ECONOMY AND SOCIETY
OF SHAOXING (2024)

以高质量发展促进共同富裕
High–Quality Development Promotes Common Prosperity

主　编／孟志军　蔡继辉

社会科学文献出版社
SOCIAL SCIENCES ACADEMIC PRESS（CHINA）

图书在版编目（CIP）数据

绍兴经济社会发展报告 . 2024：以高质量发展促进
共同富裕 / 孟志军，蔡继辉主编 . --北京：社会科学
文献出版社，2024.9. --（绍兴蓝皮书）. -- ISBN 978-
7-5228-4088-8

Ⅰ. F127.553

中国国家版本馆 CIP 数据核字第 2024HJ0412 号

绍兴蓝皮书

绍兴经济社会发展报告（2024）
——以高质量发展促进共同富裕

主　　编 / 孟志军　蔡继辉

出 版 人 / 冀祥德
责任编辑 / 陈　雪
责任印制 / 王京美

出　　版 / 社会科学文献出版社·皮书分社（010）59367127
　　　　　　地址：北京市北三环中路甲 29 号院华龙大厦　邮编：100029
　　　　　　网址：www.ssap.com.cn
发　　行 / 社会科学文献出版社（010）59367028
印　　装 / 三河市东方印刷有限公司

规　　格 / 开　本：787mm×1092mm　1/16
　　　　　　印　张：25.75　字　数：422 千字
版　　次 / 2024 年 9 月第 1 版　2024 年 9 月第 1 次印刷
书　　号 / ISBN 978-7-5228-4088-8
定　　价 / 188.00 元

读者服务电话：4008918866

主要编撰者简介

孟志军　中共绍兴市委党校（绍兴市行政学院）常务副校长、绍兴市社会主义学院常务副院长，曾任绍兴市国土资源局副局长、党委委员，市政府副秘书长、市政府办公室党组成员，市科协党组书记、副主席，先后在《学习时报》等报刊公开发表文章30余篇，合作出版《矿山自然生态环境保护与治理规划理论与实践》一书，承担"绍兴市人才全生命周期服务体系的构建""以教研咨一体化改革推动党校高质量发展的实践与思考"等课题研究，研究成果《推进系统性重塑、整体性重构，全面打造"五个科协"》收录于由光明日报出版社出版的《新时代科技管理创新与发展探索》一书。

蔡继辉　社会科学文献出版社副总编辑，社会科学文献出版社博士后科研工作站站长，编审；国家社科基金同行评审专家，第三批北京市新闻出版广电领军人才。社会兼职有中宣部对外文化交流（文化贸易）研究基地学术委员会副主任委员、中华环保联合会ESG专业委员会副主任委员、中国图书评论学会理事等；主要研究方向为区域经济、文化传媒产业。主持完成国家社科基金重点项目1项、政府部门委托课题2项；参与国家社科基金项目等多项。

主编单位简介

中共绍兴市委党校（绍兴市行政学院）、绍兴市社会主义学院是市委领导下的培养领导干部和优秀中青年干部的学校，是党的思想理论建设的重要阵地，是市委、市政府的哲学社会科学研究机构和重要智库。学校与绍兴市行政学院机构合二为一，挂绍兴市社会主义学院、中共绍兴市委讲师团牌子，是市委直属的公益一类事业单位，机构规格为正县处级。

校院坐落于会稽山下、若耶溪畔，占地180亩，建筑面积6.2万平方米。内设20个处室，其中教研机构为哲学与科社、经济学、党史党建、公共管理与法学、文化与统战等5个教研室和"枫桥经验"、党建、人才发展（挂绍兴市人才发展研究院牌子）等3个研究中心。2023年底有教职工114人，其中副高以上职称27人（二级教授1人），研究生或硕士以上学位70人（博士23人），绍兴市创新团队带头人2人。校院2014~2016年连续三年获得国家社科基金项目立项，连续六次获评浙江省党校（行政学院）系统成绩突出集体，连续八次获得浙江省党校（行政学院）系统科研工作优秀奖，多次被评为绍兴市级部门工作目标责任制考核优秀单位。

近年来，校院在绍兴市委的坚强领导下，认真学习贯彻习近平总书记关于党校工作重要论述、党的二十大和省市党代会等精神，全面落实《中国共产党党校（行政学院）工作条例》，坚守"为党育才、为党献策"党校初心，坚持从严治校、质量立校、人才强校，积极推进"教研咨宣育"一体化发展，持续实施教学提质增效工程，推进习近平新时代中国特色社会主义思想课程体系建设，擦亮打响"名士乡·胆剑魂"党性教育品牌；全面加强新型智库建设，高效开展科研和决策咨询工作，强化思想引领职能，为地方经济社会发展提供有力智力支持；抓实抓严校风学风建设，持续推动正风肃纪常态化、校园治理精细化；健全人才"引育用留"机制，不断激发各类人才队伍活力，各项工作水平稳步提升，校院影响力、学员获得感和职工归属感不断增强。

新征程上，校院将坚持以习近平新时代中国特色社会主义思想为指导，学深悟透习近平总书记考察浙江重要讲话和考察绍兴重要指示精神，奋力谱写新时代党校高质量发展新篇章，为绍兴进一步全面深化改革，奋力谱写新时代"胆剑篇"，勇闯现代化新路子作出新的更大贡献。

摘　要

　　本书是由中共绍兴市委党校（绍兴市行政学院）、绍兴市社会主义学院组织编写的第 19 部关于绍兴年度经济社会发展情况分析的报告（绍兴蓝皮书），也是第 1 部关于绍兴高质量发展建设共同富裕示范区市域范例的评估报告，由绍兴全市党校系统教研人员和党政部门研究人员合作撰写。全书由总报告、市域共富篇、县域共富篇、产业引领篇四个部分共 23 篇研究报告组成。数据主要来源于省市统计部门、绍兴市党委政府重要报告、市县相关部门和学术数据库等。

　　2021 年 5 月 20 日，中共中央、国务院印发《关于支持浙江高质量发展建设共同富裕示范区的意见》，以浙江的先行先试为全国实现共同富裕探路，赋予浙江新的政治责任，绍兴也肩负起奋力打造浙江高质量发展建设共同富裕示范区市域范例的历史使命。2023 年是绍兴高质量发展建设共同富裕示范区市域范例的第三年，也是"八八战略"实施 20 周年，在绍兴发展史上具有重要的里程碑意义。在这个重要时刻，习近平总书记亲临绍兴考察，赋予绍兴"谱写新时代胆剑篇"这一重大而光荣的时代课题和历史使命，为绍兴发展指明前进方向、提供根本遵循。

　　本书全方位、多视角地分析评估了绍兴奋力打造浙江高质量发展建设共同富裕示范区市域范例的情况，认为：2023 年，绍兴全市上下深刻领会党的二十大精神、深入开展学习贯彻习近平新时代中国特色社会主义思想主题教育，忠实践行"八八战略"，以"五创图强、四进争先"大力实施"十项重大工程"，打造具有绍兴辨识度、示范推广性、战略引领力的标志性成果，扎实推进产业提档、项目提效、环境提质、民生提优等重点任务，推动经济运行持续跃升发展，确保社会大局和谐稳定，奋力谱写新时代"胆剑篇"、勇闯现代化新路子，促进共同富裕走深走实。

　　关键词： 共同富裕　经济运行　社会发展　产业转型　绍兴

目 录 ⟁

Ⅰ 总报告

B.1 2023年绍兴忠实践行"八八战略"、扎实推进共同富裕发展报告

.... 孙小峰 陈芳敏 赵 俊 / 001

一 绍兴忠实践行"八八战略"、扎实推进共同富裕的

主要成就 .... / 003

二 绍兴忠实践行"八八战略"、扎实推进共同富裕需

关注的问题 .... / 022

三 绍兴忠实践行"八八战略"、扎实推进共同富裕的

形势展望与政策建议 .... / 025

Ⅱ 市域共富篇

B.2 2023年绍兴党建引领乡村共同富裕发展报告

.... 张 乐 占志刚 张焕均 / 031

B.3 2023年绍兴奋力打造产业创新升级、经济繁荣的市域范例

发展报告 .... 宋潞平 惠佩瑶 / 043

B.4 2023年绍兴奋力打造收入均衡增长、生活富裕的市域范例

发展报告 .... 金 晶 丁 丁 / 056

B.5　2023年绍兴深入实施新时代"千万工程"发展报告

　　………………………………罗振军　邱晓军 / 076

B.6　2023年绍兴奋力打造文化守正创新、精神富足的市域范例

　　发展报告………………………闪　月　吕鸣章 / 092

B.7　2023年绍兴奋力打造全域一体协同的市域范例发展报告

　　…………………孙小峰　祝丽生　周永亮　杨焕兵 / 110

B.8　2023年绍兴奋力打造服务优质共享、保障有力的市域范例

　　发展报告………………………徐　琪　宋坚刚 / 123

B.9　2023年绍兴奋力打造数字赋能未来、牵引变革的市域范例

　　发展报告………………………惠佩瑶　茹余锋 / 134

B.10　2023年绍兴奋力打造治理高效协同、社会和谐的市域范例

　　发展报告………………………曾　云　胡　畏 / 149

B.11　2023年绍兴奋力打造生态全域美丽、环境宜居的市域范例

　　发展报告………………………罗新阳　朱海英 / 165

Ⅲ　县域共富篇

B.12　绍兴市创新未来社区运营机制的实践探索

　　——以越城区为例 …………中共越城区委党校课题组 / 179

B.13　柯桥区以新型农村集体经济带动乡村共富的实践探索

　　………………………中共柯桥区委党校课题组 / 196

B.14　上虞区新材料中试基地建设调研报告

　　………………………中共上虞区委党校课题组 / 210

B.15　诸暨市培育航空航天产业集群打造新质生产力先发地的实践探索

　　………………………中共诸暨市委党校课题组 / 221

B.16　嵊州市以小吃产业促进共同富裕的实践探索

　　………………………中共嵊州市委党校课题组 / 236

B.17　新昌县以科技创新支撑共同富裕的实践探索

　　………………………… 中共新昌县委党校课题组 / 250

Ⅳ　产业引领篇

B.18　2023年绍兴黄酒产业转型升级发展报告

　　………………………… 王新波　惠佩瑶　徐思佳 / 269

B.19　2023年绍兴集成电路"万亩千亿"产业平台发展报告

　　………………………………… 沈敏奇　宋潞平 / 287

B.20　2023年绍兴先进制造业（制造业集群）发展报告

　　………………………………… 陈芳敏　徐思佳 / 297

B.21　2023年绍兴文商旅融合发展报告…… 李　萍　郭春杰　张　军 / 319

B.22　2023年绍兴数字经济核心产业发展报告

　　………………………… 田海燕　何家浩　钱增扬 / 337

B.23　绍兴上市公司引领力提升研究报告

　　………………………… 杨宏翔　田海燕　钱增扬 / 351

Abstract　……………………………………………………… / 366

Contents　……………………………………………………… / 368

皮书数据库阅读**使用指南**

总 报 告

B.1

2023年绍兴忠实践行"八八战略"、
扎实推进共同富裕发展报告[*]

孙小峰　陈芳敏　赵　俊[**]

摘　要： 2023年，绍兴坚定不移以"八八战略"引领全域共同富裕发展，全方位塑优共同富裕发展有利条件，在共同富裕示范区建设、全面深化改革等领域开拓进取：经济回升向好、居民收入稳步增长、"三大差距"持续缩小、营商环境优化、人才集聚创新、城乡共同繁荣、精神文化富足。2024年，在当前动荡变革的全球大趋势下，面对共同富裕重点任务整体联动性不强、成果示范先行性差距、产业发展"大而不优"等推进共同富裕进程中仍存在的问题，建议绍兴锚定新时代共富新蓝图，以"八八战略"的系统思维和方法论，从"三大差距"缩小、公共服务优质共享、新增长极构筑、产城人融合、文商旅融合以及"和美越乡"品牌打造等方面进一步发挥既

---

* 本文所使用的数据均来源于中共绍兴市委、市政府各部门提供数据和公开数据。

** 孙小峰，中共绍兴市委党校（绍兴市行政学院）、绍兴市社会主义学院公共管理与法学教研室讲师、管理学博士，研究方向为城乡土地制度；陈芳敏，中共绍兴市委党校（绍兴市行政学院）、绍兴市社会主义学院人才发展研究中心讲师、经济学博士，研究方向为人才政策、区域经济、产业发展、创新网络等；赵俊，中共绍兴市委党校（绍兴市行政学院）、绍兴市社会主义学院党建研究中心讲师、法学博士，研究方向为党的建设、外交学等。

有优势、做优有利环境、开创新质局面，打造具有绍兴辨识度、示范推广性、战略引领力的标志性成果，奋力谱写新时代"胆剑篇"，为实现全体人民共同富裕提供市域范例。

关键词： 共同富裕　"八八战略"　"五创四进"　党的全面领导

　　2023年是绍兴发展史上具有重要里程碑意义的一年。习近平总书记深入浙江期间亲临绍兴考察，赋予绍兴"谱写新时代胆剑篇"重大使命，为绍兴奋进新征程、建功新时代指明了前进方向、提供了根本遵循。绍兴忠实践行"八八战略"①，以"五创图强、四进争先"②（以下简称"五创四进"）的实干实效，勇闯中国式现代化市域实践新路子，扎实推进共同富裕走深走实、出效出彩。全年实现地区生产总值7791亿元，增长7.8%，居全省第2位，列长三角41市第3位、5000亿元以上城市首位；规上工业增加值增长10.8%，居全省第2位，其中高新技术产业投资居全省第3位，城市综合经济实力稳居全国第29位；三个"一号工程"和"十项重大工程"综合评价、主要经济指标

---

① "八八战略"：2003年，时任浙江省委书记习近平作出了"发挥八个方面的优势""推进八个方面的举措"的决策部署，简称"八八战略"。根据《干在实处 走在前列》一书自序，这一战略主要指：一是进一步发挥浙江的体制机制优势，大力推动以公有制为主体的多种所有制经济共同发展，不断完善社会主义市场经济体制；二是进一步发挥浙江的区位优势，主动接轨上海、积极参与长江三角洲地区合作与交流，不断提高对内对外开放水平；三是进一步发挥浙江的块状特色产业优势，加快先进制造业基地建设，走新型工业化道路；四是进一步发挥浙江的城乡协调发展优势，加快推进城乡一体化；五是进一步发挥浙江的生态优势，创建生态省，打造"绿色浙江"；六是进一步发挥浙江的山海资源优势，大力发展海洋经济，推动欠发达地区跨越式发展，努力使海洋经济和欠发达地区的发展成为浙江经济新的增长点；七是进一步发挥浙江的环境优势，积极推进以"五大百亿"工程为主要内容的重点建设，切实加强法治建设、信用建设和机关效能建设；八是进一步发挥浙江的人文优势，积极推进科教兴省、人才强省，加快建设文化大省。
② "五创图强、四进争先"："五创图强"指的是坚持"腾笼换鸟"，争创先进制造样板区；彰显"三生三宜"，争创江南水乡新典范；注重"以人为本"，争创共同富裕示范城；践行"枫桥经验"，争创市域治理标杆地；深化"改革创新"，争创体制机制最优市。"四进争先"指的是在发展进位上，实现综合经济实力加快迈向全国同类城市"10强"；在产业进阶上，实现先进制造业发展水平跻身全国同类城市"10强"；在城市进级上，实现现代化水平位居全国地级市"10强"；在民生进步上，实现全体居民人均可支配收入进入全国"10强"。

增速均位居全省第一方阵,市本级连续 2 次获省投资"赛马"激励,121 个省"千项万亿"工程项目投资完成率 143.8%,居全省第 2 位。城镇和农村居民人均可支配收入 80392 元、48825 元,分别居全省第 2、3 位,全体居民人均可支配收入居全国第 10 位,比 2022 年上升 1 位;零就业家庭动态清零,城乡居民收入倍差缩小至 1.65,居全省第 4 位;新增省级共同富裕试点 6 个〔实现区、县(市)全覆盖〕、最佳实践 2 个、实践观察点 5 个、揭榜挂帅破解堵点难点问题 2 个。举全市之力做好亚运协办,全力保障亚运精彩圆满,实现"办好一个会、提升一座城"美好愿景。

一 绍兴忠实践行"八八战略"、扎实推进共同富裕的主要成就

(一)共同富裕示范区建设高质量推进

以"八八战略"为抓手,有力有序有效推进共同富裕示范区建设,全面落实高质量发展建设共同富裕示范区工作部署,突出创新深化、改革攻坚、系统集成,加快体系迭代、成果培育、成效转化,全力推动共同富裕示范区建设各项任务落地落实。

1. "三大差距"①持续缩小

深化"扩中提低"改革,实施家庭共富财政政策体系改革,健全多层次社会保障体系,创新"救助与慈善"融合模式,成功入选全国公共就业创业服务示范城市创建名单。深化资源盘活、联建共建、城乡提升机制,迭代闲置宅基地整合利用 3.0 版,持续打好"引联帮带促"组合拳,开展企业、城乡共富联合体实践探索。在全省率先启动全域未来社区、未来乡村省—市—县三级联创,创建省级未来社区 98 个,其中,新增省级城乡风貌样板区 13 个、建成(验收挂牌)未来社区 42 个。2023 年,绍兴城乡全体居民工资性收入 69707 元,同比增长 6.0%,在城乡居民收入结构中占比超过 50%,城镇居民

---

① "三大差距"指城乡居民收入差距、地区差距、城镇贫富财产差距,这是全面小康路上的"拦路虎"。

经营净收入 15549 元，农村居民经营净收入 13715 元，分别占收入比重为 19.3% 和 28.1%，增速分别为 6.4% 和 7.2%。①

2. 公共服务"七优享"谋深致远

公共服务"七优享"工程②综合评价和民生实事进度、重大项目投资完成率、每千人拥有托位、普惠托位占比、公办中小学学位数年度完成率、劳动争议仲裁结案率无讼指数、异地结算医疗机构开通率、助餐配送餐服务人次等均居全省前 3 位，"15 分钟公共服务圈"评估优质水平居全省第 3 位，"指标提升、项目建设、任务推进"与"成果打造、增值服务、群众有感"六位一体推进做法入选省"十项重大工程"典型经验做法，作为全省唯一地市代表在"七优享"推进会上作典型发言。绍兴市在全省率先系统性统筹推进公共服务标志性成果建设，获批全国公共就业创业服务示范创建城市等，全市域通过学前教育普及普惠县国家级评估，普惠性幼儿园优质发展、医学检查检验结果互认共享入选省"七优享"首批实践案例。

3. 共同富裕体制机制创新夯实

迭代完善示范区建设评估机制，健全"常规+专项"督查体系，实行指标—任务—项目"三张清单"提示、试点模式—改革攻坚—特色工作"三份报表"晾晒、例会研商—现场督办—视察协商"三种方式"调度、满意度—可感度—参与度"三个维度"评价"四个三"工作法；深化成果培育机制，柯桥区率先开展"亩均论英雄"改革、中国海亮集团有限公司打造残疾人新型就业平台等做法入选国家发展改革委印发的浙江共富 10 条典型经验，爱心食堂项目获评全省高质量发展建设共同富裕示范区最佳实践。强化宣传引导机制，全年编发市级共富简报 17 期，被《浙里共富》录用 11 篇，《绍兴"腾笼换鸟、凤凰涅槃"推动高质量发展》《浙江嵊州写好新时代"民情日记"》获《支持浙江高质量发展建设共同富裕示范区工作简报》录用。

---

① 城乡居民收入数据来自本书《2023 年绍兴奋力打造收入均衡增长、生活富裕的市域范例发展报告》。

② 公共服务"七优享"工程：绍兴市进一步增进民生福祉、推进共富共享的重要抓手，涵盖"幼有善育、学有优教、劳有所得、病有良医、老有康养、住有宜居、弱有众扶"7 个方面。

4. 新时代"千万工程"① 走深走实

深化新时代"千万工程"，承办全国农村宅基地管理与改革现场经验交流会。抓总城乡提升工程，创成省级未来乡村35个，建成省级和美乡村示范乡镇9个、特色精品村31个、达标村321个，诸暨市列入国家乡村振兴示范县创建单位，上虞区列入国家农业现代化示范区创建单位，"赛马比拼"入选全国"千万工程"典型案例。

（二）全面深化改革深塑优良发展环境

以政务服务增值化改革为牵引，加快优化营商环境，3项重大特色改革经验在中央改革办《改革情况交流》刊发推广（全国地市第1位），2项特色改革经验在省《领跑者》刊发推广（全省第3位），7项重大改革经验入选省改革突破奖（全省第2位），"枫桥式"护企优商模式等6项特色改革创新入选全省营商环境最佳实践案例（全省第3位），改革攻坚和营商环境优化提升"一号改革工程"在全省半年度、三季度综合评价中连续获评五星。获批国家级"公平竞争指数"试点地区，获评全国"新时代10年地方改革与发展深度融合特别案例"，入选国家社会信用体系示范城市，在全国工商联"万家民营企业评营商环境"中位列地级市前10位。

1. 营商环境"一号改革工程"纵深推进

围绕"打造营商环境最优市"总目标，推出"12+X"② 专项行动，做优政务、法治、市场、经济生态和人文等五大环境，出台《关于政务服务增值化改革与"民营经济33条"一体融合的实施意见》，在全省率先打通财政预

---

① "千万工程"：2003年，浙江启动"千村示范、万村整治"行动，具体目标为2003年至2007年，建成"全面小康建设示范村"1000个以上、完成村庄整治10000个左右；2008年至2012年，以垃圾收集、污水治理等为重点，从源头上推进农村环境综合整治；2013年到2015年，全省70%的县达到"美丽乡村"目标。

② "12+X"专项行动：营商环境评价标准对标提升专项行动、涉企投资项目审批中介服务提质专项行动、招投标领域突出问题整治专项行动、深化执行"一件事"改革专项行动、重点产业合规专项行动、涉营商环境法规制度"立改废释"专项行动、知识产权纠纷快处专项行动、全过程公正高效集成监管专项行动、产业链生态优化专项行动、国际贸易投资便利化专项行动、"亲清直通"暖企专项行动、容错纠错激励担当专项行动等12条省定跑道，政策集成创新专项行动、政策直达快兑专项行动、"枫桥式"护企优商专项行动、网络直播违法违规整治专项行动等4项具有绍兴味、改革味的专项行动。

算管理一体化系统接口，迭代"越快兑"平台3.0版，惠及企业超10万家，兑付各类奖补资金超52.3亿元，为各类市场主体降本195.20亿元，"一网通办"率达99.3%。开展"11087"平安护航①等行动，"企业破产一件事"改革入选《法治蓝皮书：中国法治发展报告No.21（2023）》，"商会+N"枫桥式法护民企新模式入选省法治营商环境突破性抓手项目，新增上市企业6家、累计达100家，列全国同类城市第3位。知识产权保护工作连续五年居全国知识产权行政保护工作绩效考核前十、连续两年获得省政府督查激励。在全国率先构建公平竞争指数指标体系，获批"重大政策措施公平竞争审查会审"等国家级试点。实施《绍兴市践行"亲""清"新型政商关系的实施意见》，开展八大"越"监督"越"亲清护航行动，查处腐败和作风问题167个226人。举办"亲清直通车·政企恳谈会"66场，成立首批民企廉洁联盟。

2. 政务服务增值化改革探索先行

在全省率先出台《全面推行"越满意""增值式"政务服务改革实施方案》，创新构建"11558"政务服务体系②，推进集成办、全域办、免证办、就近办、随时办"5个办"和一个码、一清单、一类事、一链办、一平台"5个一"，打响"越快兑、越快办、越省心、越智慧"增值服务品牌。完善"1+7"企业综合服务中心③，搭建线上"越省心"企业综合服务平台，建立"前台综合受理、后台分类联办、限时办结反馈"运行模式，全市866项涉企服务事项、510项涉企增值服务事项、260名工作人员已入驻企业综合服务中心，上线企业上市筹备、科创服务等19个高频"一类事"，在企业综合服务中心

---

① "11087"平安护航行动即"11087（110帮企）·亲清在浙里"，是浙江公安机关认真贯彻党中央、国务院关于优化营商环境、服务保障经济高质量发展的决策部署，全面落实公安部和省委、省政府要求，助力企业健康发展和经济稳进提质的为企服务品牌。

② "11558"政务服务体系：2个"1"指包括"越快兑"惠企政策兑现多跨场景应用平台和"越省心"企业综合服务平台在内的"越满意"政务服务品牌，"558"指深化推进集成办、全域办、免证办、就近办、随时办"5个办"，构建一个码、一清单、一类事、一链办、一平台"5个一"，打造具有绍兴辨识度的8大"增值式"政务服务改革标志性成果。

③ "1+7"企业综合服务中心即绍兴市本级和6个区、县（市）及滨海新区企业综合服务中心，设立人才服务、金融服务、项目服务、政策服务、法治服务等八大服务板块，市县两级部门（单位）278名工作人员已入驻线下平台，88587587亲清热线上线运行，统筹做好涉企服务事项进驻、跨部门业务协同、平台运维管理、协调解决疑难问题、服务全程跟踪督办以及涉企运行数据分析研判、涉企服务问题复盘提升等工作。

开创性设立集成电路、生命科学等 10 个绍兴特色产业专区。出台《企业综合服务中心建设指引》《"越省心"企业服务平台部署指南》《企业综合服务中心线下接待规范》等规章制度，上线全市统一"亲清服务专线"，设立线上线下"好差评""办不成事反映窗口"等诉求反馈机制，建立"企业有呼必应"一体化诉求响应工作体系，组建由 71 名业务骨干和 24 名首席专员组成的企业综合服务中心专家团队，强化政府、企业、社会三协同。

3. 重点领域改革攻坚突破

谋划出台"一意见一方案一要点"①，推出"腾笼换鸟、凤凰涅槃"改革、坚持和发展新时代"枫桥经验""大综合一体化"行政执法改革等十项"牵一发动全身"重大改革攻坚行动。

（三）对内对外开放构筑开放经济体系

坚持畅通"双循环"，"跳出绍兴发展绍兴"，牢牢把握"一带一路"倡议、长三角一体化发展、唱好杭甬"双城记"等重大战略叠加机遇，深化"融杭联甬接沪"，打好扩投资、稳外贸、促消费组合拳，一体推进"内聚外联"，加快构建全域深度开放发展格局。

1. "地瓜经济""一号开放工程"提能升级

深化中国（绍兴）跨境电子商务综合试验区（以下简称跨境电商综试区）、绍兴综合保税区、中国轻纺城市场采购贸易方式试点等三大国家级开放平台建设，绍兴综合保税区实现"百亿百强"，新昌入选"国际产业链供应链创新合作试点"。市场采购贸易出口增速领跑全省，跨境电商综试区连续两年获得商务部表彰全国综试区第二档，外贸出口总额增长 11.80%，占全国份额提升至 16.03‰。全年实现与共建"一带一路"国家进出口总额 2005 亿元，同比增长 21.31%，高于全市进出口总额增速 6.8 个百分点，其中出口额 1865.3 亿元，增长 16.04%；3 个"一带一路"重大项目加速推进，中方总投资额 2.76 亿美元，全年完成投资 6980 万美元，完成投资进度 180%，捷昌驱动（新加坡）、康隆达越南安全防护新材料及产品生产基地等 2 个项目顺利完工。

---

① "一意见一方案一要点"：一意见，即《关于强力推进改革攻坚加快打造高质效改革先行市的实施意见》；一方案，即《改革攻坚专题组组建方案》；一要点，即《市委全面深化改革委员会 2023 年工作要点》。

2. 长三角一体化等国家战略落实落地

编制绍兴市融杭发展规划，轨道交通 2 号线一期开通运营，越东路北延等 5 条快速路、杭绍甬智慧高速杭州至绍兴段建成通车。启动杭绍临空经济一体化发展示范区绍兴片区国土空间总体规划编制，签约引进 11 个项目、总投资约 192 亿元。义甬舟嵊新临港经济区建设顺利推进，柯诸高速全面开工，诸暨港区店口作业区正式开港运营。实现 152 个居民服务事项杭绍"一卡通用"、26 个事项"长三角通办"、22 个事项"全国通办"。

3. 扩大内需战略实施扎实推进

投资增速位居全省前列，全年实现固定资产投资比上一年度增长 10%，诸暨、上虞、嵊州均获省投资"赛马"激励；出台《关于促进大宗消费和大众消费加快释放消费潜力的若干举措》，全市限额以上批发、零售、住宿、餐饮 4 项商贸业指标分别增长 29.1%、13.3%、20.6% 和 27.7%，居全省第 1、3、6、1 位；实现社会消费品零售总额 2820.4 亿元，同比增长 9.1%，增幅居全省第 2 位。

4. 对外开放稳步提级

积极打造"国际会展目的地城市"，成功举办中国会展经济国际合作（CEFCO）论坛、世界布商大会、中日韩工商大会，高质量举办 2023 绍兴发展大会和撤地设市 40 周年系列活动，组织 4478 家次企业赴境外参展。2023 年市场采购贸易方式出口 376.93 亿元，同比增长 24.04%；全年新批外资项目 253 个，合同外资 13.1 亿美元，实到外资 9.74 亿美元，居全省第 4 位；16 个省重大外资项目年度完成投资 9.03 亿美元，完成投资进度的 126.7%。

（四）人才创新激发科创活力潜力

聚力浙江"315"科技创新体系①，实施科技创新和人才强市首位战略，率先启动教育科技人才"三位一体"高质量发展试验区建设，被列入全省创新深化唯一综合性试点，全社会研发（R&D）经费支出占 GDP 比重首次突破 3.0%，入选国家级领军人才数量继续领跑全省，城市人才吸引力提升至全国第 23 位，国家创新型城市排名提升 5 位、居全国同类城市第 33 位；五年来首获省党政领导科技进步

---

① "315"科技创新体系："3"是"互联网+"、生命健康、新材料三大科创高地，"15"则是云计算与未来网络、智能计算与人工智能、微电子与光电子等 15 大战略领域。

目标责任制考核优秀单位,全省人才工作综合考核在 11 个地市中并列第 3 位。

1. 全球人才蓄水池扩容升级

举办世界女科学家大会、国际先进制造青年科学家大会。深入开展海外人才到岗攻坚行动,入选省顶尖人才 3 人,入选国家重点人才工程 151 人。新增就业大学生 14.57 万名,首次实现青年博士引进数破千。入选国家级科技领军人才 30 名,居全国同类城市、全省第 1 位,入选国家高端外国专家引进计划项目 2 个,居全省第 1 位。国家自然科学基金优秀青年科学基金项目(海外)入选实现零的突破,6 位外国专家获省政府"西湖友谊奖",创历史新高;引进首位全职发达国家院士。

2. 国家战略科技力量优培优育

承办"2023 年浙江省科创走廊合作对接会",全年完成投资 372.23 亿元,完成年度投资计划的 117.52%。2 家高新区(新昌、上虞)入围全省"十强",新昌获评省高新区建设成绩突出集体。3 家综合体获省绩效评价优秀,居全省第 1 位。2 家省重点实验室(工程技术研究中心)获评省级优秀,居全省第 4 位。工程硕博士"1+2"联合培养模式获国家级教学成果一等奖。修订《绍兴市共建研究院绩效评价管理办法》。新建院士专家工作站 14 家、博士创新站 86 家、博士后工作站 13 家。

3. 高新技术产业发展提质升级

连续两年获国务院"工业稳增长和转型升级成效明显市"督查激励,新昌滚动轴承产业集群创成国家级中小企业特色产业集群,夺得首批"浙江制造天工鼎"。率先探索建设科技成果转化中试基地,化工新材料领域成立行业性中试产业生态联盟做法入选省级试点名单。组织实施国家和中央科技项目 31 项、省"尖兵""领雁"项目 19 项,获省科学技术奖 24 项。新认定国家高新技术企业 528 家,省科技型中小企业 1340 家。

4. "十联动"创新生态① 有序构建

构建以"创谱"、"大型仪器设备开放共享一指办"、创新服务"云局"

---

① "十联动"创新生态:绍兴市发布《加快科技创新的若干政策》20 条,强化创新、鼓励研发,推进构建"产学研用金、才政介美云"十联动的创新创业生态系统,加快国家创新型城市建设。"产学研用金、才政介美云"分别是:产,以企业为主的产业化活动;学,以高校为主的教学活动;研,研究开发或科技创新活动;用,科技成果的转化运用;金,科技金融的深度融合;才,科技人才团队引进培育;政,政府的公共创新服务体系;介,科技中介服务;美,美好的创新创业生态环境;云,以互联网、大数据、云计算为代表的创新联合体。

为核心的增值式服务新范式，在全国率先发布产业链、创新链、学科链、人才链"四链融合"指数，创新服务"云局"做法入选营商环境"微改革"省级项目库。举办"2023 中国（绍兴）科技金融合作推进会"，发放科技再贷款、再贴现资金 300 亿元以上。人才"增值式"服务相关做法在《中国组织人事报》头版刊发，入选全省政务服务增值化改革"一市一品"特色亮点项目清单。全年兑现人才科技政策资金 21.62 亿元。深化人才管理改革试验区建设，推广人才"双聘制""编制池"等改革举措。

（五）产业蝶变升级催生发展新动能

实施先进制造业强市"4151"计划[①]，全市实现规上工业增加值 2154.9 亿元，同比增长 10.8%，分别高于全国、全省平均 6.2 个和 4.8 个百分点，居全省第 2 位，连续 27 个月位居全省前列，全市规上工业企业研发投入占营收比重达 4.09%，居全省第 1 位。数字经济创新提质"一号发展工程"全部获评 5 星、年度 A 等，"415X"[②] 产业集群培育连续获评 5 星，工业投资连续三年保持 20% 以上增长，投资规模实现翻番。列入国家用地单列项目 19 个、新增用地 3.335 万亩，列入省重大产业项目 17 个、获土地指标奖励 4121 亩，均居全省前 2 位。获批全国消费品工业"三品"战略示范城市，军民融合创新示范建设综合评价连续四年居全省同类城市首位。

1. 数字经济"一号发展工程"创新提质

全市 76 个 10 亿元以上省重大制造业项目中数字经济领域占 28 个，占比达 36.80%，年计划投资额 178.21 亿元，规模居全省第 1 位，全年实际投资完成率达 153.40%，规上工业数字经济核心制造业增加值增长 12.60%。中芯三期一阶段工程获批，日月 20GW 新能源光伏电池片智能制造等"百亿

---

① 先进制造业强市"4151"计划：到 2026 年，全面完成"4151"目标，成为全国"腾笼换鸟、凤凰涅槃"实践样板、浙江全球先进制造业基地引领地区，力夺"浙江制造天工鼎"金鼎。"4"即全部工业增加值突破 4000 亿元；第一个"1"即打造形成 10 个左右具有全国乃至全球竞争力的重点产业集群，数字经济核心产业增加值占 GDP 比重突破 10%；"5"即培育形成 500 家优质制造业企业；第二个"1"即每年实施 100 个左右 10 亿元以上重大项目。

② "415X"：4 个世界级产业集群、15 个"浙江制造"省级特色产业集群和一批高成长性"新星"产业群等构成的"415X"先进制造业集群体系。

级"项目开工。出台《绍兴市集成电路产业发展规划（2023—2026年）》、《绍兴市加快软件产业高质量发展"2515"行动方案（2023—2026年）》以及相关配套专项政策，创新试点"链长+链主"协同机制。全面推广"学样仿样"新模式，加快中小企业数字化改造。全行业实施新一轮智能制造提升行动，2023年新增工业机器人2527台，累计达20927台；全市80%的区、县（市）被纳入全省中小企业数字化改造财政专项激励试点名单，2023年全市规上中小企业数字化改造覆盖率达到85%以上。积极推进《5G应用"扬帆"行动计划（2021—2023年）》，累计建成5G基站19589座，重点场所5G网络通达率达到100%，成功创建国家级"双千兆"网络城市。

2. 先进制造集群涵养壮大

实施全省"链长+链主"协同工作机制试点，集成电路、高端生物医药、先进高分子材料"万亩千亿"新产业平台考评分别居全省第2、4、7位。18个跨域集聚化工项目全部"摘地"启动建设。全力做好省级特色产业集群核心区、协同区建设工作，获批海峡两岸（绍兴）数字产业合作区，集成电路、现代纺织与服装等4个产业集群入选省特色产业集群核心区。越城集成电路、滨海新区生物医药与医疗器械、柯桥现代纺织与服装、上虞精细化工集群入围核心区，上虞集成电路（专用设备和关键材料）、诸暨市高端新材料（先进有色金属及特种钢材料）、嵊州市现代家具与智能家电（智能厨卫电器）集群入围协同区。全力做好项目问题解决工作，销号重大项目问题6个，销号数居全省第1位。

3. 绿色低碳转型持续深化

深化"腾笼换鸟、凤凰涅槃"攻坚行动，盘活工业用地1.5万亩，"绍芯谷"被列入城市更新省级试点。实施"区域能评+区块能耗标准"改革，新增光伏并网容量、新型储能规模居全省第1位。率先建立省内天然气终端销售价格与采购成本联动机制。16个节能降碳技改项目入选省级项目库，项目数和扶持资金均列全省第3位。以节能降碳技术改造项目为抓手，建成市级绿色低碳工厂62家，节水型企业25家，清洁生产审核企业92家，3个园区被评为市级绿色低碳园区。

（六）城乡融合发展助力一体协同共同繁荣

实施清洁城市"410行动"①，完成城市功能优化项目272个，创建清洁城市单元169个，荣获中国城市精细化管理创新典范。围绕"12345"②，加快建设现代农业强市，全力打造乡村振兴绍兴样板，推动农业农村工作走在全省前列。诸暨市被列入国家乡村振兴示范县创建单位，上虞区被列为国家农业现代化示范区创建单位。

1."大农业观、大食物观"扛稳扛实

优化种粮扶持政策，健全包片督导机制，全年粮食播种面积为180.54万亩、产量为15.06亿斤，均居全省第2位，其中产量增量居全省第1位。推进粮食生产功能区"百千"工程，建成高标准农田8.2万亩，在全省率先出台土壤健康培育基地创建办法，受污染耕地安全利用率、秸秆综合利用率分别达96.72%、97.24%。建设牛羊定点屠宰场5家，改造提升市级"菜篮子"蔬菜基地7家，发展稻渔综合种养5000亩，茶、果、蔬、渔实现稳步增长。

2.乡村产业跃升发展

出台农业招商引资工作方案，建立重点招商目标企业库，全市投资额1000万元以上的农业招商项目44个。出台加强农业科技创新实施意见，设立市农业丰收奖，建设省级农事服务中心3个，2个项目被列入省"双强"科技强农、机械强农重点突破项目。新认定省级骨干农业龙头企业10家，新昌县现代农业园区被列入省级创建名单，上虞区丁宅国家级农业产业强镇、章镇省级现代农业园区通过部、省认定，建成省级未来农场2家、数字农业工厂12家。

3.和美乡村全域推进

扎实推进"4+4+3"提升行动，109个重大项目完成年度投资432.67亿元，

---

① 清洁城市"410行动"：到2025年底前，建立全覆盖、全过程、全时段的城市精细管理体系，推动城市管理从粗放向精细、从传统向科技、从平面向立体转变，将绍兴打造成为国内普遍公认的清洁城市。"4"即城市功能优化、城市单元美化、城市家具洁化、城市治理序化四大行动；"10"即每个行动各设10项工作任务。

② "12345"：抓总一项工程（城乡提升工程）、夯实两大基础（粮食生产、"菜篮子"保供）、聚力三个争先（双强、双创、双增争先）、突破四项改革（乡村营商环境、宅基地制度改革、乱占耕地建房整治、农科院改革）、提升五大体系（产业体系、经营体系、政策体系、人才体系、安全体系）。

全市县城人口占县域人口比重提高 1.71 个百分点，5 个区、县（市）被列入全省城乡提升工程试点，上虞区创成省级和美乡村示范县。持续开展农村人居环境常态化评估，生活垃圾处理体系覆盖率达 50% 以上。出台强村共富三年行动计划，实施新一轮部门结对和驻村指导员派驻工作，累计组建强村公司 206 家，年经营性收入 80 万元、100 万元行政村占比分别达 60%、40% 以上。深化农民增收促进共同富裕行动，新增市级低收入农户帮促基地 7 家。开展乡村治理示范创建，上虞区谢塘镇和柯桥区亭山桥村等 4 镇、村获评全国乡村治理示范乡镇、示范村，认定市级清廉村居建设示范乡镇（街道）11 个、示范村 98 个。深入实施"治违禁、控药残、促提升"行动，省级例行抽检合格率达 99.8%，有效期内绿色食品达 219 个，创成省级优质农产品生产基地 15 家。

4. 农村改革稳慎有效

完成宅基地信息调查等基础工作，完善"1+20+X"[①] 制度体系，深化"三权三票"[②] 等特色制度创新，农村乱占耕地建房住宅类房屋专项整治进度达 65.29%。诸暨市被列入全国二轮承包地延包试点，嵊州市被列入省级家庭农场整体提升县试点，累计建成农业标准地 5.28 万亩，土地流转率达 72% 以上。举办第二届乡村人才振兴全球创新创业大赛，新增市级创业园（孵化基地）9 家、农创客 2186 名，首次推出基层农技人员定向培养岗位 11 个，22 人获评首批省级"乡村工匠"。

（七）山海联动促进互济互补合作体系

扎实推进与衢州、丽水两市的交流合作，打开全方位、多层次、宽领域山海协作工作新格局，为山区 26 县高质量跨越式发展贡献"绍兴力量"。东西部协作 26 个指标全部超额完成，累计向对口和山海协作结对地区拨付计划内援建资金 3.55 亿元，推进 124 个重点援建项目建设，全年采购或帮销四川、新疆等对口地区农特产品超 8 亿元，金额创历年新高。

1. 资源配置整合有力

全年山海协作完成资金援助 2360 万元，引导企业新建（续建）项目 45

---

① "1+20+X"：1 个实施方案+20 项市级统一制度+X 项县级创新制度上升为全市推广应用制度。

② 三权三票："三权"即宅基地集体所有权、农户资格权、宅基地使用权；"三票"即"集体权票""保障权票""保留权票"。

个、实际投资 67.81 亿元。全年全市选派干部挂职 12 人，共落实山海协作援建资金 1680 万元。实现省定结对县乡村振兴示范点全覆盖。创新政府引导、市场主导的消费帮扶工作机制，2023 年度消费帮扶金额超 4800 万元。

2. 平台协作迭代升级

实现滨海新区—开化、滨海新区—仙居、柯桥—江山、上虞—文成四大山海协作"产业飞地"落地项目 17 个，总投资 289.33 亿元，"产业飞地"建设居全省前列。完善江山—柯桥、遂昌—诸暨省级山海协作产业园共建机制，迭代升级柯桥—江山、上虞—景宁、嵊州—青田等 3 个省定"消薄飞地"，上虞区《"三强三共三提升"彰显东西部协作"虞金同心"统战担当》获省委常委、统战部部长批示肯定。

3. 交流交往提质扩面

山海协作合作领域向科技、民政、慈善、生态环境等延伸，推动资源共享，加强文化交流，持续优化精品旅游线路和疗休养线路，举办农村带头人、劳务职业技能培训，培训人数超过 2500 人次。2023 年，山海协作完成资金援助 2360 万元，引导企业新建（续建）项目 45 个，实际投资 67.81 亿元，采购、帮助销售衢州、丽水农特产品金额 4858 万元，分别完成指标任务的107%、140%、150%、188%。

（八）生态示范创建厚植"三生"优势

坚持以习近平生态文明思想为指导，深入探索实践"绿水青山就是金山银山"的发展新路。制定实施《"绿水青山就是金山银山"实践创新基地建设实施方案》，被纳入"绿水青山就是金山银山"实践创新基地省级储备库名单，国家生态文明建设示范区创建率达 71.4%（含地级市），比例排名居全省第 3 位，全市县控及以上断面Ⅲ类及以上水质比例持续达到 100%，8 个县级及以上饮用水水源地水质达标率保持 100%，PM2.5 平均浓度达到省内历史最优位次，AQI 优良率同比提升 4.7 个百分点，改善幅度居全省第 2 位。河湖长制工作获国务院督查激励，水利工作夺得大禹鼎"金鼎"、第 23 届水利"大禹杯"金杯奖，获评"无废城市"，被授予"清源杯"。

1. "双碳"战略系统推进

被列入减污降碳协同城市省级试点，杭州湾上虞经济技术开发区入选国家减污降碳协同产业园区试点。积极开展节能降碳技术改造，16个项目获省级扶持资金，建成国家级绿色工厂5家、绿色供应链企业2家、工业产品绿色设计示范企业2家。《绍兴市重货领域碳达峰工作暨重货碳效码应用》被列入省碳达峰碳中和十佳典型案例。2个乡镇成功入选省第二批林业碳汇先行基地建设试点。

2. 生态生物保护彰显成效

纵深推进蓝天保卫战，在全省率先完成纺织品复合布行业VOCs源头替代，圆满完成亚运会空气质量保障工作，为浙中北地区唯一未发生污染天气的涉赛城市，空气质量综合指数为近十年历史同期最优。持续巩固水环境治理，2023年完成"五水共治"重点项目投资34.85亿元，柯桥区平水镇"我爱王化"志愿者服务队队长获全国第十一届"母亲河奖"绿色卫士奖。持续加强土壤污染防治，推动危险废物"趋零填埋"及"点对点"定向利用，开展新污染物治理试点工作，成功入选全国三个重点管控全氟和多氟烷基化合物（PFASs）项目治理示范区。启动"生物多样性魅力城市"创建，诸暨完成全域生物多样性调查评估省级试点。公布首批6个绍兴市级生物多样性体验地，诸暨鼋谷收养守护珍贵爬行动物入选省生物多样性保护典型案例。

3. 全域"无废城市"持续推进

全力推动一般工业固废、危险废物、生活垃圾、农业废弃物和建筑垃圾减量化、资源化和无害化，市本级、越城区、柯桥区、上虞区、新昌县成功获得"清源杯"，获得"清源杯"的区、县（市）数量占比高于全省平均水平。受邀在中国国际服务贸易交易会绿色发展论坛上推介"无废城市"建设经验。9个案例入选巴塞尔公约全球减污降碳协同增效典型案例，数量超全省1/3，为全国同类城市最多。大力推进"无废细胞"建设，2023年合计建成"无废细胞"769个，初步形成全民共建"无废城市"的意识自觉。

4. "两山理论"转化通道拓宽

开展绿色金融创新，新昌县沙溪镇生态产品价值实现机制试点等4个项目获银行机构融资授信49.7亿元。排污权抵质押贷款绿色信贷的创新实践成功入选浙江生态文明建设典型经验案例。积极推进生态环境导向的开发（EOD）模式项目，谋划形成上虞区"水韵'青春之城'"、新昌县"水润浙东·共富新昌"等2个EOD模式项目。深化生态环境损害赔偿制度，2023年办结案件

58 件，赔偿金额 1043 万元。根据"谁受益谁补偿"原则，汤浦水库保护区每年生态补偿的金额提升至 8350 万元。

（九）文化强市以文兴城

充分发挥"历史+人文"核心优势，坚持把马克思主义基本原理同中华优秀传统文化相结合，奋力扛起新时代新的文化使命。2023 年 9 月 20 日，习近平总书记亲赴浙东运河文化园考察，强调"把大运河这篇文章做好"。中宣部部长高度肯定绍兴古城保护利用、农村文化礼堂和优秀传统文化保护转化等工作。

1. 亚运筹办协办精彩圆满

作为承办亚运赛事最多的协办城市，绍兴市全力保障火炬传递及 84 场赛事精彩顺畅、78 场训练安全有序，接待观赛观众 17 万人次。绍兴籍运动员谢震业、蒋裕燕分别担任亚运会、亚残运会中国代表团旗手，绍兴健儿获亚运会 10 金 2 银 2 铜、亚残运会 9 金 1 铜，创历史最好成绩。开展迎亚运"三大提升行动"和新一轮亚运城市行动计划，打造十大绍兴印象节点，建成 42 个精品节点，切实改善赛事场馆、通勤线路、历史街区等重点区域环境。以协办亚运为契机，承办首届全国攀岩冠军赛等国家级、省级赛事 89 场次，举办绍兴十运会、"水陆双马"等赛事，国际赛会目的地城市加快建设。

2. 文商旅深度融合发展

浙东运河博物馆建成开放，绍兴获评"中国研学旅行目的地·标杆城市"，非遗保护发展指数综合排名居全省第 2 位。制定实施大运河绍兴段遗产保护规划、国家文化公园建设规划，推进"运河文化年"系列活动。启动绍兴古城申遗，办好公祭大禹陵、兰亭书法节、阳明心学大会等重大节会。坚持文商旅深度融合，提升"一廊三带"发展能级，鉴湖旅游度假区升格"国字号"，新增国家 3A 级旅游景区 7 家。绍兴市传媒中心媒体融合指数、新闻客户端指数、抖音指数持续保持全省第 1，"越牛新闻"客户端装机量突破 1000 万、日活量达 25 万。在央视央广投放"名城绍兴越来越好"宣传片，累计触达观众 41 亿人次。制作《古城绍兴不一样的打开方式》等 5 部亚运主题城市宣传短视频，全网曝光量突破 20 亿次。2023 年实现投资 207.50 亿元，接待游客 6945.80 万人次、增长 25.17%，实现旅游总收入 453 亿元、增长 28.5%。

3. 全域文明高地扎实打造

聚力"浙江有礼·德润越地"市域文明实践，实现乡镇（街道）图书分馆、文化分馆全覆盖。《名人故居激活行动有效保护活化文物资源》经验做法被国家文物局全国推广。"数智礼堂"应用典型经验获中宣部部长肯定。引进考古类省级领军人才1人、市级领军人才3人，推荐国务院政府特殊津贴、海外人才等项目9人次。29人加入国家级文艺家协会，入选省"文艺名家计划"8人，入选"新峰"人才、"新雨"人才各2人，"新松"人才、"新荷"人才各1人。

（十）民生实事建设惠民暖心

围绕交通出行、全民反诈、养老托幼、城乡宜居、文体惠民等民生热点、痛点、难点，明确责任落实、精心组织实施、强化协同配合，全力推进民生实事工作。2023年度市政府办理民生实事项目均完成全年目标任务，切实解决一批老百姓普遍关心关注的民生问题，成功创建国家区域医疗中心，连续三年获评全国健康城市建设样板市。国家学前教育普及普惠县在全国率先实现市域全覆盖，国家义务教育优质均衡发展县创建通过率、教育现代化发展指数均居全省首位。入选全国城市一刻钟便民生活圈试点。

1. 道路交通平安畅通

全市23处道路交通事故多发点段实施挂牌治理，新建改建道路严格规范设计建设交通标志、标线及交通信号5条，优化提升主城区二环内交通指示路牌等标志150块，优化三区交通信号联网及主城区20.67公里道路隔离护栏。对6个事故隐患突出的乡镇（街道）、12家主体责任不落实的道路运输企业实行挂牌整治。动态排查治理道路交通隐患4410处以上，改造重点交通堵点12处。

2. 生命急救线建设工程"救在身边"

建设乡镇（街道）卫生院标准化急救点21个，每个站点均配置救护车1辆，新建标准化应急救护培训基地8个，公共场所安装AED 130台。培训基层院前急救岗位人员259人，开展应急救护持证培训4.73万人，开展网格员专项救护员培训3041人，普及应急救护知识23.27万人次。

3. "一老一小"托举托稳

创建示范引领型居家养老服务中心——"乐龄中心"20家，完成103个

村（社区）居家养老服务照料中心智能终端配置。新增认知障碍照护床位973张、持证养老护理员997人，建成养老机构"阳光厨房"73家。建成公办中小学6所，新增学位7980个，新增和改造公办中小学（幼儿园）卫生间1165间。新建公办托育机构（驿站）113家，在全市69个未来社区、现代社区实现托育服务全覆盖。完成等级托育机构46家，新增托位3537个，其中普惠托位3146个。

4. 城乡人居环境显著提升

创建省级"高品质示范街区"6个、"席地而坐"精细保洁示范区域6个，建成省级高标准生活垃圾分类示范小区300个。建设城市公园8个，公共厕所提升改造100座。开工改造老旧小区50个，开展全市1056台使用时间超过15年的老旧小区住宅电梯风险评估，推进问题隐患闭环整改，累计化解隐患7351个，责任落实率达100%。

5. 文体惠民添幸福亮色

新建15分钟品质文化生活圈312个，新增城市书房23个、乡村博物馆30个、文化驿站10家，打造"文艺星火赋美"示范点20个。新建基层体育场地设施94个，开展常态化演出947场，建设健身步道627.28公里。组织开展全民健身赛事活动123场，"水乡孩子会游泳"公益培训参与人次达17740人次，举办科学健身大讲堂111场。

（十一）平安建设夯实社会稳定根基

扛起"枫桥经验"发源地使命担当，抓好信访维稳、社会治安、安全生产、防灾减灾等工作，圆满完成平安护航杭州亚运会维稳安保任务，高质量高标准完成"枫桥经验"60周年纪念活动和市域社会治理现代化全国试点验收各项工作任务。

1. 平安护航行动成效明显

圆满完成火炬传递、要人警卫、开闭幕式等六个重要节点的维稳安保任务；推进"金盾""雷霆"等行动，2023年命案、五类案件全部告破，刑事治安、电诈警情同比下降15.30%、6.30%。在全省率先推行乡镇（街道）应急和消防一体化、规范化管理融合模式，全市103个乡镇（街道）均成立应急和消防安全委员会，实体化运行应急和消防管理办公室、全面投用"快响直达"综合应急救援站,生产安全事故起数、死亡人数同比下降 11.10%、12.50%。入选全国首批社会治安防控体系建设示范城市,荣获"一星平安金鼎"。成功创建国家食品安全示范城市,省级"双拥模范城"创建获"八连冠"。

2. 坚持和发展新时代"枫桥经验"亮点纷呈

高质量办好"枫桥经验"纪念活动,举办全省坚持和发展新时代"枫桥经验"大会,成为全国市域社会治理现代化试点合格城市,"一站式、一码管"综合解纷工作法入选全国新时代"枫桥经验"先进典型,"数智枫桥"综合集成应用上榜中国 2023 政法智能化建设创新案例。以"枫桥式"系列品牌推进治理共同体建设,获省部级"枫桥式"荣誉 223 项,形成"枫桥经验"理论成果 150 余项、制度成果 40 余项、实践成果 90 余项,培育典型性、特色性参观点 25 个。

3. 平安建设制度机制体系持续夯实

贯彻落实《浙江省平安建设条例》,出台《关于健全平安稳定工作机制深化平安绍兴建设的通知》《关于实体化提升乡镇(街道)平安稳定工作基层基础的指导意见》《平安稳定检查督导工作指引》等制度机制,扎实推进乡镇(街道)基层基础提升年活动,每个乡镇(街道)落实"五个一"(一个领导小组、一支实战队伍、一套运行机制、一本底数清单、一份每周研判)基本配置,定期组织开展业务培训,常态化开展实战演练,实现风险隐患和矛盾纠纷早发现、快处置、零上行。

(十二)法治建设保驾护航

深入学习贯彻党的二十大精神和习近平法治思想,坚持目标导向、问题导向、结果导向,全力以赴抓重点、攻难点、创亮点,法治绍兴建设取得明显成效。2023 年,绍兴市被省委依法治省办推荐为第三批全国法治政府建设示范市争创地;新昌县被国家知识产权局确定为全国知识产权强县;诸暨市重点人员信用修复、嵊州市创新"非标油"综合治理经验得到省部级领导批示肯定;全年一审行政诉讼案件败诉率为全省最低;当年新收行政复议申请数与一审行政诉讼案件数比值居全省第 3 位;无复议后败诉案件,居全省第 1 位。

1. 地方法规规章体系愈加完善

坚持民主立法,落实意见征集、重点参与全覆盖,共征集立法意见建议

1200 余条，立法建议项目 32 个。制定出台全省首部市域层面人才发展相关立法——《绍兴市人才发展促进条例》和《绍兴市电梯安全管理规定》2 部地方性法规，1 部政府规章——《绍兴市无偿救护促进办法》。

2. 法治化营商环境快速形成

创新"园区+产业调解"模式，基层调解力量延伸至辖区产业园区。开展重点产业合规专项行动，建成 6 个重点产业合规中心（点），编制 9 个合规指引。开展"律护营商·法助共富"专项行动，累计提供涉企法律服务 5.2 万次，企业"法治体检"6.9 万家。打造"15 分钟公共法律服务圈"，构建多维布点的服务网络，一网呈现最优多选。"12348"热线实现 7×24 小时服务。

3. 依法治网体系逐步健全

建立网信—文广旅游联合执法站，推动联合执法工作实体化运作与分业分层规范化监督。组织召开网络普法工作座谈会，深化"一县一品牌、全市成体系"普法基地创建。举办网络安全宣传周活动，组织开展网络安全主题展览、公益宣传、讲座等各类活动 150 余场，覆盖受众 300 余万人。"五联"网络执法工作机制被中央网信办专刊推广；2 个项目（个人）获评 2023 年全国网络普法优秀案例和先进个人。

4. 司法监督体系规范高效

出台《进一步加强政法队伍建设的若干意见》，集中开展全市政法系统纪律作风提升专项行动，制定铁规禁令共 17 项，建立执法检查、案件评查、专项督查、信访调查和风险核查"五查"工作机制，探索执法司法风险点清单工作，完善执法司法风险隐患闭环管控机制。强化法律监督职能，研发 23 个类案监督治理模型，在社会保险、安全生产、矿产资源、个人信息保护等领域打好"法治补丁"，数字检察质效持续走在全国、全省前列。推进公安行政监管现代化改革，开展"三查三纠三提升"等专项工作，针对性制定执法制度规范 15 个，实现无罪不捕、无罪不诉、复议撤变、执法安全事故"零发生"。以司法领域当事人"一件事"集成改革为引领，扎实开展全生命周期质量管控、执行工作规范化、维护司法权威、司法公正感受度"四大提升工程"，有效提升办案质量和效率。强化院庭长办案监督管理，进一步规范合议庭、专业法官会议、审委会运行机制，一审服判息诉率达 90.61%。

5. "大综合一体化"行政执法改革

推进行政执法指挥中心建设，建立健全"三办三共"、通报约谈、执法争议协调等工作机制，在全省率先实现基层智治综合应用与执法监管数字应用贯通协同，事件线索100%闭环处置。开展全市赋权乡镇（街道）执法队"岗位大比武、能力大提升"技能比拼活动，不断提升执法水平。揭榜省级改革项目8项，获评省级最佳实践、优秀案例9个。高质量召开全省"大综合一体化"行政执法改革攻坚暨行政执法类公务员分类管理推进会。2023年全市累计开展"综合查一次"4.5万余户次，减少重复检查企业干扰数2.5万余次，跨部门联合双随机监管率达41.4%。

（十三）党的领导全面有力

深入学习贯彻习近平总书记关于党的建设重要思想、考察浙江重要讲话和考察绍兴重要指示精神，高质量开展学习贯彻习近平新时代中国特色社会主义思想主题教育，全域推进基层党建争先攀高，有力锻造敢为善为图强争先干部队伍，奋力打造市域党建新高地，谱写新时代"胆剑篇"。

1. 主题教育走深走实

深入开展学习贯彻习近平新时代中国特色社会主义思想主题教育，贯彻习近平总书记29次到绍兴考察调研重要指示批示精神，深化"循迹溯源学思想促践行"，绍兴主题教育经验做法两次登上央视《新闻联播》，21个点位入选省级现场教学示范点位，推动党员干部真学真懂真信真用。

2. 党建统领整体智治攀高创优

全域打造新时代"枫桥经验"城市版，深入实施现代社区建设"和美争创、三百计划"，入选省级现代社区18个，创建省级示范党群服务中心102个，承办全省深化党建引领基层治理打造新时代"枫桥经验"城市版现场会。迭代"浙里兴村治社（村社减负增效）"，涉镇、涉村事项下降47%、32%，有效推动基层减负松绑，把基层干部解放出来投身发展，相关做法被中央改革办《改革情况交流》专题刊发。

3. 干部队伍建设有力推进

出台《关于秉持"胆剑精神"以干部敢为引领"四敢"担当打造敢为善为、图强争先干部队伍的实施意见》，聚焦"五创四进"体系化打造"图强争

先大比拼"平台,健全"晾晒—赛比—考核—评优"闭环机制,有力保障"创改开"、三个"一号工程",护航亚运彰显绍兴风采,5 名干部获评省担当作为好干部,35 名干部获评市级担当作为好干部。

4.政治建设成效显现

聚焦习近平总书记重要指示批示精神特别是考察浙江重要讲话和考察绍兴重要指示精神,列出清单、定期检视、跟踪督办,确保责任落实,严防偏差走样。聚焦举办杭州亚运会、亚残运会,紧盯"城市侧+赛事侧",全链条推进"同步监督",保障亚运盛会取得圆满成功。聚焦实施三个"一号工程",结合绍兴实际,部署开展"越监督越亲清"八大护航行动,"执路廉行"全方位监督司法公正"最后一公里"做法获评全省政治监督优秀案例。聚焦重大决策部署落实,靶向发力、精准监督,严肃查处不落实、落实不力、假落实问题,对典型案例通报曝光,形成震慑效应。聚焦"一把手"和领导班子"关键少数",监督推动落实"五张责任清单"。

二 绍兴忠实践行"八八战略"、扎实推进共同富裕需关注的问题

(一)共同富裕重点任务整体联动不强

高质量发展建设共同富裕示范区目标任务和工作体系全面涵盖各级党委、政府部门,围绕出创举、出成果、出经验、出可复制可推广的做法,需要集聚各部门、各单位工作合力和创造力,压茬制定年度指标目标、重点工作、重大改革等目标任务并推进实施,但个别部门(单位)只聚焦于本部门本单位常规工作任务和目标,个别区、县(市)仍以贯彻落实上级决策和工作部署为主,社会领域一些跨部门、跨层级、跨领域的事项还存在责任不清现象,综合性集成性改革中存在"单兵突进"现象。

(二)成果示范先行尚有差距

绍兴在共富探索创新方面积极性高,有 10 个省级试点、17 个市级试点,省级共富试点实现区、县(市)全覆盖,也涌现出很多好做法好经验,不少

典型案例和基层首创取得一定成效，但在争创"一地创新、全省推广、全国示范"方面还有一些差距，全市层面共同富裕成果较少，部分区、县（市）还未实现零的突破，需要进一步加大总结提炼和宣传推广力度，为全省乃至全国提供可复制可推广样本。

（三）产业发展"大而不优"

高新技术产业是新质生产力的主要推动者，是助推绍兴经济高质量发展的重要力量，通过科技创新能够不断提高生产效率和产品质量，从而拉动经济增长，为实现共同富裕奠定物质基础，但产业发展面临"大而不优""新而不强"等问题。2023年，高新技术产业增加值占规上工业比重仅为64.5%，在全省11个设区市中排第8位，相较于嘉兴的71.9%和温州的69.4%，差距仍较明显。缺少支撑产业创新的高能级平台，省级研发机构仅7家，占全省总数不到10%，仅居全省第6位；数字经济服务业规模较小、发展相对滞后，软件和信息服务业一直在全省第7、8名徘徊；规上工业亩均增加值和税收均低于全省平均值。缺乏显示度高、引领性强、战略意义大的"引擎"项目和龙头企业，2023年仅有1家服务业龙头企业入选省级服务业领军企业，影响力大、知名度高、底蕴深的区域特色品牌少，市场辐射带动能力不强。

另外，在人才方面，总体存在顶尖人才和青年科技人才偏少、技能人才紧缺等问题，与科技自强自立和现代化产业体系的需求还不够匹配，与周边先进地市相比存在一定差距。

（四）持续推动开放的动能有所欠缺

一般而言，对外开放水平越高的区域，经济增长越快，人民生活越富裕，城乡之间、各种群体之间的收入差距越小。但是，绍兴持续推动开放的动能不强，特别是外资项目储备不足。2023年，全市合同外资仅为13.08亿美元，同比下降37.60%，实到外资9.74亿美元，下降4.3%。新批三产项目252个，合同外资10.61亿美元，实到外资5.40亿美元，同比下降17.5%。另外，全年收集的332条外资项目信息绝大多数止步于"在谈阶段"，在谈重大项目仅

24个，签约项目仅9个。新引进的6个一亿美元以上重大项目大多停留在"签约阶段"，尚未真正落地。

（五）乡村建设不平衡不充分

缩小城乡差距，改善农村基础设施、公共服务，提高农村居民的生活质量，是实现共同富裕的重要途径。但是，绍兴乡村建设面临不平衡、不充分的问题，特别是一般村与示范村、精品村存在明显差距，局部"盆景"走向全域"风景"仍需持续用力。同时，与城镇相比，农村的基础设施和公共服务仍较为薄弱，特别是高山远山村、人口稀少自然村的基础设施和公共服务标准还比较低，燃气下乡、新能源汽车下乡存在诸多堵点难点。

增加农民收入是实现共同富裕的重点工作，农民工对收入增长期许较高。但是，农村集体经济和农民持续增收后劲不足。一方面，集体经营性收入相对薄弱村依靠自身"造血"功能实现消薄、强村的途径还需要进一步拓展。另一方面，受宏观经济影响，绍兴农村居民工资性收入较上年下降1.2%，农民收入持续、快速增长的难度较大。

（六）山海协作有待进一步深化

山海协作工作是指进一步发挥浙江的山海资源优势，大力发展海洋经济，推动欠发达地区跨越式发展，努力使海洋经济和欠发达地区的发展成为浙江省经济新的增长点，体现共同富裕应有之义。但是，在海洋经济方面，绍兴沿湾重点平台整体品质能级相对较低，与杭州钱塘新区、宁波前湾新区等协同不够紧密，推动相向发展、错位发展的体制机制尚未突破，区域协同有待提升，创新能力仍存短板。全市目前缺少知名度大、创新力强、辨识度高的涉海科研平台，海洋领域相关的研究型和专业型人才都有较大缺口。

另外，结对双方共建共享机制仍需迭代完善，如绍兴于2001年在全省率先探索建设山海协作"产业飞地"，即将迎来一批项目完工投产，亟待完善"飞地"运营管理机制、数据统计机制及收益分配机制；再如3个"消薄飞地"中有2个协议将于2024年到期，需要探讨新一轮共建路径。

三 绍兴忠实践行"八八战略"、扎实推进共同富裕的形势展望与政策建议

"八八战略"是引领浙江发展的总纲领、推进浙江各项工作的总方略，蕴含着共同富裕的鲜明价值取向，为浙江不断构筑共同富裕的基础提供战略指引。扎实推进共同富裕，是忠实践行"八八战略"、奋力打造"重要窗口"的题中应有之义；高质量发展建设共同富裕示范区，是忠实践行"八八战略"、奋力打造"重要窗口"的核心任务。

展望2024年，在动荡变革的全球大趋势下，世界面临新的不稳定、不确定和难预料因素，国际政治经济环境不利因素增多。国际方面，国际货币基金组织（IMF）的最新研究报告显示，2024年世界经济将继续处于中低速增长轨道，增长动力需进一步加强，增长分化趋势日益明显，全球通胀压力有所缓解。2024年1月9日，世界银行公布最新一期《全球经济展望》报告，将2024年全球经济增长预期从2023年的2.6%下调至2.4%，远低于2010年代3.1%的平均增长水平，这将使2020~2024年成为全球经济30年来增速最慢的五年。国内方面，国际机构在对世界经济表达严重担忧的同时，看好中国经济发展前景，2024年1月9日，世界银行预计2024年中国GDP增长4.5%，并于2024年6月11日将预期上调至4.8%，浙江省委、省政府提出坚持稳中求进、以进促稳、先立后破，完整、准确、全面贯彻新发展理念，紧扣"勇当先行者、谱写新篇章"新定位新使命，深入实施"八八战略"，扎实推进共同富裕示范区建设，强力推进创新深化改革攻坚开放提升，以三个"一号工程"为总牵引，深入实施"十项重大工程"，推动经济实现质的有效提升和量的合理增长，为全国大局勇挑大梁、多作贡献。绍兴市全面深化"五创图强、四进争先"，扎实推进产业提档、项目提效、环境提质、民生提优等重点任务，推动经济运行持续走在全省前列，勇闯中国式现代化市域实践新路子，奋力谱写新时代"胆剑篇"。

课题组认为，2024年，绍兴经济社会发展在保持回升向好态势的基础上将实现合理增长，在实现高质量发展中有望推动共同富裕取得更为明显的实质性进展。主要表现为生产端恢复加快，三次产业协同发展，工业指标向好，传

统产业持续升级；服务业稳中向好，居民出行意愿增强，将延续2023年疫情防控转段后的较快增长；农业平稳增长，农业产业振兴提升农业竞争力；需求端动能增强，投资、消费指标继续改善，外贸出口韧性彰显；就业、物价保持稳定，居民收入提高，经济运行质量和效益逐步好转。但当前国际环境复杂严峻，市场竞争压力仍然剧烈，需求不足、科技支撑能力不够强、民间投资活力减退等问题依然存在，一些结构性问题仍比较突出，高质量发展和共同富裕还需加力巩固。此外，房地产业能否改善、居民预期是否转变是重要的不确定因素，直接影响投资、消费甚至财政指标的表现好坏。

2024年是中华人民共和国成立75周年，是实施"十四五"发展规划的关键一年。绍兴坚定不移以深入实施"八八战略"引领高质量发展建设共同富裕示范区市域范例为契机，深入学习贯彻习近平总书记考察浙江重要讲话和考察绍兴重要指示精神，统筹推进三个"一号工程"，加强"三支队伍"建设，大力实施"十项重大工程"，全面深化"五创图强、四进争先"，打造具有绍兴辨识度、示范推广性、战略引领力的标志性成果，奋力谱写新时代"胆剑篇"，勇闯现代化新路子，持续推进共同富裕。

（一）谋篇"稳进立"，擘画新时代共同富裕新蓝图

坚持"稳中求进、以进促稳、先立后破"，在高质量发展中扎实推进共同富裕，锚定缩小"三大差距"主攻方向，推进公共服务"七优享"工程，聚焦教育、医疗、托育、养老、住房、助残、救助等领域，完善政策体系，增强优质服务供给，加速推动城乡公共服务和生活质量等值化进程，着力展示美好生活新气象。探索"扩中提低"新路径，深化对口支援、山海协作，打好"引联帮带促"组合拳，创新打造共富型大社保体系、社会救助与慈善救助融合等重点载体，构建系统性、全链条促就业创业政策支持体系。构建富有绍兴特色的现代乡村产业体系，以更大力度改革全面激活农村资源要素，拓展多渠道的财产性收入来源，为农村共同富裕奠定坚实物质基础，不断缩小城乡收入差距，让共同富裕成为人民群众真正看得见、摸得着、真实可感的事实。构建与共同富裕目标相匹配的社会治理新范式，推动新时代"枫桥经验"创新发展，创新安全生产、社会治安、矛盾调解、信访维稳、网络舆情等工作机制，拓展完善城市版、网上版、行业版"枫桥经验"，迭代"浙里兴村治社（村社

减负增效)"应用,提升基层治理体系和治理能力现代化水平,率先建设形成共建共治共享共同富裕的新格局,让发展含金量更高、驱动力更强、共同富裕成色更足。

(二)聚力"创改开",构筑高质量发展增长极

聚焦科技创新深化、重点领域改革、开放水平提升,深入实施"315"科技创新体系建设工程,构建全域全链创新体系,整体推进绍兴科创走廊2.0版建设,高水平建设鉴水、金柯桥、镜湖、滨海、曹娥江五大科技城,高质量打造产科教融合平台,深化科技成果转移转化机制创新,培养集聚高层次人才,厚植科技创新"沃土",最大限度激发各类市场主体创业创新活力。打响增值化改革品牌,落实落细"民营经济33条"优化迭代"枫桥式"护企优商模式,推进"大综合一体化"行政执法改革,持续完善市场准入、公平竞争、创业投资等制度,打造更加稳定公平透明可预期的营商环境。深入实施服务业高质量发展"十百千"工程,营造多元化消费新场景,加快城乡有机更新步伐,全力激发消费潜能。打好外经贸"稳拓调"组合拳,推进"2335"外贸保稳提质行动①,统筹推进绍兴综保区、跨境电商综试区等开放平台建设,培育壮大"产业集群(专业市场)+跨境电商""综保区+跨境电商"等新业态、新模式。深化"双招双引",深入推进"十业百展千企""引大引强引头部""丝路领航"等行动,深化合格境外有限合伙人QFLP试点,提升制度型开放和贸易投资便利化水平,着力招引一批规模大、层次高、带动能力强的外资项目,加快构建"投资绍兴"品牌。

---

① "2335"外贸保稳提质行动:"2"即到2025年,净增有外贸实绩企业2000家;第一个"3"即实施外贸主体"三百"工程,建立涵盖百家"龙头企业"、百家"潜力企业"、百家"种子企业"三个层级的外贸企业培育库,提供精准高效服务,助力外贸主体规模持续壮大;第二个"3"即到2025年,中国(绍兴)跨境电子商务综合试验区、绍兴综合保税区、浙江绍兴柯桥中国轻纺城市场采购贸易方式试点等3个国家级开放平台分别实现跨境电商年出口额300亿元、绍兴综合保税区年进出口额300亿元、市场采购贸易年出口额300亿元;"5"即到2025年,通过存量扩张和增量突破,外贸年进出口总额力争达到5000亿元。

（三）融合"产城人"，推动协同并进融合发展

树牢"以产兴城、以城聚人、以人兴业"发展理念，深入实施先进制造业强市"4151"计划，加快壮大研发设计、科技服务、软件信息等生产性服务业，更高水平推动数实融合、两业融合，推进产业集群式、高端化发展，构建特色鲜明的现代化产业体系，大力发展新质生产力，塑造先进制造新优势。持续深化融杭联甬接沪，加快市域一体融合，强化古城新城联动，构建"市域30分钟、杭甬30分钟、上海60分钟"交通圈。加强城市精细化管理，推动清洁城市提质拓展，打造人文经济学的绍兴范例。抓好环保督察反馈问题整改，深化生态环境导向开发（EOD）模式，推进全域"无废城市"、低（零）碳试点示范建设，拓宽生态产品价值实现路径，大力发展循环经济，加快发展方式绿色转型。完善教育科技人才"三位一体"高效协同推进机制，推动高等教育内涵式发展，深化人才管理改革试验区建设，推进战略人才"5232"①计划，落实落细《绍兴市人才发展促进条例》，迭代人才新政，持续推进人才服务增值式改革，滚动实施人才服务"十件实事"。锻造"胆剑血脉"高素质干部队伍，打造"名士之乡"高水平创新型人才和企业家队伍，建强"技能社会"高素养劳动者队伍，在共同富裕的道路上"争先进位、走在前列"注入持久精神动能，助推新时代绍兴乘势而上、再攀新高。

（四）深耕"文商旅"，激发文化赋能共富活力

以加强文脉传承、提升优质文化供给、全域串联精品游线为抓手，推进文商旅深度融合，构建起与新时代共同富裕相适应的先进文化，持续擦亮城市文化金名片，为促进共同富裕塑造竞争新优势。激活地方历史文化资源，严格落实大运河（绍兴段）遗产保护管理规划，统筹推进遗产保护、基因解码、文艺创作、文旅开发各项工作，组织开展运河文化年系列活动，打造大运河文化保护传承利用的绍兴样板。做实古城申遗基础文章，深入推进绍兴文化研究工

---

① 战略人才"5232"计划："5"即通过5年时间，全方位打造战略科学家、一流科技领军人才和创新团队、卓越工程师、青年科技人才、高技能人才等5支战略人才力量；第一个"2"即集聚全球顶尖人才20名左右；"3"即新引进培养省级以上科技领军人才、卓越工程师、优秀青年人才各300名；第二个"2"即新增高技能人才20万名。

程，实施考古"启明星"计划和文艺创作攀峰计划，启动"传统戏剧振兴计划"，加大越剧传承保护力度，同时发挥绍兴市内博物馆众多的优势，加快"博物馆之城"建设，扩大优质文化供给，发挥文化铸魂塑形的强大支撑力量。加快提升"一廊三带"发展能级，把千年古城作为文商旅深度融合主战场，建成运营小吃、茶饮、酒吧三条特色街区，积极创建曹娥江、会稽山国家旅游度假区，支持兰亭、穿岩十九峰景区争创 5A 级旅游景区，加快陆游故里、越王城广场、若耶·铜谷小镇等项目建设，积极构建"1+3+X"水上黄金游线①体系，办好"古城过大年""山阴城隍庙会""宋韵文化节"等文旅IP，推动全域"串珠成链"，塑造"胆剑血脉"鲜明标识，擦亮精神共富文化底色。

（五）筑基"乡富强"，引领和美越乡全面振兴

聚焦农业高质高效、乡村宜居宜业、农民富裕富足，深化新时代"千万工程"，大力发展乡村特色产业，高水平推动基础设施、公共服务、资源要素向农村延伸覆盖，绘就"千村引领、万村振兴、全域共富、城乡和美"的新画卷。强化科技改革双轮驱动，统筹耕地保护和粮食安全责任制考核，深入实施粮食生产功能区"百千"工程，布局建设现代农事服务网络体系，提升粮食安全保障，提升农业竞争力。持续改善农村人居环境，实施"和美创建比拼年"活动，实施农房改造、管线序化、村道提升"三大行动"，推进村级寄递物流综合服务站建设，深化农村供水共富提质行动，健全农村环境管理长效机制，全力构筑"和美越乡"。迭代升级飞地模式、强村公司、共富工坊等载体，支持农民多渠道自主创业，培育壮大劳务品牌，健全涉农企业扶持政策与带动农户就业增收挂钩机制，推动乡村振兴和共同富裕。深化强村富民集成改革和农村工作指导员制度，推进农村宅基地制度改革试点，增加农民土地流转、闲置农房激活等财产性收入，因村制宜实施集体经济增收项目，对低收入农户持续开展全覆盖监测和精准帮扶，加快实现农民增收、产业增效、生态增值，全方位促进农民农村共同富裕。

---

① "1+3+X"水上黄金游线："1"即古城环城河夜游路线（含内河、外河）；"3"即以古城为起点，东、西、北三条重点水上游线；"X"即各区、县（市）积极打造以上"水上黄金游线"，形成产品丰富、内容多样的水上旅游矩阵。

参考文献

本报评论员：《奋力谱写新时代胆剑篇》,《绍兴日报》2024 年 1 月 2 日。

本报评论员：《中国共产党绍兴市第九届委员会第四次全体会议关于深入实施"八八战略"敢为善为图强争先勇闯中国式现代化市域实践新路子的决议》,《绍兴日报》2023 年 7 月 31 日。

市域共富篇

B.2

2023年绍兴党建引领乡村
共同富裕发展报告[*]

张 乐 占志刚 张焕均[**]

摘 要: 共同富裕重在农村,关键在基层党建引领。近年来,绍兴市深入贯彻中央、省委关于抓党建促乡村振兴的系列部署,按照"组织工作助跑共富行动"的总体安排,立足融入长三角一体化发展、助推建设中国式现代化市域范例大局系统谋划、科学布局,强调以政治引领锻造领雁队伍,以组织引领活用党建联建,以激活发展动力,凝聚发展力量,把党的组织优势切实转化为推进乡村振兴、助跑共同富裕的发展胜势,在党建引领乡村共同富裕方面积累了宝贵的经验。但同时,在推进乡村共同富裕的过程中,缺乏统筹协调、后备人才匮乏、长效机制不足等问题亟待破解。因此,绍兴应注重以党建引领人才赋能、文化振兴、组织变革等方式深入推进乡村共同富裕,不断推动乡村高质

---

[*] 本文所使用的数据除特别注释外,均来源于绍兴市委组织部相关材料。

[**] 张乐,中共绍兴市委党校(绍兴市行政学院)、绍兴市社会主义学院党建研究中心副主任、讲师,研究方向为基层党建;占志刚,中共绍兴市委党校(绍兴市行政学院)、绍兴市社会主义学院党史党建教研室主任、教授、法学博士,研究方向为政治哲学、法哲学以及基层党建;张焕均,中共绍兴市委组织部组织一处处长,研究方向为基层党建。

量发展，让绍兴广大农民共享改革发展成果。

关键词： 基层党建　共同富裕　党建联建　组织体系　绍兴

习近平总书记 2021 年 5 月 13 日在河南省南阳市考察时强调，推进共同富裕，"要发挥好基层党组织的作用和党员干部的作用"。近年来，绍兴深入贯彻中央、省委关于抓党建促乡村振兴的系列部署，按照"组织工作助跑共富行动"的总体安排，立足融入长三角一体化发展、助推建设中国式现代化市域范例大局系统谋划、科学布局，强调锻造领雁队伍、活用党建联建、激活发展动力、凝聚群众力量，把党的组织优势切实转化为推进乡村振兴、助力共同富裕的发展胜势。2022 年农村居民人均可支配收入突破 4.5 万元，位居全国第 3 位；2023 年农村居民人均可支配收入达 48825 元，较 2022 年增长 6.8%，继续稳居全国第 3 位。① 绍兴在党建引领乡村共同富裕方面积累了宝贵经验。

一　绍兴党建引领乡村共同富裕的主要做法

（一）党建铸魂：锻造领雁队伍推动乡村共同富裕

抓党建促乡村振兴，村党组织书记是灵魂人物，党组织是战斗堡垒。但目前部分村党组织书记善于守成，不善创业，致富带富作用不强的短板比较明显。因此，绍兴坚持把选优配强"当家人"作为乡村振兴的基础和关键，秉持"选好一个人，建好一个村"的理念，全面打造一支"懂产业、善经营"的领雁队伍。

一是推动书记进大学。农村产业发展和转型缓慢一方面受客观条件限制，但另有一部分原因在于村党组织书记文化水平不高，眼界思路受限，没有产业思维和经营理念，"守着金山等靠要"。为破解村党支部书记不愿发展、不会经营的问题，绍兴全面推进"领雁队伍培训赋能行动"和"村社干部学历提

---

① 资料来源：2023 年和 2024 年绍兴市政府工作报告。

升行动",推动村党支部书记"走出去"开眼看世界,联合同济大学、浙江大学等高校举办乡村振兴先行班、8090村党组织书记示范培训班等班次,每年抽调近百名书记走进课堂学习"三农"前沿知识、先进地区经验重塑经营理念。常态化开展以赛带训,定期举办"领雁"擂台赛,通过"培训+交流+研讨+赛比"工作机制,进一步浓厚比学赶超的氛围,截至2023年底,市县两级已组织300余名村党组织书记上台交流发言,作经验分享或村庄推介,把村党支部书记培养成具备现场产业思维的新时代乡村经理人。充分用好本地高校、开放大学等高教资源,联合开办"村社干部学历提升班",组织176名村党支部书记和714名"两委"干部、后备人才报考更高层次学历学位,攻读农经管理类、农村产业类等对口专业,其中近200人已经取得学历学位证书,全面提高村干部履职能力和管理水平。

二是吸引能人回农村。深入研究当前乡村振兴对基层组织和村(社区)干部队伍的能力需求,以超常规力度、举措全面推进村党支部书记队伍专业化、年轻化建设,回答好"谁来当书记"的问题。探索实施"群雁回归"计划,借助村(社区)换届和"回头看"契机,推动区县乡镇"下深水"寻贤访能,累计招引437名在外人才、企业经营者到村担任"一肩挑"书记。从后续运行来看,回引人才"当家"的村庄平均村级创业项目比全市平均数高65%,干事创业进度较平均水平高30%,涌现出一大批干事有思路、创业有成效的"后起之秀"。特别是2023年绍兴下大决心推进村(社区)党组织换届"回头看",调整"一肩挑"书记222人,其中60岁以上村(社区)党组织书记132人,累计挖掘、调整、储备村级主职干部后备人才5087人,明确了"凭能力、看实效、重潜力"基层选人思路,有效优化了基层干部队伍结构,确保"三农"事业长远发展后继有人。

三是振兴实绩看榜单。为进一步提升村党组织书记抓党建促发展的干事创业劲头,聚力破解村干部实绩难考量的核心难点,创新开发"浙里兴村治社(村社减负增效)"数字化应用,以数字技术把村干部的考核管理流程嵌入事项业务办理流程当中,科学赋分、实时记录、据实评分。设置村集体"兴村治社榜"和农村干部"先锋干部榜",以乡镇(街道)为单位对村干部业绩进行实时排位、实时晾晒,并综合分析各村班子结构形成"领雁指数",村党支部书记和"两委"干部60%的考核指标源于应用,形成"定量定性结合""线

上线下联动"的多维动态立体考评体系,得分排位与报酬发放和评先评优直接挂钩,部分区县村党支部书记年终报酬差距达到3万元以上,有效解决干部"干好干坏、干多干少一个样"的问题。

(二)党建联建:活用机制推动乡村共同富裕

在高速城市化背景下,资源、资金向城市集聚,乡村产业缺乏必要的要素支撑。绍兴市用好党建引领社区共建(即社区"契约化"共建)的成熟经验,把结对联建模式拓展到乡村振兴领域,通过优化党在基层的组织体系、运行方式,打通二、三产业反哺农业、城乡协同发展的互动通道,推动政策向乡村倾斜、要素往乡村回流、产业到乡村落户。

一是部门联建集成资金资源。全面重塑"千万工程"推进机制,从2017年起全域开展"五星达标、3A争创"①,以党建联建的理念和方法,打造农村工作"一盘棋"格局。推动涉农部门一体统合,由市县两级组织部门牵头抓总,成立领导小组实行专班运作,统合21个涉农部门,完善部门多跨协同、市县乡村一体贯通的推进机制。推动涉农资金深度整合,市县联动每年划拨2.5亿元专项资金作为"五星3A"争创专项资金,根据创建情况以奖代补。发挥财政资金"拳头"聚合效应,有效撬动涉农社会资本、涉农产业项目投向乡村,市县两级累计整合各类涉农资金118.48亿元,其中社会资本超41亿元,重点用于打造"一村一品""一村一业",共建成"五星达标村"1579个,占行政村总数的90%,"3A示范村"197个,村庄面貌焕然一新。

二是区域联建推动抱团发展。依托绍兴土特产品众多、生态人文底蕴深厚的优势,从市县层面进行总体谋划,指导基层推进"乡村连片开发、产业整体经营",推出"运河共富带""西白忘忧""下岩贝·金山上"一系列乡村农文旅一体发展品牌项目,以组织联建链接区域内村与村、村与企的合作通道,通过以强带弱、上下游产业对接、整体规划开发等模式,充分激活乡村资源禀赋,推进产业互补做强等,串点连线成片,形成规模效应、错位优势。如柯桥区平水镇推进"王化模式"联合五个行政村开展片区党建联建,激活闲

---

① 五星包括党建星、富裕星、美丽星、和谐星、文明星,3A是指达到国家3A级旅游景区标准,以下简称"五星3A"。

置农房 320 间，流转集体物业约 4000 平方米，引入"金秋家园"养老养生综合体项目，带动 120 户农户户均增收 2 万元。上虞区岭南乡东澄、青山、许岙等 3 个村组建强村公司，打造以"三个月亮"共富工坊为核心的共同富裕示范带，做精环覆卮山景区经济，每年为村集体经济增收 20 万元以上。设立全省首个"共富工坊"专项公益基金，实行"赛马争先"工作机制，优先补助优质项目，给予 20 个工坊奖补资金 1120 万元。

三是村企联建强化产业引领。针对农村产业发展存在的资金资源短缺、技术支撑不足、营销手段滞后等问题，探索市场化运营机制，引导各地有针对性地通过引入企业、引进项目，促成政企村跨界联动，把农村农业产业小循环融入当下市场大循环当中。组织市县机关部门、400 余家国有企业非公企业（商会）发挥资源优势、专业优势，与集体经济薄弱村、偏远山区结对共建，落实强企联弱村、企业带共富，组建村企合作的强村公司，推动产业异地布局、工坊开设进村，累计建设"共富越工坊"910 家，吸纳农村剩余劳动力 4.5 万余人。全市组建强村公司 206 家，2023 年实现利润 3.04 亿元，村均收益达到 14.3 万元。如绍兴市黄酒集团与新昌县七星街道组建"京生爱酒"共富工坊，推行"公司+基地+农户"发展模式，32 个村（社区）每年参与利润分配。同时各地依托块状经济优势、汇聚越商英才，推动更多民营企业和民间资本投入农村，如诸暨市枫桥镇杜黄新村引入专业团队，探索"枫桥经验"研学、农耕体验等农旅融合新业态。

（三）党建聚智：吸引乡创人才推动乡村共同富裕

当前，人口向城市流动依然是大势，大批年轻人离开农村到城市谋求更好的发展机会。面对乡村振兴人才短缺严重情况，绍兴持续深化推进"人才赋能'千万工程'，全面开展乡村人才振兴先行市"行动，聚焦推动乡土、乡贤、乡创人才三支队伍，全面激活乡村创业、创新、创意事业，为全面推进乡村振兴提供有力人才支撑。

一是放眼全球揽人才。连续两年举办中国·绍兴"乡村人才振兴"全球创新创业大赛，把引才目光投向全国乃至全球，像招引领军人才一样招引乡村振兴人才，围绕农业科技、基因技术、数字农业等产业在重庆、西安等地进行巡回赛比，吸引"高精尖"人才、项目。2022 年首届大赛共征集到 158 个海

内外乡村创业创新项目，其中博士领衔项目占比24.1%，硕士以上人才领衔项目占比58.2%，14个项目入围决赛并签约落地绍兴。其中，荣获一等奖的中国兰花产业核心技术集成与市场开发项目落户兰花之乡柯桥区漓渚镇，使花木产业走上了科技之路。目前，绍兴各地积极推进以赛引才模式，柯桥区承办全省农村创业创新大赛绍兴赛区选拔赛，上虞区举办中国·上虞农创客大赛，不断吸引优质农业创业创新项目落户绍兴大地，全面提升农村产业发展品位。

二是立足本土育人才。实施"万名农创客培育计划"，举办农创客助力"千万工程"擂台赛，展示绍兴乡创人才整体风貌，扩大影响力，截至2023年底，已有4705名农创客被纳入各级农业部门常态关注帮扶名单。除了加强对农创客自身的培育外，还积极为农创客搭建发展平台，如市级层面评选出十佳农创客基地，给予政策倾斜；越城区成立农创客发展联合会；柯桥区成立"稽东青创联盟""王坛新青年人才联盟"等，在全社会营造"重视乡创、重视创客"的良好氛围。聚焦打造友好的农村创业环境，强化平台支撑，大力推进建设一批高能的现代农业园区、特色农业强镇、重点农业企业研究院等产业平台，精心打造乡村人才创业园、孵化基地、青创农场、星创天地、科技小院、众创空间等创业创新平台，构建层次分明、布局合理、功能完善的平台支撑体系，吸引一大批农创客团队入驻，为人才就近就地创业提供平台载体。

三是因地制宜用人才。聚焦"用得好"，想方设法创造条件优化乡村人才生态，让各类人才在乡村创业有机会、干事有舞台、发展有空间。探索研究乡村合伙人、乡村CEO模式，把一些具有良好经济效益、带富效益的乡创项目负责人纳入村级后备干部，或聘请为村庄发展顾问等，让其"留人又留心"，帮助村里进行产业规划，帮助开展经营，把人才优势、项目优势转化为振兴优势。建立分类帮扶机制，探索乡村人才分类评价标准，评选乡村振兴"领雁计划"人才，对103位入选乡村振兴"领雁计划"人才给予一次性2万元奖励，属创业人才的再给予贷款额200万元内按基准利率两年全额贴息。深入实施金融助力乡村人才创业创新专项行动，打造"金融惠农直通车"数字平台，丰富金融产品、提高授信额度、降低融资成本，全方位加大乡村人才金融支持。

（四）党建凝心：激活主体力量推动乡村共同富裕

绍兴是"枫桥经验"的发源地，"枫桥经验"发动群众、依靠群众、为了群众的核心内涵在乡村振兴实践中同样作用巨大。近年来，绍兴聚焦群众对乡村振兴了解不够深入、参与不够主动等问题，发动党员带着群众齐心合力一起干，实现乡村振兴事业人人参与、共同富裕成果人人享有。

一是组织"领"在前。主动适应"一肩挑"改革带来的农村基层治理变革，根据《浙江省村级组织工作规则》，出台落实绍兴市村干部守则、开展村级组织正常运行10项"基本制度"集中整治，全面规范村级组织运行。坚持和发展新时代"枫桥经验"，深化实施村级重大事项"五议两公开"决策程序，如诸暨市枫桥镇探索实施村级重大事务决策"三上三下三公开"机制，"一上一下"收集议题、"二上二下"酝酿方案、"三上三下"审议决策，推动表决结果公开、实施方案公开、测评结果公开等"三公开"，纠正和杜绝村干部违法违纪决议，确保决策科学。尊重村民主体地位，如新昌县东茗乡后岱山村建立村情"大喇叭"，有事及时向村民通报，做到大事村民第一时间知晓，要事第一时间召集村民协商。

二是干部"走"在前。深化新时代"民情日记"和驻村指导员制度，推动领导干部"四下基层"，实施市级机关部门"一对一"挂联乡镇，市县领导干部联系软弱落后村、集体经济薄弱村，或者担任第一书记，从乡村振兴最薄弱处着手，靶向破题。深化驻村指导员制度，把抓党建促共富列为指导员核心职责，挑选基层党建工作经验较丰富、带富能力较强的党员干部，以专兼职形式联系一个经济相对薄弱村，为该村制定一项强村规划，深度参与联建运行，办好富村实事。如驻村指导员制度先行地柯桥区兰亭街道谢家坞村，在六任指导员的接续奋斗下，深化土地确权赋权改革，推行土地流转，推行"公司+股份经济合作社+农户"发展模式，引进露营帐篷、童享乐园等共富项目，集体经营性收入从2003年的30余万元增加到2023年的531.57万元，村民人均年收入由7000余元增长到60000余元，实现乡村精彩蝶变。

三是党员"干"在前。聚焦农村生态、生活与生产提升工作，深化"亮旗"行动，推动广大党员亮身份亮承诺，把干事创业、服务发展作为先锋模范作用发挥的主战场。市县乡三级建立党员志愿服务队伍2200余支，各级党员认领绿化保护、卫生保洁等责任岗18万个，助力开展治水剿劣、清卫环保、美化家园等志愿服务8750余次。在党组织和党员干部带动下，广大群众以主人翁姿态，从整治门前屋后环境、清理乱堆乱放、投身治水拆违、美化修缮农

宅做起，逐步投工投劳、深度参与村级事务，形成党群合力促振兴的浓厚氛围。

二　当前绍兴党建引领乡村共同富裕面临的问题与挑战

（一）在"谁能引领"层面，后备力量不足制约乡村共同富裕

一方面，一些乡村党组织"后继乏人"的问题凸显。调研发现，当前"后继乏人"问题大体分为以下三种情形。一是"强村强书记"，后备干部干事热情不足。在一批工作经验丰富、治村有方法的强村党支部书记带动下，一批批的明星村逐渐涌现。这些村党支部书记在村中的地位和影响力往往很高，对于村庄的发展举足轻重。在这种情况下部分明星村后备干部缺少干事创业的热情以及独当一面的锻炼空间。二是"强村弱书记"，后备人选竞争激烈。在具有一定发展优势与资源的村庄中，若现任书记未能整合全村资源与利益并对村庄发展作出重大贡献，那么下一届村"两委"成员尤其是书记人选往往成为各方竞争的焦点，在这种背景下较难产生既有公心又有担当的村党支部书记。三是"弱村弱书记"，后备人选无人问津。在资源禀赋及发展潜力较弱的村庄，年轻人逐渐流失，治村事业往往很难吸引优秀人才参与，这类村庄普遍出现"无人可选"的情况。另一方面，当前一些村党支部书记能力有限，无法适应村庄高质量发展的现实需要。一些村党支部书记缺乏统筹意识，很难将任务分解、工作下派，村"两委"无法形成合力；一些村党支部书记缺乏系统思维与担当精神，缺乏对村庄发展的整体规划与运营，墨守成规导致村庄几十年来变化并不明显，错过了较好的发展阶段；一些村党支部书记缺乏数字化能力，当前越来越多的工作需要在指尖完成，运用数字思维推动乡村高质量发展的能力不足。

（二）在"引领什么"层面，内生动力不足制约乡村共同富裕

绍兴20年来始终坚持将"千万工程"作为推动乡村发展的重要引擎，村庄的人居环境明显改观，基础设施日益完善，但当前部分农村基层党组织存在重"显绩"、轻"潜绩"的情况，在没有上级大量财政支持的情况

下，对村庄自身资源优势的挖掘不足，且一些村庄的资源优势尚未转化为经济效益，"千村一面"的现象仍待解决。究其原因主要有以下三个方面。首先，村党组织缺少对村庄特色资源的充分挖掘。村庄的特色资源是培育村庄优势主导产业的基础。村庄的资源禀赋不同，发展基础和模式也就不同。当前基层党组织对村庄发展资源的挖掘尚显不足，尤其是对本地文化资源的挖掘并未成为绍兴村庄发展的重要着力点。其次，党委政府及其部门缺少村庄发展统筹规划。当前村庄发展缺乏绍兴市级层面系统全面的规划统筹，一方面涉农部门较多，在"五星3A"创建工作之后缺少有效的抓手推动协调配合，部门之间难以形成合力。另一方面乡村或片区往往单独发展，并未从全市域或片区的角度进行整体谋划设计，出现村庄同质化现象，且难以串点成线。基层党组织的资源整合优势也因缺少上级支持而难以发挥作用。最后，缺少对村庄发展的运营支持。当前除少部分村庄由于创建需要能够获得运营支持以外，绝大部分乡村缺少专业团队的运营打造，村庄里懂运营的人才更是稀缺，因此很难将村庄特色资源转化为经济优势从而带领村民致富。

（三）在"如何引领"层面，抱团发展不足制约乡村共同富裕

调研发现，当前村庄抱团发展的力度还不够。"党建联建"虽为乡村抱团发展、寻求合力的有效手段，但还存在诸多问题。首先，"为了联建而联建"。一些基层干部将"联建"作为基层党建出成绩的重要手段，简单地在本无资源互补关系的党组织间建立党建联建机制，甚至有些乡镇（街道）直接将其所辖村（社区）党委简单组建一个"党建联建"机制，并冠以党建品牌，推动共同富裕的效果十分有限。其次，联建"重党建轻项目"。只将"党建联建"的重点局限在党日活动的开展、党员教育的互动以及党务工作的交流等工作中，仅仅对党建资源进行部分整合，而忽视"党建联建"作为共同富裕抓手的引领作用。最后，联建"雷声大雨点小"。一些"党建联建"前期举行声势浩大的联建签约仪式，但后期缺少制度、财政和人事保障，使其对联建机制内成员的制约作用较难发挥，只有正面表扬没有负面清单。又因缺少日常工作机制，联建决议很难落地发挥成效，其长效性更是大打折扣，出现"重开头轻过程无结果"的情况。

三　绍兴党建引领乡村共同富裕的对策建议

2023年12月20日，中央农村工作会议在北京召开，习近平总书记对"三农"工作作出重要指示，指出："推进中国式现代化，必须坚持不懈夯实农业基础，推进乡村全面振兴。"面对绍兴党建引领乡村共同富裕存在的问题，应当注重以人才赋能推动乡村共同富裕、以文化振兴推动乡村共同富裕、以组织变革推动乡村共同富裕，不断推动乡村高质量发展，让绍兴广大农民共享改革发展成果。

（一）加强挖掘培育，以人才赋能推动乡村共同富裕

人才兴则乡村兴，人才强则乡村强，人才是乡村振兴中最关键、最活跃的因素。习近平总书记视人才振兴为乡村振兴的基础，提出要推动乡村人才振兴，把人力资本开发放在首要位置，强化乡村振兴人才支撑，要激励各类人才在农村广阔天地大施所能、大展才华、大显身手。一是要加大力度挖掘人才。把产业经营能力作为村主职干部储备和招引的重要考量，把企业经营者、优秀管理人才作为村级后备干部重点培育对象，不断提升后备干部队伍的整体能力与素质，保障乡村振兴事业长远发展。二是要加大力度培养"头雁"。把发展产业、推动致富能力作为考评村党支部书记的核心指标，把经营能力培养作为村社干部培训赋能的主要内容，倒逼书记重视产业、思考发展、寻求突破。要创新培训形式，多采用案例教学、现场教学以及座谈交流等形式帮助村干部培养运营思维与运营能力，将村庄的发展思路作为培训分组研讨的重点，帮助村干部拓宽视野、厘清方向。三是要加大力度激活乡贤力量。乡贤熟悉家乡人文优势和发展基础，同时自身拥有多种发展资源，能够在为村庄谋出路、促发展、惠民生等方面发挥重要作用。要坚持把乡贤工作摆在乡村振兴大局中，从政策出台、机制完善等方面发力，加大宣传力度、弘扬乡贤文化，为乡贤回乡创业营造更好的环境。

（二）加强统筹协调，以文化振兴推动乡村共同富裕

习近平总书记指出："全面推进乡村振兴，要立足特色资源，坚持科技兴

农，因地制宜发展乡村旅游、休闲农业等新产业新业态，贯通产加销，融合农文旅，推动乡村产业发展壮大，让农民更多分享产业增值收益。"历史文化资源是推进乡村旅游、推动共同富裕的重要载体。绍兴是历史文化名城，尤其是辖区内会稽山位列中华九大名山之首、五大镇山之一，拥有丰富的自然景观与人文资源，其主脉穿过绍兴辖区范围内多个区、县（市），孕育了绍兴文脉、胆剑血脉与红色根脉，也给绍兴乡村发展留下宝贵的文化富矿。因此可依托会稽山文化资源，助力乡村高质量发展。一是市级层面要加强部门统筹。组建"稽山鉴水富乡村"工作专班，出台相关政策、完善组织架构、统筹涉农部门与涉农资金，强调规划引领与标准引领，实现市县乡三级联动与区域内乡村统筹发展，将党的组织合力转化为发展的重要支撑力。二是农村基层党组织要下大力度挖掘文化资源。会稽山区域内乡村的"两委"班子成员要带头充分挖掘村庄发展的历史文化资源，包括但不限于村落空间形态、古建筑的独特风貌、非物质文化的活态传承、历史人物故事。三是县级层面要加强全方位运营指导。注重将文化价值转变为经济价值，从文化传承、教育溯源与旅游开发的角度进行全方位设计规划，在规划过程中注重文化资源的有效转化与差异化发展，串点成线形成有形有貌、可观可感的乡村旅游路线。可向村庄选派文化指导员，并加强与文化领域专家学者以及高校等科研院所的合作，加强专业性的学术指导与规划执行，为乡村文化振兴提供智力支持。

（三）加强联建抱团，以组织变革推动乡村共同富裕

当前单个村庄"单打独斗"已经很难适应乡村振兴的新形势新要求，因此应当以组织变革推动政策聚合、机制耦合、资源整合、产业融合，助力乡村共富蝶变。一是不断丰富联建模式。充分发挥绍兴党建联建机制先行优势，打破行业、条线、区域边界，全力打造"共富越工坊"品牌，大力推广片区联营、村企合作等联建模式，让党建链嵌入村（社区）发展产业链、营销链、人才链之中。二是全市调配联建资源。充分统筹各党组织资源优势，对于未能实现精准配对或发展需求和治理痛点靠自身力量难以找到合作对象的党组织，尤其是较偏远地区的基层党组织，应当重点关注并在全市域资源统筹的基础上帮助其配对进行联建。三是深入拓展联建服务功能。依托党建联建深化强村富民集成改革，高水平推进农村软硬件设施提升，深化农村公共服务"七优享"

工程，增强优质服务供给，持续提升居民幸福感。四是完善联建运行机制。党建联建的日常机制不应局限在如"例会制""召集制"等简单的运行机制中，而是应当对联建机制中"头雁"的选择、项目的推进、奖惩的完善进行更多地思考，切实提升"党建联建"机制的有效性和长效性。

参考文献

中央党校采访实录编辑室：《习近平在浙江》，中共中央党校出版社，2021。

中共浙江省委党校、浙江行政学院编著《勇立潮头——走在前列的浙江样本》，浙江人民出版社，2017。

浙江省习近平新时代中国特色社会主义思想研究中心编著《习近平新时代中国特色社会主义思想在浙江的萌发与实践》，浙江人民出版社，2021。

本书编写组：《干在实处 勇立潮头——习近平浙江足迹》，浙江人民出版社，2022。

原珂：《组织创新引领乡村振兴："组织联带"驱动共同富裕——基于P县拱市联村的个案分析》，《河南社会科学》2023年第5期。

费坚：《全面推进乡村振兴须强化党建引领》，《人民论坛》2023年第20期。

王琳：《党建赋能农民农村共同富裕：核心要义、内生逻辑与实践策略》，《甘肃社会科学》2022年第5期。

B.3

2023年绍兴奋力打造产业创新升级、
经济繁荣的市域范例发展报告[*]

宋潞平　惠佩瑶[**]

摘　要： 2023年，绍兴地区生产总值为7791亿元，比上年增长7.8%，在产业创新升级和经济繁荣发展方面亮点纷呈。坚持项目为王，连续两年获得浙江省投资"赛马"激励奖项；政策发力明显，17个项目被列入浙江省重大产业项目；产业提质增效，连续两年获国务院"工业稳增长和转型升级成效明显市"督查激励等。2024年浙江省委"新春第一会"提出"全力打造高素质干部队伍、高水平创新型人才和企业家队伍、高素养劳动者队伍"，绍兴市委"新春第一会"剑指高质量项目大突破，2024年绍兴产业升级和经济发展政策制定必将紧紧围绕"三支队伍"建设和高质量项目发展等持续展开。

关键词： 经济发展　产业升级　绍兴

2023年是全面贯彻党的二十大精神的开局之年。面对复杂多变的全球经济社会环境和颇为繁重的改革发展稳定任务，我国2023年经济社会发展主要目标任务圆满完成，高质量发展扎实推进，社会大局保持稳定，全面建设社会

---

[*] 本文所使用的关于绍兴的数据全部来自绍兴市《2024年政府工作报告》（https://www.sx.gov.cn/art/2024/2/7/art_ 1229265336_ 4109049. html），其余城市的数据来自各地的政府工作报告（2024）。

[**] 宋潞平，中共绍兴市委党校（绍兴市行政学院）、绍兴市社会主义学院经济学教研室主任、副教授，研究方向为宏观经济；惠佩瑶，中共绍兴市委党校（绍兴市行政学院）、绍兴市社会主义学院经济学教研室讲师、经济学博士，研究方向为数字经济理论与实践、传统产业转型升级。

主义现代化国家迈出坚实步伐①。同时，2023 年是绍兴发展史上具有重要里程碑意义的一年，习近平总书记 9 月 20 日在绍兴市考察调研，赋予绍兴"谱写新时代胆剑篇"重大使命，彰显了总书记对绍兴人民的关怀厚爱、对绍兴发展的殷切期望，为绍兴奋进新征程、建功新时代指明前进方向、提供根本遵循。2023 年，绍兴地区生产总值为 7791 亿元，按不变价格计算，比上年增长 7.8%；规上工业增加值增长 10.8%，增速位居全省第 2；固定资产投资增长 10%，其中高新技术产业投资居全省第 3 位；出口总额增长 11.8%、全社会消费品零售总额增长 9.1%，均居全省第 2 位；完成财政总收入 926.6 亿元、一般公共预算收入 578.7 亿元；城乡居民人均可支配收入达 80392 元、48825 元，分别居全省第 2、3 位。

一 2023 年绍兴经济运行和产业发展基本情况

（一）经济总量稳步向前

2023 年，我国国内生产总值突破 126 万亿元，26 个城市的地区生产总值（GDP）突破 1 万亿元。从全国范围来看，上海 GDP 达 47218 亿元，蝉联第 1 名；北京和深圳的 GDP 分别达到了 43760 亿元和 34606 亿元，位居全国第 2 名和第 3 名。2022 年，绍兴 GDP 居全国第 34 位，2023 年这一指标维持不变，较第 33 位的昆明少 73 亿元。

从浙江省内的情况来看，杭州的 GDP 达到了 20059 亿元，实现 1306 亿元的增量；宁波 GDP 达到了 16452 亿元，实现 748 亿元的增量。绍兴 2023 年的 GDP 较省内第三名温州少 939 亿元，而 2022 年绍兴 GDP 离温州只相差 680 亿元，绍兴与第三名的差距在 2023 年有所扩大（见表 1）。

对绍兴市内情况进行分析，2023 年，柯桥区依然实现全市领跑，全年 GDP 为 2030 亿元，GDP 实际增长率为 8.3%。诸暨市 GDP 达 1755 亿元，GDP

---

① 《政府工作报告——2024 年 3 月 5 日在第十四届全国人民代表大会第二次会议上》，中国政府网，2024 年 3 月 12 日，https://www.gov.cn/gongbao/2024/issue_11246/202403/content_6941846.html。

实际增长率为 7.6%，总量排名依然位居第 2。越城区和上虞区的 GDP 总量差距不大，分别为 1330 亿元和 1317 亿元。嵊州市和新昌县的 GDP 总量分别为 750 亿元和 606 亿元。

表1　2023 年全国 GDP "40 强" 城市

单位：亿元

排名	城市	GDP	排名	城市	GDP
1	上海	47218	21	泉州	12050
2	北京	43760	22	西安	12010
3	深圳	34606	23	南通	11813
4	广州	30355	24	东莞	11438
5	重庆	30145	25	烟台	10162
6	苏州	24653	26	常州	10116
7	成都	22074	27	唐山	9133
8	杭州	20059	28	徐州	8900
9	武汉	20011	29	大连	8752
10	南京	17421	30	温州	8730
11	天津	16737	31	沈阳	8122
12	宁波	16452	32	厦门	8066
13	青岛	15760	33	昆明	7864
14	无锡	15456	34	绍兴	7791
15	长沙	14470	35	潍坊	7600
16	郑州	13600	36	石家庄	7543
17	佛山	13276	37	扬州	7423
18	福州	13100	38	盐城	7403
19	济南	12757	39	南昌	7203
20	合肥	12673	40	榆林	7091

资料来源：表中 40 个城市 2023 年度公报。

（二）产业发展各有千秋

农业生产方面，绍兴市持续推进"千万工程"，深入实施农业"双强"行动，全力保障农业生产，主要农产品产量稳步提升，农业生产保持良好发展态势。2023 年，全市农林牧渔业总产值 369.0 亿元，增长 4.0%。全市粮食播种

面积 180.54 万亩，总产量 75.32 万吨，同比分别增长 0.4%、5.0%，粮食播种面积、总产量连续 14 年位居全省第 2 位。渔业产量 13.4 万吨，同比增长 4.9%。

工业生产方面，规模以上工业中有 22 个产业增加值实现正增长，其中 14 个产业的增速高于全市平均值。值得一提的是，电气机械和器材制造业、计算机通信和其他电子设备制造业、专用设备制造业在 2023 年的发展态势良好，分别同比增长 11%、38%、20%。另外，规模以上工业中，新一代信息技术相关产品和新型材料的发展较为喜人，其中，集成电路、工业机器人、光电子器件、移动通信手持机（手机）产量分别同比增长 13%、42%、73%、39%。新兴产业集群方面，高端智能装备、智能视觉、新能源产业集群年营业收入分别同比增长 6%、14%、115%；历史经典产业方面，黄酒、珍珠产业的营业收入分别同比增长 10% 和 104%。

服务业发展方面，绍兴 2023 年服务业增加值为 3823 亿元，比 2022 年增长 8%，增速比 2022 年提高将近 5 个百分点。交通运输仓储和邮政业、住宿餐饮业、批发零售业、金融业、营利性服务业增加值分别同比增长 15%、13%、10%、12%、10%。营利性服务业中，信息传输软件和信息技术服务业增加值同比增长 14%。2023 年绍兴规模以上服务业企业营业收入达到 526 亿元，同比增长 9%；利润总额为 60 亿元，下降 17%。

（三）主要指标百花齐放

社会消费方面，2023 年绍兴全社会消费品零售总额为 2820 亿元，比 2022 年增长 9%。按经营地统计，2023 年绍兴城镇、乡村消费品零售额分别增长 9%、10%。按消费类型统计，限额以上单位商品零售额、餐饮收入额分别增长 10%、28%。在限额以上批发零售单位商品零售额中（按占比从高到低），2023 年绍兴汽车类零售额比 2022 年下降 0.5%，其中新能源汽车增长 88%；石油及制品类增长 6%；粮油、食品类增长 27%；服装、鞋帽、针纺织品类增长 20%；金银珠宝类增长 32%；家用电器和音像器材类下降 2%；中西药品类增长 18%。

进出口方面，2023 年绍兴货物进出口总额 4225 亿元，比 2022 年增长 15%。其中，出口总额 3810 亿元，增长 12%，占全国出口总值的 16.0‰；进口总额414亿元，增长47%，占全国进口总值的2.3‰。按出口贸易方式分，一般贸易出口额为3334亿元；加工贸易出口额为94亿元；其他贸易出口额为382亿元，其中市场采购贸易出口额377亿元，比上年增长24%。市场布局持续优化，有进出口国家和地区233个，出口前三位国家分别为美国、越南和印度。共建"一带一路"国家2023年进出口达到2005亿元，比2022年增长21%，其中出口1865亿元，增长16%；RCEP其他成员国进出口1115亿元，比2022年增长23%。

二 2023年绍兴产业升级和经济发展的亮点

一是坚持项目为王。绍兴2023年连续第2次获得浙江省投资"赛马"激励奖项，嵊州、上虞和诸暨也都获得2023年浙江省投资"赛马"激励。此外，绍兴2023年"千项万亿"工程项目投资完成率位居浙江省第2位，中芯国际第三期项目正式获批开工，轨道交通第二期项目建设也获得国家正式批复。

二是抢抓政策机遇。2023年绍兴在争取相关债券、中长期贷款的金额近千亿，位居浙江省前列，确保了绍兴重大项目的落地和建设。积极抢抓政策机遇，17个项目被列入浙江省重大产业项目，19个项目被列入国家用地单列，均居浙江省前列。此外，引进85个10亿元以上产业项目，7个100亿元以上项目，产业链招商再创佳绩。

三是强化创新驱动。2023年绍兴积极创建教育科技人才"三位一体"试验区，成为浙江省创新深化唯一综合性试点。通过科创走廊标志性工程和重点建设项目，进一步推动科创大走廊的建设，全社会研发经费支出占GDP的比重达到3%以上。此外，绍兴文理学院新增2个ESI全球排名前1%的学科。国家级领军人才数量位居浙江省第一方阵，城市人才吸引力位居全国前列。

四是聚力提质增效。大力实施先进制造业强市"4151"计划，连续两年获国务院"工业稳增长和转型升级成效明显市"督查激励，获批海峡两岸（绍兴）数字产业合作区，集成电路、现代纺织等四个产业集群入选省4151先进制造业集群培育核心区，新昌滚动轴承产业集群创成国家级中小企业特色产业集群，绍兴市本级及越城区、上虞区、新昌县夺得首批"浙江制造天工鼎"。深化"腾笼换鸟、凤凰涅槃"攻坚行动，盘活工业用地1.5万亩，18个

化工跨域集聚项目全部用地摘牌启动建设,"绍芯谷"被列入城市更新省级试点。获批全国消费品工业"三品"战略示范城市,军民融合创新示范建设综合评价连续四年居全省同类城市首位。推进服务业高质量发展"十百千"工程,开展"越惠悦生活"四季促消费主题活动,入选全国城市一刻钟便民生活圈试点地区,越城、柯桥、上虞获评省级夜间经济样板(特色)城市。

五是突出改革赋能。在全省率先开展政务服务增值化改革,设立市县两级"1+7"企业综合服务中心,"越快兑"平台兑付资金 52.3 亿元、惠及企业超 10 万家次,"一网通办"率达 99.3%。"枫桥式"护企优商模式等 6 个案例入选全省营商环境最佳实践案例,获批"公平竞争指数"国家级试点,入选国家社会信用体系示范城市,在全国工商联"万家民营企业评营商环境"中位列全国地级市前 10 位。开展"爱企行动"系列活动,出台"民营经济 33 条",设立中小企业投资基金,制定集成电路、生物医药、内生项目等专项政策。

六是激发市场活力。2023 年绍兴新增规上工业企业 489 家,国家级专精特新"小巨人"企业 26 家,国家级高新技术企业 374 家,上市企业 6 家,累计拥有上市企业数量达到 100 家,位居全国同类城市第 3 位。千方百计抢单拓市,组织 4478 家次企业赴境外参展,举办中国会展经济国际合作论坛、世界布商大会、中日韩工商大会,市场采购贸易出口增速领跑全省,绍兴综保区提前实现"百亿百强"目标。

三 2024年绍兴产业升级和经济发展环境展望

根据中央经济工作会议对 2024 年的经济研判,2024 年我国经济仍需克服一些困难,如有效需求不足、部分行业产能过剩、社会预期偏弱、风险隐患仍然较多,国内大循环存在堵点,外部环境的复杂性、严峻性、不确定性上升等,但经济回升向好、长期向好的基本趋势没有改变。在这样的大背景之下,2024 年绍兴市的产业升级和经济发展将会是机遇和挑战并存。

(一)2024年绍兴产业升级和经济发展面临的挑战

挑战一:全球经济增速可能继续放缓

根据国际货币基金组织(IMF)的预测,2024 年的全球经济增速将会低于

2.9%。相比较而言，经济合作与发展组织（OECD）的预测更加悲观，认为2024年的经济增速将低于2.7%。OECD的预测基于美国经济将会在2024年放缓增长的步伐，而且美联储的加息会加剧企业成本的上升，从而抑制美国经济的增长。此外，OECD还认为随着中东局势的紧张，不可预测的新情况可能发生。在这样的背景下，全球经济增速的放缓对绍兴出口产业可能带来拖累作用。

挑战二：地缘政治冲突增加不确定性

一方面，俄乌冲突的持续对世界各国的能源、粮食等产品的价格起到推高作用，全球的通货膨胀率将进一步抬升，经济成本的中枢继续维持在高位。另一方面，巴以冲突如果持续，将进一步加剧地缘政治风险，影响国际经济贸易合作。这些地缘政治冲突可能持续2024年整个年度，对绍兴的外贸出口和经济增长带来一定程度上的负面效应。

（二）2024年绍兴产业升级和经济发展存在的机遇

机遇一：国内经济回升向好态势稳固

尽管我国面临较为复杂的外部局势，但是2024年国内经济回升向好的趋势不会改变。根据国家信息中心的预测，我国2024年的经济将会呈现"前稳后高、持续向好"的走势。一方面，国内宏观政策发力增效，新质生产力加速培育；另一方面，消费将会延续2023年的强劲势头，拉动经济的增长。此外，2024年第一季度的CPI、PPI、PMI等指标都在一定程度上反映出经济向好的趋势。因此，国内经济回升向好会推动绍兴经济的发展。

机遇二：消费增长潜力将继续扩大

随着居民可支配收入的进一步改善，消费将继续温和修复。在政策端，国务院2024年3月印发方案，将推动新一轮消费品以旧换新行动，带动汽车、家电等大宗消费，有望释放万亿级消费需求。商务部把2024年定为"消费促进年"，将坚持"政策+活动"双轮驱动，突出重点品类、节庆时令等，继续组织开展丰富多彩的促消费活动，打造更多商旅文体融合消费新场景，营造良好消费氛围。随着各项政策落地，预期国内消费潜能得以有效激发，消费也将从疫后恢复转向持续扩大，为巩固和增强经济回升向好态势提供有力支撑。

机遇三："三大工程"建设进程将会加快

2023年，中央首提"三大工程"，即作出规划建设保障性住房、城中村改造、"平急两用"基础设施三方面重要部署。2024年是实施"十四五"规划的关键一年，住房建设工作也须围绕经济建设这一中心工作和高质量发展的首要目标，"三大工程"将加速推进。目前"三大工程"的难点在于资金机制，预计2024年将会引进更多市场主体参与"三大工程"建设。城中村改造建设对当地的"房市"也将带来一定的改善，刺激城市的消费，对城市经济活力有一定利好影响。

机遇四：人工智能激发产业创新

2023年以来，生成式人工智能在全球范围内掀起热潮，大模型的竞争越发激烈。尤其是ChatGPT的出现，大大拓展了AI芯片的市场空间，AI大模型训练需求激增，高算力芯片成为半导体产业链本轮复苏的主要驱动力。展望2024年，随着人工智能的进一步发展和应用带动芯片算力、存力（存储性能）和能效的提升，将推动半导体在架构和先进封装等环节的创新，带来新的市场增量，为产业资本、金融资本等提供重要的投资主体及机遇。

四　2024年绍兴产业升级和经济发展的政策建议

2024年初，浙江省委召开"新春第一会"，提出"全力打造高素质干部队伍、高水平创新型人才和企业家队伍、高素养劳动者队伍"。绍兴市委"新春第一会"剑指高质量项目大突破。基于此，课题组对2024年绍兴产业升级和经济发展提出五点对策建议。

（一）加快提升科创平台能级

一是培育高能级新型科研机构。优化整合研究院，密切联系合作方重新盘活优质资源，市级财政集中财力培育1~2个具有绍兴辨识度的人才集聚平台，探索创新型科研机构体制机制，用足事业单位有保障和民办非企业政策灵活的双重优势，并将此作为人才发展体制机制综合改革试点的战略举措。结合绍兴集成电路、生物医药、新材料等特色产业优势，不论考核指标，不分新旧，只论平台聚才数量质量与服务本地经济、产业贡献，以5年为期进行评估，将评估结果与资金投入强度挂钩，突出重点培育想作为、有潜力的新型科研机构，运用与国际接轨的产学研机制激发人才活力。

二是积极争取中央编办科研事业单位改革试点。设立新型科研机构事业单位，采用现代治理结构建立理事会领导下行政负责人制，面向全球选准负责人，推动负责人能决定经费使用和人才免评审定；行政人员采用职员制，面向全球选聘国际化、专业化人才，通过有竞争力的薪酬企业化机制用人；利用编制池的事业编制保障高层次科研人才无后顾之忧，人走编销；实行中长期评估（一般为5~7年的绩效评估），将评估结果与财政投入强度挂钩，鼓励事业单位改革创新出人才、出成果、出机制。

三是优化人才服务体系。高质量人才工作需要高质量的人才工作队伍，要加强人才工作队伍专业化建设，增加编制配强力量，形成优秀党政人才到人才线岗位锻炼的后备干部制度，特别是在滨海新区等重点人才集聚区设立专门从事人才工作的机构，将懂人才工作、善于与人才打交道的干部充实到人才工作者队伍中，由专业的人做专业的事。实体化设立高层次人才服务中心。整合医疗、教育、招商等各类服务资源，为来绍人才提供全方位、体验佳的服务。调整人才服务与政务接待差别化的财政标准，用招商引资的方式、市场化的模式，对标杭州、宁波、上海等城市做优人才服务。

（二）加强高素质劳动者队伍建设

一是打造一批卓越工程师人才。全链条优化"引育用留"工作体系，在实践中锻造队伍、培养人才。支持鼓励在绍高校、研究院与企业联合办学，培养一批具有实战经验、能直接上手的青年工程师后备人才梯队，形成工程师后备人才"蓄水池"。另外，聚焦"4151"计划，围绕十大标志性产业链，构建"工程师分布地图"，梳理摸排企业技术攻关难题，引导人才参与"揭榜挂帅"等科技攻关项目。聚焦海外高层次人才，打造卓越工程师建设头部阵营，同时挖掘培养一批本土高级工程师，造就一批素质精良卓越的工程师人才，搭建载体，做好供需适配对接，以攻关项目引才用才，提升企业引才用才获得感，提升人才技术转化成就感。

二是壮大一批实用性强的高技能人才。针对绍兴市重点产业领域数字化、网络化、智能化升级趋势，推动职业教育高质量发展，优化课程设置，加快培育壮大一批既懂产业又懂智能的实用性强的高水平技能人才。充分发挥企业主体作用，重视技能人才使用，形成完善技能人才晋升通道，引导技能人才朝数字化、高端化、服务化方向发展，打造一批高素质的"数字工匠"。此外，立足本市产业基础和特色，引入省内高校优势工程学科，与领军企业共建一批现代产业学院，推进杭州电子科技大学集成电路产业学院和绍兴文理学院现代产业学院建设。

三是升级迭代特色产业工程师协同创新中心。以"一个特色产业+一个共性技术平台+一批共享工程师"的模式，推进绍兴7大特色产业工程师协同创新中心提档升级，聚集工程师资源，发挥平台集聚、赋能作用。做好企业与工程师资源队伍需求对接服务，赋予工程师项目自主权，提升工程师工作主动性和积极性，把工程师"用起来"。深化科技成果转化，加快创新项目落地，让中心成为高能级项目的孵化器、集散地。

（三）弘扬新时代企业家精神

一是认真倾听企业家意见建议。市委、市政府聘请一批政治素质高、业务能力强、社会贡献大的企业家作为发展顾问，在产业规划、重大项目、民生项目建设上问计咨询、征求意见建议。健全优化企业家参与相关政策制定的机制，让企业家意见充分融入政策出台全流程。此外，在综合考虑产值、税收增速等成长性因素和入统规上企业等情况下，评选表彰"十佳税收贡献""十佳创新创业"等优秀企业。受到表彰的企业，按照法律规定，适当提高其在政协委员、人大代表中的比例，畅通企业家在各级组织中参政议政渠道。

二是大力弘扬新时代绍兴企业家精神。在传统媒体和新媒体上开设"绍兴企业家故事""绍兴企业家精神"等专栏，采用新闻调查、侧写、宣传展示等多种形式，对绍兴优秀企业家的事迹和创业史进行重点挖掘、报道和宣传，讲好绍兴企业家故事。此外，抓好企业家传帮带。实施企业家素质提升和民企接班人培养工程，突出企业发展需求，合理设计培训内容和方式，同时每年定期邀请一定范围内的企业家赴清华、浙大等知名高校，开展特色培训班，有效提高企业家管理水平和经营能力，切实把对企业家的教育、管理、培训纳入日程，做到统一规划、统一实施，杜绝多头培训、重复培训、低效培训。

三是推广"店小二"式政府服务。成立"政府服务迭代升级"专班，牵头推进绍兴市营商环境优化提升工作。设置企业政务服务、企业法治服务、企业人才服务等专项小组，研究出台推进方案，谋深谋细各项目标任务和改革举措，建立健全常态化推进机制，推动各项任务落地落细迭代升级、形成全市上下联通一体推进的工作格局。鼓励各级领导干部在遵守中央八项规定、廉洁自律的前提下，大胆为企业发展"站台"，积极参与企业业务洽谈、签约、客商接待等磋商活动，为企业创造更多商机。对企业家合法经营中出现的失误失败给予更多理解、宽容、帮助。

（四）重大项目谋深储实快推进

一是加强重大项目规划统筹。扎实做好绍兴城市产业发展与空间模式研究，加强产业空间布局优化整合，实现多规合一，从源头上防止产业空间布局碎片化。同时，编制重点产业（链）投资布局导引。根据全市整体产业发展空间规划情况及市政府确定的集成电路、生物医药、现代纺织、新材料等各地重点发展产业链和重大产业项目，编制相关导引，引导重点产业平台布局，做深做实重点产业链规划，因地制宜深化细化招商路径。要根据导引统筹本地资源和要素，提升平台能级，构建和优化产业生态，推动产业链价值持续攀升。

二是加强重大项目政策统筹。聚焦绍兴市重点打造的产业链和产业集群，制定精准化、个性化的市级重点产业"一链一策"，形成市级招商引资基本政策，并以导引为依据，向重点产业平台倾斜。对不符合导引的项目，原则上不得给予市级产业政策支持。建立"一事一议"制度，明确议事条件和决策程序，为引进重大产业项目提供个性化政策支持。"一事一议"事项涉及市级财政支持的，以政府产业基金或股权直投形式为主，并由相关基金或股权直投牵头单位按照有关议事规则研究决策；需要给予经营性绩效奖励或更大支持的，及时提交市政府研究。同时，各地因地制宜制定出台普惠性产业投资促进政策和"一事一议"政策。

三是加强重大项目土地要素保障。科学合理确定闲置低效用地的认定标准和再开发利用实施范围，全面动态清查批而未供、闲置和工业低效土地情况，摸清各类低效用地的用地面积、建筑密度、固定资产、闲置原因等情况，建立

低效用地数据库，形成待处置清单，引导土地资源合理流动和高效配置。在全面摸清"底数"的基础上，通过政府主导再开发、原土地权利人自主再开发、市场主体参与再开发等多种形式，依法依规、分类研究制定具体地块的再开发方案。同时针对企业原因造成的闲置土地，坚持"分期分批、一企一策"原则，建立低效企业"一张清单"，采取引导改造、异地置换、依法收回等措施分别处置，拓宽存量土地盘活路径。

（五）持续优化提升营商环境

一是推进企业综合服务中心线上线下融合。完善企业综合服务中心平台运行机制，推动传统涉企审批服务向企业综合服务中心归集，全面融合线上线下服务渠道，实现浙江政务服务网、"浙里办"、大厅窗口、自助服务机四端功能高效整合、服务同源同质。围绕企业发展壮大不同阶段，在企业"一件事"基础上，整合关联度高的事项为"一类事"服务场景，结合区域特色产业集成创新"一类事"服务场景，为企业提供套餐式服务。

二是构建"企呼我应"涉企问题闭环解决机制。聚焦企业诉求，依托"办不成事反映窗口""政务服务进园区（企业）"等途径，建立线上线下融合、企业有呼必应的一体化诉求响应工作体系，帮助市场主体解决实际问题、纾困解难。健全产权保护、市场准入、公平竞争等制度，进一步精简市场准入行政审批事项。贯彻少捕慎诉慎押的刑事司法政策，依法慎用强制措施，坚决防止用刑事手段插手干预经济纠纷。

三是打造公平竞争的最优市场环境。健全统一开放的要素市场，实行"要素跟着项目走"机制，推动要素向优势地区、优势产业、优势项目集中，争取重大项目土地保障和能耗单列。健全市场主体梯度培育体系，扎实推进"个转企""小升规""规做精""优上市"，分类引导企业股改上市、走专精特新之路。更高水平打造资本市场"绍兴板块"，争创全国上市公司高质量发展示范区。建立以信用为基础的分级分类精准监管机制，深化企业信息公示制度，完善行政处罚、严重违法失信等信用修复联办机制，全面提升企业信用水平。

参考文献

刘晓光、刘元春、闫衍：《夯实复苏基础的中国宏观经济》，《经济理论与经济管理》2023 年第 9 期。

宋国新：《俄乌冲突背景下全球安全治理困境及其破解》，《俄罗斯研究》2024 年第 2 期。

刘伟、苏剑：《2024 年中国经济形势展望与政策建议》，《北京交通大学学报》（社会科学版）2024 年第 1 期。

吕丹阳、郎元柯、范柏乃等：《生成式人工智能在公共服务中应用的机遇与挑战》，《电子科技大学学报》（社科版）2024 年第 3 期。

B.4
2023年绍兴奋力打造收入均衡增长、生活富裕的市域范例发展报告

金晶　丁丁[*]

摘　要： 2023年绍兴全市经济发展稳中向好，城乡居民实现稳步增收，收入差距持续缩小，消费活力得到有效释放，生活品质实现提档升级。绍兴市全体居民人均可支配收入达到69706元，居全省第3位，城乡居民收入差距持续缩小。居民消费水平进一步提升，全体居民生活消费支出增速为8.1%，居民生活消费支出增速高于收入增速，整体消费状况实现稳中向好的态势。但需要关注持续增收动力提升、持续缩小城乡收入差距、区域间均衡发展、优质消费供给等高质量发展的关键点。建议要夯实高质量发展基础、提升持续增收的能力、拓展农民增收渠道、创新消费场景和载体，加快建设共同富裕市域范例。

关键词： 居民收入　消费活力　共同富裕　绍兴

2023年，绍兴市坚持以习近平新时代中国特色社会主义思想为指导，全面贯彻党的二十大精神，深入学习、认真落实习近平总书记考察浙江重要讲话和考察绍兴重要指示精神，忠实践行"八八战略"，紧扣"五创图强、四进争先"高质量发展目标任务，更加注重"以人为本"，争创共同富裕示范之城。全市经济发展持续向好，民生福祉显著提升、城乡居民实现稳步增收、收入差距持续缩小、消费活力得到有效释放、生活品质实现提档升级，奋力打造高质量发展建设共同富裕示范区市域范例取得积极进展。

---

[*] 金晶，中共绍兴市委党校（绍兴市行政学院）、绍兴市社会主义学院科研处讲师，研究方向为产业经济、区域经济、数字经济；丁丁，中共新昌县委党校（新昌县行政学校）、新昌县社会主义学校科研室主任、高级讲师，研究方向为数字治理、公共管理。

一 2023年绍兴居民收入总体状况和结构特征

（一）居民收入稳步增长，总量居全省前三

2023年，绍兴市全体居民人均可支配收入达到69706元，同比增长6.0%，居全省第3位。其中，城镇居民人均可支配收入达80392元，同比增长5.5%，居全省第2位，比上一年同期提升1位。农村居民人均可支配收入达到48825元，同比增长6.8%，保持全省第3位（见图1）。近五年来，绍兴市居民收入水平在稳步提升的同时，始终保持全省前列，与杭州、宁波一起率先突破8万元大关，有望提前实现"十四五"规划目标（8.1万元）。

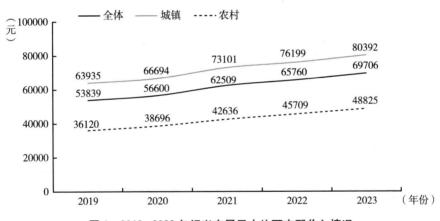

图1 2019~2023年绍兴市居民人均可支配收入情况

资料来源：历年绍兴市国民经济和社会发展统计公报。

（二）农民收入增长较快，城乡收入差距持续缩小

近三年来，农村居民人均可支配收入增速均高于城镇居民，城乡居民收入比持续缩小，2023年已缩小至1.65（见表1），低于全省（1.86），居全省第4位。

表1 2021~2023年绍兴市居民人均可支配收入情况

年份	全体		城镇		农村		城乡居民收入倍差
	绝对数（元）	增长率（%）	绝对数（元）	增长率（%）	绝对数（元）	增长率（%）	
2023	69706	6.0	80392	5.5	48825	6.8	1.65
2022	65760	5.2	76199	4.2	45709	7.2	1.67
2021	62509	10.4	73101	9.6	42636	10.2	1.71

资料来源：2021~2023年绍兴市国民经济和社会发展统计公报。

（三）县域城乡倍差持续缩小，县域间城镇均衡性更优

2023年，绍兴市各区、县（市）全体居民人均可支配收入保持稳步增长，总量增长最快的是新昌县（6.5%），高于最低的上虞区（5.1%）1.4个百分点。城镇居民人均可支配收入增速最高的地区是柯桥区达6.0%，高于最低的上虞区（4.5%）1.5个百分点；农村居民人均可支配收入增速最高的地区是新昌县，达到7.5%，高于最低的上虞区（5.8%）1.7个百分点。可见县域收入增速的差距城镇和农村基本一致，且最低均为上虞区。

从县域全体居民人均可支配收入的绝对值来看，最高为柯桥区79500元，高于全市平均（69706元）9794元，高于最低的新昌县（62071元）17429元，两者倍差为1.28，较2021年柯桥区（最高）与新昌县（最低）倍差1.28，尚未缩小。2023年县域城镇居民人均可支配收入绝对值有三个地区突破8万元，分别是柯桥区、诸暨市和上虞区，最高为柯桥区，与最低越城区倍差为1.17；2023年县域农村居民人均可支配收入绝对值超过5万元的有两个地区，分别是柯桥区和诸暨市，且最高的柯桥区与最低的新昌县倍差为1.31；由此可见，县域城镇差距小于农村，城镇均衡性优于农村。

2023年绍兴市六个县域城乡收入倍差持续缩小，最小为越城区（1.53），最高为新昌县（1.80），较2021年（越城区1.59、新昌县1.89）分别收窄了0.06和0.09。新昌县作为浙江省缩小收入差距试点地区，三年来城乡收入差距持续缩小，成效显著（见表2）。

表2　2023年绍兴市各区、县（市）居民收入情况

地区	全体		城镇		农村		城乡居民收入倍差
	绝对数(元)	增长率(%)	绝对数(元)	增长率(%)	绝对数(元)	增长率(%)	
越城区	68440	6.3	74596	5.8	48866	7.3	1.53
柯桥区	79500	6.3	87467	6.0	55299	7.2	1.58
上虞区	66700	5.1	81366	4.5	47567	5.8	1.71
诸暨市	71435	5.3	84382	4.9	52684	6.0	1.60
嵊州市	62804	6.2	76954	5.6	43408	7.2	1.77
新昌县	62071	6.5	75613	5.8	42068	7.5	1.80

资料来源：2023年浙江省和各地区国民经济和社会发展统计公报。

（四）就业增收基础夯实，工资性收入持续增长

2023年绍兴城乡居民收入结构中，工资性收入占比超过50%，是居民收入的主要来源，也是居民收入增长的重要原动力。绍兴市制定出台《绍兴市促进就业创业若干政策》《关于构建新业态技能提升体系试点工作方案》等文件，鼓励引导创新创业。培育"绍兴工匠""绍兴创客"，提升就业技能，创造灵活价值。建立新业态从业人员工会261家，投入各类服务保障资金300余万元，超10万人次受益。

（五）乡村振兴加速推进，经营净收入有力增长

2023年，绍兴城镇居民经营净收入为15549元，农村居民经营净收入为13715元，分别占收入比重为19.3%和28.1%，增速分别为6.4%和7.2%（见表3）。农村居民经营净收入占总收入的比重更高，且增长更快，主要得益于城乡一体化发展、乡村全面振兴、创新农民权益价值实现机制和闲置资源资产激活路径，联动闲置资源全域激活，全力深化农村共富改革，催生乡村旅游、民宿经济、康养休闲等新型业态，乡村产业持续释放活力，创造乡村经济新的增量。全市村级集体经济经营性收入达34.08亿元，增长11.0%，累计组建强村公司206家，年经营性收入80万元和100万元以上行政村占比分别达到60%和40%以上。"闲置农房激活计划"带动农户就业39933人，分别带动村集体、农民年增收4.77亿元、8.90亿元。同时，2023年末，制造业贷款、小

微企业贷款余额分别为2998亿元、5071亿元，同比分别增长12.8%、28.5%。小微企业主体的活力得到进一步释放，创造更多经营性收入来源。

表3　2023年绍兴城乡居民收入结构

单位：元，%

指标	全体居民		城镇居民		农村居民	
	绝对数	同比增长	绝对数	同比增长	绝对数	同比增长
人均可支配收入	69707	6.0	80392	5.5	48825	6.8
工资性收入	39202	5.4	44604	4.9	28645	6.5
经营净收入	14928	6.7	15549	6.4	13715	7.2
财产净收入	6560	5.0	9209	4.4	1384	5.9
转移净收入	9016	8.1	11030	7.8	5081	8.2

资料来源：2023年浙江省和各地区国民经济和社会发展统计公报。

（六）社会保障提质增效，转移净收入显著提高

如表3所示，2023年绍兴全体居民转移净收入为9016元，占人均可支配收入的比重为12.9%，虽然不是主要的收入来源，但增长较快。2023年绍兴城乡居民收入结构中增长最快的是转移净收入，尤其是农村居民转移净收入增速达到8.2%。

（七）财产增值能力有待激活，财产净收入增长较缓

从表3数据来看，绍兴居民财产净收入基数低、比重小，占收入的比重不足10%且城乡差距较大，农村居民财产净收入占比不足3%，属于收入结构短板，对收入的拉动作用小，贡献率也较低。受投资外环境影响，房地产业持续收缩，不动产增值能力下降。在乡村全面振兴、激活农村资源要素的过程中，仍然存在要素产业化、市场化程度较低的难点。

二　2023年绍兴居民消费的总体状况和结构特征

2023年绍兴经济稳进提质，各项消费组合拳精准有力，全市消费市场活力进一步释放。2023年，社会消费品零售总额实现2820.4亿元，同比增长

9.1%，增速位居全省第2，总量排名上升1位，居全省第5位。内需消费对经济的拉动作用进一步提升。

（一）居民消费增速高于收入，生活水平更进一步

2023年绍兴全体居民人均生活消费支出为43628元，比上年增长8.1%，较2022年提高了0.3个百分点。其中，城镇居民、农村居民人均生活消费支出分别为49300元、32542元，分别增长7.4%、9.3%，均高于2022年同期。自疫情后消费增长有较大恢复，2023年较2022年提升显著，新消费热点不断涌现。同时，居民生活消费支出增速高于收入增速，2023年全体居民生活消费支出增速8.1%，高于人均可支配收入增速（6.0%）2.1个百分点，随着消费环境进一步改善，各类消费刺激政策的有力推动，整体消费状况呈现稳中向好的态势（见表4）。2023年城镇常住居民恩格尔系数为26.3%，比上年下降0.3个百分点；农村常住居民恩格尔系数为29.7%，比上年下降0.1个百分点，居民生活水平更进一步提升。

表4 2021~2023年绍兴居民人均可支配收入与生活消费支出

单位：元，%

年份	全体				城镇				农村			
	收入	增速	消费支出	增速	收入	增速	消费支出	增速	收入	增速	消费支出	增速
2023	69706	6.0	43628	8.1	80392	5.5	49300	7.4	48825	6.8	32542	9.3
2022	65760	5.2	40371	7.8	76199	4.2	45889	7.3	45709	7.2	29772	8.4
2021	62509	10.4	37448	18.5	73101	9.6	42766	17.5	42636	10.2	27471	18.7

（二）城乡消费支出比收窄，共同富裕成效显现

2021年以来绍兴城乡居民生活消费支出比持续收窄，2023年（1.51∶1）比2021年收窄了0.05（见表5）。2023年绍兴农村居民生活消费支出增速达到9.3%，高于城镇（7.4%）1.9个百分点。城乡居民生活水平持续提升，且城乡生活水平差距进一步缩小，城乡共同富裕发展成效显现。

表5　2021~2023 年绍兴城乡居民生活消费支出情况

年份	生活消费支出（元）		支出比
	城镇	农村	
2023	49300	32542	1.51
2022	45889	29772	1.54
2021	42766	27471	1.56

资料来源：根据国家统计局绍兴调查队数据整理。

（三）消费水平居全省前列，城乡均衡性持续提升

2023 年浙江 11 个地区全体居民人均生活消费支出情况中，杭州最高，衢州最低，分别为 50129 元和 29298 元，而绍兴位居全省第 4 位，高于全省平均 1434 元。从增速来看，与 2023 年居民人均生活消费支出增长最快的舟山（9.8%）相比，绍兴（8.1%）低于其 1.7 个百分点。从城乡消费支出比来看，绍兴低于全省平均水平，位居全省第 5 位（见表6）。从以上数据可知，绍兴城乡消费差距低于收入差距，生活富裕度进一步彰显，城乡均衡发展进一步深化。

表6　2023 年浙江各地居民人均生活消费支出情况比较

地区	全体居民人均 生活消费支出（元）	增速（%）	占收入比重（%）	城乡消费支出比
全省	42194	8.3	66	1.57
杭州	50129	7.9	68	1.54
宁波	45503	5.8	63	1.57
温州	46879	9.5	69	1.71
嘉兴	42648	8.9	64	1.40
湖州	41580	8.5	65	1.40
绍兴	43628	8.1	63	1.51
金华	41807	9.0	68	1.74
衢州	29298	8.6	61	1.66
舟山	43612	9.8	64	1.44
台州	40878	6.6	67	1.49
丽水	35331	8.4	75	1.57
绍兴排名	4	8	7	5(升序)

资料来源：根据浙江省和省内各市 2023 年国民经济和社会发展统计公报整理。

（四）基本生活支出占比进一步降低，居民消费结构持续优化

近三年来绍兴市居民八大类消费支出整体呈现稳步增长的态势，2023年增速较2022年有小幅提升，生活水平进一步提高。从八大类结构占比来看，食品烟酒、衣着、居住和生活用品及服务等基本生活支出占比呈现稳中有降的特点（见表7），可知居民恩格尔系数持续下降，消费结构进一步优化。同时，随着疫情后出行消费增长恢复，交通通信消费支出占比增幅最大，达0.41个百分点。随着房地产投资缩减，受房价进入下跌通道的影响，居住类消费支出占比降幅最大（-0.43）。

表7　2021~2023年绍兴市全体居民人均消费结构变化情况

单位：%，百分点

项目	2021年	2022年	2023年	比例差
（一）食品烟酒	27.48	27.40	27.20	-0.28
（二）衣着	6.89	6.84	6.80	-0.09
（三）居住	25.75	25.64	25.32	-0.43
（四）生活用品及服务	4.56	4.58	4.57	0.01
（五）交通通信	15.44	15.69	15.85	0.41
（六）教育文化娱乐	10.73	10.64	10.86	0.13
（七）医疗保健	6.72	6.75	6.93	0.21
（八）其他用品和服务	2.45	2.46	2.48	0.03

资料来源：根据2021~2023年绍兴市国民经济和社会发展统计公报整理。

（五）文教医支出增速较高，消费升级态势显现

《2023年绍兴市国民经济和社会发展统计公报》数据显示，绍兴市全体居民消费支出中增速较高的是教育文化娱乐类和医疗保健类，分别是10.3%和10.9%，较2022年增速分别提高了3.4个百分点和2.6个百分点。

教育文化娱乐类和医疗保健类消费支出占比持续增加。究其原因，疫情后，随着居民对生命健康的关注度普遍提升，对医疗保健的需求也同步增长。特别是2023年医疗保健类支出占比超过衣着类支出占比（见图2）。

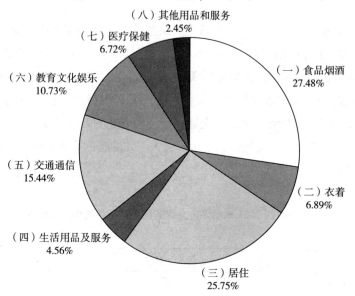

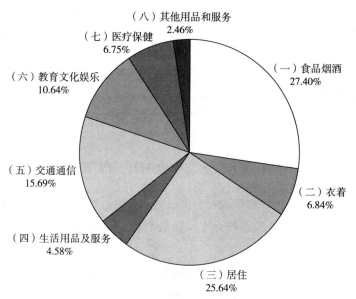

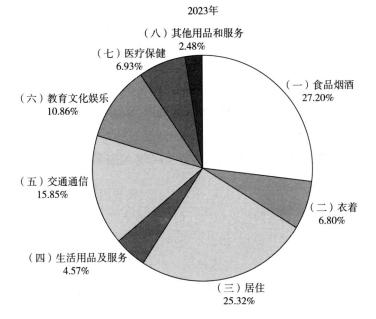

图 2　2021~2023 年绍兴市居民消费结构情况

资料来源：根据历年绍兴统计年鉴整理。

（六）创新消费场景和业态，新消费引领新生活

2023 年，绍兴市举办各类促消费主题活动，强化"越惠悦生活"绍兴消费活动品牌，举办消费活动 250 多场，如抓住"亚运"消费热点成功举行金秋购物节。通过出台惠企政策和促消费政策条款，促进消费提质扩容。着力实施解放路"唤醒计划"，打造老城新地标，一批传统老商圈焕发新生机，一批时尚、年轻的网红新地标涌现。按照文商旅一体化发展思路，积极打造新消费场景，促进城乡融合发展。2023 年，绍兴市 2 条步行街获评第三批浙江省高品质步行街，3 个市集获评浙江省精品乡村市集，4 个街区分别入选省级高品质步行街试点、特色商业街（区）试点。

积极丰富夜生活，发展夜经济。2023 年，绍兴推进"非遗+""文创+""赛事+"等夜间消费新模式，夜间消费带动夜间经济新的增量。柯桥区、上虞区分别被评为省级夜间经济样板城市和特色城市；"商旅文联动　打造夜间

消费新地标"案例成为全省唯一一个成功入选商务部商务领域消费促进典型案例。截至 2023 年末，全市累计共有夜间经济示范集聚区 6 家、夜间经济特色门店 160 家。

三 需要关注的问题

（一）注重增收动力挖掘，稳定居民收入来源

2023 年，绍兴市全体居民人均可支配收入在省内排名第 3 位，高于全市生产总值（GDP）在省内的排名位次，但居民收入的增速（6.0%）低于 GDP增速（7.8%）（全省第 2 位）。如表 3 所示，从收入结构来看，工资性收入增速较低（5.4%），转移净收入增速较高（8.1%），主要收入来源增长不够充分。绍兴人均可支配收入与浙江省内头部的杭州、宁波还有不小的差距，分别相差 4091 元和 2025 元。随着居民收入体量的进一步扩大，每增长 1% 的绝对值更高，需要更持续有力的动能，破解增长压力。

一是就业形势较为严峻。2023 年以来，16～24 岁青年失业率达到历史新高，高技能人才只占技能人才总量的 1/3 左右，特别是先进制造业领域高技能人才短缺的现象更为突出，"就业难与招工难"并存。

二是个体经营户活力不足。个体工商户总量逐月降低，截至 2023 年末，绍兴全市个体工商户 8.54 万户，同比下降 3.3%。个体创业群体偏小，经营稳定性较低。

三是致富内生动力还不强。相当一部分困难群体更倾向以各类补贴、低保维持生活，不愿参加各级政府/机构组织的技能培训以提升自身生存能力。农村就地创业项目前期投入大，容易跟风，且创收不稳定。

（二）注重区域协调发展，缩小居民收入差距

自 2021 年实施《绍兴奋力打造浙江高质量发展建设共同富裕示范区市域范例行动方案（2021－2025 年）》以来，绍兴市致力打造收入均衡增长、生活富裕度充分彰显的市域范例，居民对缩小收入差距有更高期待，城乡之间、县域之间差距进一步缩小的压力较大。

一是城乡收入比收窄压力增加。2023 年绍兴城乡收入均衡度进一步提升，收入倍差缩小到 1.65，居全省第 4 位，但与前三位还有较大差距，与嘉兴（1.53）、舟山（1.55）和湖州（1.57）分别差 0.12、0.1 和 0.08。

二是县域间收入增长不平衡。如图 3 所示，从绍兴 6 个区、县（市）的情况来看，全体居民人均收入最高的柯桥区 79500 元与最低的新昌县 62071 元，差距为 17429 元（28%），地区倍差为 1.28；城镇居民人均收入最低的为越城区 74596 元，比最高的柯桥区低 12871 元（17%）；农村居民人均收入最低的新昌县 42068 元，比最高的柯桥区低 13231 元（31%）。县域农村收入之间的差距较大，超过 30%。6 个县域之间城乡收入倍差最高与最低的差距较大，最低越城区（1.53）比最高的新昌县（1.80）低 0.27。

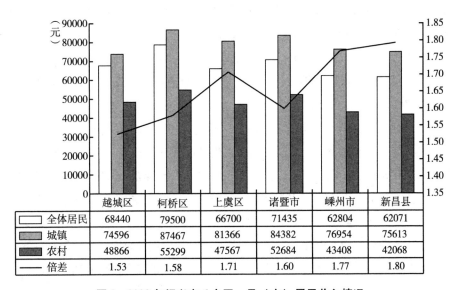

图 3　2023 年绍兴市 6 个区、县（市）居民收入情况

资料来源：根据 2023 年绍兴市国民经济和社会发展统计公报整理。

三是居民对缩小收入差距的期待越来越高。绍兴市发展改革委进行的社会调查显示，农民工和务农人员两类群体中，认为"收入差距较为明显"的受访者比例分别为 51.61%、50%，分别高于全市面上 18.02 个和 17.74 个百分点，近四成居民期待"更加兼顾效率和公平，推动收入分配制度改革"。在城乡差距方面，绍兴民众普遍反映城乡间在经济收入（68.42%）、教育资源

（40.06%）、医疗资源（33.63%）等方面差距较为明显。此外，新业态群体收入不稳定，且差距较大，权益保障有待加强，绍兴市快递、货运、网约送餐企业等多属于加盟企业，规模普遍较小，加上新就业形态劳动者劳动用工相对灵活、流动性大，给工会组建和维权服务的正常开展带来一定困难，从业人员收入标准规范性有待提升。

（三）注重消费供给提质，开辟消费新赛道

随着居民可支配收入体量变大，增速放缓，居民消费增长的压力增大。2023年绍兴全体居民人均可支配收入增速（6.0%）低于2021年（10.4%）4.4个百分点，且收入对消费支出的影响存在周期的滞后性，即2023年的收入状况会对当期和下一个时期产生不同程度的影响。因此，在收入增速放缓这个原动力不足的情况下，持续拉动消费增长和升级的动力，需要进一步释放居民消费潜力，开辟新赛道，满足和拉动新增需求，同时增加优质的消费供给。

一是各类消费增速此消彼长。从疫情结束后消费市场逐步回温，各类消费呈现热点带动性和短暂增长性的特点。如表8所示，从八大类消费支出来看，2022年交通通信类消费支出增速最高，达9.6%，但2023年下降0.4个百分点；2023年医疗保健和教育文化娱乐类消费支出增速有较大幅度上升，分别提高2.6个百分点和3.4个百分点。随着房地产业整体呈现下行态势，房价进一步缩水，居民居住类消费支出增速自2021年以来显著下降。在新能源汽车补贴、非标电动自行车置换、"越惠保"政策性购买高峰、文教类培训市场性回温等因素交替影响下，各类消费增速出现明显的此消彼长特征，但这种短期性的、带有政策推动性的热点过去后，持续发力拉动消费的内生动力不足以支撑新的消费增速。

表8　2022~2023年绍兴全体居民人均消费增长情况

项目	2023年		2022年		增速差
	绝对值（元）	增幅（%）	绝对值（元）	增幅（%）	（百分点）
生活消费支出	43628	8.1	40371	7.8	0.3
（一）食品烟酒	11865	7.3	11062	7.5	-0.2
（二）衣着	2965	7.3	2763	7.1	0.2
（三）居住	11048	6.7	10352	7.4	-0.7

续表

项目	2023 年		2022 年		增速差
	绝对值（元）	增幅（%）	绝对值（元）	增幅（%）	（百分点）
（四）生活用品及服务	1996	8.1	1847	8.3	-0.2
（五）交通通信	6915	9.2	6334	9.6	-0.4
（六）教育文化娱乐	4736	10.3	4295	6.9	3.4
（七）医疗保健	3021	10.9	2724	8.3	2.6
（八）其他用品和服务	1082	9.0	993	8.3	0.7

资料来源：根据 2022 年、2023 年绍兴市国民经济和社会发展统计公报整理。

二是居民对优质消费的需求越来越大。面对收入的增速放缓，就业形势的严峻，每一分收入都将支出在更为优质的消费产品和服务上。因此优质消费供给的不足，成为制约消费持续增长的突出问题。随着热点消费赛道热度下降，需要挖掘新消费赛道。如随着"越惠保"参保群体趋于饱和，2023 年度"浙里惠民保·越惠保"全市累计参保 323.48 万人，参保率达 70.81%，有待挖掘新的医疗保健类消费增长点。再如，受教育"双改"政策和疫情双重影响，教育培训类消费供给大幅减少，但居民对优质教育培训产品的需求很大，市场供需缺口较大，公立教育机构资源捉襟见肘，更无法满足课外类教育文体培训市场需求。同时，一部分消费业态趋于老化，且品质有待提升，例如解放路尚在"唤醒"转型期，目前的沿街业态受银泰商圈和国金商圈的影响，呈现"哑铃状"客流低洼区段，发展陷入困境。因此，拉动消费的关键之一在于解决优质产品与服务供不应求的矛盾。

（四）注重缩小消费差距，共享富裕生活

2023 年，绍兴城乡收入倍差在全省位居第 4 位，但城乡消费支出倍差达 1.51，居全省第 5 位，城乡均衡发展还有待进一步提升。绍兴各县域之间消费水平也存在显著差距。越城区作为主城三区中古城核心区块，居民消费水平落后于柯桥区。由于消费水平整体上与收入水平呈现正相关，因此缩小区域消费差距的关键在于地区均衡发展。

一是城乡居民消费差距缩小压力较大。城镇居民人均消费支出（49300 元）高于农村居民人均消费支出（32542 元）16758 元，差距超过了农村居民

人均消费支出的 50%，从绝对值来看，还存在较大的差距。农村消费市场规模和水平难以在短时间内赶上城镇，农村在现代商贸服务、流通设施上与城市存在的差距，一定程度上抑制了农村居民的消费潜力释放。如表 9 所示，在基本生活支出方面，农村居民的食品烟酒类支出占比较高，生活用品及服务等消费支出占比较低。因此，农村消费市场供给需要更多因地制宜的项目，通过城乡融合发展，让资源要素充分流动，打造农村新的消费场景和消费品牌。

表 9　2023 年绍兴城乡居民消费支出和消费结构

单位：元，%

项目	城镇	占比	农村	占比
生活消费支出	49302	100.0	32542	100.0
（一）食品烟酒	12988	26.3	9671	29.7
（二）衣着	3497	7.1	1926	5.9
（三）居住	12848	26.1	7530	23.1
（四）生活用品及服务	2200	4.5	1597	4.9
（五）交通通信	7630	15.5	5517	17.0
（六）教育文化娱乐	5575	11.3	3098	9.5
（七）医疗保健	3271	6.6	2534	7.8
（八）其他用品和服务	1293	2.6	669	2.1

资料来源：根据 2023 年绍兴市国民经济和社会发展统计公报整理。

二是县域之间消费水平差距显著。如表 10 所示，2023 年，柯桥区整体消费水平最高，人均消费支出 42323 元，比最低的嵊州市高 11768 元，两者倍差为 1.39，距离《绍兴奋力打造浙江高质量发展建设共同富裕示范区市域范例行动方案（2021-2025 年）》的目标（1.28）还有一定差距。从各县域城乡消费支出倍差来看，最小的是诸暨市（1.37），最大的是新昌县（1.61）。诸暨市由于乡村特色产业发展基础较好，珍珠电商直播、轻纺袜业协同创新升级等促进了乡村产业振兴，共同富裕改革成效显著。从三个主城区来看，越城区消费水平较低，古城的文化特质和文商旅特色消费有效融合不足，对周边的辐射作用不够，具有全国影响力的地标还停留于名人故居，缺乏新的、持续性的消费引流点。

表10 2023 年绍兴 6 个区、县（市）城乡居民人均消费支出情况

单位：元

地区	全体居民	城镇	农村	倍差
越城区	39517	42907	29051	1.48
柯桥区	42323	46144	30915	1.49
上虞区	38051	44965	29179	1.54
诸暨市	39287	44138	32327	1.37
嵊州市	30555	35651	23658	1.51
新昌县	34453	40754	25298	1.61

资料来源：根据 2023 年绍兴市国民经济和社会发展统计公报整理。

四　对策建议

（一）强产业、增活力、优环境，夯实高质量发展基础

一是增强产业核心竞争力，坚定不移念好"两业经"。产业发展动能转换是经济高质量发展的主要驱动力。培育产业内生性的创新发展动力是构建富有竞争力的现代化产业体系的重要基础。一方面，要加快纺织、化工、金融加工等传统产业的数字化、绿色化发展，实现产业集聚提升。振兴黄酒、珍珠等历史经典产业，通过文化赋能、电商直播加持，开拓新的市场和领域，重塑产业核心竞争力。另一方面，要加速"万亩千亿"产业效能提升。加快建成一批高能级实验室和创新平台，加强周边地区联动与合作，塑造产业创新发展新动能。

二是激发市场主体活力，更好发挥促共同富裕主力军作用。进一步优化政策，促进民营企业健康发展，激发各类市场主体创新创业的活力，更好地发挥企业在培育中等收入群体、促进共同富裕上的作用。一方面，聚焦专精特新"小巨人"企业，优化和升级产业链，培育一批具有引领力、辐射力和竞争力的标杆企业，推动一批传统劳动密集型产业置换为高新技术型产业，引入链主型企业、培育上市企业，深入实施"腾笼换鸟"战略。另一方面，要培育优质中小微企业，提高企业盈利能力，提供灵活就业市场，提升从业人员劳动

报酬。

三是优化营商环境，提升城市发展能级。主动接轨长三角一体化发展，做好融杭联甬接沪的文章。建设好国家级开放平台，打造优质的营商环境，完善要素市场体制机制，提升要素配置效率。一方面，要完善营商政策，精准招商，引进优质资本和市场主体，加快城市提档升级。另一方面，要优化法治环境，加强产权保护，加大不正当竞争执法力度，打造亲清政商关系。

（二）促就业、精帮扶、增技能，提升持续增收能力

一是稳定就业市场，促进大众创新创业。实施更加积极的创业就业政策，持续扩大就业机会和就业规模，加强就业服务体系建设，提供就业指导和就业培训等服务，促进低收入和失业人员的创业就业，将城镇调查失业率稳定在5%以内。一方面，要畅通就业帮扶"最后一公里"。全面落实《绍兴市促进就业创业若干政策》，规范零工市场，动态帮扶重点群体就业，优化大学毕业生留绍就业创业激励政策。另一方面，鼓励灵活就业创造价值。支持微商、电商、网络直播等多样化的自主就业和差异化就业。实施个体工商户分型分类培育帮扶工作，建成"名特优新"县级个体工商户名录，力争培育成个体工商户"优等生"，保障小微市场主体及其从业人员的增收致富。

二是精准识别各类群体，缩小收入差距。通过数据分析，精准画像，准确识别需要帮助的人群，建立动态管理数据库，实行动态管理和分类精准帮扶。一方面，培育"绍兴工匠""绍兴创客"，深入实施"精英越匠"提升规划等，瞄准增收潜力大、带动能力强的群体重点扩大中等收入群体规模。另一方面，健全最低工资标准和社会平均工资增长联动机制，完善失业人员再就业机制，鼓励灵活就业。多措并举减轻低收入家庭在教育、医疗、养老、住房等方面的支出压力。

三是提高从业技能，夯实增收致富能力基础。劳动者素质是决定劳动报酬的基础条件。不断提高劳动者队伍的整体素质，激发技能人才、科研人员、高素质农民等群体增收潜力，拓展从业人员增收空间。一方面，要优化劳动力结构，匹配本地产业发展人才需求。深入挖掘高端装备、电子信息、新材料等产业的用工需求，将重点企业名单、用工需求清单、职业技能培训订单"三张清单"动态更新，开展针对性就业服务和职业技能提升培训，培养高技能人

才"雁形"梯队。另一方面，要保障新就业形态就业群体的能力提升。出台实施《关于构建新业态技能提升体系试点工作方案》等政策，将新就业形态的群体纳入岗前培训和技能提升培训范畴，发展新业态从业人员工会组织，加大各类服务保障资金投入。

（三）重改革、强协同、促融合，推进城乡均衡发展

一是深化乡村集成改革，持续推进强村富民。提炼"千万工程"的绍兴实践，差异化、品牌化开展"和美越乡"示范村、示范片区、示范县建设。在城乡一体化发展过程中，高质量推进乡村振兴、改革共富。一方面，要盘活存量资源，促进资源要素的增值增收。深化全国宅基地制度改革整市试点工作，进一步探索宅基地"三权"分置的有效模式，提高农村土地资源的利用效率和产出效益，提高农村要素产业化、市场化的程度，拓宽农民财产收入来源。另一方面，要持续壮大村级集体经济，不断创新因地制宜的强村公司模式，引导和鼓励民间社会资本参与农业产业现代化发展、村庄特色资源开发和经营，不断增强村庄发展的内生动力，实现强村富民。探索帮困基金等载体，实现集体经济对农村困难群体的精准帮扶和红利共享机制，切实解决生活困难群体的收入来源问题。

二是强化区域协同，提高资源要素跨区域配置效率。在原有"飞地""抱团"的基础上，积极探索区域合作新路径，促进资源要素优势互补，强化优势，补齐短板，提高资源利用效率和产出效益。一方面，充分发挥优势产业的集聚效应，吸纳周边村庄壮大产业规模和实力，形成以龙头企业所在村为核心、辐射周边乡村联动发展模式；另一方面，升级对口支援、东西部协作、山海协作模式，精准开展打造以产业链强链补链为核心的资源要素整合模式。

三是深化城乡融合发展，拓宽农民增收渠道。加快城乡之间要素双向流动，大力发展现代农业，壮大新型经营主体队伍，拓宽农村增收渠道。一方面，推动高端要素向农村流入，充分整合农村特色资源，发挥农村生态环境优势，培育农商旅一体化发展项目。进一步推进"共富工坊"建设项目，促进农村剩余劳动力就业增收。另一方面，加强优质服务向农村延伸。全面推进《绍兴市强村共富行动方案（2023—2025 年）》，深化联建共建机制，联动国企、民企、乡贤、

农创客等各类社会主体参与乡村建设和产业振兴，发挥金融支持强村共富联合体作用，激活乡村沉睡资源，增强资源"造血"能力。

（四）创场景、拓服务、育载体，增加优质消费供给

一是打造新消费场景，激活沉睡消费资源。消费场景日新月异，是促进消费的基本逻辑。要追逐新热点，因地制宜地不断推出新场景，抢抓消费风口。一方面，要抓住青年消费特点，打造个性化消费场景。推进解放路沿线等传统商圈重新焕发生机。打造老城新地标，围绕年轻化、个性化、时尚化，瞄准消费主力打造青年消费"主战场"，抢跑"青春经济"新赛道，通过多种手段引流，打造一批网红新地标。另一方面，要以现有高品质步行街、特色街区、夜间经济示范集聚区为试点，加快特色场景打造，实现区、县（市）高品质步行街全覆盖，推动夜间经济快速发展。

二是创新商贸服务，优化消费体验。随着居民对消费形式、过程、环境的要求越来越高，消费体验感成为引导消费流量的重要密码。一方面，要提升商贸综合体的服务水平，优化停车、购物环境，加强售后管理。另一方面，要增强品牌意识，培育消费品牌。打造地方特色品牌，增强绍兴的辨识度。完善提升全省首个"老字号数字传承馆"，推动老字号立法实质进展；通过编写《绍兴菜通史》、开展整体品牌策划、加强人才培养等，持续打造绍兴菜金字招牌。同时，要做大做好已有的系列活动，提升节点类主题消费节的热度和辐射作用。以"越惠悦生活"为主线，持续打造春季·消费促进月、夏季·暑期来消费、秋季·金秋购物节、冬季·春节过大年的四季主题活动，提升本地居民的消费意愿。

三是培育消费载体，不断满足居民消费需求。通过培育和发展各种消费平台、服务和产品，增加市场上的优质商品和服务供应，满足居民日益增长的对高品质生活的需求。一方面，要抓住契机，扩展便民消费圈。借助 2023年绍兴入选全国第三批城市一刻钟便民生活圈试点地区的契机，对 8 个已初步建成面向社区居民服务的新型便民生活圈进行提档升级。另一方面，要抓住乡村消费新热点，打造乡村消费新风貌。借助体育赛事、音乐娱乐、特色产品展销等载体，如乡村马拉松、乡村音乐节、樱花风情节等拉动乡村消费新增长。

参考文献

《2023 年绍兴市国民经济和社会发展统计公报》，绍兴市统计局，2024 年 3 月 27 日，https：//tjj. sx. gov. cn/art/2024/3/27/art_ 1229362069_ 4142849. html。

《2022 年绍兴市国民经济和社会发展统计公报》，绍兴市统计局，2024 年 1 月 18 日，https：//tjj. sx. gov. cn/art/2024/1/18/art_ 1229362069_ 4105014. html。

《2021 年绍兴市国民经济和社会发展统计公报》，绍兴市统计局，2022 年 4 月 7 日，https：//tjj. sx. gov. cn/art/2022/4/7/art_ 1229362069_ 3931008. html。

B.5

2023年绍兴深入实施新时代
"千万工程"发展报告*

罗振军　邱晓军**

摘　要：　2003年时任浙江省委书记习近平同志亲自部署、亲自点题实施"千村示范、万村整治"工程，即"千万工程"。20年来，绍兴通过实施"千万工程"，取得显著成效，乡村发生翻天覆地的变化。本文通过梳理总结绍兴市2023年深入实施新时代"千万工程"的主要做法与成效，分析提炼深入实施新时代"千万工程"面临的主要挑战：离宜居宜业还有差距、文化资源有待挖掘、村强民富还未实现、改革成效不够明显、治理效能尚需提升，从生态之美、人文之美、富裕之美、布局之美、和谐之美"五美"角度提出深化农村环境整治、彰显绍兴乡土特色、促进村强民富、探索农村改革、完善乡村治理等进一步深入推进绍兴新时代"千万工程"的对策建议。

关键词：　"千万工程"　乡村建设　乡村振兴　绍兴

　　2003年6月5日，在时任浙江省委书记习近平同志的倡导和主持下，以农村生产、生活、生态的"三生"环境改善为重点，浙江全省启动"千万工程"，开启了以改善农村生态环境、提高农民生活质量为核心的村庄整治建设大行动。这是一项以问题为导向作出的战略决策，由习近平同志亲自调研、亲自点题、亲自谋划、亲自部署推动的重大工程。20年来，绍兴市持续发力、久久为功，不

＊　本文所使用的数据均来源于绍兴市农业农村局调研所得。

＊＊　罗振军，中共绍兴市委党校（绍兴市行政学院）、绍兴市社会主义学院经济学教研室副主任、副教授、经济学博士，研究方向为农村金融与乡村振兴；邱晓军，中共嵊州市委党校（嵊州市行政学校）、嵊州市社会主义学校副校长，研究方向为区域经济。

断深化"千万工程",推进乡村建设从村庄环境整治、新农村建设、美丽乡村建设到和美乡村建设的迭代升级。截至 2023 年底,全市共建成"五星达标村"1579 个,"3A 示范村"197 个,先行村 48 个,累计创成美丽乡村示范县 4 个、示范乡镇 71 个、省级未来乡村 60 个,和美乡村覆盖率达 25.9%。绍兴乡村全域大美形态基本成形,探索形成了深化"千万工程"、引领乡村振兴的绍兴路径。

一 绍兴深入实施新时代"千万工程"的主要做法与成效

(一)主要做法

1. 坚持统筹规划,从"条块分线"到"系统集成"

一是党委、政府统筹推进。2020 年后,绍兴市相继出台《高水平推进农村人居环境整治提升五年行动方案(2021—2025 年)》《关于高水平建设新时代美丽乡村的实施意见》《关于推动"五星达标、3A 争创"迭代升级全面建设乡村振兴先行市、共同富裕示范区的实施意见》《绍兴市实施县城承载能力提升和深化"千村示范、万村整治"工程工作方案(2023—2027 年)》,统筹美丽乡村建设各项重点工作,全面推动乡村振兴战略落地见效。二是资源要素统筹集成。坚持规划先行,盘活用好农村各类资源禀赋、生态优势和人文底蕴,把创建工作与改善提升农村人居环境、发展乡村旅游等紧密结合起来,确保创建工作全面有序。整合涉农相关部门的职能、要素、场所功能,建立统筹机制。三是评价体系统筹规范。建立统一的绍兴市乡村建设评价验收管理体系,统一考评、动态管理、严格实施,有效解决了美丽乡村建设中路径不明确、标准不统一、发展不平衡的问题。如制定《绍兴市"乡村振兴先行村"成效标准》,从党建引领乡村全面振兴、数字乡村、气质乡村、兴旺乡村、宜居乡村、活力乡村等六个方面构建先行村成效标准"10 有"、底线标准"10 无"。

2. 坚持党建引领,从"乡村管理"到"整体智治"

充分发挥基层党组织的战斗堡垒作用和党员的先锋模范带头作用,坚持把加强领导作为搞好"千万工程"的关键,建立党政"一把手"亲自抓、分管领导直接抓、一级抓一级、层层抓落实的工作推进机制。定期召开"千万工程"

高规格的现场会议，市县党政主要领导参加，营造争优创先、比学赶超的良性氛围。坚持政府投入、社会资本投入、村集体投入与村民投入相结合的多元投入模式，有效化解"千万工程"推进资金不足等问题。将农村人居环境整治工作纳入党政干部绩效考核、为人民群众办实事办好事的工作当中，强化奖惩与激励相结合。突出党政主导、各方配合、分级负责、协调发展的体制机制，推行干部常态化结对帮扶、驻村指导服务模式。注重乡村多元治理探索，完善"党建+"模式，进一步深化乡村治理改革。如柯桥区稽东镇大桥村通过"周会"凝干劲、"茶室"解民忧、"村报"聚能量，提升乡村基层治理效能。

3. 坚持市场经营，从"美丽乡村"到"美丽经济"

一是发挥先锋作用。实施"头雁培育"工程，深化"亮旗"行动，推动党员干部当先锋，以创建工作成效检验基层党建工作成效，鼓励村集体加强村庄经营，发展乡村旅游、民宿、文化创意、养老养生、健康休闲等新型业态，壮大村级集体经济。二是发挥市场作用。在全国率先招募乡村运营团队，探索破题"集体、市场、农户"利益联结机制，激活乡村发展内生动力。2023年，全力深化农村共富改革，全市村级集体经济经营性收入达34.08亿元，累计组建强村公司206家，年经营性收入80万元和100万元以上行政村占比分别达到60%和40%以上，全面消除家庭人均年收入11000元以下困难农户现象。三是发挥机制作用。深化乡村建设模式创新，突破单村发展瓶颈，组团联动推进片区化建设，形成了以辐射引领全域要素激活的"王化模式"、以优势产业串联成片的"山下湖模式"、区域协同的"西白忘忧片区"、片区化运营联盟的"镜岭模式"等一批典型案例。以全域激活的理念，在全市推开"闲置农房激活"改革，为推进农村"空心村"改造和美丽乡村建设提供新路径，带动农户就业39933人，分别带动村集体、农民年增收4.77亿元、8.90亿元。

4. 坚持以人为本，从"个别关爱"到"共建共享"

一是以人为本，坚持农民在乡村振兴中的主体地位。深刻认识在农村，农民才最珍惜和熟悉生养自己的土地和村庄，他们与自己生活的农村环境血脉相承，只有农民自己才能用心去建设和发展好自己的家乡，只有让农民自己来经营土地才能保障农业可持续性地健康发展，只有将农民放在乡村振兴主体地位，使农民在乡村振兴中成为真正的受益者，才能更好地保护和发展乡村。二是以共享服务为目的，坚持从民之所向出发。加强县域统筹、部门协同，规划构建品质生活圈，实施公共服务集成行动，倡导建立区域公共服务中心，协调周边村设施共建、资源共享，如柯桥区"15分钟公共服务圈"，形成公共服务资源"一张图、一指数、三色图"体系。加快"一老一小"场景落地，重点构建适老化场景，建设爱心助餐、健康动态监测、意外紧急呼叫等常态化健康生活服务场景，帮助独居失能老人解决基本生活问题。如诸暨市累计建成爱心食堂317家，服务384个村（社区）1.4万名老人。三是推进项目落地，进一步延伸便民利民服务。乡村服务端正式上线浙里办"我的家园"板块，上线5G远程诊疗设备，村民不出家门即可与省城医疗专家面对面。举办"古村电影周""吃货美食节""非遗大巡游""花海音乐节"等各类活动，优质文化活动贯穿全年。村民获得感、幸福感有效提升，共建共享的利益联结进一步巩固。

5. 坚持绿色发展，从"卖资源"到"卖风景"

习近平总书记在浙江工作期间强调，将村庄整治与绿色生态家园建设紧密结合起来，提出"八八战略"和"绿水青山就是金山银山"理念，强调建设生态强省。绍兴在实施"千万工程"过程中，始终注重与习近平总书记的要求深度融合，从推进农村道路硬化、垃圾收集、卫生改厕，到全面改善人居环境，制定实施"美丽乡村建设行动计划"，再到美丽乡村创建全面铺开，以及目前的未来乡村建设，始终坚持"绿水青山就是金山银山"，把乡村振兴与绿色发展相融合，不断擦亮生态底色。改变过去以破坏和牺牲农村生态环境为代价、不可持续的发展行为，实施生态修复，坚持生态和发展并重，整治农村重污行业，关停"小散乱"企业，培育"美丽乡村+"农业、文化、旅游等新业态，推动资源变资产、村民变股东、村庄变景区、农房变客房的良性发展态势，持续打通"绿水青山就是金山银山"理念经济转化通道，提升环境资源的经济转换价值。如上虞区谢塘镇晋生村以垃圾、污水、厕所农村环境"三大革命"为抓手，实现人居环境大变样，以农房改造、管线序化、道路提升"和美乡村"三大行动为重点，实现村庄面貌大提升，以发展数字农业、塑造谢晋故里乡村IP为亮点，实现文旅融合大发展，2023年村集体总收入达237.27万元，其中村集体经营性收入185.23万元，农民人均可支配收入6.8万元，分别为2003年的23倍、28倍、12.6倍。

6. 坚持由表及里，从"做内容"到"做内涵"

一是从"大建设"到"微改造"。强化"策划前置+需求定制"，在建设前期充分调研论证，明确村庄定位，科学合理布局业态、设置项目，实现精准投资和有效投资。积极打造村庄品牌，根据村庄"家底"特色，策划在地化品牌主题，打造核心IP，与产业发展之间形成良性互动，打造有辨识度的村庄、有标志性的产品，如东澄村"石上东澄"、鲁迅外婆家安桥头村"故乡的故乡"、坝头山村"陆游的乡村世界"等村庄品牌加持赋能发展。二是从"输血型"到"造血型"。积极探索市场化运营机制，建成的绝大部分未来乡村都入驻了运营公司，通过打好"乡村建设+"组合拳，结合宅基地制度改革、标准地改革、全域土地综合整治、农合联改革等，有效激活市场、要素、主体，全面盘活农村资源要素，形成以柯桥区王化村为代表的一批乡村集成发展案例，构建并推进新昌梅渚"村企合营"、上虞区丁宅乡"多村联营"、柯桥区叶家堰"景村融合"等多种发展模式。

（二）主要成效

1. 优化区域生态，重塑农村人居环境

一是美丽乡村创建不断扩大。坚持多美和共富联创，全力建设"和美越乡"。聚焦"千万工程"，打造和美乡村示范带30条，建成省级和美乡村示范县1个、示范镇9个、共同富裕示范带2条。推进村级寄递物流综合服务站建设，培育邮政快递服务现代农业品牌项目。按照全市一盘棋要求，打破县界，建设美丽乡村景观带县域间互联互通节点，推进市域内"无缝对接"，推动美丽乡村串珠成链、连线成景。全市开展新时代美丽乡村共同富裕示范带建设，目前诸暨市的"十亩之间"共富示范带已通过省级验收，另外2条正在建设中。二是农村人居环境全面提升。全面深化农村人居环境"三大革命"，实现行政村农村生活垃圾集中处理、农村规范化公共厕所、规划保留村生活污水治理3个"全覆盖"。全市农村公厕全面建立长效保洁机制，达到"三有四无"标准，其中星级公厕新建240座，累计960座。全市农村生活垃圾分类处理覆盖率、资源化利用率、无害化处理率均实现100%，累计创建省高标准农村生活垃圾分类示范村419个，市农村生活垃圾分类示范片区新建6个，累计24个，市农村生活垃圾分类准确村973个，占比达63.6%。自2019年以来，以"一分两清三化"① 为主

---

① 一分两清三化："一分"即农村生活垃圾分类，"两清"即清理乱堆乱放、清理空倒房，"三化"即公厕洁化、"三线"序化、庭院美化，及其他农村人居环境相关工作。

要内容，开展全市农村人居环境常态化评估，运用赛马机制，以农村人居环境整体提升擦亮共同富裕美好生活"靓丽底色"。

2. 培育农村经济新增长点，促进乡村产业蓬勃发展

一是多渠道打开"绿水青山就是金山银山"转化通道。全力支持有条件的地区将农村环境基础设施与特色产业、乡村旅游有机结合，依托乡村美丽环境培育发展乡村旅游、养生养老、运动健康、电子商务等美丽业态，推动农家乐（民宿）提档升级，引导发展农家小吃等乡愁产业，实现产业发展与人居环境改善互促互进。2023年，全市休闲农业、农家乐共实现接待游客1874.64万人次，休闲农业总产值23.3亿元，其中农家乐营业收入7.56亿元，农副产品销售收入10.98亿元。二是拓展集体经济长效增收渠道。引导各村立足资源禀赋、生态条件和产业基础，通过异地建购、参股经营、资源盘活、服务增收、基金运作等方法，多途径拓展村集体经济长效增收渠道。三是以特色优势产业集聚区为牵引，构造品质农业新格局。建设越城农韵酒乡、柯桥浪漫花乡、上虞四季果乡、诸暨珍珠水乡、新嵊养生茶乡、会稽休闲榧乡等6个优势特色产业集聚区，推动茶叶、花卉、珍珠等特色产业打造成重点全产业链，重点发展农产品加工、乡村休闲旅游、农村电商等产业。四是以美丽经济、乡愁产业为抓手，大力发展乡村新产业新业态。绍兴以"走进稽山鉴水，寻味六美乡村"为印记，打造"农文旅"相结合的特色产业链，发展休闲旅游、研学游学、养生养老、运动健康等新业态，拓宽"绿水青山就是金山银山"转化通道，在现代版"富春山居图"上，"一村一幅画"全域大美格局基本成形。

3. 弘扬传承人文乡愁，塑造文明和谐新风尚

坚持"村的美丽"与"人的美丽"并重，将文化融入乡村方方面面，营造和谐乡风、文明乡情、悠远乡愁。深入挖掘绍兴名人名士、稽山鉴水、越剧莲花落、黄酒桥乡等文化基因，全面梳理传统文化民俗技艺，加强文化遗产和农耕文明传承发展，打造传统文化与农事节庆品牌，推动乡村优秀传统文化振兴。建设现代公共文化体系，夯实乡村思想文化阵地，因地制宜发展乡村文化产业，鼓励文化创意企业入驻，专业化、个性化培育打造乡土文化IP，使文化成为绍兴乡村最鲜亮底色、最鲜明特色。注重乡村精神文明建设，全面覆盖打造新时代文明实践站所，截至2023年3月底，全市已实现6个区（县）级

实践中心、103个乡镇（街道）级实践所、1963个村（社区）级实践站全覆盖，在爱国主义教育基地、公共文化场所、文明单位、"两新"组织等设立实践点（基地）301个。充分发挥历史文物、乡风民俗的文化、景观和经济价值，以编村史、赛村歌、传家风为载体，深挖村落文化、特色文化，寻找乡村记忆，传承中华优秀传统文化，加大对古建筑、古道、古树、文化遗迹、农业遗迹的保护力度，使历史文化与现代文明有机结合。完成上虞区上浦镇东山村、丰惠镇通明村历史文化重点村建设和岭南乡东澄村一般历史文化保护村落建设，编撰历史文化村落故事集，建立"千村档案"。

4. 创新发展新时代"枫桥经验"，提升乡村治理效能

坚持和发展新时代"枫桥经验"，注重乡村多元治理探索，完善"党建+"模式，进一步深化加强乡镇建设改革，推广"浙里兴村治社（村社减负增效）"应用。配齐农村（社区）工作者队伍，对农村人居环境实行社区化管理，因地制宜实行"绿币计划"①"红黑榜"②等举措，推动共建共治共享。推进基层治理微创新微改革，提炼推广新时代"四不出村"③工作法，打造农村社区（便民）服务中心2.0版，创建国家级民主法治示范村21个、省级民主法治村（社区）532个，打造省级善治（示范）村798个，创建省级清廉标杆示范村9个。

5. 强化机制保障，深化城乡融合发展

坚持普惠共享，同步实施新一轮城乡基本公共服务均等化行动，推动城乡统筹协调发展。通过"农村公路提升""美丽乡村公路""美丽国县道"等一系列行动载体，重点打造"四好农村路"。开展"村村通公交"行动，推动城乡公共服务下沉延伸，农村公路总里程达9332公里，实现全市农村公路列养率、乡镇和行政村公路通畅率100%，全市农村饮用水水质达标率99.3%，城乡同质化供水覆盖率保持在98%以上，实现农村人口从"有水喝"向"喝好

① "绿币计划"：以"庭院整洁环境美、家庭文明和谐美"为目标，通过设立"美丽超市"，出台"绿币"兑换生活用品制度，引导广大村民积极参与美丽乡村建设。

② "红黑榜"：守信联合激励和失信联合惩戒制度，是对辖区工作进行动态激励和惩戒的公示，通过激励先进、鞭策后进，引导辖区居民群众和社会单位学习先进，主动承担责任，凸显出党建引领、社会共治的强大合力。

③ "四不出村"是指"群众办事不出村、矛盾调处不出村、文化需求不出村、兴业致富不出村"。

水"转变。建成 15 分钟健身圈、医疗圈，乡镇居家养老服务中心实现无感智能服务全覆盖。提升数字基建，通过实施光纤入户行动、5G 基站建设，全区信息进村入户覆盖率达 100%，所有乡镇镇区实现 5G 基础覆盖、行政村 100% 覆盖。

二 绍兴深入实施新时代"千万工程"的主要挑战

（一）人居环境不断改善，但距离"宜居宜业"还有一定差距

随着人居环境专项整治的持续推进，农村地区"脏乱差"局面得以扭转，村庄环境、农民群众环境卫生观念均得到有效改善。但是当前农村人居环境与就业状态距离宜居宜业的和美乡村还存在一定差距。生活污水和生活垃圾处理、村容美化、厕所改造等人居环境整治工程仍存在盲区；人居环境整治水平参差不齐、群众参与积极性不高等问题依然存在；面临农业污染、农药化肥用量大和利用率低等问题。从全省各地市的细微指标上看，绍兴在乡村建设上还存在不足和短板，有待完善和改进。从统计数据上看，绍兴省级未来乡村建设试点仅有 28 个，居全省各地市倒数第 2 位，说明绍兴在省级未来乡村建设上落后于全省大部分地市，未来乡村建设有待加强；绍兴农用塑料薄膜用量、农药使用量、氮肥使用量及磷肥使用量均高于全省大部分地市，说明绍兴农业污染较大，对农村生态环境带来不利影响，环境整治有待加强（见表 1）。

表 1 2022 年全省各地市乡村建设重要指标

地区	省级未来乡村建设试点(个)	农用塑料薄膜用量(吨)	农药使用量(吨)	氮肥使用量(万吨)	磷肥使用量(万吨)
绍兴市	28(10)	6209(5)	4320(2)	4.24(1)	0.52(2)
杭州市	44(2)	6703(4)	4703(1)	2.09(4)	0.35(6)
宁波市	41(3)	12894(1)	3994(4)	2.06(6)	0.28(7)
温州市	47(1)	4824(7)	3008(6)	2.12(3)	0.41(4)
嘉兴市	33(6)	9163(3)	4004(3)	2.09(4)	0.05(10)
湖州市	37(4)	4815(8)	2329(8)	1.35(10)	0.09(9)

续表

地区	省级未来乡村建设试点(个)	农用塑料薄膜用量(吨)	农药使用量(吨)	氮肥使用量(万吨)	磷肥使用量(万吨)
金华市	37(4)	6126(6)	3464(5)	2.54(2)	0.65(1)
衢州市	32(8)	2052(10)	2078(9)	1.77(8)	0.38(5)
舟山市	17(11)	573(11)	324(11)	0.15(11)	0.03(11)
台州市	33(6)	11786(2)	2552(7)	1.78(7)	0.28(7)
丽水市	31(9)	3880(9)	2061(10)	1.55(9)	0.49(3)

注：括号内数值为浙江省各地市相应指标具体排名。

资料来源：《浙江统计年鉴2023》，中国统计出版社，2023。

（二）乡村人文底蕴深厚，但人文资源挖掘有待深入

绍兴人文底蕴深厚，乡村文物、古村落、古步道、文化艺术等众多，自然资源和文化禀赋十分丰富。但是，仍有很多乡村文化资源有待开发，同时在乡村文化资源开发过程中，一些地方忽视了旅游产业配套设施建设以及产业发展规范的制定，从而阻碍了乡村文化和旅游产业的深入发展，乡村文化旅游资源的开发面临一系列问题，主要表现在以下几方面。一是文旅行业规范有待提升。乡村文旅行业规范主要涉及餐饮、住宿和游览等三个方面。个别餐饮服务市场缺乏食品安全卫生标准，易引发用餐安全问题。在住宿方面，部分地区民宿缺乏基本要求与等级划分，对于建筑结构、公共环境以及经营管理缺乏对应的标准。另外，在配置娱乐设施上缺乏安全性的评估和论证，给游客人身安全带来隐患。由于缺乏相关行业规范和有效监管，乡村旅游发展具有盲目性。二是文化资源保护和传承机制有待完善。乡村文化资源开发往往以市场为导向，以追求经济利益为目标，缺乏资源保护和传承意识，不利于乡村文旅产业的可持续发展。随着城镇化的发展，乡村人口不断涌入城镇，农村"空心化"现象较为严峻，使乡土文化和资源缺少传承和开发的本土化主体，村民文化认同感逐渐降低。而在乡村旅游项目开发过程中，项目开发主体多注重将资金投入娱乐和观光等短期收益率较高的硬件设施建设中，忽视对乡村文化资源传承和保护的资金支持。三是项目规划违背自然规律造成生态环境破坏。乡村文旅项目规划应当充分尊重当地风土人情和自然环境，因地制宜，符合乡镇国土规划与乡

村用地规划，不得破坏生态环境和乡村原貌。近年来，随着"玻璃栈道""水上欢乐谷"等新型旅游项目兴起，部分地区不顾当地地形地貌等客观条件，盲目跟风，开发不符合当地自然生态环境的旅游项目，造成植被破坏、水土流失和土地荒漠化等生态环境问题。四是文旅产品业态低端。乡村资源自身禀赋决定必须通过一定方式发挥其所特有的价值，仅仅依靠当地乡村民众难以形成符合市场需求的资源开发模式。由于缺乏人才、技术、资金等要素的支持，乡村文化和旅游融合度较低，大部分地区产业停留在发展初期，旅游产品单一，产品质量低端化，缺乏品牌创建和维护意识，难以满足游客对高质量文化旅游服务产品的需求。

（三）共富步伐不断迈进，但距离村强民富还有一定差距

近年来，绍兴在推进农民农村共同富裕方面作出了很大努力，取得了较为显著的成绩，但农村共同富裕的深度有待进一步推进。一是城乡居民人均收入差距有待缩小。与城镇居民收入相比较，农村居民收入还存在较大差距。二是乡村特色产业发展有待加强。绍兴农业仍然存在大而不强、多而不精、全而不优等问题，农民增收致富动能不足、活力不够。三是现代农业经营体系还不健全。小农户家庭经营仍是绍兴农业的基本面，农业专业化社会化服务组织还不够。如从全省各地市农民收入的重要指标上看，绍兴在农民创收上还存在可提升空间。统计数据显示，绍兴农村居民人均可支配收入和城乡收入倍差均位居全省第3位，说明绍兴农村居民收入状况良好，但与前两位城市相比仍存在一定差距，如城乡收入倍差与嘉兴市和湖州市相比，仍有很大提升空间（见表2）；从绍兴市2013年到2023年农村居民人均可支配收入发展态势看，农村居民人均可支配收入增长平稳有余，但"爆点"不足，为加快追赶前列步伐，需要提升农民增收效率（见表3）。

表2　2022年全省各地市农民增收重要指标

地区	农村居民人均可支配收入(万元)	城乡收入倍差
绍兴市	4.88(3)	1.65(3)
杭州市	4.82	1.67
宁波市	4.80	1.66

地区	农村居民人均可支配收入（万元）	城乡收入倍差
温州市	4.16	1.87
嘉兴市	4.96	1.53
湖州市	4.75	1.57
金华市	3.81	1.93
衢州市	3.40	1.78
舟山市	4.94	1.86
台州市	4.02	1.84
丽水市	3.08	1.90

注：括号内数值为浙江省绍兴市相应指标具体排名。

资料来源：2015~2023 年浙江省各地市统计年鉴。

表3 2013~2023 年绍兴市农村居民人均可支配收入情况

单位：万元

年份	农村居民人均可支配收入
2023	4.88
2022	4.57
2021	4.26
2020	3.87
2019	3.61
2018	3.31
2017	3.03
2016	2.77
2015	2.56
2014	2.35
2013	2.13

（四）农村改革不断推进，但改革成效还不够明显

虽然近年来绍兴农村综合改革取得了较为显著的成绩，但二元经济结构影响下乡镇政府职能转变滞后、财权事权不对应、农村公共服务供给不足、基础设施建设滞后等，制约着农村经济社会发展，也是深化农村综合改革亟

须解决的问题。一是管理体制运行不够通畅。农村基层行政体制中一直存在机构改革进展不均衡、乡镇政府职能转变滞后等问题，另外，事权和责任不对应，职能边界模糊等问题仍较突出。许多地方村集体经济薄弱，村级组织也存在运转经费紧张、干部队伍老化、凝聚力不强、威信不高等问题，村级组织功能难以发挥有效作用。而且，基层政权组织对农民的政策引导与扶持力度不足，部分农民权益受损。二是城乡要素市场配置不均衡、市场服务体系不健全。一方面，农民仅拥有土地、房屋、林地等主要农业生产资料经营权与使用权，缺乏所有权、转让权等权益，生产资料适度集中经营与利用率低、城乡要素市场配置不均衡、收入分配机制不合理、相关法律制度建设滞后等问题较突出，农民权益难以得到有效保障。另一方面，农业社会化服务体系建设滞后，农村中介组织、农民合作组织等发展缓慢，农民享受社会性和公共性服务比较难。农村金融服务难以满足农业农村经济社会发展需求，农村资金外流严重，大量农户、中小企业、基础设施建设所需的信贷资金得不到有效满足，很大程度上制约了农业、农村发展的动力、活力。三是农村社会事业发展滞后。由于公共财政对城乡支持力度差距较大，农业、农村基础设施建设滞后，与农民生产生活密切相关的农田水利、乡村道路、饮水供电等设施建设条件有待完善。加之教育、公共卫生、社会保障和社会救助等资源在城乡配置上存在明显差距，农民在上学、看病、养老、医疗和社会救助等方面存在的问题很难得到根本解决。

（五）乡村治理体系不断完善，但治理效能尚需不断提升

近年来，绍兴持续加强和改进乡村治理，逐步建立起党建引领，自治、法治、德治、智治相结合的乡村治理体系，既夯实了党建根基，又深化了村民自治，同时也增强了法治保障。但取得成绩的同时，绍兴整体乡村治理效能仍有提高空间。一方面，基层治理能力不足。青壮年普遍外出务工，无法及时了解村庄发展情况，留守妇女、儿童和老人参与乡村治理的意愿和能力不足，乡村治理主体地位没有得到充分彰显。同时，农村基层党组织队伍中，党员老龄化严重，部分基层党员身份意识不强，难以发挥带头作用。另一方面，逐步完善的乡村治理体系促使乡村治理趋向标准化、规范化和精细化，能够破解政府政策落地过程中面临的"最后一公里"困境，但也暴露出一些问题。在开展乡

村治理过程中，政府为村级组织制定过多规范与标准，要求村级组织严格执行，办事留痕。但不同地区农村情况千差万别，群众之间关系错综复杂，统一办事流程和程序难以解决农村存在的实际问题，也难以满足农民群众的迫切需要。同时，以上问题也造成大量下乡资源无法发挥作用，导致乡村治理效能难以快速提升。

三 深入推进绍兴新时代"千万工程"建设的对策建议

（一）用更加务实的举措深化农村环境整治，进一步强化"生态之美"

一是抓好基础设施提档升级。建议在全市域开展农村基础设施情况摸排，以县域为单位组织编制村庄公共基础设施建设管护责任清单，结合"四好农村路"示范创建、水美乡村试点县建设、乡村电气化提升工程等工作，进一步提升农村基础设施。抓好公共服务优质共享，实施新一轮城乡基本公共服务均等化计划，全域推进健康村镇建设，健全县镇村衔接的三级养老服务网络，打造一批"15分钟"城乡养老幼儿照护服务示范圈。二是持续开展村庄清洁行动。推进"一分两清三化"常态化巡查，提升农村生活垃圾精准分类和减量化水平。以"增收致富"为突破口，推进三产融合、产村融合；分类规划定位精准、辨识度高的未来乡村风貌，以"绣花"功夫推进微改造、精提升，打造低碳场景；坚持改革与创新联动，推行市场化村庄运营机制，推动生态、资源对接大市场。在美丽乡村的基础上，把生态环境搞得更美丽，建成农民生活的美好家园、城里人休闲旅游养生的生态乐园、记得住乡愁的文化公园。既使之成为体现现代城市文明又展现优美生态环境的乡村，也是叠加城市优势和乡村优势的高水平有机融合的富丽乡村。制定出台农村生活垃圾分类五年行动方案，进一步提升源头分类质量和有效减量；加强农村污水治理设施的改造和维护，进一步提高排放合格率；积极创建省级星级公厕、示范公厕，推进农村公厕提档升级，持续巩固农村生活垃圾、污水、厕所"三大革命"成果。抓实抓好管线序化、庭院美化、运维管护常态化等工作，按季落实常态化测评

"赛马"机制，确保干净整洁有序全域化、常态化。围绕宜居宜业要求，点线面结合推进和美乡村建设，争取五年内实现和美乡村全覆盖。

（二）用更加鲜活的场景彰显绍兴乡土特色，进一步提升"人文之美"

绍兴处处有文化，每一个乡村都拥有深厚的历史底蕴。一是深入挖掘乡村文化资源。要深入挖掘农村特有的乡土文化、风土人情、民间传说等文化资源，与山清水秀的自然生态结合起来，讲好农村故事，传承优秀文化。二是解码乡村文化基因。利用好绍兴文化底蕴深厚的优势，深入探寻其背后的传统故事、人物典故、文化图腾等，融入时代元素，这既能增强乡村文化对外界的感染力、吸引力，也是加强精神文明建设的重要途径，能进一步营造人与人之间互帮互助、和睦友好的社会风尚。三是开展乡村文化振兴行动。实施文化惠民工程、文艺星火赋美工程、革命文化和红色基因传承计划。完善党建引领"四治融合"乡村治理体系，深化"浙里兴村治社（村社减负增效）"等村社智治应用实效。坚持和发展新时代"枫桥经验"，完善社会矛盾纠纷多元预防调处化解机制。加强乡村法治教育和法律服务，深化清廉村居建设。深化基层德治建设，推进移风易俗，打造具有绍兴辨识度的乡风文明成果。

（三）用更加创新的方式促进村强民富，进一步彰显"富裕之美"

一是完善农业产业体系。在未来农业发展中要关注农业生产产品的高质化和高效化、农业产业体系的多功能化和全产业链化、农业生产方式的绿色化和循环化、农业生产主体的规模化和新型化、农业生产技术的生物化和数智化、农业流通营销的物联化和品牌化。把培育专业化区域化集成化的特色块状经济的共富产业作为突破口，形成"一村一品，一乡一业"的特色共富产业发展新格局。二是发展新型农村集体经济。要抱团发展村级集体经济，由强村牵头、强村带弱村，或当地文旅公司、乡贤龙头公司与各村合作社共同参股，以多个村或整个乡镇为单位组建强村公司，倡导先富带后富，让村民都能走上共同富裕的康庄大道。实施发展新型农村集体经济三年行动计划，规范发展强村公司200家，推广"片区组团"发展模式，实施"飞地"抱团项目200个。因地制宜开展村庄经营，创新体制机制，全面激活、激发农村人才、资产、资

源等要素。三是完善农民增收机制。深入实施农民增收共富五大行动，持续缩小城乡收入差距。争取到 2027 年，全市村集体经济总收入超 70 亿元；农村居民年人均可支配收入达到 6.5 万元，城乡居民收入倍差缩小到 1.6。

（四）用更加坚定的步伐探索农村改革，进一步提升"布局之美"

一是以深入推进全国农村宅基地制度改革整市试点为契机，稳步实施"闲置农房激活"改革、新时代美丽乡村集成改革、"两进两回"机制改革、农村集体"三资"数字化改革，推动"闲置农房激活"成为全国样板，农村宅基地制度改革列为全国整市试点，新时代乡村集成改革列入全省整市试点。二是以创新发展新时代"枫桥经验"为标志，以"最多跑一次"为牵引，健全党领导的自治、法治、德治、智治"四治融合"体系，强化村干部、党员、乡贤"三支队伍"建设，推进乡村治理数字化转型，成为乡村善治标杆地。三是以未来乡村创建为载体，开启一场从建设到经营的乡村试验，对外广发"英雄帖"统一招募运营团队，开展整村性、系统化、多维度的市场化运营，提升村庄"造血"能力。

（五）用更加有效的手段完善乡村治理，进一步呈现"和谐之美"

一是以党建引领完善村民自治机制。全面落实"四议两公开"，所有村全部制定村规民约，建立健全村务监督委员会，推动村民说事、议事、主事。把"两学一做"学习教育常态化制度化与引领民主治村、服务基层结合起来，在村级重大事务决策中创新决策机制，在全市率先实施"三上三下"民主决策制度。二是以党建引领公共服务。以服务促治理，推行网格化管理、组团式服务，探索"乡村红色物业"，推动镇村干部岗位在村、重在服务、责在连心，做到民有所呼、我有所应。如学习推广诸暨市次坞镇溪埭村党总支通过加强对各类组织和各项工作的统一领导，不断创新基层治理模式，创新建立"村（社）吹哨，线办报到"制度，以项目为契机，统筹次坞镇业务线办、专职网格员、村"两委"干部等基层管理服务力量，健全党组织管理服务体系，确保基层治理各项工作有效落地。三是完善村级党组织体系。创新"村党总支—网格党支部—党员联系户"三级组织体系。以党建引领促进乡风文明和谐。要学习全国文明村——柯桥区安昌街道大山西村把党建理念与传统文化紧密结合、着力打造"大山西处有人家"基层党建示范点、对全村党员实行"先锋指数"评分清单制、以党建作为乡村治理各项工作引领的经验，以及学习诸暨市枫桥镇枥桥村积极探索实践乡村治理新模式，加强"四治融合"，应用亲情、威信、微信、背对背"四种"调解法的经验做法。

参考文献

高鸣、周子铭：《"千万工程"经验赋能乡村产业发展的理论逻辑、现实基础与行动路径》，《南京农业大学学报》（社会科学版）2024 年第 2 期。

黄祖辉、傅琳琳：《我国乡村建设的关键与浙江"千万工程"启示》，《华中农业大学学报》（社会科学版）2021 年第 3 期。

郑建：《产业振兴视域下"千万工程"发展路径研究》，《价格理论与实践》2023 年第 6 期。

高鸣、郑兆峰：《宜居宜业和美乡村建设的理论逻辑与实践进路——基于浙江"千万工程"的经验与启示》，《中州学刊》2024 年第 2 期。

李军、张晏齐：《"千万工程"经验助推乡村建设的历史逻辑与实践路径》，《南京农业大学学报》（社会科学版）2024 年第 2 期。

崔华滨、杨新宇：《"千万工程"经验助力新时代乡村治理的内在逻辑与优化路径》，《南京农业大学学报》（社会科学版）2024 年第 2 期。

杨旭、孟凡坤：《结构性嵌入与过程性吸纳：乡村治理模式创新的可持续性机制——基于浙江"千万工程"的案例研究》，《学习与实践》2024 年第 3 期。

王燕燕、黄森慰：《整体性治理：农村人居环境治理的新旨向——以浙江"千万工程"经验为例》，《东北农业大学学报》（社会科学版）2023 年第 5 期。

张古悦、孙鹤：《浙江省"千万工程"经验助力辽宁乡村基层党建工作》，《农业经济》2023 年第 8 期。

易开刚：《城乡商贸统筹发展的模型设计与博弈分析——以浙江省"千万工程"实施绩效为例》，《经济地理》2011 年第 12 期。

B.6

2023年绍兴奋力打造文化*守正创新、精神富足的市域范例发展报告

闪月　吕鸣章**

摘　要： 绍兴依托深厚的文化底蕴和历史地位，通过文化资源整合、重点项目推进、工作机制完善、文旅营销、旅游市场创新、文化产业多元发展、公共服务提升、文化遗产保护、文明创建和志愿服务深化等措施，持续打造新时代文化守正创新、精神富足的市域范例。但目前，还存在文化建设自觉意识和工作力度不够、传统文化传承保护体系有待加强、文艺精品创作水平尚需提升、现代文化产业发展体系有待完善、现代公共文化服务体系仍需健全等不足之处。为此，建议从加强组织领导、强化财政保障、优化发展环境、构建科学考评制度等来深刻理解文化建设重要性，从繁荣发展戏曲艺术、书画艺术、工艺美术来建设文艺精品繁荣区，从加强水文化保护利用、名人文化挖掘保护、大力发展文博事业、培育特色文化村镇来建设文遗保护模范区，从提升文化产业发展水平与重点行业优先发展、扶持重点文化企业与实施重点项目、培育文化产业集聚区、构建现代文化市场体系来建设文化产业发展增长区，从完善公共文化设施建设、促进惠民服务网络建设、健全公共文化服务机制、办好重大文化节会来建设公共文化服务示范区，从培养引进高层次文化人才、加强基层文化队伍建设、创新文化人才工作机制来建设优秀文化人才集聚区等方面提出对策建议，以期推动绍兴文化建设在新时

---

* 本报告中的文化范畴，主要指文化、广播电视、新闻出版行政部门职能范围内的戏剧、音乐、舞蹈、曲艺、杂技、美术、书法、摄影等文学艺术事业，图书馆、文化馆、美术馆、博物馆、综合文化站和基层文化建设等社会文化事业，文化艺术领域的公共文化服务，文化产业领域的演艺娱乐业、动漫游戏业、网络文化和数字文化服务业、艺术品和工艺美术经营业、创意设计业、文化旅游业、文化会展业等门类。

** 闪月，中共绍兴市委党校（绍兴市行政学院）、绍兴市社会主义学院党建研究中心讲师、法学博士，研究方向为中国共产党执政话语；吕鸣章，中共绍兴市委党校（绍兴市行政学院）、绍兴市社会主义学院哲学与科社教研室副教授、哲学博士，研究方向为发展哲学。

代中不断焕发新活力。

关键词： 文旅融合　文化产业　公共服务　文遗保护　文明创建　绍兴

　　在波澜壮阔的历史长河中，文化始终是民族的血脉和城市的灵魂。绍兴，这座承载着千年文脉的江南名城，以其深厚的文化底蕴和独特的历史地位，不断在新时代新征程中焕发出新的活力与光彩。近三年来，绍兴以习近平新时代中国特色社会主义思想为指引，在市委、市政府的坚强领导下，坚决扛起"敢为善为、图强争先"新使命，以打造思想理论高地、文化创新高地与精神文明高地为主抓手，积极擦亮城市文化金名片，为打造新时代文化守正创新、精神富足的市域范例注入源源不断的精神动力。

一　绍兴打造文化守正创新、精神富足的市域范例的主要成效

（一）文化研究与社科普及开启新征程

1. 深化文化研究

　　深入实施文化研究工程，积极推进四个系列项目，取得显著成果。2023年，发表学术论文36篇，召开学术会议12场，完成《浙东运河文化》等6册书稿，以及《浙东唐诗之路》《黄酒文化》《宋韵文化》等子课题初稿。新启动《绍兴戏曲曲艺文化研究》和《绍兴历史文化普及精品读本》两个系列项目，涵盖戏曲曲艺史、代表性剧种、文献与史料研究等12项子课题，以及知人、阅城、赏艺、知味四大板块的16项子课题，以故事形式撰写科普性、故事性、趣味性的普及读物。

2. 编纂出版《绍兴大典》

　　扎实推进《绍兴大典》编纂出版工作，全面开展底本摸排，组织专班工作人员赴全国各大图书馆、博物馆、私人藏书楼等调研，掌握绍兴地方文献存量质量情况。截至2023年底，已基本完成《绍兴大典·史部》（第一批）、56

册《绍兴府志》、16 册《绍兴县志》和 3 本线装本的出版，以及（第二批）拟出版书目的招标工作。

3. 提升社科普及成效

绍兴市在提升社科普及成效方面取得新进展，6 个科普项目入选省级科普创新项目，举办短视频大赛，选拔优秀作品在多个平台展播。举办讲解员选拔赛，选拔优秀选手参加省决赛并取得优异成绩。建成 39 家市级科普基地，推荐加入省级优秀传统文化基地联盟，推进社科资源均衡分布。组织百名专家深入科普基地、社区、农村，开展各类科普主题活动，充分发挥青年社科工作者和知名社科宣讲专家的作用，提升社科普及的广度和深度。[1]

（二）文旅发展掀开新篇章

1. 文旅营销出圈出彩

通过举办一系列高水平的国际交流活动，如"绍兴文旅资源泰国推介会""大师对话十周年"等，不仅拓展"海外朋友圈"，还推动优秀传统文化与海外文脉的交流互鉴。2023 年，实现 207. 50 亿元的投资，全年接待游客 6945. 8 万人次，旅游总收入达到 453 亿元，创下了历史新高。[2] 此外，还通过成功举办"中国研学旅行发展报告绍兴发布活动"，荣获"中国研学旅行目的地·标杆城市"的称号，进一步擦亮"研学旅行"的品牌。

2. 旅游市场再创新高

截至 2023 年底，绍兴有 A 级旅游景区共 87 个。其中，5A 级旅游景区 1 个，4A 级旅游景区 18 个，3A 级旅游景区 43 个。绍兴抓住亚运契机，举办"名城绍兴　喜迎亚运"文商体旅系列主题活动，发布"十大精品游线"和"十大主题活动"，激活了五大消费热点。2023 年，全市共接待游客 6945. 8 万人次，同比增长 23. 66%，实现旅游总收入同比增长 12. 5%。[3]

3. 旅游品质全域提升

在提升旅游品质方面，绍兴同样取得了显著的成效。鉴湖旅游度假区、"夜

---

① 相关资料由绍兴市社会科学界联合会提供。
② 相关资料由绍兴市文化广电旅游局提供。
③ 《2023 年绍兴市国民经济和社会发展统计公报》，2024 年 3 月 27 日，https：//tjj. sx. gov. cn/art/2024/3/27/art_ 1229362069_ 4142849. html。

鲁镇"等获得"国字号"招牌，雪花谷隐山民宿获评甲级资质认定，填补了绍兴空白。全年新增多家旅游相关企业和基地。同时，《绍兴市浙东唐诗之路文化资源保护和利用条例》出台为旅游产业的高质量发展提供了坚实的政策支撑。

4. 文化消费持续增长

2021~2023年的文化消费数据表现出显著的增长和活跃度，通过举办各种文旅消费季活动和节假日期间的旅游高峰，绍兴成功吸引大量游客，推动文化和旅游消费市场快速发展。2021年，绍兴被确定为创建省级文化和旅游消费试点城市。在文化和旅游部的支持下，绍兴进一步创建国家文旅消费试点城市。随着夜间消费等新消费、新需求的进一步释放，绍兴举办多项文化旅游消费季活动，包括"诗画江南展绍兴风韵 文旅赋能促多元消费"主题活动，以及"越潮·越好——梦幻文旅消费夜"、"越菜新吃"、"全国招募百名城市体验官"和"越惠券"文旅消费补贴发放等四大精品主题活动。这些活动全面激活了文旅消费潜力，推动文化和旅游消费市场的发展。2023年，绍兴文旅市场总体呈现"释放热情消费旺"和"旅游复苏活力足"两大特征，并且接待游客数量和旅游总收入均创历史新高。特别是在"五一"假期间，绍兴共接待游客313.4万人次，较2022年"五一"同比增长显著。此外，中秋国庆假期，绍兴接待游客总量也创历史同期新高，达到367.81万人次，按可比口径较2019年增长11.87%。[1]

随着文旅融合的不断深化和创新战略的实施，绍兴不仅在传统文化的传承与推广上取得丰硕成果，更在旅游市场和品质提升上实现跨越式发展。展望未来，绍兴将继续秉承创新精神，进一步挖掘和利用其丰富的文化资源，打造更多具有国际影响力的文旅品牌，推动旅游业的可持续发展。

（三）文化产业多元发展

1. 业态形式进一步丰富

重点发展传统经典、文化旅游、创意设计和影视演艺产业，并培育数字内容、文化会展等新兴业态。浙江特立宙动画影视有限公司、美盛文化创意股份

---

[1] 市文广旅游局（市文物局）：《中秋国庆长假367.8万人次游绍兴》，绍兴市人民政府网站，2023年10月9日，https://www.sx.gov.cn/art/2023/10/9/art_1229354839_59521394.html。

有限公司（以下简称美盛文化）等新型文化企业的崛起，以及金德隆、尚1051等文化创意园区的设立，为小规模文化企业的发展提供平台和机遇。同时，利用网络化、5G技术和数字云等先进技术，绍兴市不断丰富文化服务的形式，提升了文化产业的科技含量和服务质量。

2. 市场主体进一步壮大

绍兴拥有各类文化产业单位2万余家，规模以上文化企业600余家。通过实施重点文化企业培育工程，建立市重点文化企业名录库，推动文化企业兼并重组。市文化产业发展投资公司的成立，更促进了国有文化企业的转型发展。美盛文化、浙江明牌珠宝股份有限公司等企业入选省重点文化企业30强，体现了绍兴文化企业的竞争力和影响力。[1]

3. 集聚效应进一步显现

绍兴确定金德隆文化创意园等十大文化产业集聚平台，并拥有25个文化创意园区及产业集聚平台。[2] 印发《绍兴"三大文化带"三年行动计划（2020—2022年）》，加强文化产业集聚区的建设与管理。柯桥兰亭创意街区、鲁镇创意街区入选省文化创意街区，彰显了绍兴文化产业的集聚效应和区域特色。

4. 发展机制进一步健全

连续召开全市文化产业发展大会，完善绍兴文创大走廊建设三年行动计划。出台《关于加快文化产业发展的实施意见》，明确文化产业的发展方向。修订文化产业政策及配套细则，加大扶持力度，降低扶持门槛，扩大覆盖面，增强政策操作性。

通过这些措施，绍兴不仅实现文化产业业态的多元化和丰富化，还促进市场主体壮大和集聚效应显现。同时，发展机制的健全也为文化产业的持续健康发展提供了坚实的保障。这些成就体现出绍兴在文化产业领域的创新和进取，为城市的文化繁荣和经济发展作出积极贡献。

（四）公共文化服务持续提升

1. 深化城乡一体化发展

绍兴以城乡一体化为目标，建立1065个15分钟品质文化生活圈，基本实

---

① 相关资料由绍兴市文化广电旅游局提供。
② 同上。

现对社区的全覆盖，为市民提供便捷、高效文化服务。截至 2023 年末，全市共有公共图书馆 7 家，博物馆 57 家，藏书量 916 万册。[①]

2.建设文化品牌

绍兴以"文艺巡演""绍兴有戏""农家书屋"等品牌为抓手，大力推进文化下乡活动。2023 年，完成送戏下乡 2354 场、送书下乡 30.69 万册、送展览（讲座）下乡 2681 场，文化走亲 135 场。[②] 这些活动不仅丰富群众文化生活，也提升了公共文化服务满意度。

3.创建荣誉试点

绍兴在公共服务领域还取得一系列荣誉试点的创建成果。成功创建国家广电基本公共服务标准化和智慧广电乡村工程试点，为广电公共服务的发展提供新的模式和经验。绍兴图书馆被授予"中华经典传习所"称号，《绍兴群文足迹》入选全国文化馆系统"十佳年报"。

4.创新公共服务

绍兴在公共服务领域还积极探索创新，通过数字化、智能化等手段，提升服务质量和效率，正朝着建设更加公平、便捷、高效、智能的公共服务体系的目标，不断迈进。"数智礼堂"应用在中宣部研讨班上作为典型进行介绍，获中宣部主要领导肯定。2021 年全市文化体育与传媒投入为 16.56 亿元，每万人拥有公共文化设施面积达 1800.03 平方米。[③] 而 2023 年，全市文化旅游体育与传媒支出为 16.4 亿元。这些数据均显示了绍兴在三年间对公共文化领域的持续投入和公共文化设施人均占有量的显著提升。

（五）文博高地不断夯实

1.文化遗产与文保工作亮点纷呈

作为全国仅有的两个获得考古发掘资质的地级市之一，绍兴持续加强对文

---

① 《2023 年绍兴市国民经济和社会发展统计公报》，2024 年 3 月 27 日，https://tjj.sx.gov.cn/art/2024/3/27/art_ 1229362069_ 4142849.html。

② 同上。

③ 《关于 2021 年全市和市级财政预算执行情况及 2022 年全市和市级财政预算草案的报告》，2022 年 2 月 10 日，http://www.dongyang.gov.cn/art/2022/2/10/art _ 1229304178 _ 3953278.htmlP305。

化遗产的保护工作，宋六陵考古遗址公园入选国家立项单位，成为绍兴文化遗产保护的新亮点。同时，在文物保护领域也取得了丰硕成果，会稽刻石等 5 处文物入选全国《第一批古代名碑名刻文物名录》，新增王阳明遗址故居、渔家渡石牌坊等 10 处省级文物保护单位。此外，亭山遗址群入选全省考古"十大发现"。

2. 建设博物馆之城

截至 2023 年底，越剧博物馆、北纬 30 度馆、孑民图书馆、古城北大门等一批重大项目建成投用。出台《推进"博物馆之城"建设的实施意见》，举办多项重要活动，如"全国十佳文物藏品修复项目终评会""全国古籍保护工作管理人员研修班""任伯年绘画作品展"等。其中，"任伯年绘画作品展"吸引超过 15.3 万人参观，成为"中博热搜榜十大热门展览"的第三名，充分展示了绍兴市博物馆之城建设的成果。

3. 非遗保护与传承

成立了非遗保护协会，成功举办第十五届浙江·中国非物质文化遗产博览会，吸引近百项国家级非遗项目参展。打造非遗形象门店 62 家，创建省级非遗工坊 9 家、市级非遗工坊 47 家，非遗保护发展指数排名居全省第 2 位。①

通过这些举措，绍兴不仅保护和传承了丰富的文化遗产，还推动了文化旅游业的发展，提升了城市的文化影响力和吸引力，在文博高地的建设上取得了新的突破，为城市的文化繁荣和经济发展作出了重要贡献。

（六）文明创建与志愿服务的深化发展

1. 文明创建改革优化

绍兴始终将提升市民素质作为一项重要工作，采取了多方面的措施来实现这一目标。首先，通过制定和出台一系列规范性文件，如《绍兴市民文明守则》，为市民提供明确的文明行为准则、规范和指导，提升市民文明素质。其次，积极开展宣传教育工作，通过提示牌、车载电视、公益广告栏等多种渠道，向市民传递文明风尚和社会主义核心价值观。此外，积极开展"文明单位""文明家庭""文明村镇""文明社区"等全方位的文明创建活动，鼓励

① 资料来源：《2023 年绍兴市国民经济和社会发展统计公报》。

各地各部门积极参与，形成你追我赶的良好氛围，共同推动精神文明建设。在过去的三年中，绍兴不断深化文明创建的格局，坚持质量"常态化、全域化"的工作要求，拓宽争创思路，落实"制度化安排一批、项目化解决一批、数智化创建一批、社会化推进一批"的工作举措，让文明之光在新形势下愈发闪耀。这些措施不仅提升了市民的文明素质，也让全国文明城市这块"金字招牌"更加闪亮，成色更足、亮色更显。

2. 志愿服务持续深化

近年来，绍兴在志愿服务领域持续深化发展，将志愿服务作为传递爱心和传播文明的重要途径，形成了一个积极传递正能量的社会氛围。为提升志愿服务的质量和效果，建立了常态化、科学化的志愿服务培训机制，加强了志愿服务理论研究，形成一支结构合理、专兼结合的志愿服务专家队伍。此外，还探索了激励保障措施，鼓励壮大志愿者队伍，制定并实施注册招募、激励回馈等十余项制度，培育一支有力有效的志愿服务队伍。如越城区通过省级青年志愿者服务社区专项行动，采取"自愿契约，双向认领"的形式，梳理社区治理需求清单，以聘任大学生社区居委会主任助理为牵引，凝聚了基层团委、在越高校、青年企业家、青年社会组织和区属中小学中的青年力量，建立青春契约共建体系，实现"青春契约"模式的契约共建、基层共治、成果共享，此行动荣获2021年浙江省青年志愿服务项目大赛金奖和优秀奖。越城区文明办还积极发动各级文明单位，充分发挥示范带头作用，深入开展结对共建"走亲"活动，推动形成全域创建、全员参与的浓厚氛围。2023年以来，累计组织各级文明单位开展文明城市创建志愿服务活动60余场，为全国文明城市创建贡献了文明单位力量。完成国测复评迎检。爱心食堂项目获评全省高质量发展建设共同富裕示范区最佳实践，获得省政府主要领导批示肯定。诸暨市依托2600余支村级"5+X"标准化志愿队、1000余家公益性社会组织以及320余支老年大学、妇女之家社团志愿队力量，聚力开展"暖心八件事"志愿项目，为公益敬老院的老人、环卫工人、教师志愿者、农村金婚老人和老党员等提供了实质性的帮助和关怀，形成了全民全域参与、线上线下联动的大志愿格局。目前，诸暨市正在推广文明实践"关爱 e+"数字平台应用，升级移风易俗一事一档、关爱基金活力赛马等应用场景，以数字赋能构建"文明大脑"。同时开发"礼享诸暨"应用场景，对接社会爱心资源、公益力量、志愿活动，下

沉到爱心食堂、爱心驿站、文明实践站所，实现民情民需及时感知、关爱帮扶精准触达，努力形成群众看得见、摸得着、真实可感的共同富裕幸福图景。绍兴市的志愿服务工作不仅提升了市民的文明素质和社会责任感，也为城市的文明进步和共同富裕作出了积极贡献。通过这些创新和实践，绍兴市志愿服务工作不断深化，为构建和谐社会、推动社会文明进步发挥了重要作用。

二　绍兴打造文化守正创新、精神富足的市域范例的实践短板

绍兴在打造文化守正创新、精神富足的市域范例过程中，挖掘文化资源、振兴文化产业、完善公共文化服务体系等方面还面临一些挑战，需要改进和完善。

1. 文化建设自觉意识和工作力度不够

一些地区和部门对文化发展不够重视，不同程度地存在经济与文化建设"一手硬、一手软"现象。文化建设在人力、财力、政策等方面的支撑和扶持有待进一步加强。

2. 传统文化传承保护体系有待加强

传统文化资源优势没有充分转化成人文素质优势和经济产业优势。尽管绍兴拥有丰富的历史文化资源，但如何有效利用这些资源，激发其生命力，让绍兴文化"走出去"，仍然存在短板，文化挖掘阐释有待深入。对绍兴"文化富矿"蕴含的丰厚内涵挖掘还不够深入，在更好发挥历史文化以史育人、以文化人、培育社会主义核心价值观的优势作用引领城市发展的力度还不够大，尚未充分展现应有的文化影响力和对外辐射力。

3. 文艺精品创作水平尚需进一步提升

反映绍兴市改革发展成就，具有浓郁地域文化特色，思想性、艺术性、观赏性的精品力作不多。文艺演出、文化辅导、图书、电影等文化服务不够均衡，一些"三下乡"活动不够贴近群众，供需对接不够有效。

4. 现代文化产业发展体系有待完善

2023年，绍兴文化产业占GDP比重仅为5.2%，在全省排名靠后，这与其作为历史文化名城的身份不相匹配。文化产业总量偏低，规模偏小，产业集

聚程度低。推动文化产业发展的龙头企业数量较少，对产业的引领性、带动性不强。缺乏带动力强、发展前景好的大型文化企业集团和集聚区。新兴文化产业发展缓慢，消费市场不够活跃，文化艺术服务、文化创意和设计服务等内容型文化产业占比较小。文化产业链未能与其他产业链有效衔接与延伸，整体文化产品和文化服务的供给水平有待提升。

5. 现代公共文化服务体系有待健全

虽然绍兴正在推进公共文化服务的数字化、网络化和智能化，但整体上仍需进一步提升。这包括公共文化场馆的数字化管理和服务能力，以及通过"浙江智慧文化云"绍兴站实现公共文化服务数据的无缝对接。全市公共文化设施建设区域之间发展不平衡，高品质文化供给不够丰富，基础设施不够完善，不少村级文化设施比较滞后。部分基层文化阵地利用率不高。文明实践中心建设还需进一步拓展提升，进一步精准对接供需，确保服务的全面覆盖。

6. 专业人才结构单一，产业拓展后劲不足

绍兴在创意设计、文化研究、经营管理等方面人才不足，缺乏引才留才的有效手段和机制。大部分人才集中在单一生产型或经营型方面，具有涉外、创业、管理等能力的复合型人才短缺。一些文化产业业态发展局限性较强，创新能力和发展要求不相匹配，缺少支撑要素，缺乏新的增长动能，文化产业向深处拓展的后劲、动力略显不足。

三 绍兴打造文化守正创新、精神富足的市域范例的对策建议

绍兴要紧密结合自身实际，坚持以文化人、以文育人、以文润城，努力实现文化与经济社会发展的深度融合，强化使命担当，推动绍兴宣传思想文化工作走在前列、勇立潮头。

（一）深刻理解文化建设重要性

1. 加强组织领导

进一步提高对文化建设重要性的认识。各级党委、政府要把文化建设摆在全局工作的重要位置，切实把文化工作纳入各级政府重要议事日程，纳入国民

经济和社会发展总体规划，纳入绩效考核体系，加强市文化产业发展暨文创大走廊建设领导小组的统筹领导，研究文化产业发展重大决策部署。建立健全党委统一领导、党政齐抓共管、宣传部门牵头组织协调、有关部门分工负责、社会力量积极参与的文化产业发展工作机制，进一步强化文创大走廊专班的主力军作用，形成推动文化产业发展的强大合力。各区、县（市）建立相应工作机制，构建两级联动的工作格局。积极探索建立产业集群群长制，形成"一个集群、一个行动计划、一个产业协会、一个研究平台、一个专业节会"推进机制，大力营造产业集群互联互通、共创共享的发展环境。充分发挥市文化产业促进会作用，推动文化产业高质量发展。

2. 强化财政保障

扩大公共财政对文化建设的投入规模，建立与绍兴经济发展水平相适应、与财力相匹配、与文化强市建设需求相对应的文化投入机制。建立和落实公共文化服务财政保障机制，各级政府要将公共文化服务保障资金纳入公共财政经常性支出预算，依据省、市基本公共文化服务标准提供相应的资金支持，落实保障当地常住人口享有基本公共文化服务项目所需资金。社区公共文化设施建设要落实从城市住房开发投资中提取 1% 的规定。支持文化创新和精品生产。建立健全政府向社会力量购买公共文化服务机制，完善《政府购买公共文化服务管理办法》，扩大政府向社会力量购买文化服务的范围，将政府购买公共文化服务资金纳入财政预算。拓宽资金来源渠道，吸引社会资本以多种方式投入文化建设，逐步形成以财政投入为主、社会力量积极参与的多元化经费保障体系。

3. 优化发展环境

市县两级要把文化产业发展纳入经济社会发展总体规划，重点研究部署、组织实施。进一步加大对文化产业发展的支持力度，加入文化产业政策创新和扶持力度。持续简化行政审批手续，强化知识产权保护和文化市场监管，促进市场主体公平竞争，优化文化企业营商环境。加强重点文化产业项目谋划，鼓励社会资本投入文化产业，加大文化产业宣传力度，营造推动文化产业大发展的社会氛围。

4. 构建科学的考评制度

健全考核机制。建立文化产业动态监测机制，将文化产业统计纳入国民经济统计序列，建立文化产业统计联席会议制度，健全文化产业法人单位名录库和统计报表制度，做到依法统计、应统尽统、数据准确。完善对各区、县（市）和市级部门文化产业发展绩效考核机制、信息报送机制、项目推进机制和督查问责机制。将规划的主要内容纳入考核体系，确保各项目标任务落地生根。

（二）建设文艺精品繁荣区

1. 繁荣发展戏曲艺术

在继续做好绍兴"戏曲之乡"五大剧种和五大曲种保护与发展的同时，重点制定实施绍剧、越剧、新昌调腔及绍兴莲花落的振兴工程，通过加强创作规划、实施精品战略、培育艺术新人，重振绍兴戏曲艺术。重点加强浙江绍剧艺术研究院、绍兴市柯桥区小百花越剧艺术传习中心、嵊州市越剧艺术保护传承中心、新昌县调腔保护传承发展中心等专业院团建设，深化内部体制机制改革，激发创作生产活力，努力将其打造成特色鲜明、有全国影响的专业艺术院团。继续做强做大江浙沪闽经典越剧大展演，并将其提升为全国性越剧大展演品牌，打造成中国越剧金色殿堂。深入开展戏曲艺术进校园、进企业、进农村、进社区活动。至 2030 年力争有 1 台戏曲入围国家级重大艺术评比活动或国家级精神文明"五个一工程"奖，并力争获奖。

2. 繁荣发展书画艺术

推动艺术类场馆设施建设，继续办好张桂铭艺术馆、何水法美术馆，建成开放一批绍兴籍书画家美术馆，争取有更多的名人艺术馆建成开放，重振绍兴书画的影响力。进一步壮大书画创作群体，以书法及大写意中国画为重点，力争获得更多国家级书法美术类金奖，进一步提升书法创作群体的"绍兴现象"。培育一批活动和市场品牌，继续打响兰亭中国书法节品牌，重点研究、培育青藤画派品牌。整合低端书画市场，打造高端的绍兴书画拍卖市场或网络交易平台。利用闲置厂区、旧工业厂区等场所进行改造，建设集美术、书法、摄影等视觉艺术于一体，实现创意、创作和销售一体化的综合艺术园区。

3. 繁荣发展工艺美术

重点开展越窑青瓷、越王剑、会稽铜镜"古越三绝"的保护和利用。深入研究、挖掘、整理越窑青瓷、越王剑、会稽铜镜的古法铸造技艺，开发以

"秘色瓷"为代表的越窑青瓷、以画像镜、神兽镜、龙虎镜为代表的会稽铜镜、以越王勾践剑为代表的青铜剑等"古越三绝"的艺术特征和铸造工艺。仿制和创作系列化精品，注重对"古越三绝"代表性作品的规模性仿制，形成原料配比、铸造方法和工艺特色与文物高度接近的"古越三绝"高仿系列工艺精品。根据当代工艺发展和审美要求，创作青瓷、青铜剑和青铜镜的现代作品。以点带面，推动"古越三绝"产业发展。同时推进工艺美术块状区建设，重点扶持越城区、柯桥区的金银饰品、青铜、王星记扇，诸暨的珍珠，上虞的青瓷，嵊州的木根雕，新昌的剪纸等传统工艺，增强集聚效应。

（三）建设文化遗产保护示范区

1. 加强水文化保护利用

在浙东古运河绍兴段主体被列入世界文化遗产保护区的基础上，重点开展绍兴水乡社戏的保护，常年组织开展传统戏剧、曲艺展演工作，打响水乡社戏品牌。加强绍兴古戏台保护工作，修复、新建一批与水城旅游密切相关的戏台，凸显水乡风情。全面落实古石桥群保护工作，在完善浙东运河文化园的同时，建设绍兴桥博物馆，全面展现绍兴桥文化；举办全国性古石桥研究会议，加强对绍兴古石桥的宣传推介。做好文化遗产的"三进"工作，扩大文化遗产的影响力。

2. 加强名人文化挖掘保护

在继续做好鲁迅、蔡元培、秋瑾等文化名人研究工作的同时，重点做好王羲之、王阳明、徐渭、陆游等绍兴历史文化名人的研究弘扬工作。加大投入，保护开发名人故居、墓地及其他遗存。加强对相关文化精神、艺术影响的传承与研究，制定全面系统的研究规划，从名人事迹、名人作品向人文内涵深入。开办名人文化大讲堂，搭建名人文化传承平台，提升名人文化影响力。充分利用影视剧、动漫、演艺等手段，大力宣传弘扬名人文化，发挥名人文化对城市形象与文化产业及经济发展的影响力。

3. 大力发展文博事业

推动博物馆建设，形成以市、县综合博物馆为龙头、专题博物馆为特色、民办博物馆为基础的博物馆网络体系，实现综合性博物馆区、县（市）全覆盖。重点建设治水、青瓷、越剧、越王剑、会稽铜镜、木根雕、铜雕等专题博物馆，并打造知名品牌。鼓励引导和支持各行业组织、企业、学校及个人兴办各类行业博物馆、专题博物馆和艺术馆，对社会免费开放，提升社会文物规范化管理和展览展示水平。

4. 大力培育特色文化村镇

制定实施特色文化村镇保护规划和保护政策，因地制宜地实施多样化的发展路径，促进古镇、古村落可持续发展。加大古镇、古村落环境整治力度，注重与传统建筑风貌相协调，与人文内涵相吻合。充分挖掘古镇、古村落历史人文价值、旅游价值和建筑价值等，按照完整保护、适度改造、合理利用、传承发展的要求，与特色小镇建设有机结合，发展旅游、文化等产业，形成古镇、古村落保护开发的良性循环。

（四）建设文化产业发展增长区

1. 提升文化产业发展水平与重点行业优先发展

按照"一个中心、二大组群、三条轴线"的市域城镇空间结构，结合大城市建设、现代水城建设，协调现代服务业、传统优势产业、高新技术产业、旅游产业等布局，大力发展文化产业，争取到2030年文化产业占全市地区生产总值比重达到7%以上。重点发展六大行业：文化旅游业、动漫影视传媒业、创意设计服务业、文化产品交易和演艺业、文化艺术服务和文博会展业，以及文化产品制造业，打造具有国内外影响力的原创基地和特色产业。

2. 扶持重点文化企业与实施重点项目

以市场为导向，建立绍兴市重点文化企业培育扶持体系，动态管理，提升企业竞争力。到2030年，争取培育具有自主知识产权和创新能力的新兴文化企业70家以上，培育上市文化企业3家以上。同时，加大文化产业招商引资力度，5年内实施100个投资额在1000万元及以上的重点文化产业项目，推进重点文化产业项目建设。

3. 培育文化产业集聚区

加快形成有较大产出的重点文化产业园区，发展文化产业集群，提高文化产业规模化、集约化、专业化水平。通过集聚区建设，形成在全省乃至全国有特色优势、规模和竞争实力的文化产业主导行业、重点企业和品牌。

4. 构建现代文化市场体系

加快构建文化企业与金融机构的战略合作机制，鼓励风险投资基金、股权投资基金参与文化产业发展。探索新型文化产权评估、交易方式，鼓励金融资本、社会资本与文化资源结合，建立文化资本市场、文化产权交易市场。推进建设区域性文化产品市场，发展块状经济特色产品和文化产品网上交易市场。

（五）建设公共文化服务示范区

1. 完善公共文化设施建设

到 2030 年，努力实现市、县、乡、村四级布局合理，功能完善的现代化文化设施网络，基本形成文化设施规范化、活动形式多样化、组织机构网络化、服务对象均等化的基本文化建设新格局，基层群众文化权益基本得到保障，文化设施达到全省领先水平，建设一批具有地方特色的博物馆、美术馆等重大文化休闲设施，实现公共文化服务城乡均等、区域均等、人群均等。中心城市重点实施"文化设施提升计划"，以市有五馆（文化馆、图书馆、博物馆、非遗馆和美术馆）为目标，按照专业化运作思路，有效整合文化资源，进一步提升绍兴市文化中心服务效能。各区、县（市）重点实施"文化设施完善提升计划"，以县有四馆（文化馆、图书馆、博物馆、非遗馆或展示场所）为目标，建成并提升公共图书馆、文化馆、博物馆、非遗展览中心等公共文化设施，其中公共图书馆、文化馆达到部颁二级以上标准，博物馆达到部颁三级以上标准。鼓励有条件、有积极性的村（社区）开展图书馆支馆建设。

2. 促进惠民服务网络建设

加快建设数字图书馆网络，重点启动全市云图书馆建设，整合图书馆软硬件资源，提供图书馆云服务，统一全市图书馆服务平台，逐步实现市、区、街道、社区图书馆互联互通、资源共享和市民卡一卡通借通还。推进公共文化服务与科技融合发展，利用宽带互联网、移动互联网、广播电视网，加强各级图书馆阅读体验区、数字体验区建设，建立综合性多终端一站式数字文化服务平台，进一步加强数字图书馆、数字文化馆、数字博物馆、数字美术馆等项目建设。加强文化志愿者和文化指导员建设，构建市、县、乡、村四级文化志愿服务网络体系。

3. 健全公共文化服务机制

制定各级政府、公共文化服务机构、项目、活动的评价标准和区域公共文化发展指标体系，确保足额财政经费投入，完善提升各级公共图书馆、文化馆、美术馆等公益性文化设施免费开放服务。依托智慧城市—智慧文体建设，打造集"信息发布、社会参与、需求表达、评价反馈、政策保障、管理监督"等功能于一体的市级公共文化网络综合服务平台，以群众需求为导向，完善菜单式预约，增加点单式精准服务。引入竞争机制，实行政府采购、项目补贴、定向资助等，提高公共文化服务质量和效益。引导社会力量以多种形式参与公共文化服务，大力发展民办公益性文化机构，促进公共文化服务方式的多元化和社会化。建立完善多渠道的信息发布机制，提升各类文化服务公众知晓率。探索公共文化服务单位理事会制度，激发文化事业单位的动力和活力。探索公共文化服务绩效评价体系，对公共文化的服务内容、方式、绩效进行测评，提高公共财政使用绩效。

4. 办好重大文化节会

一是创新机制与资源整合。通过建立跨部门协作平台，形成合力，共同策划和执行文化节会活动。例如，可以鼓励企业参与公祭大禹陵活动的赞助和资金支持。与教育机构和学术研究机构合作，将公祭大禹陵活动与文化教育和学术研究相结合。通过举办讲座、研讨会、展览等活动，深化公众对大禹文化和历史的认识。利用现代信息技术，如虚拟现实（VR）、增强现实（AR）等，为公祭大禹陵活动提供技术支持和创新体验。二是加强社会参与与文化联动。利用社交媒体、网络平台等现代传播手段，提高活动的知名度和参与度。例如，在兰亭书法节期间，与长三角地区同类城市进行文化交流和联动，扩大绍兴传统书法艺术的辐射范围。三是提升文化内涵与地方特色。如在举办黄酒节时，不仅可以展示绍兴黄酒的传统酿造工艺，还可以通过故事讲述、文化演出等形式，让参与者更深入地了解黄酒文化的历史和内涵。对于中国民间越剧节，可以通过越剧的创新演绎和跨界合作，吸引更多年轻观众，同时保持越剧的传统韵味。在春节、国庆等重要节日期间，举办城墙灯会、无人机烟花秀等，打造出一场兼具烟火气、科技感与艺术味的盛会，让绍兴优秀传统文化在现代社会焕发新的活力。

（六）建设优秀文化人才集聚区

1. 培养引进高层次文化人才

一是引进和培养文化艺术人才。引进和培养具有国际视野和创新精神的文化艺术人才，如戏剧、音乐、舞蹈、书法、绘画等领域的专业人才。通过举办艺术节、文化节等活动，吸引国内外优秀艺术家来绍交流和创作。二是引进和培养文化管理人才。注重引进具有现代管理理念和经验的文化管理人才，特别是在文化遗产保护、文化市场运营、文化项目管理等方面具有专业背景的人才。三是引进和培养文化经营人才。培养和引进能够推动文化旅游、文化产品开发和文化服务创新的文化经营人才，以促进文化产业的市场化和国际化。四是引进和培养数字文化人才。随着数字技术的发展，引进和培养擅长利用数字技术进行文化创作、展示和传播的人才，如数字媒体艺术、虚拟现实（VR）、增强现实（AR）等领域的专业人才。五是引进和培养研学旅行人才。鉴于绍兴在研学旅行方面的品牌优势，可以引进和培养能够设计和实施高质量研学旅行项目的人才，包括研学导师、课程开发者等。六是引进和培养非物质文化遗产传承人才。如传统手工艺、民间艺术等方面的人才。七是引进和培养国际交流人才。引进能够进行国际文化交流与合作的人才，包括翻译、国际活动策划者等。

2. 加强基层文化队伍建设

制订基层文化人才队伍建设规划，完善机构编制、学习培训、待遇保障等方面的政策措施。配足配强区、县（市）和乡镇（街道）、行政村（社区）文化工作人员力量，确保职岗统一。开展基层文化队伍素质提升工程，支持发展各类民间文化团体和优秀民间文艺人才，扶持培育各级各类社会群众性特色文化队伍。加强文化志愿者和文化指导员建设，招募文化指导员志愿者，构建市、县、镇、村四级文化志愿服务网络体系，实现乡镇（街道）、行政村（社区）文化指导员全覆盖。

3. 创新文化人才工作机制

健全人才培养选拔、柔性使用、宣传推介、交流提升机制，切实加强文化系统干部队伍建设。加强新兴文化组织、民营文化机构和体制外文化人才服务管理工作，实施首席专家、文化名家工作室制度。设立政府文化荣誉制度，出台高层次文化人才政策，加大优秀文化产品和人才奖励力度，设立绍兴市文化创新奖，鼓励和引导优秀原创作品的生产，健全有利于优秀人才脱颖而出、施展才能的选人用人机制，大力宣传、推广优秀人才及其成果，营造有利于出精品、出人才、出效益的良好氛围和环境。

参考文献

绍兴宣传：《厚植文化根基凝聚精神力量　奋力谱写中华民族现代文明的绍兴篇章》，2024 年 3 月 26 日，https：//mp. weixin. gg. com/s/5cvKRm4HLKeSSERaOsEAQ。

绍兴文明：《我市推动全国文明城市创建向更高层次更高水平迈进》，2022 年 5 月 12 日，https：//mp. weixin. gg. com/s/tFOPSV8Lf7q5FsVw14Ir8A。

绍兴市非物质文化遗产保护中心：《盘点绍兴非遗的 2023 足迹》，2023 年 12 月 29 日，https：//mp. weixin. gg. com/s/p PsY3HxYW7ZYAREfN gNQ。

《新华社关注！绍兴打通公共文化服务"最后一公里"》，绍兴市文化广电旅游局，2022 年 3 月 15 日，https：//sxwg. sx. gov. cn/art/2022/3/15/art_ 1229138318_ 58942750. html。

B.7
2023年绍兴奋力打造全域一体协同的市域范例发展报告[*]

孙小峰　祝丽生　周永亮　杨焕兵[**]

摘　要： 2023年，绍兴持续打通要素畅通渠道，推进资源要素在都市圈、城际、市域内、城乡间互联互通互动，奋力打造全域一体协同的市域范例。深化"融杭联甬接沪"，挑起杭甬"双城记"的"金扁担"，积极对接上海大都市圈规划，提升全域一体协同水平；推动共同富裕和公共服务优质共享，全体居民人均可支配收入以第10位名次强势入围全国前十城市，城乡居民可支配收入倍差缩减到1.65。在一体协同要素集聚、城乡协同体系化、乡村分类均衡发展等挑战面前，绍兴要在一体协同进程、农业产业分类发展、江南水乡风貌打造、强村富民等方面提速提能，加快产业、科技、人才等要素在不同尺度场域、不同类别圈层中互联互动，以全域一体协同典型市域范例，更好服务全省全国发展大局。

关键词： "融杭联甬接沪"　要素集聚　城乡互动　改革赋能　强村富民　绍兴

绍兴坚持以习近平新时代中国特色社会主义思想为指导，深入贯彻落实习近平总书记考察浙江重要讲话和考察绍兴重要指示精神，忠实践行"八八

---

[*] 本文所使用的数据均来源于绍兴市发展和改革委员会、绍兴市自然资源和规划局（绍兴市林业局）、绍兴市农业农村局等部门提供数据和公开数据。

[**] 孙小峰，中共绍兴市委党校（绍兴市行政学院）、绍兴市社会主义学院公共管理与法学教研室讲师、管理学博士，研究方向为城乡土地制度；祝丽生，中共绍兴市委党校（绍兴市行政学院）、绍兴市社会主义学院科研处处长、公共管理与法学教研室主任、教授，研究方向为"三农"问题与基层社会治理；周永亮，绍兴市农业农村局农村宅基地管理处处长、一级主任科员，研究方向为乡村振兴与农村制度改革；杨焕兵，中共绍兴市委党校"枫桥经验"研究中心讲师、社会学博士，研究方向为基层社会治理。

战略"，深化新时代"千万工程"，久久为功、重点突破、要素互联，奋力打造全域一体协同市域范例，积极打造全省最具示范意义的同城化实践单元，始终走在争创社会主义现代化先行省的市域发展的大道上。

一 绍兴奋力打造全域一体协同
市域范例的实践与成效

（一）总体情况

2021年，绍兴提出"加快探索全域一体协同市域之路，奋力打造高水平均衡样板"，目标直指奋力打造全域一体协同、城乡融合度充分彰显的市域范例，在城市对内对外发展格局、城乡一体化等方面有针对性地提出各项举措。

2023年，绍兴持续发力全域一体协同，深化"融杭联甬接沪"，高质量编制《绍兴市融杭发展规划》（以下简称《规划》）①，同城化交通综合网络先行，轨道交通2号线一期开通运营，越东路北延等5条快速路、杭绍甬智慧高速杭州至绍兴段建成通车；科创产业互促共赢，杭绍临空经济一体化发展示范区绍兴片区、义甬舟嵊新临港经济区建设取得重要进展；大市区融合、主城区联动深入推进，柯诸高速、高铁站前片区TOD综合体等加快建设；城乡品质显著提高，深入实施打造清洁城市"410行动"，完成城市功能优化项目272个，创建清洁城市单元169个，荣获中国城市精细化管理创新典范；深化新时代"千万工程"，承办全国农村宅基地管理与改革现场经验交流会，新建和改造提升高标准农田（粮食功能区）8.2万亩，新增省级城乡风貌样板区13个、未来社区41个、未来乡村35个，柯桥、诸暨获首批"神农鼎·铜鼎"；城乡差距继续缩小，城镇和农村居民人均可支配收入分别为80392元、48825元，居全省第2、3位，全体居民人均可支配收入居全国第10位，较2022年上升1位，城乡收入倍差缩小至1.65，较2022年下降0.02。这一切离不开绍兴在打造全域一体协同市域这一项工作上的持久发力、久久为功。

---

① 《绍兴市融杭发展规划》已于2024年3月发布。

（二）绍兴奋力打造全域一体协同情况

1. 圈际协同：从"双城夹缝"到"融杭联甬接沪"

绍兴市位于浙江省中北部，向西毗邻省会、新一线城市杭州，向东紧靠外贸强市宁波，两个城市GDP已经分别突破2万亿元和冲刺2万亿元。绍兴地处浙江省最强"双城"之间，在人才、产业、资本等各类要素方面曾长期陷入"左右为难"又"左右逢源"的"双城夹缝"发展窘境。为应对这一窘境带来的发展速度减缓、区域活力下降、资源要素外移等问题，自2018年起，绍兴开始了"融杭联甬接沪"的全市域纳入长三角一体化发展中心区规划范围的全域一体协同历程。从交通、产业、空间到全要素协同，绍兴"融杭联甬接沪"的全域一体协同任务书正在按照时间表和路线图逐步达成。

（1）都市圈主动融入与城际协同进阶

2023年，"融杭联甬接沪"进入新阶段，绍兴市编制《规划》，融杭战略和杭绍全要素同城化正式启动。该《规划》已于2024年3月22日正式印发，规划范围为绍兴市域，重点聚焦越城区、柯桥区、上虞区、诸暨市，兼顾嵊州市和新昌县，规划期限至2027年，展望至2035年。同时，《规划》提出，将通过推进八大同城发展行动①，重点联动四大空间板块②，谋划十大标志性工程③，到2027年初步实现融杭重点区域与杭州中心城区同城发展，成为全省最具示范意义的同城化实践单元。同年，宁波出台《宁波市轨道交通线网规划（2021—2035年）》，未来轨道交通网络涉及绍兴方向的有4条，分别是9号线甬江科创支线、溪口支线；N3余姚泗门—慈溪逍林线；N4余姚马渚—慈溪阳明线；N5线。

追根溯源，主要是绍兴过去处于"双城夹缝"发展窘境之中，因此，自

---

① 八大同城发展行动：基础设施互联互通、科技创新联合攻坚、产业体系迭代升级、民生服务共享互惠、生态绿色共保共治、文化旅游创新融合、社会治理联动一体、开放合作协同提升。

② 四大空间板块：杭绍临空经济一体化发展示范区绍兴片区、诸暨G60创新港、杭州湾南岸产业创新带、诸暨-富阳诗画共富带。

③ 十大标志性工程：杭绍同城快速廊道建设工程、环杭州湾集成电路国家级先进制造业集群共创工程、杭绍人才改革试验区建设工程、优质医疗资源下引工程、全域"无废城市"品牌建设工程、杭绍文旅廊道营造工程、"清和沥"党建联建推广工程、杭绍统一市场体系建设工程、杭绍特色产业社区建设工程、杭绍同城交流培训工程。

2018年绍兴印发《杭绍甬一体化发展绍兴行动计划（2018—2020）》并提出构建"融杭联甬接沪"的区域发展格局开始，逐步确立都市圈主动融入与城际圈协同进阶的空间发展战略。从2018年至2022年，一方面，绍兴在"融杭联甬"方面久久为功，实施杭绍同城、绍甬联动、杭甬协同战略和高水平交通强市建设等城市发展战略，持续在空间布局体系、交通网络、交界地带融合发展区、市际合作领域等方面全面探索，分别与杭州、宁波共同印发实施《杭绍一体化合作先行区建设方案》《甬绍一体化合作先行区建设方案》，在国内首次提出构建"一核六心多节点"①的"网络大城市"建设目标和空间布局体系，印发实施《绍兴市综合立体交通网规划》，推动形成"杭州—绍兴"亚太重要国际门户枢纽；另一方面，绍兴在"接沪"方面持续争取，制定出台了《绍兴深度接轨上海行动计划（2019—2022年）》《绍兴市推进长三角区域一体化发展行动计划》，提出"争取纳入并全面参与编制《上海大都市圈空间协同规划》，协同构建具有全球影响力的世界级城市群"，努力争取纳入《上海大都市圈空间协同规划》（见图1）。

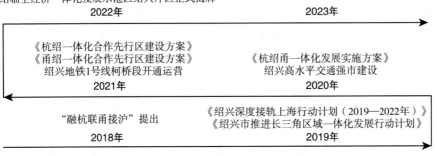

图1 "融杭联甬接沪"发展进路示意

---

① "一核六心多节点"："一核"指的是以越城为基础，古城、镜湖新区为重点，联动周边区域，"引领全市、服务湾区"的网络大城市发展核心引擎；"六心"指的是以柯桥、上虞、诸暨、嵊州、新昌县域中心城区和越城区（滨海新区）江滨区为重点，"链接核心、辐射区域"的网络大城市次级中心；"多节点"指的是以边界融合区、小城市、中心镇为重点，"服务周边、带动乡村"的网络大城市功能节点。

（2）市域协同与多中心联动

在"融杭联甬接沪"、杭甬"双城记"等战略思路贯通下，绍兴逐步摸索形成全市域协同骨架：提高中心城市综合能级，加快越城区、柯桥区、上虞区交界区域融合发展，推进大滨海区域开发建设；推进各区特色化发展，越城区建设教育科技人才高地、集成电路产业高地、文旅融合发展高地，柯桥区打造共同富裕先行地、转型升级示范区，上虞区打造联甬接沪桥头堡、先进制造集聚地，诸暨市打造杭绍都市区金南翼、新质生产力先发地，嵊新区域打造义甬舟中部战略枢纽；促进城镇组团式发展，统筹节点和片区开发，加快建设网络大城市。

从实践近景看，2023 年，绍兴市域协同和多中心联动取得阶段性进展，越城与柯桥、上虞"跨区联动"的陶堰-富盛-东关、孙端-道墟、兰亭-鉴湖-漓渚 3 个功能节点完成规划编制工作；启动迪荡科创片区等省级跨乡镇试点项目，涌现出棒球未来社区、东门如城等一批精品片区；绍兴轨道交通 2 号线一期、绍诸高速诸暨浣东互通改扩建工程、527 国道嵊州甘霖至长乐段、诸暨市店口综合港区工程等重点工程均实现按期完工并通车（投用），柯诸高速、104 国道新昌庄前至关岭段、104 国道绍兴东湖至蒿坝段等项目全面开工；同时，逐步推动"镇镇联高速"，诸嵊高速公路、甬金衢上高速公路绍兴段、527 国道嵊州长乐至东阳段、S312 北仑至嵊州公路嵊州段工程等项目均取得突破性进展。而在 2023 年之前，绍兴便开始在市域协同与多中心联动的"区—乡镇"和交通等方面开始布局和推动：促进越城与柯桥、上虞三区深度融合，强化中心城区与诸暨、嵊新组团交通对接，上虞"拥江西进"，诸暨"杭绍同城"、嵊新融合发展，启动国际金融活力城、镜湖科技城暨高铁北站 TOD 综合体项目；发布《绍兴科创走廊发展规划》，规划核心区面积约 188 平方公里，跨越越城、柯桥、上虞三区，串联镜湖科技城、越城智汇芯城、滨海科技城、金柯桥科技城、曹娥江科技城、东鉴湖科技城等 6 个科技城，计划建设一批重大科创基地，形成"一带六城多点，联动三地全域创新"的科创空间格局；2023 年前全省率先实现"县县通三条以上高速"和"县县通高铁"。

从实践远景来看，根据《绍兴市国土空间总体规划（2021—2035 年）》，绍兴中心城区目前正按照"中合、西融、东联、北展、南育"的空间发展策略，打造"一核两片、一轴两带"的城市空间结构。"一核"为镜湖城市首位核心区，"两片"为主城融合发展片和滨海产业集聚及生态涵养片，"一轴"为南北向城市综合发展轴，"两带"为北部创业创新发展带和南部山水文化旅游带。

2. 城乡协同：从共享到共富

2023年，绍兴市委九届四次全会提出"五创图强、四进争先"，其中，"四进"中的"民生进步"是指，到2026年实现共同富裕和公共服务优质共享水平全国领先，人的全生命周期美好生活需要得到更高水平满足，成为全国最具幸福感的城市之一，城乡居民收入倍差缩小到1.6以内，全体居民人均可支配收入进入全国"10强"。在2500多年的建城历史中，绍兴自古且始终是江南富庶之地，民富基础厚、城乡均衡度高、阶层分布相对合理，在当前"五创四进"的推进中，绍兴城乡协同正在从协调走向共富。

（1）城乡融合与基本公共服务共享

在深厚的城乡一体化基础上，通过"五星达标、3A争创"① 及其迭代升级三年行动计划、全域未来社区建设、新时代美丽乡村建设、低收入农户同步基本现代化行动、高水平网络大城市、共同富裕基本单元建设以及和美乡村全域推进等工作，绍兴城乡差距逐年缩小。从图2可以发现，绍兴城镇居民可支配收入、农村居民人均可支配收入长居高位，排名也常年保持在全省前列，全体居民人均可支配收入在全国各城市排名中也长期位列11，表现出远超城市规模、能级的较高城乡协调度；2022年，农村居民人均可支配收入排名突破至全省第3位；2023年，城镇居民人均可支配收入排名突破至全省第2位，全体居民人均可支配收入以第10位名次强势入围全国前十城市，城乡居民人均可支配收入倍差从2020年的1.72缩减到2023年的1.65，绍兴城乡协调度长期稳中有进。

---

① "五星达标、3A争创"：绍兴市于2017年为在基层党建引领基层治理促进农村各项工作全域提升，推动"富裕、美丽、和谐、文明"新农村建设，而在农村全面开展的活动。具体指按照标准化理念，建立农村基层基础工作全域提升成效标准，全面开展基层党建星、富裕星、美丽星、和谐星、文明星等五星达标争创；实施农村工作全域提升"311工程"，即通过3年左右时间努力，全市1000个以上村实现五星达标，其中100个以上村达到国家3A级旅游景区的创建标准，全力打造党建引领乡村振兴的绍兴样板。

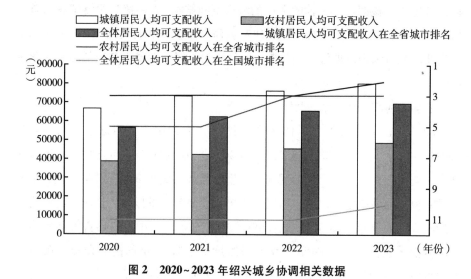

图2　2020~2023年绍兴城乡协调相关数据

与此同时，绍兴不断推动公共服务向基层延伸，城乡公共服务从均等享有逐步蝶变为优质共享。县域承载力增强，全市县城人口占县域人口比重提高1.71个百分点，其中有5个区、县（市）列入全省城乡提升工程试点。城乡人居环境提升，创建省级城乡风貌样板区6个、创建未来社区59个、和美乡村321个，上虞区创成省级和美乡村示范县。构建城乡教育共同体，推行"城乡教育共同体"建设办学新模式，多渠道、多层面开展城-乡、园-村共同体建设，培育12个"优质成长共同体"示范单位，国家学前教育普及普惠县在全国率先实现市域全覆盖，国家义务教育优质均衡发展县创建通过率、教育现代化发展指数居全省首位。提升重点人群保障标准，全市最低生活保障标准由现行的1050元统一调整到1134元，实现乡镇（街道）残疾人之家全覆盖。"基本普惠"定标准，将群众呼声高的普惠性非基本公共服务纳入基本公共服务发展范围，11大领域94项具体服务事项总体执行到位；在全国率先建立职业院校产教融合评价指标体系，发布绍兴市基本养老服务清单、市托育机构等级评定标准、未来社区创建标准等。全市域建设标准化零工市场，建成零工市场19家，畅通就业服务"最后一公里"，入选全国公共就业创业服务示范城市。

另外，根据《绍兴市国土空间总体规划（2021—2035年）》，绍兴正在逐步形成"市级中心城市—县级中心城市—重点城市组团—重点镇——般镇"五级市域城镇体系,其中,"县级中心城市"包括诸暨中心城区、嵊州中心城区、新昌中心城区,推进以县城为重要载体的城镇化建设;"重点镇"包括平水镇等13个镇,旨在提升重点镇综合服务功能,加强对周边乡镇地区的服务和辐射带动作用;"一般镇"则是支撑城乡一体化发展与乡村振兴的基本节点。

（2）强村富民与改革增效

绍兴按照新时代浙江"三农"工作"369"行动①总体部署,围绕"抓总一项工程、夯实两大基础、聚力三个争先、突破四项改革、提升五大体系"（即"12345"②）,持续推动乡村全面振兴取得新的进展,乡村共富效应凸显。

一是乡村振兴要素全面激活。农业招商引资、农业科技创新和产业平台共促乡村产业提能升级,出台农业招商引资工作方案和加强农业科技创新实施意见,建立重点招商目标企业库,2023年全市现有投资额1000万元以上的农业招商项目44个;建设省级农事服务中心3个,2个项目列入省"双强"重点突破项目;诸暨市被列入国家乡村振兴示范县创建单位,上虞区被列入国家农业现代化示范区创建单位,新认定省级骨干农业龙头企业10家,新昌县现代农业园区被列入省级创建名单,上虞区丁宅国家级农业产业强镇、章镇省级现代农业园区通过部、省认定,建成省级未来农场2家、数字农业工厂12家。强村富民量质齐升,通过农民增收共富"五大行动"、强村共富三年行动计划、新一轮部门结对和驻村指导员派驻工作等措施,累计组建强村公司206

---

① 新时代浙江"三农"工作"369"行动:以"3大定位、6项要求、9方面重点"为内涵的"369"行动。"3大定位"指的是农村改革探路者、城乡融合先行者、乡村振兴排头兵;"6项要求"指的是"抓统筹、保安全、补短板、促改革、强队伍、创品牌";"9方面重点"工作具体包括推进重要农产品增产提质,建设数字"三农",打造新时代美丽乡村,高质量解决相对贫困,推进"两进两回"（科技进乡村、资金进乡村、青年回农村、乡贤回农村）,深化"肥药两制"改革（化肥定额制施用和农药实名制购买改革）,推进农村综合集成改革,构建"自治、法治、德治、智治""四治融合"乡村治理体系,培养高素质"三农"人才队伍。

② "12345":抓总一项工程（城乡提升工程）、夯实两大基础（粮食生产、"菜篮子"保供）、聚力三个争先（双强、双创、双增争先）、突破四项改革（乡村营商环境、宅基地制度改革、乱占耕地建房整治、农科院改革）、提升五大体系（产业体系、经营体系、政策体系、人才体系、安全体系）。

家，在 2022 年便已全面消除年经营性收入 50 万元以下薄弱村的基础上，集体经营性收入再创新业绩，年经营性收入 80 万元、100 万元行政村占比分别达 60%、40%以上，2023 年又新增市级低收入农户帮促基地 7 家。乡村治理示范创建，上虞区谢塘镇和柯桥区亭山桥村等 4 个镇村获评全国乡村治理示范乡镇、示范村，认定市级清廉村居建设示范乡镇（街道）11 个、示范村 98 个。农村人居环境常态化评估，"赛马比拼"入选全国"千万工程"典型案例，生活垃圾综合提升自然村覆盖率达 50%以上。推进乡村人才振兴，举办第二届乡村人才振兴全球创新创业大赛，新增市级创业园（孵化基地）9 家、农创客 2186 名，首次推出基层农技人员定向培养岗位 11 个，22 人获评首批省级"乡村工匠"。

二是农村改革赋能"立破结合"。稳慎有效推进农村宅基地制度改革，以全市宅基地制度改革整市试点为契机，有力推进农村资源要素市场化流动，改革工作在多个领域全国领先：全国农村宅基地管理与改革专题培训班暨现场经验交流会在绍兴召开；柯桥区被自然资源部列入集体经营性建设用地入市全国试点；建立全市宅基地制度改革"1+20+X"制度体系；率先全市域推进"闲置农房激活"改革，率先制定市级宅基地资格权人认定办法，率先构建农民住房财产权（含宅基地使用权）基准价格体系，评估建立绍兴市区 233 个宅基地片区基准地价（价格），率先创设宅基地"三权三票"制度，对应宅基地所有权、资格权、使用权，设置集体权票、保障权票、保留权票，运用市场机制打通宅基地价值转化通道，率先试行宅基地资格权跨县实现，11 户农户跨县在柯桥区福全街道峡山村实现资格权，属全国首次。深入推进标准地和土地承包改革，诸暨市被列入全国二轮承包地延包试点，嵊州市被列入省级家庭农场整体提升县试点，累计建成农业标准地 5.28 万亩，土地流转率达 72%以上。

二 绍兴奋力打造全域一体协同市域范例的挑战

（一）一体协同要素集聚有待加速

当前，绍兴正在快速由"县域经济"向"都市圈经济"快速转型，"融杭联甬接沪"已经步入正轨，其中，"融杭联甬"的综合交通网络体系已经逐步成型；同时，2023 年 9 月 19 日，上海市规划资源局来绍共商上海大都市圈国土空间总体规划编制工作，"接沪"也正在驶入"快车道"。相比于广佛都市圈、深圳都市圈，杭绍甬一体化仍处在前期阶段，在交通先行的基础上，如何在产业对接、招商引资、人才吸引、创新功能和技术流动等方面加快实现"融杭联甬接沪"的要素集聚流动作用，仍需要抢抓任务。

（二）城乡协同有待体系化互生互依

2023 年，绍兴已有 109 个项目（含打包项目）列入工程重大建设项目；截至 2023 年底，项目总体进度快、投资完成率已远高于 100%。虽然城乡重大项目能够集聚要素、共谋发展，但当前仍存在"各自为战"、"强城"与"兴村"项目之间的关联度不高、城乡提升工程的部门配合度不高等问题，城乡融合度有待进一步提升；同时，乡村产业项目逐步呈现同质化竞争，农文旅、特色产业品牌多而不强，尚未形成完整高效的产业链条，乡村依靠自身"造血"功能实现消薄、强村的途径还需进一步拓展。另外，当前具有辨识度和影响力、可复制可推广的特色路径还不多，特别是城乡融合发展体制机制上突破性、实效性的改革有待进一步探索深化。

（三）乡村发展尚待分类均衡

当前，乡村振兴涉及乡村发展的方方面面，受地方重视程度、基础条件、可用财力、政策支持等影响，绍兴各地发展不平衡的现象比较明显。示范村、精品村与一般村存在明显差距，资源分配不够均衡；与城镇相比，农村基础设施和公共服务仍较为薄弱，特别是高山远山村、人口稀少自然村的基础设施和公共服务标准还比较低，燃气下乡、新能源汽车下乡存在不少堵点难点，医疗、教育、养老、体育等公共服务供给相对不足，由局部"盆景"向整体"风景"展现还需持续发力。同时，乡村发展受限较多，适宜发展产业选择较少，且容易"一哄而上"，尤其在热门产业、新兴产业的引入过程中，搞"一刀切"，造成产业发展的雷同和资源浪费；青年和外来人才"不愿来""留不住""难引进"，乡村人才瓶颈制约亟待破解；绍兴"七山一水两分田"，以全省排名第 7 位的耕地保有量，承担了全省排名第 2 位的粮食播种面积任务，粮食生产压力较大，乡村产业入驻用地需求也面临压力。

三 绍兴奋力打造全域一体协同市域范例的对策建议

（一）聚焦要素集聚，提速一体协同进程

一是提速"你中有我、我中有你"的融杭进程。重点加快产业发展所需重大项目、技术、人才要素集聚落地绍兴，加快基础设施互联互通、科技创新联合攻坚、产业体系迭代升级、民生服务共享互惠、生态绿色共保共治、文化旅游创新融合、社会治理联动一体、开放合作协同提升等八大同城发展行动，联动杭绍临空经济一体化发展示范区绍兴片区、诸暨 G60 创新港、杭州湾南岸产业创新带、诸暨—富阳诗画共富带四大空间板块，塑强杭绍同城快速廊道建设工程、环杭州湾集成电路国家级先进制造业集群共创工程、杭绍人才改革试验区建设工程、优质医疗资源下引工程、全域"无废城市"品牌建设工程、杭绍文旅廊道营造工程、"清和沥"党建联建推广工程、杭绍统一市场体系建设工程、杭绍特色产业社区建设工程、杭绍同城交流培训工程等十大标志性工程。

二是以先进制造"接沪"。在已经全面融入上海 90 分钟核心交通圈和经济圈、嘉绍大桥建成、杭绍甬智慧高速建设、杭州湾连接上海的跨江高铁规划落地，以及滨海新区成为绍兴全面接轨大上海、融入长三角的主阵地和推进杭绍甬一体化发展的先行区的基础上，以上海大都市圈国土空间总体规划编制工作为突破，以都市圈广域低空陆海贯通经济和"海陆空"综合物流交通网络体系为抓手，发挥绍兴作为全国首批 26 个"国家级通用航空产业综合示范区"之一的先发优势，以杭绍临空经济一体化发展示范区绍兴片区，地处上海、杭州、宁波等大都市区的交通几何中心的滨海新区等绍兴北部片区为重点发展区域，积极推动绍兴在多元交通、物流体系、产业协同、企业合作等方面加快融入上海都市圈。

（二）聚焦城乡互动，推动协同水平跃升

一是持续推动农村农业产业"攀高进深"。深化农业"双强"，加快推进"鉴湖糯"黄酒专用糯稻新品种培育，继续创建一批数字农业工厂、未来农

场，布局建设农事服务中心、农艺农机融合示范试验基地。实施农业项目招引"双十"计划和农业企业"双百"培优工程，力争在重大现代农业项目招引上取得新突破，新增一批省级农业龙头企业。完善"一产一策""一品一策"，编制农业特色产业发展规划，加快建设上虞区国家农业现代化示范区及上虞区梁湖、杭州湾、新昌县省级现代农业园区，支持"会稽山珍、鉴湖河鲜"等区域公共品牌做大做强。

二是锻强强村富民体系。以习近平总书记批示驻村指导员工作20周年为契机，深化党建联建，探索强村公司星级评定和动态管理，因村制宜发展集体经济增收项目100个以上。持续推进"劳动致富、创业兴富、活权激富、惠农添富、帮困促富""五大行动"，培训乡村实用人才1.2万名、高素质农民1000名，实现提高农民、富裕农民一体推进。深化落实"一户一策"等帮扶机制，加大公益性就业岗位开发力度，巩固低收入农户医疗补充政策性保险全覆盖。

三是发挥重大活动促进作用。梳理一批关联度高、覆盖面广、影响力大的重大活动，如"中国茶叶大会暨新昌大佛龙井茶文化节""中国·大唐国际袜业博览会""世界珍珠大会"等，通过重大活动搭平台，聚人气，营造蓬勃发展、昂扬向上的交流氛围，促进城市和农村的资源共享和优势互补，推动城乡一二三产业融合。同时在活动前、中、后的全阶段提出针对性指导意见，以提升活动的附加价值和在"强城""兴村""融合"方面的带动作用，如在"中国茶叶大会暨新昌大佛龙井茶文化节"开始前，加入龙井采摘体验活动以带动农民增收；在活动期间，开展炒茶大师评选以打响"乡村工匠"名气；在活动结束后，招引有意向的茶商投资开发茶山等。

（三）聚焦改革赋能，激发党建引领作用

一是塑造江南水乡风貌。围绕"党建引领、五强三争"，继续建设"和美越乡"精品村、争创省级示范村。深入实施城乡提升工程，推进城乡基础设施一体化和基本公共服务均等化。全面开展乡村点亮行动，深入挖掘乡村文化核心IP，打造有辨识度的特色村庄品牌。同步实施农房改造、管线序化、村道提升"三大行动"。深化乡村治理"五个一"行动，拓展"四治融合"应用场景，积极培育清廉村居建设示范单位，持续开展村经济合作社领域突出问题

专项治理。

二是强化试点示范作用。以党建为引领，以"三支队伍"为抓手，突出改革增效。及时总结宅基地制度改革整市试点、强村富民集成改革等前期试点经验，结合各区、县（市）自身特色，以解决城乡提升中的痛点难点为主旋律，以体制机制创新为突破口，谋划可复制、可推广的微试点。探索打破以县为单位做试点的局限，将改革场域集中于问题导向的"小切口"，镇、小微园区、村乃至村民小组的"小区域"等，并在取得阶段性成果后，及时扩大试点成效，以点带面，辅助以正向激励政策，推动试点向好发展。

参考文献

本报评论员：《绍兴市人民代表大会常务委员会关于促进和保障高质量发展建设共同富裕示范区市域范例的决定》，《绍兴日报》2021 年 8 月 7 日。

杨宏翔、田海燕、张恬：《杭绍甬一体化中绍兴如何发挥"金扁担"作用》，《中国经济时报》2023 年 11 月 22 日。

徐晶锦：《实施四大行动　加快融杭联甬》，《绍兴日报》2018 年 9 月 5 日。

洪恒飞、江耘：《浙江绍兴科创走廊发展有了新规划》，《科技日报》2022 年 11 月 5 日。

B.8
2023年绍兴奋力打造服务优质共享、保障有力的市域范例发展报告

徐　琪　宋坚刚*

摘　要： 2023年，绍兴市加快推进公共服务"七优享"项目建设，有力有效促进公共服务从"不平衡"向"均衡性"、从"有没有"向"好不好"、从"差不多"向"更舒心"转变，供给能力从"碎片化"向更加注重"整体性"转变，2023年连续三个季度获全省五星评价。对标省级要求、聚焦群众期盼，推动"七优享"工程迈上新台阶，需要在加强供需适配、以数字赋能助推供给模式创新、进一步发挥公共服务"赋能"作用、促进供给主体多元参与等方面下功夫，构建适应全市人口新变化和群众需求新提升，以及城乡发展新格局的共建共享公共服务体系，为绍兴谱写新时代"胆剑篇"、勇闯现代化新路子夯实民生底色。

关键词： 公共服务　"七优享"　共同富裕　绍兴

公共服务是保障和改善民生的重要手段，是推进实现共同富裕的核心内容。党的二十大报告强调要"着力解决好人民群众急难愁盼问题，健全基本公共服务体系，提高公共服务水平，增强均衡性和可及性，扎实推进共同富裕"，对新时代公共服务发展提出了新目标新要求。2023年浙江省人民政府工作报告提出，要实施公共服务"七优享"工程。公共服务"七优享"工程是政府重大民生保障工程，被列入浙江省政府十项"重大工程"之一。该工程主要聚焦"幼有善育、学有优教、劳有所得、病有良医、老有康养、住有宜

---

* 徐琪，中共绍兴市委党校（绍兴市行政学院）、绍兴市社会主义学院哲学与科社教研室主任、副教授、哲学博士，研究方向为马克思主义哲学；宋坚刚，中共绍兴市委党校（绍兴市行政学院）、绍兴市社会主义学院哲学与科社教研室副教授，研究方向为马克思主义哲学。

居、弱有众扶"七大领域，旨在实现公共服务均衡性、可及性、优质化发展，持续增强人民群众的获得感、幸福感和安全感。

一 2023年绍兴市公共服务发展基本情况

2023年以来，绍兴市加快推进公共服务"七优享"工程建设，聚焦打造"普惠、均衡、可及、优质"的全人群全生命周期公共服务目标，以打造标志性成果为重要抓手，有力有效推进"幼有善育、学有优教、劳有所得、病有良医、老有康养、住有宜居、弱有众扶"落细落实，连续三个季度获全省五星评价。在国家市场监督管理总局发布的《2022年全国公共服务质量监测情况通报》中，绍兴在全国120个城市中位居第三。

（一）从"不平衡"向"均衡性"转变，供给差距明显缩小

紧扣民生底线和短板问题，更加注重区域、城乡和不同群体间的均衡发展，引导公共服务资源向基层延伸、向农村覆盖、向困难群众倾斜，从供给端减少公共服务差距。缩小城乡差距方面，深化城乡义务教育教共体建设，新增公办中小学学位数年度完成率全省并列第一，全市初中学业均衡指数居全省第一，国家义务教育优质均衡发展县省级验收通过率居全省第一。深化县域医共体建设，已建成医共体12家。助餐配餐服务村（社区）覆盖率达95%。缩小区域差距方面，杭州电子科技大学过渡校区入驻首批师生，浙江金融职业学院绍兴校区、浙江工业职业技术学院新昌校区等加快建设，在全省率先实现"县县有高校"。全市定点医疗机构全部开通跨省异地就医直接结算服务，成为全省首个实现跨省直接结算医疗机构全覆盖的地市。"救在身边"急救网底工程延伸至偏远山区，新增乡镇急救站点20个。缩小人群间差距方面，全市最低生活保障标准由现行的1050元统一调整到1134元。全市县、镇、村三级助联体覆盖率达100%，在档困难职工帮扶资金覆盖率超100%。在全省率先出台《关于进一步加强残疾人工作促进共同富裕的若干措施》。开展救助与慈善融合发展试点，实现社会救助由单一救助向"救助+慈善"融合转变。诸暨市政企合作打造"融爱家园"构建孤独症人群全生命周期照护体系入选国家发展改革委共同富裕典型经验。

（二）从"有没有"向"好不好"转变，供给惠民质效全面提升

以精准对接供需两端、减少供需缝隙为目的，基于发展的前提下，逐步提高服务标准和服务质量，借助技术赋能、数字治理等方式，推动服务资源进一步向基层下沉，让服务供给平台落在村（社区），确保更多人更加容易接触公共服务项目。学有优教方面，推进教共体建设及名校领办新建学校，做好"强校+教共体""名校+新校"等优质资源增量。普通高中多元特色发展联盟纵深推进，全市职业院校办学条件达标率居全省第一。劳有所得方面，入围国家公共就业创业服务示范创建城市，城镇调查失业率均控制在5%以内。积极推行劳动争议"源头预防—前端化解—多元纠纷—诉讼断后—救助兜底"全生命周期治理一件事，深化"安薪在线""业安薪"数字应用，无讼指数列全省第一。健全职业技能培训制度，引进培育人力资源服务机构49家。全市域建设标准化零工市场，建成零工市场19家。病有良医方面，加强高水平医院上引，加快中国科学院大学附属肿瘤医院、邵逸夫医院等省级医院在绍院区建设，浙江省人民医院绍兴医院成功创建国家区域医疗中心并正式启用。完成"浙里健康e生"贯通应用，跨省住院费用直接结算率达80%以上，跨省门诊慢特病联网结算开通率达70%。老有康养方面，探索"绍兴市乐龄康养服务基地"建设，签约引进高端养老服务项目，建成20余家示范引领型居家养老服务中心——"乐龄中心"。率先在全省实现高龄津贴全覆盖。全市助餐工作和诸暨市"爱心食堂"经验做法在全省推广。住有宜居方面，全市筹建保障性租赁住房1.65万套（间），累计筹建4.65万套（间）。越城区集成电路"建芯公寓"、国际青年人才社区等项目案例获全省推广。创建省级未来社区41个，32个社区入选省城镇社区"一老一小"服务场景名单，越城区未来社区运营机制创新入选省共富试点，快阁苑社区被列入全国完整社区建设试点，新昌县在全省率先出台"一老一小"综合体建设标准。

（三）从"差不多"向"更舒心"转变，供给内容提质升级

以满足高层次需求、保障社会整体福利水平所必需为目的，动态调整服务内容，将群众呼声高的普惠性非基本公共服务纳入基本公共服务范围。重点围

绕婴幼托育、学前教育、养老服务等需求量大，但当前市场自发供给仍然不足的领域，发挥政府引导作用，鼓励支持社会力量参与，为群众提供付费可享有、价格可承受、质量有保证的公共服务。幼有善育方面，聚焦"托育难"民生问题，全力打造"放心托、安心育"托育服务品牌，全市婴幼儿照护机构乡镇（街道）覆盖率达100%，每千人拥有托位数4.33个，普惠托位占比85.77%，三项数据均居全省前列。积极推进公建民营办托，探索用人单位五种模式为职工提供福利性普惠托育服务，扩大公办普惠托育资源供给。率先在全省探索托育专项规划编制、托育机构等级评定等工作。落实普惠运行财政补助政策，鼓励市场主体提供普惠托育服务，成为全省首个将国有资产、集体资产举办的普惠托育机构保育费降到40%以下的地市。开展智慧托育服务创新试点，加快实现"一图掌上查""一键掌上办""一端掌上评""一网掌上看"。学有优教方面，进一步扩大非义务教育服务供给。全市省等级幼儿园占比与在园儿童覆盖面均达100%，率先实现国家学前教育普及普惠县省级验收全覆盖。老有康养方面，加强养老服务供给、机制模式创新。探索"居家社区服务+高品质机构+智慧养老"家门口幸福养老绍兴模式，柯桥区创新设立国资养老服务企业推进国企参与养老事业试点，完成130个村（社区）居家养老服务照料中心智能终端配置认知障碍照护床位。

（四）从"碎片化"向"整体性"转变，供给能力水平不断提升

绍兴市委、市政府高度重视公共服务"七优享"工程，坚持系统思维和突出重点相结合，加强顶层设计、明确工作重点、优化工作方法，不断提升供给能力水平，全力推进"七优享"工程走深走实。一是加强工作统筹，创新探索"六位一体"工作机制。即建立健全专班调度、市县联动、指标通报、项目督导、信息报送、工作督查等六大内容。该工作机制入选省"十项重大工程"典型经验做法，绍兴作为唯一地市在全省推进会上交流。建立重大项目每月调度和红黄灯预警机制，力争项目早一天建成、早一天投用、早一天惠民。"七优享"涉及民生实事进度全省第一。创新开展"督帮学·惠民生"省民生实事区县市互看互促活动，形成省市县同频、点线面协同、督帮学一体、看听评结合的工作格局。二是完善顶层设计，推进标准化、清单化、制度化建设。对公共服务对象、内容、实施标准，以及牵头负责部门等具体内容作出明

确规定。如高标准制定残疾人全生命周期"十大关爱"清单；在全省率先出台《绍兴市深化基层卫生健康综合改革实施方案》，改革完善"用引留守干"五项机制，创新深化数字家医、职称晋升、薪酬激励、村医补助等16条政策举措；制定《绍兴市老旧小区改造长效管理工作指南》；制定《绍兴市城市社区嵌入式服务设施建设工程实施方案》，实施一批功能复合集成的社区嵌入式服务设施综合体项目；印发《绍兴市促进就业创业若干政策》（2023版），推出"加大企业扩岗政策支持、支持金融机构开展稳岗扩岗服务、完善创业担保贷款制度"等25项政策举措。三是突出"为民便民增值服务"改革创新，打造标志性成果。按照"改革深化、模式打造、试点争创、探索实践"思路，坚持问题导向，找准公共服务事项办理的痛点堵点，围绕深化便民设施"服务网点"、简化便民事项"办理流程"、活化便民服务"公共产品"等三方面要求，探索实践绍兴"为民便民增值服务"新模式，全市公共服务群众满意度保持在99%以上。如柯桥区在全省率先开展劳动用工"一类事"增值化改革试点，探索"劳动用工"全链条服务新生态；上虞区实施青春新市民"乐居乐业"增值服务改革，发放全国首张长三角"跨省互通互认"居住证等。全市累计形成101项"可看、可听、可复制"的标志性成果，其中全国领先（试点）30项、全省领先（试点）29项。

二 绍兴市公共服务发展需关注的问题

进入新发展阶段，绍兴公共服务发展基础更加扎实，公共服务体系更加完善，人民群众多层次多样化需求得到更好满足，但是发展条件也发生深刻变化。对标省级要求、聚焦群众期盼，推动"七优享"工程迈上新台阶需要认清当前发展新变化、把握未来发展新机遇，确保供给更加充分、服务更加高质、政策更加有力。

（一）人口新变化带来新需求

公共服务发展应与人口发展趋势相匹配，针对人口变化做出相应调整。一是老龄化、少子化趋势并存，"一老一小"等领域的服务供给亟待升级。绍兴市统计局对外公布数据显示，2022年底，全市60周岁以上老年人口为127.7

万，老龄化程度为 28.66%，居全省第 2 位。2023 年浙江省人口主要数据公报显示，全市人口出生率 4.8‰，居全省第 10 位。老龄化、少子化问题不断凸显，对"一老一小"等重点服务领域供给量的提升和供给结构的优化提出了新要求。二是劳动年龄人口呈减少趋势，劳动力市场日渐面临紧缩。根据绍兴市第七次全国人口普查主要数据，全市 15～59 岁人口为 34.5 万人，占比 65.52%，与第六次全国人口普查相比，比重降低 6.35 个百分点。为缓解劳动力紧缩问题，应在提升劳动力技能和效率上下功夫，加大职业培训和教育等方面的公共服务。三是伴随绍兴市人口变化趋势，公共服务财政负担将相应加重。从实际情况来看，目前绍兴在服务供给上存在主体单一问题，社会力量发展速度较慢，参与面较窄、参与形式单一、服务质量参差不齐，且社会资本在参与过程中缺乏持续的盈利模式。如绍兴社会资本投资的养老机构偏少且大多处于亏损状态，导致民间资本在进入养老市场时信心不足。另外，还存在民办托育机构相对收费较高、缺乏专业人才、人才流动性较大等普遍性问题。对此，应积极探索社会资本多元化参与模式，确保公共服务可持续发展。

（二）美好生活新向往提升衡量新尺度

供需适配是推动公共服务高质量发展、满足人民群众日益增长的美好生活需要的重要尺度。这一要求包括供给与需求的匹配程度，以及人民群众获取服务的便利程度两个方面。也就是说，公共服务供给必须精准且以易于达到的方式输送到真正需要的人群面前。绍兴市也面临部分公共服务设施和资源使用"拥堵"，而部分设施和资源使用率不高等问题，如大医院"一床难求"和基层卫生院"床位闲置"的矛盾、农村医疗卫生服务、设施等跟不上需求，使不少农村人口在一些常见病上也选择前往城市医院治疗。部分农村公共服务和设施大部分时间闲置，部分时间却供不应求。如农村教育与托育服务和设施使用存在明显闲置化和低效化问题。家政服务人员供给与服务需求之间存在矛盾，尤其是育儿嫂匹配率不足市场需求的 50%。同时，家政服务从业人员职业化程度较低、人员素质良莠不齐，高技能、高素质的从业人员总体偏少，且缺乏有效的统一监管机制，导致家政服务质量难以得到有效保障。村（社区）养老服务缺乏专业机构运营和专业化服务队伍，且提供的服务内容较为单一，在满足老人物质生活需求的同时，对老人精神需求的满足尚待加强。针对老年期失能风险的长期照护服务发展尚不成熟。这些矛盾问题影响了群众获取公共服务的体验感。

（三）城乡发展新特征提出新要求

公共服务应与片区单元内的总体规划、功能定位、产业布局和人群特质相匹配，做到适度超前规划布局。"十四五"时期，绍兴深化"融杭联甬接沪"，积极融入长三角一体化发展，且"三区融合"及城乡融合发展进程加快。这既是地理上的融合，也是经济、文化、生活等全方位的深度融合。城乡发展的新特征对公共服务资源的布局优化、共建共享和品质提升提出了新要求。目前，绍兴城市公共服务设施往往按照"千人指标"进行配给和布局，缺乏对不同群体的特色化需求分类考量和细分规划，在"规划布局与群体需求""青年发展与城市公共服务品质""社区有限空间与多样化服务需求"等方面存在矛盾问题，对于构建优质均衡、高效便捷的"15分钟公共服务圈"提出了新的挑战。因此，准确掌握片区单元内的人口结构和人口承载、服务需求、服务短板，结合住房供给、拆迁改造、产业发展等发展趋势，推动公共服务资源配置与片区单元内的规划布局、功能定位、产业发展和人群特质等重要内容有效衔接、一体推进，既要满足公共服务供给均衡化的要求，又要实现公共服务供给的人群差异化和服务的精细化发展，同时还要加强前瞻谋划，适度超前，更好地满足城市发展品质化要求。

（四）技术应用更新迭代带来新机遇新挑战

近年来，数字技术发展迅猛，应用场景不断拓展，为公共服务建设带来了新机遇新挑战。一方面，充分释放科技在公共服务领域的巨大潜力，利用人工智能、大数据、云计算、物联网等新技术，打破供需壁垒，促进服务供给方式和供给手段的革新，扩大服务资源的开放性和传播的广泛性，使公共服务更加精准、更加高效。如利用大数据分析能更好地预测和满足人民群众的真实需求，运用物联网技术实现远程服务和实时在线管理等功能。另一方面，科技发展也给公共服务带来了新的挑战，需要更加注重技术应用的安全建设，从法律法规、技术监管、安全意识等方面采取积极的应对措施。数据安全、数据滥用、隐私泄露等风险日渐凸显，现有法律法规难以对其进行彻底有效的规范和

约束。还有数字技术开发和应用的不均衡问题，如老年人、残疾人等特殊群体在分享和使用数字技术方面可能存在一定弱势等情况。

三 2024年绍兴市公共服务发展对策建议

立足新时代新征程，面对人民群众对美好生活的新期待和公共服务发展新要求，绍兴市公共服务发展应该始终坚持问题导向和需求导向，深化改革创新，以更高站位、更严标准、更强举措，高质量推进公共服务"七优享"工程，奋力打造服务优质共享、保障有力的市域范例，勇当"七优享"工程排头兵。

（一）突出面向基层和群众需求导向，加强供需适配

不同特征的居民对公共服务需求呈多元化发展趋势。加强公共服务供应与需求的适配性，提升公共服务配置的精准性和有效性能最大程度地避免资源的闲置与浪费，从而更好地满足不同人群的多样化、差异化需求。一是要突出面向基层的导向，提升服务的精准性和便捷性。在基于公共服务标准化、制度化的基础上，将更多的公共服务资源和管理职能向基层延伸，并在人、财、物等方面给予足够保障，提升基层在教育、医疗卫生、养老托育、家政服务等方面的服务能力，以便更加精准地满足群众需求，且提高群众享受公共服务的便捷性。如把文化礼堂、党群服务中心、家宴中心等作为推动公共服务进村的重要载体，让服务供给平台落在村（社区）。二是要坚持群众需求导向，实施主动响应式服务，促进从"人找服务"向"服务找人"转变。一方面，加强前瞻性和预判性，推动公共服务与服务人群数量、人群特质等重要因素有机衔接，优化调整与群众需求脱节的功能，促进公共服务资源的科学设置和合理布局，提高服务的有效覆盖。根据实际情况，差异化设置固定服务设施和流动服务设施，鼓励设施综合设置、复合利用、错时使用。如在村社公共空间嵌入功能性设施和适配性服务，突出居家和社区养老服务模式，进一步满足老龄服务精细化要求，特别是为卧病在床老人、重度失能老人、需要经常性医疗干预的特困低保老人提供优质可及的医疗健康服务。全市正在积极推进的城市社区嵌入式服务设施建设工程，通过"综合设

置、复合利用、错时使用",实现"家门口""普惠化"的一站式服务。另一方面,强化对服务供给的评估与监管,常态化开展公共服务需求调研分析和满意度调查,及时了解掌握群众需求和评价,尤其是针对流动性比较强的区域和人群,持续完善公共服务资源配置,形成以需求牵引供给、以供给引领需求的供需动态平衡。三是进一步衔接能够满足更加多元、更高层次需求的生活服务领域。如提升医疗卫生服务水平,鼓励发展医疗康复、健康管理、中医药养生保健等服务。促进养老服务与医疗服务统筹发展,积极发展"医康养融合发展"模式,以提供更多样化和高质量的养老服务与医疗康复服务。鼓励家政服务企业专业化、品牌化发展,并开展家政服务质量第三方认证,提升从业人员的专业技能和服务水平。从政策支持、制度保障和资金投入等方面,健全普惠托育服务高质量发展的保障体系,完善从业人员资质认定、准入及培养制度,托育机构质量督导与评估制度等,着力解决"入托贵""入好托难"等问题。

(二)以数字赋能助推供给模式创新,提升服务效能

在数字化转型背景下,公共服务治理领域的数字化转型是必然趋势,也是促进公共服务高质量发展的必要途径。要依托新技术新应用,提高公共服务的智能化和信息化水平,提升公共服务的便利性和流动性。一是运用数字技术重塑公共服务管理流程,构建公共服务协同供给模式,促进公共服务各供给主体之间跨层级、跨区域、跨部门的高效联动、资源共享。强化教育、医疗卫生、社会保障等重点服务领域的数据互联互通,让群众少跑腿、数据多跑路。推进公共服务内容一体式集成化改革,简化服务事项办理流程和办理环节,让更多惠民政策能够实现直通快兑、免申直享,切实提升群众获得感。二是依托人工智能、大数据等新技术新手段畅通并拓宽社情民意反映和表达的渠道,针对群众的实际需求和反馈意见实施动态监测与精准画像,实现群众服务需求的精准感知与高效识别,为优化调整公共服务资源配置和完善相关政策措施提供有力支撑。三是以"移动式"和"设备终端"等数字化手段加速优质资源面向基层开放和共享,如已创新推出的"医保驿站""联合病房""巡回医疗车"等便民载体,未来应进一步加快线上教育资源、远程医疗服务网络等普惠共享的数字化公共服务建设,拓宽服务边界,推进优质资源共享。四是注重提升老年

人、残疾人等特殊群体的数字使用能力，实施数字应用的适应性改造，确保特殊群体共享数字化发展成果。

（三）充分发挥"赋能"作用，为"人的发展"提供高质量保障

公共服务除了基础的"兜底"作用之外，还有重要的"赋能"作用。"十四五"发展规划和2035年远景目标纲强调要把提升国民素质放在突出重要位置，要求"拓展人口质量红利，提升人力资本水平和人的全面发展能力"。公共服务建设应当主动适应人口结构和经济社会形态的变化，把促进"人的全面发展"摆在更加重要的位置，注重发挥公共服务的"赋能"作用，重点聚焦教育和医疗健康两大领域，为增强人民群众创造财富的能力提供良好条件，促进人力资本水平的提升和人的全面发展，真正实现以公共服务的均衡可及确保人的发展机会的公平。这既是适应人口发展新特征和满足人的全面发展的必然要求，也是推动高质量发展和促进共同富裕的应有之义。一方面，要更加注重公共服务在基础教育方面的投入，推动教育资源扩容发展和内涵式提升，努力实现更高质量、更加公平的教育公共服务，确保每一个孩子都能公平地享受优质教育资源。推动职业教育改革，以市场需求为导向，加大产教融合力度，促进职业院校转型升级。加强职业技能培训，尤其是新职业新业态领域职业技能培训，不断提升职业培训公共服务水平。另一方面，要更加注重增加公共服务在医疗健康方面的供给，围绕基层群众看病就医的难点堵点问题，持续提升基层优质医疗资源扩容，减轻人民群众医疗费用负担，为人民群众提供全方位全周期健康服务。

（四）促进供给主体多元参与，形成共建共享发展格局

摆脱依靠政府单一供给的思想认识，既要用足用好市场手段，又要注重发挥群众力量，促进供给主体从单一向多元转变，构建政府、社会、市场多元参与、共建共享的公共服务供给体系。这既有利于丰富和扩大公共服务有效供给，还有利于在多元主体间分摊和降低供给成本，放大优势互补的协同效应。一是坚持"公益+市场化"思路，积极引入市场运营机制，对外策划推出一批有市场前景和价值的优质项目，并将公益性项目与市场化项目打捆，创新"公建民营"、"场地换服务"、政府购买服务等多种模式，吸引市场主体参与。

同时，配套建立市场主体遴选机制，确保引入专业性强、信誉度高的第三方市场机构。二是出台政策措施积极培育壮大社会组织、群众自治组织和志愿者队伍，清理整合社会力量进入公共服务领域的行政事项，优化简化流程，降低准入门槛。三是树立品牌化思路，积极打造公共服务品牌。注重发挥市场主体在中高端非基本公共服务、生活服务领域的积极作用，选取有基础、有优势的服务领域，引导建立高层次、品牌化、标准化的服务内容，实施统一品牌、标识和标准，打造一批特色鲜明、竞争优势突出、示范带动能力强的公共服务品牌。

参考文献

钱振明：《新时代基本公共服务体系的现代化发展：基于均衡性和可及性的考察》，《中国行政管理》2023年第10期。

苏曦凌：《公共服务的空间叙事：可及性、可及化与可及度》，《社会科学》2022年第9期。

徐增阳、曾祯：《公共服务体验：我国公共服务高质量发展的新趋势》，《行政论坛》2024年第2期。

B.9
2023年绍兴奋力打造数字赋能未来、牵引变革的市域范例发展报告[*]

惠佩瑶　茹余锋[**]

摘　要： 2023年，绍兴深入学习贯彻习近平总书记关于全面深化改革的重要论述精神，紧扣全省三个"一号工程"重点任务，锚定全市"五创图强、四进争先"发展目标，以政务服务增值化改革为牵引，高质量推进数字化改革工作，纵深推进营商环境优化提升，持续打响"越快办""越快兑""越省心""越满意"系列营商环境品牌，成效显著。但目前仍存在公共数据开放共享相对不足、"垂直"领域大模型开发利用相对不足、应用场景迭代优化相对不足和特色领域创新突破相对不足等问题，制约了数字技术与数据要素赋能绍兴城市高质量发展的作用发挥。因此，建议进一步加大改革力度、加快创新探索，建立公共数据开放共享的长效机制、开发政务领域的大模型应用场景、健全数字化改革的迭代优化制度、建设更具绍兴辨识度与文旅品牌影响力的数字文化系统，推动绍兴更快更好打造数字赋能未来、牵引变革的市域范例。

关键词： 数字化　营商环境　增值化改革　绍兴

　　自2021年浙江省全面启动数字化改革以来，绍兴市认真贯彻落实全省数字化改革工作部署，紧紧围绕《浙江省数字化改革总体方案》，运用数字化

---

* 本文所使用的数据除特别说明外，均来源于绍兴市委改革办提供的工作报告。
** 惠佩瑶，中共绍兴市委党校（绍兴市行政学院）、绍兴市社会主义学院经济学教研室讲师、经济学博士，研究方向为数字经济理论与实践、传统产业转型升级；茹余锋，绍兴市委改革办（绍兴市委政研室）综合协调处处长，研究方向为全面深化改革工作。

技术、数字化思维、数字化认知对市域治理的体制机制、组织架构、方式流程、手段工具进行全方位系统性重塑：以重大需求、多跨场景、改革任务"三张清单"为引领，系统谋划数字化改革重大项目；以"浙里办""浙政钉"为端口，综合集成党政机关整体智治、数字政府、数字经济、数字社会、数字法治、数字文化六大版块的应用场景；以一体化智能化公共数据平台为底座，全面打通各部门数字应用资源、公共数据资源、智能组件资源、云资源等数字资源。截至 2023 年底，已实现全市域整体智治、高效协同的系统蝶变，涌现一批具有绍兴辨识度、全国影响力的应用成果、理论成果与制度成果。

一 绍兴推进数字化改革的做法与成效

回顾绍兴市数字化改革历程，可知数字化改革并非一蹴而就、一劳永逸的一次性改革任务，而是一项复杂的系统性工程，是从顶层设计到应用场景与数字资源均不断迭代、螺旋上升的改革过程。2021 年，绍兴在原来"最多跑一次"改革、政府数字化转型的良好基础上，积极推进一体化智能化公共数据平台建设，党政机关整体智治、数字政府、数字经济、数字社会和数字法治五个系统版块建设，数字化改革理论体系与制度规范体系建设，形成了一批标志性成果。例如，"数字古城"等一批应用得到中央部委局办肯定；"越快兑"等一批应用得到省领导批示肯定；"浙里兴村治社（村社减负增效）"等 4 个应用领跑全省；"浙里工程师"等 5 个应用被省数改办简报刊发；"重大决策社会风险评估"等 18 个应用获省级 5 大系统"最佳应用"，深耕社区党建"契约化"共建等 3 则经验做法在中央改革办简报刊发。"枫桥式"协同治理等应用被《人民日报》、新闻联播等中央媒体报道。2022 年，针对前期数字化改革中存在的数字资源"家底"不清，应用低水平重复建设，资源流通不畅、配置效率不高，应用绩效指标量化难等问题，绍兴着力提升数字资源与应用成果的统筹集成能力与改革成果的全面贯通水平，进一步构建数字文化系统，并聚力推进平台、应用、体制的省市县三级贯通，构建基层治理系统，打造了一批深入基层、多跨协同的"硬核"成果，先后获得中央部委或省领导批示 51 次，在省数字化改

革推进会上汇报演示 1 次，在省数字化改革简报刊发共 18 次，获得省改革突破奖 7 项，新增省部级以上试点 18 项，在中央电视台、《人民日报》等国家级媒体报道 76 次。全市 13 个应用入选省"一地创新、全省共享"一本账 S_0，入选数全省排名第一；4 个应用入选全省"最佳应用"，全省排名第 3；"历史文化名城保护利用传承"等 2 个应用经验做法在中央改革办简报刊发；"一码找订单"助力外贸逆疫发展等 3 个应用获评"中国改革 2022 年度地方全面深化改革典型案例"。总的来说，在 2021～2022 年间，绍兴在经济社会各个领域，全面推进了包括生活方式、生产方式与治理方式在内的系统性的数字化改革，有效推动了市域经济社会发展和治理能力的质量变革、效率变革、动力变革，切实提高了人民群众的幸福感、获得感。

2023 年，在前两年全方位、全过程、全领域推进数字化改革的良好基础上，绍兴全市认真贯彻落实省、市深入实施"八八战略"强力推进创新深化改革攻坚开放提升大会和市委九届四次、五次全会精神，锚定"五创图强、四进争先"目标任务，将数字化改革工作的重点进一步聚焦在数字政府系统建设与政务服务增值化改革，即致力于通过制度创新和数字赋能，强化政府、社会、市场三侧协同能力，在优化基本政务服务的基础上，融合社会服务、市场服务等增值服务，从而促进企业降低成本、增加收益、强化功能、加快发展。并以此为牵引，坚定推进改革攻坚和营商环境优化提升"一号改革工程"，构建"1512X"① 工作体系，全力打造"越快办""越快兑""越省心""越满意"的营商环境品牌，为绍兴勇闯中国式现代化市域实践新路子提供最优环境支撑。中央改革办 2 次专题调研指导绍兴改革创新实践，3 项重大特色改革经验被中央改革办充分肯定，并在《改革情况交流》刊发推广，居全国地市第 1 位；2 项特色改革经验在省《领跑者》刊发推广，居全省第 3 位；6 项特色改革创新入选全省营商环境最佳实践案例，居全省第 3 位；7 项改革经验入选全省改革突破奖，居全省第 2 位。此外，绍兴市还位列全国工商联"万

---

① 2023 年绍兴对准营商环境优化提升"一号改革工程"主题主线，创新构建"1512X"工作体系，具体指围绕"打造营商环境最优市"一个总目标；聚焦高效清廉、公正透明、公平竞争、创新活力、开放包容等主要特点，全面重塑政务、法治、市场、生态、人文"五大环境"重要赛道；谋划推出"12+X"专项行动。

家民营企业评营商环境"满意度全国地市前十，获评全国"新时代 10 年地方改革与发展深度融合特别案例城市"；改革攻坚和营商环境优化提升"一号改革工程"在全省半年度、三季度综合评价中连续获评五星。

（一）突出便捷高效，政务环境持续优化

一是推进政务服务增值化改革。在全省率先出台《"越满意""增值式"政务服务改革实施方案》，编制形成《全市企业增值服务事项清单》，梳理发布增值服务事项，明确服务内容、服务流程、办理渠道等十余项内容，在延伸拓展传统政务服务"一件事"基础上，叠加形成人才安居、企业上市、惠企政策直达等特色"一类事"场景 67 个，柯桥区入选政务服务增值化改革全省试点。出台《关于政务服务增值化改革与"民营经济 33 条"一体融合的实施意见》，全面承接省"民营经济 32 条"、市"民营经济 33 条"。绍兴政务服务增值化改革工作 2 次获省委主要领导批示肯定。二是推动政务服务线上线下融合发展。以"政务服务线上线下融合和向基层延伸"国家级试点为载体，推动打造全市"1+7"企业综合服务中心，线上建设"越省心"企业综合服务平台，归集国家、省、市三级数字化办事平台和信息平台 397 个，并通过智能帮办代办系统实现线上线下连接。三是推动政务服务向基层延伸。部署市县镇村四级政务服务平台自助服务终端 570 台，可办事项 513 项，2777 名红色代办员为基层群众提供帮办代办服务。开展"政银合作"，全市 372 个银行网点开设政务服务 2.0 平台智慧大厅，170 项政务服务事项接入 393 台银行自助服务机。四是推进惠企政策精准直达。对接市场监管、社保、不动产等数据接口，建立23.6 万个"企业画像"和政策画像库，通过政策推演 AI 算法，实现政策精准推送。构建上市企业专区，设立上市企业政策兑现"驾驶舱"，对 81 家上市企业政策开展奖补分析。建设"越快兑"3.0 政策兑现平台，在全省率先打通财政预算管理一体化系统接口，为超 10 万家企业提供服务，兑付各类奖补资金超 52.3 亿元。建立全市统一亲清热线，实行"一号接入、专席响应"机制。

（二）突出公平公正，法治环境持续优化

一是切实保护企业合法权益。开展"11087"平安护航等行动，建立拟不

起诉备案审查机制，推行的"企业破产一件事"改革入选《法治蓝皮书：中国法治发展报告 No. 21（2023）》。推进重点产业合规改革，确定 6 个重点产业合规方向和 9 个通用性专项合规指引，《柯桥印染产业知识产权合规指引》被列入第一批省级重点产业合规指引目录管理项目。二是完善知识产权保护体系。全面加强知识产权综合司法保护，开展知识产权纠纷快速处理"一件事"集成改革，创新"能调不裁、能裁不诉"知识产权纠纷治理模式，成立全省首个知识产权纠纷快处（调）中心，柯桥区纺织行业知识产权保护入选全省首批营商环境最佳实践案例。三是优化涉企法律服务供给。组建涉外法律、经济、政策三大专家库，建设国际商事调解中心，实行"以外调外"机制。组织律所与商会签订法律顾问合同，研发法律服务产品，为 2000 多家企业提供"定制服务"。"枫桥式"护企优商模式入选全省首批营商环境最佳实践案例，"商会+N"枫桥式法护民企新模式入选省法治营商环境突破性抓手项目。四是依法规范执法司法行为。嵊州"非标油"治理模式获习近平总书记圈阅、李强总理批示，其法律监督应用实现"浙江实践、全国应用"。推动行政处罚裁量适当，总结推广"首违不罚+公益减罚+轻微速罚"等柔性执法制度。深化"大综合一体化"行政执法改革，全面推行"综合查一次""监管一件事"，跨部门监管率达 46.68%，工程渣土执法监管"一件事"获省领导批示肯定。

（三）突出开放包容，市场环境持续优化

一是知识产权全国领先。绍兴在浙江省率先设立市、县、中心镇三级知识产权纠纷调解机制，出台《绍兴市知识产权全链条保护合作框架协议》，构建了整体智治、高效协同、科学规范的协作机制——《绍兴市知识产权纠纷快处专项行动方案》，开展了"护航亚运""雷霆""铁拳"等专项保护行动，并首创"知微贷"普惠质押模式，成功入选首批国家知识产权强市建设试点城市。知识产权保护工作连续四年居全国知识产权行政保护工作绩效考核前十、连续两年获得省政府督查激励。二是平台监管先行先试。聚焦平台经济高质量发展，突出产业融合、监管执法、服务惠企，成功获批全国网络市场监管与服务示范区。在全国率先建立直播带货监测标准体系、信用评价实施细则、电子数据（直播）证据管理规范，参与编制并出台《直播营销服务指南》国

际标准。三是公平竞争纵深推进。在全国率先构建公平竞争指数指标体系，获批"重大政策措施公平竞争审查会审""公平竞争指数"两项国家级试点，是全省唯一获得两项国家级公平竞争审查制度创新试点的地市；柯桥区聚焦公平竞争环境评价全体系建设工作成效获省领导批示，并入选全省营商环境"微改革"项目库。

（四）突出优质高效，生态环境持续优化

一是创新服务体系进一步完善。绍兴持续完善企业"一中心、一平台、一个码、一清单、一类事"① 服务体系，获批全省首个教育科技人才"三位一体"高质量发展试验区，入选首批国家知识产权强国建设试点市，全社会研发（R&D）经费首次突破3.0%，首获省党政领导科技进步目标责任制考核优秀单位。二是产业生态体系进一步优化。集成电路、高端生物医药、先进高分子材料"万亩千亿"新产业平台考评分别居全省第2、第4、第7名。越城区未来车城等5家单位成功创建第三批省服务业创新发展区。全市建筑业特级企业达21家，居全省首位、全国第2位；5家企业上榜"中国民营企业"500强。三是贸易投资便利化进一步提升。综保区跨境电商中心、保税物流分拨中心投运，成功举办中国会展经济国际合作（CEFCO）论坛、世界布商大会、中韩日工商大会、第五届中国（绍兴）纺织新材料展等国际展会论坛，新增有出口实绩企业828家，新批外资项目281个。四是民营经济高质量发展走深走实。出台《绍兴市大力促进民营经济做优做强若干措施》，全面推行"5个越"系列："越省心"宽容式市场管理、"越快办"便捷式极简审批、"越快兑"集成式政策直达、"越满意"增值式政务服务、"越智慧"无感式监测评价，全方位多维度立体式打好助企惠企"组合拳"。全年新增规上工业企业483家、国家专精特新"小巨人"企业26家、高新技术企业374家，新

---

① "一中心"即企业综合服务中心，是改革举措的落地平台，也是面向企业群众的窗口；"一平台"和"一个码"，是指企业线上综合服务平台和电子营业执照"企业码"，它们作为两大数字化工具提供数字赋能；"一清单"即涉企服务清单，则是一项基础工程，全面梳理企业能享受的各类服务事项；"一类事"服务场景，主要对标世界银行新评估体系中涉企服务的主要事项，推动指标优化服务提升。

增上市企业 6 家、累计达 100 家，其中境内 A 股上市公司 80 家，居全国同类城市第 3 位。

（五）突出暖心安心，人文环境持续优化

一是构建亲清政商关系。深入实施《绍兴市践行"亲""清"新型政商关系的实施意见》，开展八大"越"监督"越"亲清护航行动，查处腐败和作风问题 167 个 226 人。深入开展领导干部有关亲属经商办企业"三色"规范管理，开展"越商永远跟党走·勇立潮头"同心系列活动，举办"亲清直通车·政企恳谈会" 66 场，成立首批民企廉洁联盟。二是弘扬越商"胆剑精神"。举办 2023 绍兴发展大会，集中签约 26 个项目，总投资达 869.86 亿元。实施"同心共进·越商青蓝接力"培育工程，举办新生代企业家政治事业"双传承"示范培训班。建立问题办理"绿色通道"机制，确保企业诉求"件件有着落、事事有回音"，精准帮扶优质企业"长高长壮"。三是营造尊商安商氛围。推进"浙江有礼"市域文明新实践，迭代优化"民情在线"管理，派发舆情万余条，闭环处置率达 98.94%。打造全省首个"县县有高校"地市，绍兴市中职学校办学条件达标率居全省第一。全省率先开展"贫困托底保障"行动，实现病有良医新突破。讲好绍兴创业创新故事，宣传报道优秀企业家先进事迹和突出贡献近 300 篇。

二　绍兴推进数字化改革须重点关注的问题

2023 年 2 月，中共中央、国务院印发了《数字中国建设整体布局规划》，要求数字中国建设要按照"2522"的整体框架进行布局，即夯实数字基础设施和数据资源体系"两大基础"，推进数字技术与经济、政治、文化、社会、生态文明建设"五位一体"深度融合，强化数字技术创新体系和数字安全屏障"两大能力"，优化数字化发展国内国际"两个环境"，为绍兴数字化改革提供了根本遵循。对照数字中国建设要求与绍兴数字化改革实践进展，绍兴在公共数据开放共享、"垂直"领域大模型开发利用、应用场景迭代优化和特色领域创新突破方面相对不足，须重点关注。

（一）公共数据的开放共享仍有不足，未能充分释放增长潜力

在数字经济时代，数据资源已经成为推动经济增长的关键要素。加大数据要素的开放共享力度，全面拓展数据要素的使用范围，提升数据要素的利用效率，对于加快发展新质生产力、充分释放经济增长潜力意义重大。2022年底，国务院发布《关于构建数据基础制度更好发挥数据要素作用的意见》，明确提出了要建立健全数据产权制度、流通交易制度、收益分配制度和安全治理制度。

绍兴通过数字化改革已经积累了丰富的数字资源，统一集成于浙江省一体化智能化公共数据平台内的一体化数字资源系统（Integrated Resources System，IRS）中，并为跨部门协同的应用场景提供统一的共享共用端口。但截至2023年底，绍兴市公共数据的开放共享仍有不足，存在"不会开放""不敢开放"等问题。究其原因，公共数据的经营权、收益权难以界定，且其使用价值会随着技术发展和应用场景的变化而变化，难以量化，这导致政府部门"不会开放"；公共数据涉及大量隐私信息、敏感信息，信息泄露风险和信息滥用问题导致政府部门"不敢开放"。

（二）"垂直大模型"的开发利用仍有不足，难以支撑智能化决策

近年来，大模型技术飞速发展，极大提升全球人工智能技术发展和应用迭代速度，给数字化改革带来重大机遇，尤其是以大数据、大模型、大算力为支撑的机器智能水平不断提升，能够给城市管理、政务服务提供更加高效便捷的解决方案。国内已经有许多大模型厂商提供城市管理和政务服务领域的服务。中国信息通信研究院发布的《数字时代治理现代化研究报告（2023年）——大模型在政务领域应用的实践及前景》显示，国内至少有56家大模型厂商在政务领域布局（见图1）。例如在政务服务中，咨询系统建设是与大模型产品对话交互性能最为契合的场景，华为、阿里云、科大讯飞、中国电信、中国移动、拓尔思、拓世科技等厂商均发布了大模型赋能政务咨询热线、政务聊天机器人的解决方案。

对比其他城市来看，绍兴在政务服务、城市管理领域的大模型应用上已相对滞后，亟须予以重视。例如百度与无锡市开展合作，打造"12345"智

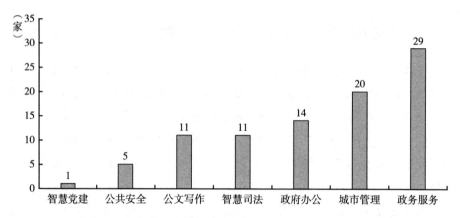

图1 2023年中国政务领域相关场景的大模型厂商数量分布

资料来源：中国信息通信研究院《数字时代治理现代化研究报告（2023年）——大模型在政务领域应用的实践及前景》。

能问答助手①、政务数字人，支撑政务服务"一网通办"；深圳市龙岗区将云天励飞"天书"大模型应用于政务服务咨询系统建设；厦门市人社局发布"12333"智能政务大模型②，通过AI智能座席替代人工座席完成咨询服务工作。此外，城市管理也是大模型落地较多的场景之一，例如商汤科技与深圳市罗湖区携手打造大模型"AI智能视觉分析平台"，助力城市运营管理效率提升；华为与西安市政府合作，为所有摄像头加上"盘古"CV大模型"智慧大脑"，实现异常事项分钟级自动化处理；佳都科技与重庆市政府共同开发城市交通行业大模型，推动城市交通管理智慧化。但现阶段，绍兴城市管理与政务服务的智能化仍处于起步阶段，智能模块数量还不够多，对相关垂

---

① "12345"智能问答助手：简称12345热线，指各地市人民政府设立的由电话12345、市长信箱、手机短信、手机客户端、微博、微信等方式组成的专门受理热线事项的公共服务平台，提供"7×24小时"全天候人工服务。2023年，江苏省无锡市与百度智能云签署战略合作协议，宣布打造全国首个城市政务大模型，迭代开发"12345"智能问答助手，"12345"智能分析等AI大模型的创新应用。

② "12333"智能政务大模型：厦门市12333人社咨询热线于2004年底开通，目前已经发展成集多种服务功能于一体的人社部门公共服务平台，是人社部门服务群众和企业的前沿战线。2021年，厦门人社局紧跟科技前沿，上线AI智能客服系统；2022年5月，上线人机协同"AI座席"智能客服；2023年5月，部署大语言智能化模型，为群众提供更多的主动服务、精准服务和个性服务。

直领域大模型的开发利用较少，与监测评估、预测预警和战略目标管理的要求还有较大差距。

（三）应用场景的适老化改造仍有不足，不利于提升人民群众获得感

应用场景适老化改造的重要性和必要性不容忽视。随着老龄化社会的到来，老年人的生活需求和安全性问题日益凸显。适老化改造旨在通过改善和优化各种生活场景，为老年人创造一个安全、便利、舒适的生活环境。这不仅有助于提高老年人的生活质量和幸福感，还有助于增强他们的独立性和自信心，使他们能够更好地享受晚年生活。同时，适老化改造也是社会文明进步的重要体现，有助于构建老年友好型社会，增进社会和谐稳定。

近年来，绍兴为应对"数字鸿沟"，持续推动政务服务应用场景的适老化改造，在消除老年人数字技术接入障碍、提升数字产品适老化用户体验、构建数字化康养服务体系等方面均已取得一定成效。但总体来看，在加大适老化数字新产品和新技术服务供给、加强适老化数字服务和监管能力，以及提升老年人数字技术素养等方面，仍存在一定改进空间。如在发布与老年人相关的政策文件时，通过提供方言版的政策解读视频、设置方言导服工作人员等方式，为老年人理解政策提供便利，但目前还未能提供在线转化和翻译服务；又如，针对养老机构、养老服务平台，还没有构建完善的数字监管体系，提升康养服务质量等。除此之外，在进一步深化适老化改造工作的过程中，绍兴还简单停留在放大字号、优化界面的浅表层次上，没能全方位深入开展调查研究，完全摸准老年人的痛点问题，对症下药。

（四）基层治理的提质增效仍有不足，基层治理现代化建设仍需加快推进

基层治理是国家治理的基石，是社会治理的"最后一公里"。夯实"中国之治"，必须抓好基层治理现代化这项基础性工作。当前，数字技术在基层社会治理方面的应用不断扩展，逐渐展现出其强大的资源收集、整合、共享和畅通的重要作用，并催生出一系列公共服务精准高效、治理水平不断提升的新形态，既能将公务人员、企业和公众的多元需求成功灌注到全链条的基层治理过

程中，激活政府对基层治理的精准和高效，同时能将党建、群团、行政和市场等分散的社会力量和闲置社会资源再组织化，激活社会自身活力，这是推进基层治理现代化的关键手段。如北京利用云计算、区块链、AI等技术与"悟道2.0"智能模型，建设"接诉即办"智慧大脑，以智能受理、智能派单、智能办理、智能考核、智能分析全面提升接诉即办机制的质效水平。

近年来，绍兴聚焦堵点难点痛点，按照"省统建、市县贯通""一地创新、全省共享"要求，已基本实现重大应用的省市县三级贯通。同时，基层智治系统建设也加快推进，"浙里兴村治社（村社减负增效）"改革相关经验在中央改革办《改革情况交流》、省委改革办《浙里改（领跑者）》上刊发。但仍难免存在基层治理责任主体的责任和权力"倒挂"问题，即基层治理责任主体在政务公开、公共服务、社会治理与民意畅达方面承担着最敏锐、最重要的"感应器"角色，而在治理决策、服务创新、监管干预等方面却困于行政级别不够、决策资源有限、数据资源缺失等现状约束，导致无法高效有力地对基层治理问题作出反应，需要持续开展创新探索，加快形成上级党委政府、条线部门围着基层转，协同解决基层难题难事的态势和格局，推动基层治理方式由"自上而下"向"上下互动"转变，治理格局由"单打独斗"向"协同共治"转变。

（五）特色领域的创新突破仍有不足，"城市品牌"建设仍然任重道远

数字赋能文旅产业高质量发展的前景非常广阔。一是线上游新业态，如台州开发的"游省心"应用，能够带领线上游客以720度VR全景，游览神仙居景区等大小景点，并提供精品攻略与文化典故讲解服务。二是云演播新模式，如2021～2023年，国家京剧院联合中国移动咪咕公司，以"云大戏，过大年"为主题，连续3年在春节期间推出经典剧目《龙凤呈祥》"5G+4K+VR"海内外演播，实现了文化价值与经济效益的双赢。三是文旅数字人新形象，如会唱山歌的广西虚拟数字人"刘三姐"，会唱秦腔的陕西艺术虚拟人"秦筱雅"，精通各国语言的山东城市推荐官"青岛小嫚"，提供精细化文旅服务的杭州文旅数字人"杭小忆"等。

绍兴作为历史文化名城，数字文化系统不但是打造"城市品牌"、擦亮

"城市名片"的关键支撑，同时也是极易形成具有绍兴辨识度和全国影响力的重大创新成果的关键领域。近年来，绍兴数字文化系统建设已取得一定成效，但改革成果主要聚焦在赋能文化治理方面，与城市文旅宣传相关的数字化改革项目相对较少，亟须创新突破。如绍兴市目前建设打造的"历史文化名城保护传承"应用，通过构建古城实景三维地图，为古城保护利用、传承发展与整体智治提供数字化解决方案；"绍兴数智礼堂"应用则致力于打造"精准文化供给—礼堂机制优化—群众反馈评价"全链闭环的礼堂服务治理生态；越城区"不可移动文物智慧管理服务系统"应用实现了"文物保护前置""文物安全监管""文物日常巡查"等功能。但这些典型应用都主要在治理端发挥作用，在引领和支撑绍兴文旅产业发展方面所能发挥的作用非常有限。

三 加强绍兴政务服务增值化改革牵引
绍兴数字化改革的对策建议

为使绍兴率先形成与数字变革时代相适应的生产方式、生活方式、治理方式，更快更好发挥数字技术与数据要素赋能城市高质量发展的作用，建成"掌上办事之市""掌上办公之市""掌上治理之市"，提出如下对策建议。

（一）探索建立公共数据开放共享的长效机制

一要构建公共数据授权运营的制度规范。按照《关于构建数据基础制度更好发挥数据要素作用的意见》和《浙江省公共数据授权运营管理办法（试行）》的要求，积极开展创新探索。加快建立起数据资源持有权、数据加工使用权、数据产品经营权"三权"分置的数据产权制度，进一步明确授权程序；加快探索"原始数据不出域、数据可用不可见"的公共数据开放共享模式，进一步明确公共数据授权运营的机制、流程，以及各个相关方的角色分工、权利责任和协同关系；加快建立起公平、合理、透明的收益分配机制。二要不断完善公共数据开放共享平台。在遵循已有的标准规范体系的基础上，进一步优化公共数据统一存储、统一管理、统一发布与授权运营等服务能力，并构建数据脱敏处理、数据产品和服务出域审核等功能模块，确保公共数据开放共享的全流程操作可追踪。三要加强数据安全保障。要建立完善的数据安全保

障机制,包括数据加密、访问控制、安全审计等措施,确保数据在传输、存储和使用过程中的安全性。同时,要加强数据安全教育和培训,提高相关运营主体的数据安全意识和能力。四要着力培育数据交易主体。尤其要推动提供数据产品开发、发布、承销等服务的数据商和开展数据集成、经纪、合规等业务的第三方服务机构不断做大做强。

(二)探索开发政务领域的大模型应用场景

一要构建政务领域大模型的基础框架。政务领域大模型的基础框架应包括数据采集、数据处理、模型训练、模型应用等关键环节。在数据采集环节,应建立统一的政务数据标准,实现数据的规范化、标准化采集。在数据处理环节,应运用大数据技术对数据进行清洗、整合、标注等处理,确保数据的质量和准确性。在模型训练环节,应采用先进的算法和技术对大模型进行训练和优化,提升模型的性能和准确性。在模型应用环节,应开发适用于政务领域的大模型应用场景,实现大模型在政府工作中的实际应用。二要开发具有针对性的政务领域大模型应用场景。政务领域大模型的应用场景应具有针对性和实用性。可以尝试开发智能决策支持、精准政务服务、舆情监测与分析等应用场景。三要加强政务领域大模型的技术保障和人才培养。政务领域大模型的开发和应用需要强大的技术保障和人才支持,政府应加大对政务领域大模型技术的研发投入,支持相关企业和机构开展技术研发和应用创新。同时,还应加强政务领域大模型人才的培养和引进,建立一支具备专业知识和技能的人才队伍,为政务领域大模型的应用提供有力保障。

(三)持续深化数字产品服务的适老化改造工作

一要加快新一代数字技术的应用转化。不断拓展人工智能、云计算、5G、大数据等数字技术在相关产业中应用的深度和广度,凸显数字技术在老年人认知辅助和康养产品中的赋能作用。二要提升企业数字产品服务的适老化改造能力。既要树立行业标杆,对优秀案例和重点研发企业给予奖励和政策优惠,又要强化行业规范,加强中小企业的标准化适老化改造。三要加强政府对适老化数字产品服务的监管能力。构建数字监管平台,针对养老机构、养老服务平台进行数据监测、分析与预警,促进行业良性发展。四要形成全社会凝力共建的共识。一方面，要加强培训机构、培训人员和相关教材的持续建设，提倡家庭互助的模式，通过家庭和社会共同协作，循序渐进提升全龄段老年人的数字素养；另一方面，要持续深入开展数字适老化宣教活动，提升全社会对于数字适老化的责任感和同理心。通过政府主导、市场推动、家庭主导、社会支持，全社会共同参与，稳步建设包容和智慧兼具的数字化康养社会。

（四）加快提升基层治理体系和治理能力的数智化水平

一要自上而下，做好顶层设计，重点是打破条块壁垒。既要加强统建，又要加强统筹。要立足绍兴实际，分轻重缓急梳理出一批基层数字化改革项目清单，既防止基层项目随意上马，也避免急需的改革项目无力上马，尤其是要统筹谋划好未来乡村、未来社区场景应用在基层落地落实的工作，要从市委、市政府工作的角度谋改革、抓应用，避免局限在局办部门思维，真正破除条块壁垒，实现多跨协同、流程再造。二要自下而上，做强技术支撑，重点是减少冗余程序。要在智能组件的创新开发上下功夫，构建面向基层干部的统一填报端口，将系统中相同的数据、功能统一合并，自动对接各跑道、各应用，减少材料重复和多头填报，控制"留痕"监督、考核评比的事项范围与频次，减轻基层负担。

（五）加快建设更具绍兴辨识度与文旅品牌影响力的数字文化系统

一要强化绍兴文旅特色，提升系统辨识度。绍兴作为历史文化名城，拥有深厚的文化底蕴和丰富的旅游资源。在数字文化系统建设中，应深入挖掘绍兴的历史文化、民俗风情、名人逸事等元素，打造独具绍兴特色的数字文化产品。二要创新技术应用，增强用户体验。在数字文化系统建设中，应充分利用大数据、云计算、人工智能、元宇宙等前沿技术，推动线上游、云演播、数字人等新兴业态加速落地。如可以通过虚拟现实（VR）、增强现实（AR）等技术，让游客置身于绍兴的历史场景中，为游客提供沉浸式的文旅体验；也可以利用智能导览、语音识别、人工智能等技术，为游客提供个性化、精准化的服务。三要丰富内容供给，提升品牌影响力。数字文化系统建设不仅要注重技术的创新，更要关注内容的丰富性和多样性。应系统谋划绍兴特色文旅IP，积极整合绍兴文化资源，着力提升绍兴文旅品牌的知名度和影响力。如可以通过

"跟着课本游绍兴"这一文旅 IP，串联起黄酒文化、越剧文化、书法文化，打响"喝着黄酒游绍兴""听着越剧游绍兴""赏着书法游绍兴"系列子品牌。

参考文献

陈天祥、徐雅倩、宋锴业等：《双向激活：基层治理中的数字赋能——"越秀越有数"数字政府建设的经验启示》，《华南师范大学学报》（社会科学版）2021 年第 4 期。

王添艺：《赋能发展探索未来　云演播正当时》，《中国文化报》2023 年 1 月 17 日。

B.10
2023年绍兴奋力打造治理高效协同、
社会和谐的市域范例发展报告

曾云 胡畏*

摘 要： 近年来，绍兴市统筹推进市域社会治理现代化和共同富裕示范区市域范例两个大局，尤其是2023年，紧抓毛泽东同志批示学习推广"枫桥经验"60周年暨习近平总书记指示坚持发展"枫桥经验"20周年纪念大会契机，聚力聚焦持续加强党的领导、深入践行群众路线、严格遵循法治轨道、创新发展数字赋能等工作重点，为共同富裕的实现营造高效协同、社会和谐的治理环境。但与此同时，绍兴市域治理工作还存在系统思维不足、责任体系不明、方法手段不新、能力水平不强等短板弱项，2024年需进一步聚焦新时代"枫桥经验"核心要义，完善社会治理的体系建设、力量建设、法治建设和数字建设。

关键词： 市域治理 高效协同 社会和谐 "枫桥经验" 绍兴

2020年7月，党的十九届五中全会就共同富裕提出了更高的目标要求，谋划强调"十四五"期间要推动"全体人民共同富裕取得更为明显的实质性进展"。共同富裕不仅限于物质生活的共同富裕，更包括精神生活的共同富裕，而要实现这二者的全面共同富裕，和谐的社会环境、高效的社会治理、公平的社会秩序必不可少。本报告围绕社会治理主题，阐释分析绍兴市的做法与成效、不足与挑战，并结合推进共同富裕的内在要求，提出下一步的深化举措，助推绍兴市奋力打造浙江高质量发展建设共同富裕示范区市域范例。

---

* 曾云，中共绍兴市委党校（绍兴市行政学院）、绍兴市社会主义学院"枫桥经验"研究中心讲师，研究方向为"枫桥经验"、基层治理；胡畏，绍兴市公安局三级警长、绍兴市警察协会副秘书长，研究方向为新时代"枫桥经验"与基层社会治理、枫桥警务模式。

一 绍兴推进市域社会治理现代化的主要成效

2023 年是绍兴发展史上具有重要里程碑意义的一年。9 月 20 日，习近平总书记在深入浙江期间亲临绍兴考察，赋予绍兴"谱写新时代胆剑篇"重大使命，彰显了人民领袖对绍兴人民的关怀厚爱、对绍兴发展的殷切期望，为绍兴奋进新征程、建功新时代指明了前进方向、提供了根本遵循。当天下午，习近平总书记专程来到"枫桥经验"发源地，参观枫桥经验陈列馆，重温"枫桥经验"诞生演进历程，了解新时代"枫桥经验"的生动实践，并作出"要坚持好、发展新时代'枫桥经验'，坚持党的群众路线，正确处理人民内部矛盾，紧紧依靠人民群众，把问题解决在基层，化解在萌芽状态"① 的最新指示，为绍兴市预防化解人民内部矛盾，实现社会平安祥和，助力经济社会高质量发展提供了指南。

绍兴市深学细悟习近平总书记考察浙江重要讲话和考察绍兴重要指示精神的丰富内涵、精髓要义和实践要求，满怀感恩之心、激发奋进之志，在市委坚强领导下，坚持和发展新时代"枫桥经验"，奋力争创市域治理标杆地，在维护社会大局和谐稳定上交出了高分答卷。在筹备"枫桥经验"纪念活动方面，积极扛起"发源地"的使命担当，在市级层面以"枫桥式"特色创建为载体，统筹推进"枫桥经验"系列纪念活动，在省级层面高质量承办全省坚持和发展新时代"枫桥经验"大会，在国家层面总结提炼报送的诸暨"一站式、一码管"综合解纷工作法成功入选全国新时代"枫桥经验"先进典型，相关基层代表受到习近平总书记的亲切接见。在平安绍兴建设方面，以"金盾""雷霆"等行动为载体，助力实现刑事治安、电诈警情分别同比下降 15.3%、6.3%，生产安全事故起数、死亡人数同比下降 11.1%、12.5%，成功入选全国首批社会治安防控体系建设示范城市，成功创建国家食品安全示范城市，省级双拥模范城创建获"八连冠"。在法治绍兴建设方面，开展共同富裕制度体系建设行动、政务服务便民利企行动、"大综合一体化"行政执法改革行动、行政争议预防化解靶向治理行动、法治意识和法治素养提升行动等"五大行

---

① 仲音：《坚持好、发展好新时代"枫桥经验"》，《人民日报》2023 年 9 月 27 日。

动",全市一审行政诉讼案件败诉率为 2.49%、全省最低,获评法治浙江建设优秀设区市。①

二 绍兴推进市域社会治理现代化的具体做法

绍兴是"枫桥经验"的发源地,也是全国第一批市域社会治理现代化试点创建的城市,在长达 60 年创新发展"枫桥经验"的进程中,积累了丰富的治理资源和治理经验。同时,在配合推进共同富裕的过程中,又得益于藏富于民的经济发展模式,城乡居民收入倍差远低于全国平均水平。近年来,绍兴市以排头兵、先行者的奋进姿态,统筹推进市域社会治理现代化和共同富裕示范区市域范例两个大局,多措并举,取得了一批阶段性成果。尤其是 2023 年,借助筹备毛泽东同志批示学习推广"枫桥经验"60 周年暨习近平总书记指示坚持发展"枫桥经验"20 周年纪念大会的契机,立足新时代"枫桥经验"核心要义,市域社会治理再上新台阶。

(一)持续加强党的领导,巩固治理内核

我国国家治理体系的根本特征和最大特色就是中国共产党的领导,国家治理体系和治理能力现代化的关键底色就是"以党组织为主导的多元治理结构"②,通过党建引领这一内核,凝聚各方全过程、全天候、全链条参与治理的强大合力,不断推动提升治理效能。一是不断擦亮基层党建名片。习近平总书记先后对发源于绍兴的驻村指导员、民情日记、契约化共建等基层党建制度作出批示肯定,为地方创新推进基层党建、加强基层治理工作注入了强大动能。一方面,发布全国首个《驻村指导员工作规范》,升级推出"三驻(驻村、驻社、驻企)三服务(服务企业、服务群众、服务基层)"活动,创新发展新时代"民情日记",通过健全落实"走村不漏户、户户见干部""民呼我为"等工作机制链接民意、反映民情、解决民需。2023 年,累计开展走访服务 40.5 万次,解决困难诉求 5.6 万个。另一方面,探索城市社区群众组织

---

① 相关资料来源于《2023 年绍兴市政府工作报告》,https://www.sx.gov.cn/art/2023/4/7/art_1229265336_4014709.html。

② 俞可平:《国家治理的中国特色和普遍趋势》,《公共管理评论》2019 年第 3 期,第 25~32 页。

新形态，将"契约化"拓展至社区内的单位、组织、全员，实行"一网式"（社区—网格—微网格）和"五约化"（谈约、签约、亮约、履约、评约）管理，全市4500余个机关党组织参与实施518个社区共建项目。二是不断提升组织引领能力。开展基层党组织"五星"系列建设，加强农村、城市和两新组织的党组织建设，提高引领乡村振兴、参与城乡治理的能力水平。完成第二轮"五星3A"三年行动计划，累计建成"五星"达标村1579个、"3A"示范村197个，建成18家省级现代社区、229个"五星达标"社区、306家"五星双强"两新组织。延伸网格党组织建设，创新推广"支部建在网格上"，制定小区党组织建设"五个有"①规范，全市2155个小区实现党组织全覆盖，相关做法多次获上级领导批示肯定。首创"红色物业""红色业委会"建设，修订《绍兴市物业管理条例》，推动各类小区和各级物业协会组织成立党组织，"像选村委会一样选业委会"，确保"小事不出小区、大事不出社区、矛盾不上交"。三是不断增强项目引领势能。推进"千万工程"，创新农村党组织"活动+功能"双重设置模式，迭代升级乡村振兴模式，持续推动"整乡推进、整县提升"，累计建成乡村振兴先行村48个，创成省级未来乡村60个，并成功打造坝头山村"陆游的乡村世界"、安桥头村"故乡的故乡"、棠棣村"花乡满棠"、东澄村"石上东澄"等一大批明星乡村，形成美丽乡村示范带25条。创新"共富工坊"，鼓励村企结对，依托片区联营、村企合作等模式和"一镇一行""一村一政企"结对机制，累计组建强村公司185家，建成"共富越工坊"910家，吸纳农村剩余劳动力4.5万余人，人均月增收2900余元。建强"领雁"队伍，全市103个乡镇（街道）全部设立党建办，政法委员配备率达100%，村（社区）书记、主任"一肩挑"率为99.8%，普遍实行"街道干部包社联小区、社区干部包片联楼栋、社区党员包亲联住户"的"三包联"治理，7.7万名在职党员干部实行"两地报到、双岗服务"，发挥示范引领作用。②

（二）深入践行群众路线，筑牢自治基石

群众是基层社会治理的直接参与者、最大受益者、坚定支持者，绍兴市坚

---

① "五个有"指的是有场地、有队伍、有制度、有活动、有经费。

② 相关资料来源由中共绍兴市委组织部提供。

持"紧紧扭住做好群众工作这条主线",充分发挥群众自治主体作用,不断推动群众力量优势向治理优势转化。一是创新群众自治模式。充分发挥群众在基层社会治理中的主体作用,有效保障群众知情权、决策权、参与权、监督权,促进政府治理和社会自我调节、群众自治良性互动,使群众更好实现自我管理、自我服务、自我教育、自我监督。创新推广多元载体畅通民意表达渠道,让村级事务由"封闭决策"转变为"多元互动",实现民事民议、民事民办、民事民管。诸暨市枫桥镇枫源村("枫桥经验"发源地之一)立足浙江省委提出的"五议两公开",① 创新实施"三上三下三公开"民主治村机制,在村级重大事项收集议题环节"一上一下",即群众意见上,干部征求下;酝酿方案环节"二上二下",即初步方案上,民主恳谈下;审议决策环节"三上三下",即党员审议上,代表决策下。同时做到表决结果当场公开,实施方案及时公开,实施进度和满意度测评情况及时公开。真正做到群众全流程参与,民主协商全流程体现,决策实施全流程全公开,源头预防矛盾,已连续18年实现"群众零上访、干部零违纪、百姓零刑事、村民零邪教"。二是加强群防群治建设。鼓励群众参与社会治理,共建立义警队伍188支、约3万余人,其中,基层综合应急救援队25支、共1678人,防汛防台责任力量23556人,社区应急管理员4200余人;建设人民调解组织3437个,其中,省级金牌调解室14个、行(业)专(业)调解组织87个,组建人民调解员13029人;落实网格员队伍"1+3+N"("1"即1名网格长,"3"即1名专职网格员、1名兼职网格员、1名网格指导员,"N"即网格内其他社会组织、志愿者力量)模式,每万名城镇常住人口配备社区工作者18.4名。② 三是开展党建共建共治。持续推动人大、政协参政议政作用向基层延伸,搭建"请你来协商·民生议事堂""社区议事厅""人大代表联络站"等自治平台,打造越城越都社区"红色聚能团"、新昌儒岙"五会"、上虞乡贤议事团等自治组织,形成总工会"八字桥·工会工作室"、共青团"青年议事厅"、妇联"越地女儿·妇女之家"等自治品牌,不断壮大基层治理共同体的品牌效应。创新线上线下协同治理模式,探索"互联网+基层党组织"党建工作引领互联网全行业发展,培

---

① "五议两公开":"五议"指党员群众建议、村党组织提议、村务联席会议商议、党员大会审议、村民(代表)会议决议的工作程序;"两公开"指表决结果公开、实施结果公开。

② 相关数据由中共绍兴市委政法委调研资料整理所得。

育"绍兴网络界人士联谊会""绍兴网络公益联盟""绍兴能量"微联盟等20多家网络品牌组织,构建起网络空间治理体系。

(三)严格遵循法治轨道,强化制度保障

习近平总书记指出,"要推动更多法治力量向引导和疏导端用力"①,绍兴市严格贯彻落实习近平法治思想,以制度规范行为、推动试点,积极将法治的保障优势转化为治理优势。一是完善法规制度。自获得地方立法权以来,先后起草、出台地方性法规18部、政府规章3部,颁布施行全国首部"枫桥经验"地方性法规《绍兴市"枫桥经验"传承发展条例》,以法律条文的形式将矛盾纠纷化解工作予以明确。其中,围绕行政行为,出台全国首部行政执法协调监督专项立法,制定村庄规划建设、交通安全管理等法规,强化行政执法统筹协调,源头防范城市化进程中日益增多的重大建设项目矛盾风险,系统防控群众日常出行中多点多发的交通事故纠纷;围绕经济发展,出台黄酒、香榧等特色产业保护性法规,引导建立形成合理布局、公平竞争、有序发展的产业和市场环境;围绕民生领域,制定大气污染防治、水资源保护、物业管理、居家养老等条例办法,以高水平建设促进高质量发展,不断满足人民群众对美好生活的向往。二是创新依法行政。制定《绍兴市重大决策社会风险评估实施细则》,健全重大行政决策机制,开展目录化管理,强化风险预测评估,试点运行行政行为合法性AI预诊。例如,上虞区法院通过该AI应用,对征地拆迁进行"红黄绿"三级风险评定,指导建设方依法推进工程,全区涉强拆一审行政诉讼收案数减少近一半。开展"大综合一体化"行政执法改革,建立全链条行政检查与处罚衔接机制,深化警调、检调、诉调、专调联动,加强劳动争议、金融纠纷、交通事故等类型纠纷化解。在全省率先明确本地区行政处罚统一立案标准,总结推广"首违不罚+公益减罚+轻微速罚",全市30个主要执法领域425个处罚事项实现轻微违法免罚事项清单具体化、标准化,减少对企业干扰2.2万次,行政处罚信息最短披露期从1年缩减至3个月②,加速企业信用修复,减少因信用受损导

---

① 习近平:《坚定不移走中国特色社会主义法治道路 为全面建设社会主义现代化国家提供有力法治保障》,《求是》2021年第5期。

② 相关数据由绍兴市综合行政执法局调研资料整理所得。

致市场竞争受阻，推动解决基层"看得见管不了"、部门"管得了看不见"的问题。三是完善解纷体系。坚持六大法定解纷途径，探索形成"调解在先，诉讼断后，信访、行政复议、仲裁、公证并行"的多样化解纷路径。其中，聘请退休法官等专业人员，在全省率先组建"天平调解工作室"，同时细分交通事故、家事、物业等调解小组，与法院相应业务庭联动开展兜底化解，并得到全省推广。全力推进诉前调解改革攻坚省级试点，试点期间全市调诉比达1.97，居全省第3位。全年调解矛盾纠纷11.8万件，万人成讼率下降2.43%。[①] 在全省率先开展金融纠纷赋强公证工作，建立全省首个公证行业"共享法庭"，制定"法院+公证机构+金融机构"联动解纷机制。2023年，累计办理赋强公证案件3442件。充分发挥行政复议主渠道作用，在司法所、矛调中心、重点园区等地设立105个基层工作站，建立流动式项目化共享法庭，加强府院检联动，促进行政争议实质化解。2023年，复议后起诉率同比下降3.66个百分点，行政复议与行政诉讼比值3.19，行政机关负责人出庭率保持100%。[②] 建立信访办理"2211"和"三查双核一闭环"工作机制，创设信访"十条责任清单"和"十条负面清单"，并全力将涉法涉诉信访事项引入相应法定途径解决，2023年，引导信访群众通过诉讼途径解决信访问题共7批7人次。

（四）创新发展数字赋能，激活智治能量

2020年3月，习近平总书记在浙江考察时就指出，"运用大数据、云计算、区块链、人工智能等前沿技术推动城市管理手段、管理模式、管理理念创新……是推动城市治理体系和治理能力现代化的必由之路"[③]。党的二十大报告也强调，要"完善网格化管理、精细化服务、信息化支撑的基层治理平台"。绍兴市立足全省数字化改革机遇，不断提升市域治理的智能化、科学化水平。一是重塑治理体系。加强整体智治，构建市县镇村四级综合指挥体系，打造"城市大脑"；创新开发"浙里兴村治社（村社减负增效）"

---

① 相关数据由绍兴市司法局调研资料整理所得。
② 相关数据由绍兴市中级人民法院调研资料整理所得。
③ 吕建：《推动智慧城市建设迈上新台阶》，《人民日报》2020年6月16日。

系统，强化"下乡进村"源头过筛减压、中端闭环落实、末端考核激励，中央党建工作领导小组《党建要报》予以专门刊发。广泛感知民意，如：研发民意感知系统，由群众对公安机关的政务服务、执法办事等进行全量访评，切实将感知评价权交给群众，有效提升了群众满意度。深化"一件事"改革，梳理出"小流域山洪预报预警"等7件具有绍兴辨识度的基层治理"一件事"，加快推进集成化改革；承接"大综合一体化"行政行为码全省试点，首创权责清单数字化评估指标体系和"枫桥式"智治执法系统，成为全省首批贯通执法监管数字应用和基层智治综合应用的地市。创新"执行一件事""企业破产一件事""版权AI智审"，"破产收回债务所需时间"优于世界银行评估最优值。二是打造治理场景。创设共享共建场景，如：开发"城市枫桥"应用场景，打通公安、民政、建设等12个重点部门，归集人口、不动产等9个数源系统、20类居民信息标签，构建高精度、动态化、共享开放的"群众档案"，夯实现代城市社区建设基础。创设平安场景，集成162个公安网系统，汇聚全市35类人口数据，打造情指行合成作战主干平台，浙里人口全息管服、"越安行"精准管控、"民情智访"、"枫桥警务—越警管家"、网络犯罪生态节点监测等子平台，设置41个实战场景，创新"安心码"应用，最大限度服务好人、识别坏人、管住重点人。创设和谐场景，在全省试点打造"数智枫桥"综合集成应用，加强风险隐患、矛盾纠纷预测评估、防范稳控、排查化解"一站式"集成，构建社会矛盾风险治理全链闭环。三是推进未来智治。以城市基础设施片区化理念，重点打造102个未来社区、142个未来乡村和50个城乡风貌样板区，联动"浙里兴村治社（村社减负增效）"，建设社区"人户数据仓"，厘清社区住户信息，摸清网格所辖人、房、租户、特殊群体等底数，实现一户一档一数据画像，为明晰不同人群的身份和职责奠定了坚实的数据基础。同步探索未来社区"低碳场景""健康场景"建设的新路径，逐步构建"15分钟复合宜人社区生活圈"，让居民的生产生活以及矛盾纠纷的化解基本能在"圈内"实现。布建"数智礼堂"，坚持群众所需、礼堂所有，群众点单、政府派单，群众上台、千村互联，现已涵盖文艺演出、卫生健康、便民服务等七大领域2500余项内容，实现"一村演、千村播""一村景、万人看"，并以亚运会为契机，开展整村拆迁，融合多种开发模式，配建高端优质教育资源及城市基础设施，实现从城郊洼地到城市新地标的华丽转变。

三 绍兴深化市域社会治理现代化面临的问题与挑战

2023年，绍兴市域社会治理现代化全国试点创建工作顺利通过省级验收，这一阶段性成果的取得来之不易。但对标对表验收指引和上级要求，尤其是与全国其他同类城市的市域社会治理工作相比，绍兴市仍存在一些短板和弱项，具体表现在以下几个方面。

（一）治理系统思维有待强化提升

从顶层设计来看，社会治理工作是共同富裕示范区建设的重要组成部分，但从实际运作来看，相关制度设计的整体性、全局性联动明显不足，市域治理的系统性有待加强。同时，受限于科层制组织结构的影响，上级部门的底线思维以及风险防范意识不足以应对当今世界未有之大变局，对苗头性问题、倾向性问题以及跨区域的风险隐患，缺乏足够的警惕。相应的决策部署自上而下要求基层抓落实后，落地见效的思考、谋划、设计又不够系统，下沉至基层工作人员后，仍存在碎片化、宽泛化、一刀切等倾向，不利于治理效能的优化。一方面，在城市社区治理中，行政化、机关化倾向明显，驻社区单位与社区的联动不够有力，共建单位彼此之间的持续性合作、互补性合作有待深化；另一方面，在乡村治理中，个别村级党组织软弱涣散，战斗堡垒作用发挥不够突出，凝聚力和战斗力还有待提升，村级权力的规范运行还有赖更为制度化的监督制约。另外，就群众参与基层治理而言，目前相应的制度、机制尚不健全，推广成熟的渠道、平台又较为单一，导致群众参与治理的热情和主观能动性不足，主体作用未能充分发挥。以群众参与行业性、专业性矛盾纠纷的调解为例，对于占法院民商事一审总量40%左右的买卖合同和民间借贷等高频成讼纠纷，尚未建立相应的专业调解组织，相关专家学者苦于没有渠道，参与度不高；而已成立的部分专业调解组织接受相应行业主管部门的专业指导还不够，未能实质化运行，政社联动性有待进一步加强。

（二）治理责任体系有待清晰界定

我国长期以来奉行的行政体制具有明显的"条块"特征，其中"条条即垂直管理，块块即地方分级管理，二者共同构成了中国国家治理体系的关键特征，是调整中国中央集权与地方分权关系，以及部门之间、部门与各级政府之间关系的重要构成要素"①。毫无疑问，社会治理的工作既涉及横向各"条条"部门的主责主业，又关系到纵向各"块块"政府的贯通与配合。但当前统一领导、分级负责、条块协同的责任体系尚不够清晰，部分机构部门的管控意识仍然根深蒂固，既对社会的行动主体不够明确，也对发挥社会职能职责不够清晰，"管行业必须管平安、管业务必须管平安、管生产经营必须管平安"的氛围并没有真正形成。一方面，风险防范化解的领导责任、主体责任、监管责任、协同责任落实不够，未形成完整的责任链；另一方面，行业性、专业性矛盾纠纷的预防与化解，互相推诿、各自为政的现象时有发生，纠纷化解的质效和时效均不显。事实上，当前我国的基层治理呈现出两条并行运作的主线，"一条是自上而下的科层'发包'控制逻辑，另一条是自下而上的'打包'和'抓包'的反控制逻辑"②。条线部门向下布置任务时，过度依赖于属地管理原则，造成大量与基层不相匹配的事权以政治任务的形式下压，迫使基层不得不以应付、摆平、避责等非正式手段加以回应，客观上扩大了基层在执行相关任务时的扭曲和异化，使治理的活力丧失。以2023年绍兴市信访局组织的抽样调研结果为例，某乡镇的386件矛盾纠纷，有10%转化为信访问题，10%转化为诉讼问题，0.5%转化为治安或刑事问题，25%处于矛盾未化解但静默的状态，剩余的55%左右要么基层调处化解掉了，要么矛盾双方自己冰释前嫌，不再计较。这386件基层矛盾在转化前均由属地自行负责，而缺少条线实质性的指导监督，导致矛盾纠纷自行转化、上行。

（三）治理方法手段有待精准运用

数智文明时代的到来，为应对和解决人民群众美好生活的向往提供了新的工具和手段，尤其在平安建设、法治建设、社会治理等方面，大大提高了工作人员的效率和效用。互联网、云计算、区块链、大数据、物联网、虚拟现实等

---

① 李元珍：《对抗、协作与共谋：条块关系的复杂互动》，《广东社会科学》2015年第6期，第201~210页。
② 周飞舟：《政府行为研究》，载张静主编《中国社会学四十年》，北京大学出版社，2019，第136~137页。

各项高科技的使用，将推动治理体系"更加开放、更加多元"[1]，使城市治理像绣花针一样精细变为现实。从目前的情况来看，自2021年数字化改革以来，各种大数据平台如雨后春笋般涌现出来，但与精准治理、精细治理的深度和广度还存在一定的差距。尤其是配套的社会治理大数据体系尚不完善，各类数字平台的标准不一、治理数据彼此间的共享不足、治理过程的协同畅通度不够仍然是较为突出的问题。由于上级条线之间的区隔与独立，一方面，各类治理数据的填报与更新往往存在重复报、多头报等现象；另一方面，使用过程中的"数据壁垒""数据孤岛"等问题短时间内还未得到充分地解决，"治理盲区"在一定程度、范围上仍然存在。例如各地各部门涉及矛盾纠纷的平台系统尚未完全贯通，各类矛盾纠纷数据还无法实现数据共享、信息互通、实时获取，矛盾纠纷的全量数据还无法整体把握。在浙江省矛调系统中，近三年绍兴地区矛盾纠纷受理总数为28278件，但"浙江解纷码"平台中仅诸暨一地近三年的调处数就已达到69954件，是前者的2倍以上。[2]另外，数智应用场景还较单一，离实战、实用、实效还有差距，风险隐患预见性不够，对社会矛盾遗留问题与新问题交织洞察不够，对新生事物的敏感性还不强、主动跟进不够。此外，数字治理的范围和边界还有待明确，如何规范化操作各类数据信息的采集、归类和使用，兼顾使用者的高效率和被使用者的安全与隐私，还有待下一步强有力的法律体系和监督体系作为支撑。

（四）治理能力水平有待全面提高

2018年，习近平总书记在全国组织工作会议上强调，"党的力量来自组织。党的全面领导，党的全部工作要靠党的坚强组织体系去实现"。但就目前基层实际情况而言，党对基层治理的有效引领还需进一步加强，基层党组织在谋划统筹、动员协调、制度保障、科技赋能等方面的工作能力还有较大的进步空间，动员群众等社会力量参与基层治理的方式方法要更加多元。个别党员干部的思维方式、工作作风和服务能力与经济社会发展水平、群众利益诉求不相

---

[1] 吴朝晖：《四元社会交互运行，亟须深化数字治理战略布局》，《浙江大学学报》（人文社会科学版）2020年第2期，第5~9页。

[2] 相关数据由中共绍兴市委政法委调研资料整理所得。

适应，在面对突发事件和解决问题矛盾时，没有完全做到高水平的管理决策、高质量的群众沟通和高效率的矛盾调处，尤其是对"枫桥经验"在新时代所蕴含的新内涵理解不深不透，创新运用"枫桥经验"化解信访矛盾的方式方法不够有效，在运用法治思维和法治方式解决涉及群众切身利益的矛盾和问题时，认识还不够深刻、贯彻还不够彻底、落实还不够到位。2023 年 8 月，绍兴市委依法治市办公室对市县两级政府及所属部门的执法人员、2021 年以来新入职公务员进行了 6 场法律知识抽考，共计 302 人参加。在提前下发了考试资料的情况下，考试成绩呈现严重的"两极分化"，全市最高分 98 分，最低分 32 分，且市本级有关人员的平均分（70.09 分）略低于抽查的区、县（市）的平均分（71.66 分）。反映出部分执法人员法治素养不高、专业水平不够、学习意识淡薄，没有真正将依法行政的责任放在心上、扛在肩上、抓在手上。从对各级行政执法单位组织开展行政执法案卷自查自评的反馈结果看，基层行政行为程序违法、行政行为主要证据不足、行政机关不履行法定职责等问题还未得到杜绝。此外，基层工作人员的大数据思维以及数据挖掘分析的能力仍显不足，过于依赖外包的技术公司，对数字资源产生的效益没有清晰地认识，进而影响改革进程。而其他治理主体的行动和选择又往往被利益和责任所左右，在利益分享时积极主动，在责任分担时却沉默寡言。激励机制、共享机制、参与机制等如何与实际情况相匹配，优化提升发挥最大的效用，还需要进一步研究和开发。

四　绍兴提升市域社会治理现代化的对策建议

习近平总书记多次强调，"让人民群众过上更加幸福的好日子是我们党始终不渝的奋斗目标，实现共同富裕是中国共产党领导和我国社会主义制度的本质要求"①。社会治理高效是实现共同富裕的必要环节和前提保障，绍兴在前期的探索实践中，已取得了不错的阶段性成果，下一阶段要进一步发挥"枫桥经验"发源地的治理优势，聚焦问题谋发展，打造共同富裕示范区市域范例，为其他地区提供经验参考。

---

① 人民日报评论员：《切实实现好维护好发展好劳动者合法权益——论学习贯彻习近平总书记在全国劳动模范和先进工作者表彰大会上重要讲话》，《人民日报》2020 年 11 月 30 日。

（一）坚持党的领导，进一步完善治理体系

要充分发挥党在基层社会治理中总揽全局、协调各方的作用，持续加强和创新基层党组织建设，组织和发动最广泛基层力量参与治理。健全党领导下的基层治理体系，坚持深化习近平总书记批示肯定的绍兴基层党建三张金名片。在契约化共建方面，不断发展"五邻社"等共建载体，拓展"心愿清单"等共建渠道，丰富共建领域，以党员干部的引领示范实现联建联治的乘数效应。持续推动"民情日记"和驻村指导员制度深度融合，优化完善市县统筹、乡镇兜底、因村派人、包乡驻村、导师带徒的工作模式，引领干部"串百家门、知百家情、解百家难、连百家心"。厘清基层治理的法定权责边界、职责任务清单，加强城乡社区治理体系建设，完善社区基本公共服务供给。健全基层群众自治体系，加强村（居）民议事会、理事会、监督委员会等自治平台建设，厘清基层群众自治组织权责边界，发展壮大群众自治组织，不断搭建形成"民意电子墙""'村官'村民对话墙""网上议事厅""晚间民情室"等自治渠道，引导推动民事民议、民事民办、民事民管。借鉴推广诸暨市"5+X"村级社会组织建设模式，建强各类基层治理队伍，在社会组织共性建设的基础上，开展各村级社会组织特色建设并引导个性社会组织参与基层治理，形成各司其职又相互配合的有机系统。健全数"智"效能倍增体系，构建协同高效的数字政府，加强行政部门数字化履职，强化基层治理平台功能归集、治理领域信息数据共享，开展组织模式变革、治理模式变革、服务模式变革、运行模式变革，塑造"整体智治"现代政府的新动能、新活力。条线部门要聚焦趋势所向、未来所需，围绕各自业务特点，充分归集各类数据资源，谋划打造一批实战实效的数据模型，构建更为高效的业务场景，真正做到数字赋能、向科技要战斗力。

（二）坚持共建共治，进一步集聚社会力量

要充分发挥人民群众的主人翁作用，不断构建形成人人有责、人人尽责、人人享有的社会治理氛围，打造共建共治共享的新模式。培育社会治理共同体，探索"党建+""网络+""平安+""法治+""德治+"等共性化建设，拓宽基层社会多元主体参与治理途径，最大化延伸辐射到家庭、社区、乡

村、城市以及网络空间等不同场域，涵盖社会组织、公共服务、公共安全、社会信用、防灾减灾救灾体系等多元领域，实现高效治理；培育和指导组建专业化治理组织，使用新技术和新工具，建立治理组织人才梯队，培养高素质、专业化、具有创新能力的专业人才和复合型人才，健全基层治理人才的评价考核，做好人才储备。同时，充分发挥行政机制、市场机制和志愿者机制优势，培育基层治理所需的群众工作队伍、志愿服务队伍、社会工作队伍、应急管理队伍，充分激发社会活力，广泛凝聚社会共识，积极发挥各种社会力量的作用。完善基层社会治理网，深化"141"体系建设，规范网格事项，对基层网格及网格员的职责进行细化，合理设定网格化运行中事件处置的程序、时限、流程和责任归属，界定各管理部门在网格化管理中的职责和地位，以减少职责不清、职能重叠的现象，消除管理空白，提高精准治理、精细服务水平。加强网格员队伍建设，形成网格群雁效应，建立导师传帮带模式，设立网格员的专业培养工作室，通过开展队伍轮训、举办优秀网格员论坛等形式，形成系统化培养体系，提升网格员的专业能力和综合素养。壮大社会治理"区块链"，加强网格整合、片区联通，共享治理资源，共治共性问题，共创"人人都是网格员"治理品牌；综合区位特点、人群特征、服务半径等因素，整合党建、政务和社会服务等各种资源，科学选址、合理布局，强化"15分钟圈"建设，发挥党群服务中心、文化礼堂、社区治理中心等点位辐射效应，让党组织在城市基层工作有场所、活动有保障、议事有平台，增强区块治理效能。

（三）坚持依法治理，进一步优化法治环境

要充分发挥依法治国对基层社会治理的总引擎作用，坚持习近平法治思想，持续推进在法治轨道上治事工作，助力建设更高水平的平安中国和法治中国。一是深化法律规范。基于上位法的立法精神和基层社会治理需要，加强地方立法，形成符合区域特点的"实施细则"，针对性解决地方事项。加强部门行政合规性建设，更加有效引导政策和行政行为合法。引导各类社会组织和团体完善章程，行业协会优化标准和规范，人民调解组织建立实施规范流程，丰富多元治理社会规范。二是加强依法行政。全面深化政务信息公开负面清单制度，实施重大行政决策源头治理行动，推进目录化管理100%覆盖。要对所有

可能产生行政诉讼的行为全量归集提交法治审查，研究起草政府法律事务立法草案，深化县域合法性审查中心建设，健全县乡法治审查员制度，加强对县级部门和乡镇（街道）合法性审查的延伸服务和监督指导，确保行政诉讼败诉率保持低位。三是创新普法释法。深入开展习近平法治思想宣传"八进"、习近平法治思想大讲堂、青年普法志愿者法治文化基层行等活动，全面落实乡镇（街道）党政主要负责人专题述法工作。推行"法治素养基准+权利义务清单+法律风险提示+典型案例发布"模式，坚持"一县一特色""一地一精品"，打造一批示范法治阵地。

（四）坚持创新发展，进一步拓展应用领域

要充分发挥数字化改革在基层社会治理中的"恒动力"作用，坚持以全面数字化改革实现治理理念、组织体系、办事流程、运行规则和协同关系变革重塑。深化数字应用在城市治理中的作用，加强市域社会治理现代化建设，完善城乡治理一体化和公共服务均等化，推进风险矛盾上行"终结地"、政策资源手段下行"供给地"建设。巩固提升平安护航亚运成功经验，着力推进"一图一库一晾晒"，迭代完善风险闭环管控大平安机制，全力打造最具安全感城市。加强立体化社会治安防控体系建设，推动智安单元全域覆盖，优化智慧巡控模式。完善在网络治理中应用，坚持网上网下"一元化"治理道路，形成联动治理模式，确保风险矛盾不互相传导、交织和叠加。持续深化"净网"专项行动，高效运行网信、公安联合执法点，建强基层舆情岗，迭代开放式情报网 2.0 版。充分发挥体制机制作用，加强网上"7×24 小时"巡查监控，通过"人力+科技""网上+网下"等多种方式，紧盯网络意识形态动向，及时掌握苗头性、行动性情报线索，依法打击有害网络行为。在经济领域加强乡村产业的数字扩链，以数字技术为支撑延伸产业链、贯通供应链、提升价值链，全面提升农业生产经营数字化水平，在数字技术赋能下的农业新产业、新业态、新模式中精耕细作，在精神文化领域，积极拓展乡村文化数字应用场景，将数字技术有效应用于农业生产、农民生活、田园风光、村居古韵、民俗活动、红色学习等多重场景，实现时空跨越、虚实结合，致力解决不平衡不充分的矛盾。

参考文献

仲音：《坚持好、发展好新时代"枫桥经验"》，《人民日报》2023年9月27日。

李元珍：《对抗、协作与共谋：条块关系的复杂互动》，《广东社会科学》2015年第6期。

吕建：《推动智慧城市建设迈上新台阶》，《人民日报》2020年6月16日。

人民日报评论员：《切实实现好维护好发展好劳动者合法权益——论学习贯彻习近平总书记在全国劳动模范和先进工作者表彰大会上重要讲话》，《人民日报》2020年11月30日。

吴朝晖：《四元社会交互运行，亟须深化数字治理战略布局》，《浙江大学学报》（人文社会科学版）2020年第2期。

习近平：《坚定不移走中国特色社会主义法治道路　为全面建设社会主义现代化国家提供有力法治保障》，《求是》2021年第5期。

俞可平：《国家治理的中国特色和普遍趋势》，《公共管理评论》2019年第3期。

周飞舟：《政府行为研究》，载张静主编《中国社会学四十年》，北京大学出版社，2019。

B.11

2023年绍兴奋力打造生态全域美丽、环境宜居的市域范例发展报告[*]

罗新阳　朱海英[**]

摘　要： 　奋力打造生态全域美丽、环境宜居的市域范例是绍兴推进中国式现代化先行、共同富裕先行的重要内容。本文立足于建设人与自然和谐共生的现代化新形势、新任务，全面总结绍兴生态文明建设的基础：走出了一条以"生态治理、生态城市、生态经济、生态文化"为核心的具有绍兴特色的生态文明建设之路，初步形成"生态美、百姓富、经济强"的现代化发展新格局。深入剖析了制约因素，提出了对策建议：围绕生态示范创建，突出全社会参与，建设"山水人相融"的城市新格局；围绕环境质量改善，突出全维度保护，打好污染防治攻坚战；围绕环保服务发展，突出全领域推进，建设绿色低碳循环发展的经济体系；围绕生态环境安全，突出全链条防控，打造新时代"枫桥经验"生态环保版；围绕创新驱动发展战略，突出全要素赋能，推进生态环境系统治理；围绕全面从严治党，全方位保障，加强生态环境队伍建设。

关键词： 　生态文明　生态文化　低碳转型　绍兴

　　近年来，绍兴深入贯彻习近平生态文明思想，努力打通"绿水青山"转化为"金山银山"的通道，突出"生态惠民、生态利民、生态为民"，构筑生

---

　*　本文所使用的数据除特别说明外，均来源于绍兴市生态环境局的相关材料。

　**　罗新阳，中共绍兴市委党校（绍兴市行政学院）、绍兴市社会主义学院党建研究中心教授、中共绍兴市越城区委党校（绍兴市越城区行政学校）、绍兴市越城区社会主义学校副校长（挂职），研究方向为党的建设、基层治理；朱海英，中共绍兴市委党校（绍兴市行政学院）、绍兴市社会主义学院哲学与科社教研室副教授，研究方向为马克思主义中国化、传统文化。

态产品价值实现机制，拓宽生态资源变资产、资本的转换途径，深入挖掘山水、农耕、名人、古城、运河、村落、茶叶等传统文化中的生态价值，深化"千万工程"，形成"生态+"产业集群，做大"人文+生态"资源优势，以绿色业态促进产业发展，走出一条以"生态治理、生态城市、生态经济、生态文化"为核心的具有绍兴特色的生态文明建设之路，初步形成"生态美、百姓富、经济强"的现代化发展新格局。绍兴市成功创建国家森林城市、国家生态文明建设示范区、美丽山水城市，圆满完成国家"无废城市"建设试点，河湖长制工作获国务院督查激励，成功夺取大禹鼎"金鼎"和"清源杯"。2023年成功入选第二批"绿水青山就是金山银山"实践创新基地省级储备库；省控及以上断面Ⅲ类及以上水质比例持续达到100%，8个县级及以上饮用水水源地水质达标率保持100%；绍兴市PM2.5浓度为30微克/立方米，省内排名提升3位，AQI优良率为88.8%，同比提升4.4个百分点。

一 绍兴打造生态全域美丽、环境宜居的市域范例实践探索

绍兴市委、市政府坚持一张蓝图绘到底，把生态文明建设纳入经济社会发展全局，把保护和改善生态环境作为最大的民生、最大的发展潜力来抓，积极探索具有鲜明绍兴特色的生态文明建设之路，取得显著成效，积累诸多经验，为美丽中国建设贡献了绍兴经验和绍兴智慧。

（一）坚持"一张蓝图绘到底"，始终坚守生态文明建设"战略定力"

2004年绍兴市委、市政府出台的《关于加快推进绍兴生态市建设的若干意见》提出：要把绍兴建设成为长江三角洲经济高速发展、社会文明进步、生态良性循环、人与自然和谐的现代化生态城市。2013年绍兴市委、市政府作出"重构绍兴产业、重建绍兴水城"决策部署，印发《关于重构绍兴产业重建绍兴水城的意见》，决定把绍兴打造成为"水清岸绿、城水相融、人水相亲"的宜居宜业宜游现代水城。2022年绍兴市第九次党代会通过的《建设高水平网络大城市打造新时代共同富裕地，率先走出争创社会主义现代化先行省

市域发展之路》报告提出：率先走出人文为魂、生态塑韵的城市发展之路，建设近悦远来的品质之城。2023 年绍兴市政府印发《绍兴市"绿水青山就是金山银山"实践创新基地建设实施方案（2023—2025 年）》提出全力打造江南古城践行"绿水青山就是金山银山"理念样板区，着力建设文旅融合生态宜居区，助力打造美丽中国先行示范区。

为深入贯彻落实美丽绍兴发展战略，绍兴立足本地实际，相继颁布出台《绍兴市大气污染防治条例》《绍兴古城保护利用条例》《绍兴市大运河世界文化遗产保护条例》等地方性法规，有针对性地对生态资源进行规范化保护。绍兴还率先发布全国首个河湖长制地方标准，在全国首创精细化工改造提升标准，探索生态环境损害赔偿制度改革。此外，还建立起"62+X"无废城市建设制度体系，在全省首创特定类别危险废物定向"点对点"利用试点工作制度，全域推进危险废物经营单位环境污染强制责任保险机制，并通过一系列制度建设和创新，鼓励公众参与环境保护，保障公众的知情权和参与权。由此明确政府、市场、社会三大主体的责任定位，通过制度创新，实现协同治理。

（二）注重科学治理，坚决守住绍兴的"绿水青山"

绍兴积极开展治水工作，以建设全域美丽幸福河湖、打造江南水乡人水和谐示范地等为目标，实施了"十江百河千溪"等工程，持续推进河湖水域岸线划定及保护修复工作，发布全国首个河湖长制地方标准。通过控源、截污、生态提升和近岸水域治理等一系列治水措施，不断推进水生态环境系统治理，水环境质量市控Ⅲ类以上断面比例从 2003 年的 43.2% 提高到 2023 年的 100%，成功夺取大禹鼎"金鼎"，水质大幅度改善，人民群众获得感显著提升。在全国率先推行"河湖长制"，发布全国首个"河湖长制"地方标准，创建"美丽河湖"85 条，总长达 896 公里。完成 104 个工业园区（集聚区）和 103 个乡镇（街道）"污水零直排区"建设，128 个县控及以上断面Ⅰ～Ⅲ类水比例和达标率均为 100%，县级及以上饮用水源地水质达标率为 100%。

绍兴通过全面实施大气污染物减排，开展大气污染物防治行动计划，打赢蓝天保卫战。突出治废气、治扬尘、治尾气，淘汰改造高污染小锅炉，对化工、热电、水泥全面改造，全面淘汰黄标车等。近五年来，PM2.5 平均浓

度下降 40%，PM2.5 浓度降至 30 微克/米³。实现各区、县（市）空气质量全达标和重污染天气全消除，创建"浙江省清新空气示范区"全覆盖。

绍兴加强土壤污染防治，完成 234 家企业用地土壤污染状况调查和 42 个农用地超标点销号。开展建设用地土壤污染风险管控和修复质控试点，实现印染、电镀等行业腾退地块建设用地安全利用率 100%。对 150 家土壤污染风险企业开展生态环保法律警示教育培训。扎实推进全省唯一国家级"无废城市"试点建设，结合"整体智治，协同增效"的数字化管理，形成"制度完善、技术创新、能力匹配、数智监管"的"无废"绍兴模式。优化生活垃圾分类模式，2023 年全市农村生活垃圾分类覆盖率、资源化利用率、无害化处理率均达到 100%。

（三）加快低碳转型，全面做大绿色发展的"金山银山"

绍兴坚持传统产业改造提升和新兴产业培育发展"两手抓"，以科技创新为动力，以供给侧结构性改革为契机，深入实施"生态+"行动，大力发展绿色低碳循环经济，努力把生态优势转化为经济优势。

绍兴以全省传统产业改造提升试点为契机，深化"腾笼换鸟、凤凰涅槃"，积极推动产业提档升级，完成了越城区 5 大印染组团向柯桥蓝印小镇搬迁集聚、21 家化工企业整合成 18 个项目向杭州湾上虞经开区搬迁集聚、其余关联印染和化工企业就地转型或征迁退出的"壮举"，跨域整合后五大印染组团的生产效率平均提高 25%，成本、能耗却降低 20%，亩均效益提高 3 倍。同时依托集成电路、高端生物医药、先进高分子材料、智能视觉四大"万亩千亿"新产业平台，通过招引中芯、长电、敏实、比亚迪等公司的重大项目，实现从"染缸、酒缸、酱缸"老"三缸"到"芯片、药片、刀片电池"新"三片"的历史性跨越。

（四）坚持"生态塑韵"，全方位重塑绍兴城市的"山水格局"

绍兴城市建设始终以山水为整体框架，以绿色引领宜居城市建设，把山水林田湖等自然资源与亭台楼阁桥等人文景观有机融合起来，城市建设水平和城市宜居性、舒适度不断提高。

为了让绍兴古城焕发出新活力，近年来，绍兴唱响"双城计"，融合生态景观与城市建设，通过阳明故里、绍兴饭店、古城北入口、青藤书屋、书圣故里等一批"古城项目群"的新建改建，运用"加减乘除"和"拆改疏降"方法推动显山露水，焕发古城生命力。

持续推进"1+4+2"全域"无废城市"创建，越城区、柯桥区达到浙江省"无废城市"三星级标准，获得"清源杯"的区、县（市）占比达66.7%，全省领先。统筹开展"无废亚运"建设，开展绿色源头减量化、循环低碳资源化、涉疫固废无害化、"无废"理念推广等四大行动，绍兴奥体中心体育馆入选全省第一批"无废亚运细胞"。"无废工厂"建设标准化试点被评为省级优秀，"无废细胞"创建数量全省领先。

绍兴深入贯彻落实"千万工程"，通过"五星达标、3A争创"，持续开展小城镇环境综合整治、美丽城镇建设，引导探索农村产权制度改革，盘活土地、山林等各类资源，挖掘和弘扬传统文化，把生态资源、治水拆违和环境整治等成果转化为发展优势，推动美丽乡村向美丽经济转型。率先实施"闲置农房激活"改革，农村宅基地制度改革被列入全国试点，全面消除集体经济年总收入30万元以下、经营性收入15万元以下薄弱村，城乡居民收入比持续缩小。全市小城镇环境综合整治和美丽城镇建设成效明显，棚户区改造获国务院督查激励，建成省级特色小镇4个，实现"基本无违建"全覆盖。共建成新时代美丽乡村达标村848个，"3A示范村"151个、"五星达标村"1404个，基本实现全市新时代美丽乡村建设全覆盖。建成省级高标准生活分类示范小区66个，全市农村生活垃圾分类处理行政村覆盖率达到86.7%。全面完成农村饮用水达标提标三年行动计划，累计新增达标提标受益人口56.94万人。

积极培育"大公园""大绿廊""大湿地"等生态空间，构建"一心（会稽山生态绿心）、三江（钱塘江、曹娥江、浦阳江）、四廊（龙门山、天姥山、四明山、沿杭州湾）"蓝脉绿网风景线，有效压实绿色生态"基本盘"。重点开展绍兴鉴湖国家湿地公园（试点）、诸暨白塔湖国家湿地公园、新昌黄泽江省级湿地公园等保护修复工作。全市森林覆盖率为55.3%，共有国家森林公园5个，数量位列全省第2位。拥有公园数量120多个，人均公园绿地面积达到16平方米以上。

（五）弘扬生态文化，不断注入理念思路的"源头活水"

绍兴坚持传承保护与开发利用并举，利用深厚的历史文化底蕴和城市人文精神，统筹整合山水和文化资源，推动生态文明建设更加实体化、具象化。

统筹生态文化资源，全面规划建设"一廊三带"，"一廊"即绍兴文创大走廊，其以柯桥钱清为起点至上虞 e 游小镇上，贯穿越城、柯桥、上虞三个区，重点发展时尚设计智造、旅游度假休闲、国学文化、水乡民俗、特色工艺等五大产业链群，打造融山水之美、人文之美、创意之美于一体的大文创核心区；"三带"是运河文化带、浙东唐诗之路文化带、古越文明文创带。通过把散布的古城、古镇、会稽山、鉴湖、大运河、黄酒、书法、青瓷、时尚等文化、山水资源整合起来，全面展现了绍兴文脉绵长、文人辈出、文风鼎盛的文化底蕴和丰富的文化资源。

弘扬生态文化，培育和践行生态文明主流价值观，"生态共识"正逐渐形成。诸暨、新昌、上虞、嵊州成功创建为省级生态县，新昌县荣获国家生态文明建设示范区、"绿水青山就是金山银山"实践创新基地；诸暨市、上虞区、越城区先后成功创建成为国家生态文明建设示范区；嵊州市、柯桥区成功创建为省级生态文明建设示范区。2020 年，绍兴成功创建为浙江省生态文明建设示范区，2022 年又成功创建国家生态文明建设示范区，绍兴市国家生态文明建设示范区创建率达 71.4%，比例排名居全省第 3 位。推进绍兴市生态文明展示馆建设，深入开展习近平生态文明思想绍兴实践的研究阐发，充分展示绍兴生态文明建设重大实践创新成果。

二 绍兴打造生态全域美丽、环境宜居的
市域范例制约因素

近年来，绍兴市全力推进生态文明建设，在生态环境质量、绿色转型、城乡面貌改善等方面取得明显成效。但是在看到成绩的同时，我们也清醒地认识到，当前绍兴市生态文明建设仍处于压力叠加、负重前行的关键期，生态环境保护任务依然艰巨。对标习近平生态文明思想的实践要求，对标人民群众对优美生态环境的新期待，工作仍存在短板，一些突出生态环境问题亟待解决。

（一）传统产业和能源结构转型压力较大

作为以传统产业为主体的工业大市，纺织、印染等传统产业占比高，产业低碳转型升级面临较大压力。"低散乱"企业数量众多，相关治理技术、方法和排放标准不健全，治理难度较大。绍兴面临能源低碳转型和能源"双控"下降空间不足的双重压力，热电用煤占规上工业用煤比重接近90%，后续煤炭削减空间十分有限，且受资源禀赋等约束，清洁能源消费比重低于全省平均水平，能源供给侧转型压力较大。

（二）环境质量持续改善面临一定压力

由于产业结构未根本改变，空气质量持续改善难度较大，面临反弹压力。近年来绍兴市PM2.5浓度和空气质量优良天数比例大幅改善，AQI优良率为88.8%，但对照绍兴"十四五"期间规划的目标90%，仍需努力改善，特别是印染、化工企业产生大量挥发性有机物，会间接产生臭氧等二次大气污染物。周边污染跨界传输挑战大，不仅秋冬季北方污染气团跨区域传输，带来一系列环境问题，而且北部平原、南部山脉制约了大气污染物扩散，增加了破解这一污染治理问题的难度。断面水质保优压力大，"五水共治"以来，水质总体逐年改善，但局部区域水污染问题依然存在，部分断面存在水质不稳定或超标的风险。产业经济与生态环境协同发展难度大，产业结构调整任务繁重，经产业转型升级，印染、化工企业数量虽大幅减少，但产能未减，产业结构未得到根本改变，污水排放总量居高不下。此外，印染、化工、电镀等重污染企业关迁后遗留场地的土壤污染已成为土地开发再利用的重要制约因素。

（三）人居环境基础设施短板仍需进一步改善

部分乡镇（街道）污水收集能力不足，尚未全面完成"污水零直排区"建设，部分老城区、小城镇仍存在雨污混流等现象，农村生活污水治理设施标准化运维有待进一步加强。水生态治理能力还有待进一步提升。绍虞平原地势平坦、流水缓慢，部分河道、河滨带、缓冲带受不同程度侵占，浙东运河（杭甬运河）、城市内河、曹娥江下游段等城市河道普遍径直化、人工化，水体自净能力较差，河道自净能力尚未恢复，亟须开展水生态修复工作。对标

"无废城市"样板建设要求，仍需拓展垃圾资源化利用的广度和深度，进一步深化精细化长效管理机制。"绿水青山"向"金山银山"转化路径还需进一步拓宽。

（四）全链条闭环监管机制有待进一步完善

环保设施安全和环境污染隐患需进一步排查。个别区域环保基础设施欠账较多、隐患不小，企业环保治理设施建设、运行、维护、拆除的主体责任需要进一步压实，生态环境执法、监测、应急装备能力仍然比较薄弱，主动发现问题、解决问题的能力还需进一步提升。生态环境科技支撑存在短板，环境管理市场化手段运用不足。如自然资源资产、生态产品等价值核算体系的建立，资源环境有偿使用、生态环境损害赔偿、生态补偿等仍在探索试点，尚需扩面并向纵深推进。

（五）生态文明治理体系改革仍在起步阶段

生态环境保护工作发力不够均衡，"大生态"格局和高效协同的工作模式还未完全建立，全市推进生态文明的系统性、整体性、协同性还不够强，全方位常态化推进生态文明建设深层次系统性制度重塑的进程仍需加快。如社会资本与公众积极参与和绿色金融高效支撑、绿色经济持续转化的体制机制有待进一步完善。全民思想自觉和行动自觉的机制有待进一步完善，生态文明宣传力度有待进一步加大，宣传方式有待进一步创新。如在利用生态资源和人文资源过程中，对农耕、大禹、山水、茶、古城、运河等传统文化的生态价值认识理解还不深入，对这些传统文化的弘扬不足。

三 绍兴打造生态全域美丽、环境宜居的市域范例对策建议

绍兴要深入学习贯彻习近平生态文明思想，将对美丽绍兴建设进行系统性重塑，将"碳达峰""碳中和"这个重大变量转化为促进竞争力提升、现代化先行、高质量发展、共同富裕示范的重大增量，高水平推进人与自然和谐共生的现代化，打造新时代美丽绍兴，不断推动习近平生态文明思想在绍兴的生动实践。

（一）围绕生态示范创建，突出全社会参与，建设"山水人相融"的城市新格局

环境就是民生，青山就是美丽，蓝天也是幸福。改善生态环境就是改善人民的生活质量。一方面，人与自然和谐共生的宜居环境，为公众提供健康优质的生态产品和清洁优美的生态环境，能够直接改善当代人的生活品质。另一方面，良好的生态环境是社会可持续发展的前提条件，能够满足子孙后代的长远需求。推进"山水人相融"的城市建设，需要提供更多优质生态产品以满足人民日益增长的优美生态环境需要。

一是深化生态文明示范创建。深入开展"绿水青山就是金山银山"实践创新基地创建，开展生态文明建设示范创建，谋划打造全域生态文明建设风景线，充分展示绍兴生态文明建设成果。

二是统筹美丽绍兴建设。完善生物多样性统筹协调机制，推动全市开展生物物种资源本底调查，加强生物多样性保护宣传教育。持续推进未来乡村、未来社区、城乡风貌区建设，持续深化"千万工程"，不断提升城乡人居环境质量。加强山海协作和市域内联防联控，打造共同富裕实践案例。

三是推动"无废城市"升星创星。不断深化全域"无废城市"建设，大力开展"无废城市细胞"建设，积极探索其他类型"无废城市细胞"建设标准，充分发挥"无废学院"作用，持续擦亮"无废城市"金名片。

四是深化生态文化培育。开展全民绿色行动，多元化开展全民共建，倡导绿色出行、绿色消费、光盘行动等绿色生活方式，推动尊重自然、顺应自然、保护自然的生态文明理念蔚然成风。深化生态文明领域交流与合作，打造美丽中国、美丽浙江建设的"展示窗口"，形成美丽绍兴传播影响力，持续擦亮"稽山鉴水"金名片。

（二）围绕环境质量改善，突出全维度保护，打好环境污染防治攻坚战

生态环境保护是"国之大者"，是发展问题、民生问题，更是政治问题。深入打好污染防治攻坚战，以改善生态环境质量为核心，以精准治污、科学治污、依法治污为工作方针，紧盯污染防治重点领域和关键环节，能

够极大促进生态环境质量持续改善，实现更高质量、更有效率、更加公平、更可持续、更为安全的发展，为建设中国式现代化开好局、起好步奠定坚实支撑。

一是打赢蓝天保卫战。以 PM2.5 削减为主线，兼顾臭氧污染防控，推进挥发性有机物和氮氧化物协同减排。建立污染天气应对机制，加强空气质量预测预报能力建设，及时启动重污染天气预警和应急响应。推进大气面源污染治理。强化施工、道路、堆场、裸露地面等扬尘管控，深化"绍兴蓝天"扬尘巡查应用场景，推进绿色工地评选和差别化监管。

二是打好碧水保卫战。全面实施不稳定达标断面"一点一策"综合治理，开展水质断面三色预警，谋划落实蓝藻防控。系统开展江河、湖泊、湿地等水体水生植被恢复，重建水生物群落。进一步加强饮用水水源地保护，推进近岸海域污染防治攻坚和美丽海湾建设，高标准推进"幸福河湖试点县"建设，落实"河湖长制"提档升级，推动"河湖长制"从"有名"向"有实、有效、有能"转变。

三是推进净土保卫战。加强土壤、地下水污染源头防控，推进重金属治理减排，确保重点建设用地安全利用率考核达标，地下水环境质量区域和污染风险监控点位保持稳定。强化土壤污染重点企业监管，继续开展重点园区和"两场"地下水污染排查整治，抓好国家地下水环境质量考核点位日常监测和水质巩固提升。

四是持续清废保卫战。深入开展重点危险废物综合利用项目，推动危险废物"趋零填埋"落地见效。强化物联感知水平，扩大"浙固码"赋码范围，提升电子台账、电子联单覆盖率，强化危险废物风险防控能力。开展新污染物行业企业摸排，建立全市新污染物管控清单和全流程管控方案，打造省级示范，争创国家试点。

（三）围绕环保服务发展，突出全领域推进，建设绿色低碳循环发展的经济体系

坚定不移推动发展方式绿色转型，建立完善绿色低碳循环发展的经济体系。选择绿色发展道路，就是选择绿水青山成伴侣、清风明月为知己的美丽家园，就是选择人与自然和谐共生的现代化生活。探索实现生态产业化与产业生

态化，打通"绿水青山"转化为"金山银山"的转化通道，为实现中国式现代化先行、共同富裕先行作出新贡献。

一是推进发展方式绿色转型。大力发展绿色低碳现代产业，不断完善"亩均论英雄"机制，深入实施产业"腾笼换鸟、凤凰涅槃"攻坚行动和工业全域有机更新，加大传统制造业绿色化改造，推动制造业高端化、智能化、绿色化发展。深入实施人才强市首位战略，加快绿色低碳关键核心技术攻关与应用，提升绿色低碳创新策源能力。有序推进煤炭清洁能源替代，削减煤炭消费总量，有计划分步骤实施碳达峰行动，促进能源、工业、建筑、交通、农业、居民生活等领域清洁低碳转型，推动单位 GDP 能耗持续下降，加快形成绿色低碳循环发展生产体系、流通体系、消费体系。

二是强化环保助企服务的力度。进一步健全环保助企服务相关制度，积极推进"十百千""助企纾困"等暖心活动，提升项目审批效能、做实生态要素保障、推行包容审慎监管、强化数字远程管控、推进减污降碳协同、加强危废监管服务、深化生态产品转化、提升环境承载能力、提升机构服务能力、强化绿色管家服务，以进一步优化营商环境，强化生态要素保障，为企业纾困解难，保障重大产业项目顺利落地，助力经济社会高质量发展。

三是持续推进排污权制度试点。建立排污权政府储备全市统筹机制，完善排污权跨区域交易、排污权市场化配置机制，推进排污权交易平台与市公共资源交易中心平台互联互通，落实排污许可"一证式"管理。持续推进柯桥区印染行业环境统计与排污许可"一证式"管理国家级试点、上虞区环评审批与排污许可证发放衔接融合国家级试点、诸暨市排污许可证联审核发机制省级试点工作。

四是促进生态共富优享。建立常态化 GEP 核算和考核制度，推进生态产品价值核算结果在政府决策和绩效考核评价中的应用，探索政府主导、企业和社会各界参与、市场化运作、可持续发展的生态产品价值实现路径。高水平促进生态共富优享，深入推进"扩中""提低"改革、绿色低碳创新综合改革，加快打造共同富裕绿色样本。突出生态惠民、生态利民、生态为民，完整构筑生态产品价值实现机制，拓宽生态资源变资产、资本的转换途径。培育特色生态旅游度假产业，形成"生态+"产业集群，以绿色业态促进居民增收，推动广大群众共享绿色红利、生态福利。

（四）围绕生态环境安全，突出全链条防控，打造新时代"枫桥经验"生态环保版

新时代"枫桥经验"为解决环保问题和矛盾提供了有效方法。为此，需要构建起"广泛收集、科学研判、及时发现、精准溯源的生态环境问题发现机制以及闭环处置机制，形成党委领导、政府主导、部门协同、区域联动、社会参与的生态环境问题管控新格局"，打造新时代生态环保版"枫桥经验"。

一是健全生态环境问题预警机制。结合环保"e企管"分类赋码手段对红码等重点企业进行强化巡查，组建企业环保员、环境网格员、环保志愿者队伍，加强对各类问题风险的预判、预警，系统提升全量问题发现能力。

二是严打环境违法行为。深入开展生态环境专项执法行动，强化对重点区域、重点企业和产业集群的执法力度，深化全市生态环境执法交叉检查，推进行政处罚案件质量核查，实现区域、时间、企业、问题、措施"五精准"。加强环境执法与刑事司法衔接，对群众反映突出的重大案件进行联合督办，对违法犯罪行为严肃重处。

三是维护区域环境安全。聚焦"一案一池一阀""一废一品一库"等环境应急管理和危废贮存处置重点环节，开展企业隐患摸排治理，加强应急监测能力建设。进一步畅通信访投诉渠道。持续实施放射性废物"清零"、废旧金属熔炼企业辐射安全排查、"助企帮扶、除险保安"三大专项行动，建立市、县、企三级辐射预警机制，提升辐射环境安全水平。

（五）围绕创新驱动战略，突出全要素赋能，推进生态环境系统治理

推进生态环境系统治理是建设人与自然和谐共生的现代化的必然选择。新时代新征程，必须坚持系统观念、推进科技创新、强化制度支撑，努力推进综合治理、系统治理、源头治理。

一是推进数字化改革。全面推进生态文明领域数字化改革，集成生态文明相关领域数字化应用系统，迭代升级市域空间治理数字化平台。深化"无废城市"信息化平台推广应用，迭代升级开展"无废大脑"建设。加快推进"浙里蓝天"数字化应用，提升实战实效水平。深化找寻查挖在线平台，谋划建设生态文明示范创建数字化应用，全面优化减污降碳协同增效数智平台，推动数字化工作向各领域延伸推广，不断形成实践成果。

二是加大科技支撑力度。加强"绿水青山就是金山银山"转化先进技术的引进、推广，积极开发和引进科技含量较高的生态产业项目和有利于改善生态环境的适用技术。重点开展传统产业绿色数字化转型、环境提升、生态环境修复、生态环境智慧化等关键技术和设备研发。积极引进切合绍兴实际的基地建设领域高端专家和智力项目。深化与中国科学院、中国工程院、清华大学、中国环境科学院等科研院所合作，加快推进高新技术聚集区建设，有效推动科技成果转化。

三是加强法治制度保障。深化生态文明领域的标准制定和制度创新，构建立法、标准、制度、数智"四位一体"生态文明制度体系。优化工作机制保障，增强污染防治攻坚合力，深化行政执法和刑事司法协同联动。健全多元投入保障，建立财政绿色发展奖补政策，完善生态保护补偿制度，发挥绿色金融的"乘数效应"。强化人才制度保障，加大生态文明领域高层次专业人才和创新创业团队的引育力度。完善考评激励体系，健全绿色 GDP 考核，深入推进绿色审计，不断丰富生态文明制度的"绍兴模式""绍兴案例"。

（六）围绕全面从严治党，全方位保障，加强生态环境队伍建设

建设一支政治强、本领高、作风硬、敢担当，特别能吃苦、特别能战斗、特别能奉献的生态环保铁军，是推进人与自然和谐共生现代化的重要保障。

一是坚持政治统领。全面学习宣传贯彻党的二十大精神，持续深入开展各类学习教育，强化习近平生态文明思想指导实践的能力，树牢"四个意识"，坚定"四个自信"、做到"两个维护"，拥护"两个确立"，不断提高政治判断力、政治领悟力、政治执行力，确保中央、省、区、市决策部署落到实处。

二是加强队伍建设。进一步推进生态环境体制机制改革，推动任务层层落实、压力层层传导。坚持实干实绩选好人用好人，加强对领导班子的管理，提高生态环境干部立足新发展阶段、贯彻新发展理念、构建新发展格局的能力。加大干部培养交流和业务培训力度，全面加强执法队伍和监测队伍建设，开展执法技能比武，完善容错免责制度和容错裁定机制，推动"干部为事业担当、组织为干部担当"双向良性互动。

三是形成工作合力。各级各部门要加强组织实施，健全完善绍兴生态文明建设的目标体系、工作体系、政策体系、评价体系，各有关部门要相互配合，齐抓共管，形成合力。广大干部群众，要认真学习、广泛宣传、自觉贯彻生态文明建设相关法律法规和政策制度，努力成为绍兴生态文明建设的模范践行者、积极推动者、最美展示者。

参考文献

中共中央文献研究室编《习近平关于社会主义生态文明建设论述摘编》，中央文献出版社，2017。

习近平：《干在实处 走在前列：推进浙江新发展的思考与实践》，中共中央党校出版社，2013。

习近平：《人不负青山，青山定不负人》，《人民日报》2020年5月30日。

周宏春：《人与自然和谐共生需要支撑体系——我国生态文明建设回顾与推进建议》，《中国自然资源报》2020年2月26日。

单吉堃、吴一琦：《生态城市建设的国际经验与借鉴》，《学习与探索》2019年第7期。

王良：《生态文明城市：兼论济南建设生态文明城市的时代动因与战略展望》，中共中央党校出版社，2020。

王杰：《中国城市生态文明建设的问题及出路》，《郑州大学学报》（哲学社会科学版）2015年第2期。

谢高地、曹淑艳：《发展转型的生态经济化和经济生态化过程》，《资源科学》2010年第4期。

周明等：《城市生态文明建设评价的因子分析模型及其应用》，《东华理工大学学报》（社会科学版）2015年第2期。

县域共富篇

B.12
绍兴市创新未来社区运营机制的
实践探索

——以越城区为例

中共越城区委党校课题组*

摘　要：　随着经济社会的快速发展和改革的纵深推进，在国家政策引导与地方城市规划的基础上，绍兴市率先启动全域未来社区与未来乡村三级联创项目，将老旧小区改造、社区生活圈和完整社区建设等共富理念与举措融会贯通，经历了"奠定基础—由点扩面—全域建设"三个阶段。课题组以越城区未来社区建设为案例，全面勾勒越城区未来社区创新运营现状，系统探寻党建引领、以人为本、聚焦老幼、社景融合、数字赋能等绍兴市未来社区创新运营特质。截至2023年底，全市共完成42项省级未来社区申报创建工作并开启街道全域未来社区建设的新目标，运营机制创新首次突破省级共同富裕试点。然

---

* 何冰儿，中共绍兴市越城区委党校（绍兴市越城区行政学校）、绍兴市越城区社会主义学校教研室助理讲师，研究方向为基层治理；王小媛，中共绍兴市越城区委党校（绍兴市越城区行政学校）、绍兴市越城区社会主义学校教研室主任、高级讲师，研究方向为党史党建；宋淑溶，中共绍兴市越城区委党校（绍兴市越城区行政学校）、绍兴市越城区社会主义学校教研室助理讲师，研究方向为基层治理。

而，取得成效的同时，绍兴市未来社区创新运营也面临功利化、空心化和碎片化等挑战。为此，要进一步摸清未来社区本质，完善顶层设计，加强多主体联动效力，激活社区居民自治动力，提升社区服务场景覆盖率。

关键词： 未来社区　社区治理　社景融合　越城区

社区是党和政府联系、服务居民群众的"最后一公里"，也是城市文化融合、市民凝聚力和幸福感提升的重要场所，未来社区更是新时代背景下契合居民多元需求与基层精细治理的创新性平台。2019 年，浙江省以满足人民群众的物质及精神需要为宗旨，率先提出"未来社区"概念及试点方案。① 绍兴市按照"一统三化九场景"进行设计，聚焦各乡镇（街道）社区亮点特色，因地制宜地构建社区特色场景。而越城区作为绍兴市主城区，具有厚重的越地文化资源与扎实的基层治理基础，是绍兴打造基层治理特色载体的典范。2023年 5 月公布的浙江省高质量发展建设共同富裕示范区试点名单中，越城区成为全省唯一的未来社区建设运营机制探索试点。因此，剖析越城区未来社区创新建设理念及做法，有助于系统展现绍兴打造新型共富基本单元的创新实践与先进经验，并从中提炼出存在的问题，以期寻求改善的对策建议。

一　越城区创新未来社区建设的现状分析

越城区秉持"一统三化九场景"的理念，围绕"为民服务、破旧立新"的行动主旨，以和睦共治、绿色集约、智慧共享为内涵特征，自 2019 年开始未来社区创建工作，历经五年，共完成前七批省级未来社区申报创建 28 个。② 越城区坚持以解决老百姓日益增长的物质和精神需求为宗旨，努力打造"未来社区幸福共同体"，通过在城市更新、旧城改造等专项活动的基础上不断探索取得了一定突破。

---

① 浙江省人民政府：《浙江省未来社区建设试点工作方案》，浙江省人民政府网，2019 年 3 月 20 日。
② 越城区政府办公室：《2024 年政府工作报告》，绍兴市越城区人民政府网，2024 年 2 月 18 日。

（一）越城区推进未来社区的发展历程

第一阶段：推进老旧小区改造，奠定社区提升基础

浙江省在 2019 年率先提出"未来社区"概念并推出试点行动，绍兴市政府也随即印发《绍兴市全域未来社区建设实施方案》，为推进未来社区建设提供政策指引。① 越城区围绕人本化主旨，全面启动老旧小区改造三年行动计划，率先对全域 93 个小区实施精细化改造，新建完善社区多功能运动场等硬件设施 26 个，创建开放社区文化家园 7 个②，不断优化基层社区文化滋养氛围，通过提升软硬基建环境，为推动未来社区试点和完整社区建设夯实基础。

2020 年，越城区在完成改造 61 个老旧小区、加装 80 台电梯等城市有机更新工作的基础上，区内两个社区——薛渎社区与滨海新区沧海未来社区被列为浙江省第二批未来社区试点创建项目③。其中，薛渎社区以数字技术为抓手，率先开设"棒球未来社区"小程序，分设新闻资讯、全民健身、邻里活动、微图书馆等多个数字化板块，鼓励社区居民在平台内参与活动、交流体会、认领心愿以换取积分，累积积分可兑换为物质奖励和其他服务，两年时间用户已突破 7000 人，成功营造以数字化手段推进社区共建共治共享的良好氛围。

第二阶段：更新社区服务场景，扩充社区建设内涵

越城区注重社区硬件配套设施与软件服务双向推进，2021 年即已完成老旧小区改造三年行动计划，2023 年度又高标准改造 40 个老旧小区，共惠及群众 4.1 万户。④ 在全面整治提升社区硬件设施的基础上，越城区以社区居民便捷出行为指向标，规划建设"5 分钟便利店""10 分钟农贸市场""15 分钟商贸综合体"等便民生活服务圈，致力于打造多功能、复合型、亲民化社区生活消费场景，其中有 2 个项目成功入选省未来社区试点，⑤ 由点扩面地扩大未来社区的惠及范围。

---

① 绍兴市政府办公室：《绍兴市全域未来社区建设实施方案》，绍兴市人民政府网，2023 年 7 月 3 日。
② 越城区政府办公室：《2020 年政府工作报告》，绍兴市越城区人民政府网，2020 年 3 月 3 日。
③ 越城区政府办公室：《2021 年政府工作报告》，绍兴市越城区人民政府网，2021 年 1 月 21 日。
④ 越城区政府办公室：《2022 年政府工作报告》，绍兴市越城区人民政府网，2022 年 2 月 20 日。
⑤ 浙江省政府办公厅：《浙江省发展和改革委员会 浙江省住房和城乡建设厅关于公布 2021 年未来社区创建名单的通知》，浙江省人民政府网，2021 年 6 月 8 日。

越城区系统化推进城市生态与共同富裕协同建设。2022 年，越子城风貌区入选省级"新时代富春山居图样板区"。其中，以青藤社区为例，为保护好辖区内的 12 处文保点并利用好杨乃浚、吕士英等人才遗址，社区与市青少年宫、市非遗馆、老干部文艺队等组织机构结对共建，通过开展故事宣讲会、社区文化节、书法培训班、梨园戏剧演出等活动实现生态环境与文化生活的互融互通；"一横一纵 N 片"整体方案的规划实施，使沿运河片区连片贯通，为破解片区拆迁改造以及民居修缮升级提供了解决方案。①

第三阶段：融合优秀传统文化，助力全域共富建设

为推进共同富裕现代化基本单元建设，2023 年 1 月，浙江省人民政府办公厅发布了《关于全域推进未来社区建设的指导意见》（以下简称《指导意见》），对未来社区的创建任务提出更高标准的意见②；绍兴市启动"全市域未来社区建设"方案，越城区在结合 2500 多年建城史的基础上，将未来社区创建与绍兴古城保护相结合，将未来社区视为推动共同富裕示范区以及保护传承中华优秀传统文化的重要载体，奋力打造独具绍兴底蕴的共同富裕示范区范例。

2023 年，以圆满完成塔山村拆改签约为标志，绍兴古城彻底告别城中村现象。在 2023 年 12 月公布的浙江省第四批未来社区名单中，越王城未来社区、鲁迅故里未来社区、洋泾湖未来社区等 7 个越城区未来社区位列其中，至此共有 28 个省级未来社区建设正在推进，省级未来社区覆盖率达到 30% 以上。③

越城区以未来社区为着力点不断推进全域共同富裕建设，在 2024 年省风貌办首次提出街道全域未来社区建设试点的名单中，越城区府山街道就位列其中，同时还有 6 个街道正在积极申报，表明越城区创新推进未来社区建设向着惠及更广、服务更深、运营更久的目标不断推进，全区上下致力于建成全市首个社景融合的古城类街道全域未来社区。

（二）越城区建设未来社区的创新举措

越城区以"一统三化九场景"为核心理念，不断增强党建引领力，结合

---

① 越城区政府办公室：《2023 年政府工作报告》，绍兴市越城区人民政府网，2023 年 2 月 20 日。
② 浙江省政府办公厅：《浙江省人民政府办公厅关于全域推进未来社区建设的指导意见》，浙江省人民政府网，2023 年 1 月 19 日。
③ 越城区融媒体中心：《越城未来社区领跑全市　申报创建数量居全市首位，由试点创建转向全域创建》，绍兴市人民政府网，2023 年 9 月 16 日。

各乡镇（街道）、社区的生态禀赋与多元主体构成情况，在完善社区硬件设施等标配场景的基础上，构建契合居民需求并放大人文亮点的特色服务场景，打造更符合人本化、生态化和数字化价值导向的新型城市功能单元。

1. 以"契约化"为纽带，坚持党建引领发展

越城区突出"契约化"金字招牌，为确保未来社区创建过程稳定运行，以社区"两委"为核心，联通辖区内的"党员—居民—商户"社区内循环，并贯通"社区—共建单位—在职党员"社区外循环，借助党建引领汇集多方专业资源，为未来社区建设提供全方位服务支撑。首先，同向推进党群服务中心与未来社区建设，将托管学堂、城市书房、爱心超市、助老餐厅等便民功能纳入社区党群服务中心之中。其次，通过"契约"精神和双向服务宗旨加强合作共赢，激发多方组织参与社区治理，发挥好街道、社区党组织领导核心作用，推进单位党建、行业党建、区域党建互联互动，在职党员、社区民警、驻社单位、群团组织等共同参与，以党建联建形式动员社会组织、党员参与社区治理。如府山街道越王城社区，自 2004 年起率先探索党建引领社区"契约化"共建这一核心理念，在总结治理经验的基础上形成 5 大类 40 项的社区服务清单，凝聚了 78 家单位、300 余名社区党员参与到需求认领、进度公示、结果评价等共治共建环节，成功促成 169 名党员与社区群众形成关爱结对，打造"契约府山居，超然越王城"创新品牌。

2. 以"人本化"为根本，拓展服务维度效度

越城区注重以人为本，如森海社区针对"停车难"问题，结合问卷数据撰写改造初步方案，再经过多轮会谈修改，最终通过利用社区闲置空间和优化绿化布局来新增车位 300 个，以问需于民、问计于民的方式，极大缓解了现代社区治理难题。为打造与居民意愿相统一的服务型未来社区，越城区按照"2+4+X"模式全面提升服务功能，"2"即线上线下社区服务双中心；"4"即党群服务、公共服务、社区社会组织服务以及社区商贸休闲服务在内的社区中心四大服务类型，旨在除提供政务便民服务外，整合下沉养老、医疗、文化、体育、教育等公共服务资源，实现公共服务"菜单化"，通过孵化并引入公益慈善类、生活服务类社会组织来直接或间接组织居民开展各类志愿活动，打造居民之间互动、互通、互助的公共空间，并适时引入各类社区商业服务业态，满足居民"吃住行居"生活需求，为社区稳定和服务更新提供可持续的资源

库;"X"指因地制宜提供各类个性化服务,通过采取沟通、调研、修改方案等流程不断贴近群众所思所想,不断健全民意表达机制,让未来社区工作深入人心,构建多层级的公共服务体系。如四季园社区将社区内卫生情况、服务进度、办公区域等情况进行公布,以公开透明的形式保障居民办事渠道,更是在整合已有阵地资源的基础上,完善了新社区党群服务中心,提供24小时开放的树兰书房、24小时开放式健身房、24小时不打烊的便利超市、24小时自助药房、24小时开放的步道公园等社区综合服务体,以"不打烊"为特色打造全方位全时段民生服务矩阵。

3. 以"生态化"为标杆,提升社区社景融合度

越城区以古城核心景区为主体,为应对游客多、工作杂、环境乱等社区工作特征,提出以"社景融合"为突破口,兼顾社区运营中经济与社会双向需求,在保护生态风貌的基础上合理穿插场景,打造更具越城风味的未来社区。一方面,越城区探索将优秀传统文化嵌入城市社区改造过程,如虹桥未来社区利用运河河畔区位优势,将"一街、六坊、八境"的宋韵理念贯穿于设计始终,与周边运河风貌相呼应,并借助周边迎恩门等古建筑场景联合举办文艺汇演、知识科普、现场教学等公益活动,极大地缓解了辖区内的社区居民、外来游客、企业机构之间的矛盾冲突,并提升居民对未来社区的文化认同感。另一方面,越城区将未来社区与文化旅游一体化发展,针对鲁迅故里、府山、戢山、书圣故里、仓桥直街等知名景区所在的社区,同时推进未来社区建设、风貌样板间打造、历史风貌游线等多项举措,以社景合一带动社区及所在片区升级创新。以书圣故里社区为例,其既是社区又是景区,既要传承好古桥古镇古街区和原住民生活气息,又要完善健康服务、终身教育、社区双创等服务场景,通过集合热心退休群众、社区民警、社区干部等组建台门志愿群体,自发性开展巡逻宣传工作,在参与社区治理的同时推动景区整改,达到古城"住与游"的完美融合。

4. 以"数字化"为手段,完善智慧服务平台

越城区积极探索数字技术赋能基层治理的创新路径,以"应用+"彰显治理活力,以"数字+"提升治理能力,创建完善社区智慧服务平台。例如,外滩社区积极搭建未来社区智慧平台,以"灵芝街道外滩社区"小程序为主要入口,社区居民能够从服务端(C端)获取邻里互助、垃圾分类、积分兑换、

托管预约等服务板块，使高频应用场景实现串联；服务于政府及相关部门的治理端（G 端）开拓出防高空抛物、智能阻车、物业服务等数据业务，并且与浙里办 App 等政府治理其他平台同步更新数据，借助一网操作实现社会公共事业服务与居民生活化服务内容的场景连接，这与未来社区"一统三化九场景"的建设理念相契合。目前外滩社区的智慧服务平台总使用量高达 6 万人次，集中收录各类信息 1 万余条，做到数据多跑路、群众少跑路。此外，越城区还主动引入省内外前沿专家团队及运营单位，利用大数据、云计算、人工智能等先进技术手段，协助社区孵化打造整体智治的综合平台，提升社区治理和居民服务智慧化水平。

5. 以"个性化"为导向，聚焦重点关照群体

越城区为落实浙江省公共服务"七优享"工程，针对各社区具体年龄结构与实际发展需求，重点聚焦老年群体、幼儿群体、学生群体等相关弱势群体，在硬件设施修补完善和软件服务提质升级两方面同时发力，构建"街道—片区—社区—小区"多层级公共服务设施体系。如快阁苑社区，2023 年数据显示，60周岁以上老年人占比约 1/3，为提升社区老年人居住生活环境，将社区闲置资产、空闲场所、党群服务中心等场地转化为共享型设施空间，在居民家门口开办爱心商店、乐龄饭堂、老年学堂等实体活动空间及配套设施，老年食堂每日用餐人数约 300 人次，月营业额达 17 万元左右，既精准化适配老年群体所需，提升居民的社区生活便利度和归属感，又以"微利经营，服务社区"的理念推动未来社区自我"造血"运营，确保优质养老服务"良性循环"。

二 绍兴市创新未来社区运营机制的短板不足和面临挑战

（一）短板不足

绍兴市积极推进全域未来社区建设，主动结合现代化发展目标，及时顺应社会结构转型，目前已总结探索出一定成功经验，但受制于理论体系尚未成形、实践积累尚不充分等原因，整体仍处于摸着石头过河的试点阶段。以越城区未来社区建设为例，绍兴未来社区建设中仍存在以下三个问题。

1. 社区服务场景与功能建设呈单一化

在打造未来社区过程中，服务场景的打造和功能完善是核心工程。然而在实际推进过程中，未来社区项目作为政府主导型项目，"三化九场景"极易出现千篇一律的"标准化未来社区"的现象，存在碎片化、同质化等问题，一定程度上影响了社区的个性化运营与可持续发展。具体表现为以下三个方面。一是服务内容过于分散。未来社区建设所涉及的服务领域较为宽泛，部分内容与社区已有或仍在建设中的服务板块相重合，社区缺少事先统一与整合规划，导致新旧交替间缺少有效衔接，社区工作连贯性缺失、居民获取服务难度增加。二是服务场景过于趋同。社区场景建设需要将社区居民的年龄结构、老弱群体分布、社区空间布局、安全设备配置等要素纳入考量，然而目前部分社区存在场景规划重复、空间利用不充分、居民需求未满足等问题，既浪费社区资源，又影响整体服务效果。三是管理运营过于模糊。社区管理运营涉及社区"两委"、物业、业主等多方主体，各方权责义务尚未明晰，导致部分主体参与自治的主动性缺失，无法调动起社区内外部整体资源，从而导致社区管理不通畅、运营不稳定，制约社区高质量提升。

目前，浙江省未来社区试点工作逐渐从"全拆重建类"向"拆改提升类"转变，如何基于社区实际对九大场景进行深化细化，以渐进的方式补齐短板完善各类场景，以点带面地构建完善服务体系，推动城市有机更新成了当前亟须攻克的难题。

2. 社区实际供给与实际需求呈脱嵌化

随着未来社区创建工作的深入推进，如何达到服务供给与居民所需完美匹配，是未来社区实现长效智治的"试金石"。目前未来社区建设主要由建设部门牵头推进，各属地镇（街道）具体实施，相关部门联动配合，其中缺少与社区居民的信息互通环节以及多部门协同机制，导致居民需求对接不到位、事件响应不及时等情况出现，忽视了社会原子化发展趋势，使社区服务供需脱嵌。具体表现为以下三个方面。一是部分社区未深度解读政策。单纯以较差的物质环境来覆盖未来社区九大场景，未考虑本社区实际利用率与认同感，并未扭转社区公共服务设施陈旧的实际隐患，既浪费了资源资金，又削减了居民归属感与认同感。二是部分社区未重视精神文化需求。在我国文化供给能力不断提升的大背景下，社区同样是人民群众平等参与文化创造、平等享受文化成果、平等保障文化权益的重要场域，未来社区建设过程中也应引入文化共享理念，通过适时举办群众性文化演出来丰富社区公共文化氛围。三是部分社区数字技术赋能程度较弱。过于强调数字建设的技术先进性，而忽视了实际应用的需求，功能复杂、操作烦琐的数字模块难以满足居民快速、便捷的服务需求，如快阁苑未来社区将建设集成订餐、清洁、呼叫、求救等多功能数字化应用，但服务对象主要是居家老年人，无论在智能化设备的配备程度上，还是在对新事物、新技术的接受程度上，仍存在数字鸿沟。

目前，绍兴市已意识到居民参与社区自治对未来社区创建的重要性，但对于如何建立涵盖从规划建设到运营管理全周期、涉及从商户到居民全主体的供需长效对接体系是亟须解决的难题，部分社区率先探索数字化连接手段，但仍存在各系统平台尚未完全打通连接、数字化改造功能与实际需求不相匹配、居民对涉及个人信息填写的数据安全保障存疑、应用落地过程中出现数字化功能建成后认知度与使用率低等联动协同问题，这种信息不对称不仅削弱了建设实效，而且降低了居民对社区建设的信任度。

3. 社区运营投入与营收比例呈失衡化

资金保障问题是未来社区建设过程中普遍存在的"老大难"问题。具体而言，一方面耗资巨大。未来社区建设特别是支撑九大场景所需要的硬件设施和软件配套投入，都远远高于传统社区建设。而目前，大部分未来社区未建立明确且可持续、可循环的资金链条，将无法给未来社区可持续建设提供保障，如洋泾湖社区整体设计已基本形成，但下一步深耕落地仍需资金充分保障。另一方面"造血"功能不足。社区自我"造血"功能不足也是未来社区建设的一大瓶颈，吸引并激励社区内社会组织、慈善机构、企业单位等力量参与运营服务方面仍有待提升，后续运维资金筹措难度仍较大，如外滩社区需打破仅通过场地出租费、部分项目资金补助等运营方式，以满足社区建设资金以及未来多个场景的运营费用。

目前绍兴市未来社区建设主要依托于财政拨款，既涵盖了基础设施建设、公共服务设施维护等日常支出，也包括了对于衍生社区个性化服务模块、普查居民实施需求、打造多部门主体协同联建数字平台等自主探索投入，可利用资金规模起伏较大，并且社区自身缺少可盈利项目，未能搭建起吸引营利组织、公益组织等参与的营收渠道。

（二）面临挑战

未来社区治理是一个不断发展变化的过程，因此，对国计民生政策与产业经济结构优化趋向进行分析研判，对基层苗头性问题与重大矛盾风险进行预警预测，对社区近况和居民需求表现进行掌握评估，提前防范多层级多维度的潜在风险，有助于绍兴持续打造共建共治共享的高质量社区模式。

1.国家层面：党和国家对城市社区建设升级的高期望

新时代，伴随着我国社会治理重心的不断下移，党和国家把基层治理作为一项政治部署全面展开。城市基层治理是以街道为主导、社区为平台、居民和地方企业等多元主体参与为基础的基层治理形态，是统筹推进城乡发展、提升国家治理能力的基础性工程[①]。继党的十八届三中全会提出国家治理体系和治理能力现代化发展目标之后，社区治理在推进基层治理、国家治理中的基础性作用更加凸显，社区治理体系和治理能力建设成为实现国家治理体系和治理能力现代化的重要基础，党的二十大报告明确提出，"健全共建共治共享的社会治理制度，提升社会治理效能"。2014年，住房和城乡建设部更是推出了《智慧社区建设指南（试行）》，对社区治理体系现代化发展提出更高要求。

在党中央的高度重视与纵深推进下，《指导意见》设立了2025年全省未来社区创建覆盖率达到30%左右的工作目标，要求各部门加快健全未来社区建设标准，推动各市（县）制定专项规划，并明确强调文化元素的挖掘和应用；在2024年由浙江省建设厅牵头召开的《浙江省城镇社区建设条例》（以下简称《条例》）立法工作会议上，进一步明确城镇社区建设内涵及实施机制，重点突出未来社区理念及城市更新要求，再次强调各部门职责任务及协同联络机制，综合提升《条例》的立法质量，体现出浙江省对城市社区新建旧改领域的聚焦，以及对高质量全域推进社区共建共治共享的要求。

2.城市层面：城镇化发展对城市社区治理调和的高冲击

城镇化发展导致人口、劳动力、市场需求等重要资源要素流动性增大，难免给经济发展和区域治理带来新的结构性矛盾。数据显示，2023年末，绍兴

---

① 《中共中央　国务院关于加强基层治理体系和治理能力现代化建设的意见》，《人民日报》2021年7月12日，第1版。

全市常住人口中，城镇人口为394.1万人，城镇化率已达到73.1%，[①] 与2022年相比上升1个百分点，表明在绍兴市域范围内有大量农村居民和外来人口涌入城市社区，将对原有的社区邻里关系形成较为强烈的冲击。如何持续推进城市整体宜居度和包容性的提升优化工程是绍兴亟须解决的问题。对部分本地居民而言，由于缺少主动与外来人员交流互动的机会，社区内彼此信任度较低且社会资本存量均较少，疏离化的人际关系使社区主体间缺乏统一愿景和文化认同，将对原有的社区管理运营模式造成暂时性冲击；对新入住的居民而言，作为后入者在社区内的身份次序位置相对较低，可能与其原有身份地位和社会声誉相差较大，导致主客观身份不平等，进而导致他们自我地位认同感与社会共建意识较为薄弱，同样会给社区协同共治造成较大难度。

此外，城镇化所导致的城市高密度化，对社区利用闲置空间资源同样提出更高要求。据统计，2023年绍兴人口密度约648人/千米^2，与浙江省约612人/千米^{2}的人口密度基本持平，然而绍兴市越城区的平均人口密度约2249人/千米^2，基本等同于"北京副中心"通州的水平，部分社区的人口密度甚至高达5000人/千米^{2}以上，与北京人口最密集的海淀区处于同一水准。这表明绍兴城市人口分布的区域差异较大，部分社区资源环境约束态势严峻，逼近城市适度人口规模，如何持续盘活并高效利用社区已有存量资源是实现社区可持续发展必须解决的难题，具体表现为以下两方面。一方面，部分社区存在楼宇建筑密集与内部空间闲置的矛盾现状，且大面积拆改工作难以推进，高效利用好社区闲置空间存在困难；另一方面，高密度城市社区内生态用地侵占严重，景观零散化、破碎化现象突出，导致社区生活空间与自然生态环境之间割裂感较强，未能最大限度发挥绿地连通效益，从而造成社区土地可持续利用率与生物多样性双低的困境，[②] 城市社区整体空间品质仍有较大改善空间。

3. 社区层面：老旧小区设施薄弱对居住环境的高隐患

绍兴市内仍存有大量老旧小区，由于建设规划与用料用材未能契合时代发展，通常表现为"老、危、缺、乱"的特点，在软硬件方面均不能承接当下

---

① 《2023年绍兴市主要人口数据公报》，绍兴市人民政府，2024年3月5日，https://www.sx.gov.cn/art/2024/3/5/art_1229693247_4115771.html。

② 焦亚楠、李飞雪、陈振杰等：《高密度城区居住用地附属绿地对生态连通性影响——以深圳市福田区为例》，《热带地理》2024年第4期。

社区发展需要。在硬件设施方面存在建筑结构老化、线路水电管道设施陈旧、停车场地不足等基础设施方面的薄弱环节，以及消防通道堵塞、设备欠缺、治安管理缺乏等安全隐患；在软环境上同样存在物业管理混乱、社区组织效率低下、服务动能不足，居委会负担繁重、沟通不畅等组织机制方面的短板，管理服务长时间缺位，使本应该起到统筹管理作用的业委会力量发挥不足，冗杂的社区管理体系将打击老旧小区内租客、老年人等弱势群体参与社区治理的意愿，社区文化匮乏和制度规范缺失都极大地制约了社区工作的开展。

绍兴市政府针对老旧小区安全隐患，提出了居民"自助申请、自筹资金"的原拆原建路径和政府"收购老房、安置新房"的以旧换新路径，与2024年4月浙江省颁布的《关于稳步推进城镇老旧小区自主更新试点工作的指导意见（试行）》的政策宗旨相契合①。然而，绍兴各区、县（市）并未全面制定结合本地社区区情的相关细则，没有明确具体拆改房屋范围和审核计划，并且老旧小区往往有人口流动性大、居民事务琐碎、具体诉求难调等困境，与相关业主做好政策解读、意见协商、签约立项、腾房设计等环节的推进难度系数较高。因此，老旧小区的基建改造与治理转型并不能一蹴而就，而是需要多方协力并不断磨合与调试的长期过程。

4. 居民层面：异质化居民构成对社区服务功能的高要求

受大规模拆改、外来流动人口等因素影响，绍兴城市社区人口结构发生了深刻变化。以越城区为例，从2019年到2023年，全区流动人口增加到49万余人，5年新增11万余人，导致社区居民组成复杂化、生活需求差异化明显，对社区响应群众需要的速度质量也提出更高要求。然而，面对社区"陌生化""原子化"现象，城市社区中的网格员、志愿者、协管员等基层人员仍只专注于原有的自身条线任务，同时受到层层加码考核问责的影响，需要应对名目繁多的检查评比、突击考察、任务部署等大量工作，难以将重心稳定于主责之上，完成行政工作之余与社区居民交流较少、无法精准掌握各居民群体的真实情况与多元诉求，社区职责范围逐渐偏离原定初衷。在纵向上讲，社区内党员流动频繁、结构复杂、年龄多样、底数不清，社区党组织无法发挥其党建统领

---

① 浙江省住房和城乡建设厅：《浙江省住房和城乡建设厅　浙江省发展和改革委员会　浙江省自然资源厅关于稳步推进城镇老旧小区自主更新试点工作的指导意见（试行）》，浙江省人民政府网站，2024年4月7日。

能力；从横向来说，社区内卫生院、学校、企业等单位之间缺少联动共建载体，多种力量未能形成强大服务合力，甚至各居民与单位间存在冲突，这对社区梳理多元需求并完善服务场景提出更高要求。

三 推进绍兴市未来社区创新建设的对策建议

未来社区是共同富裕的基本单元，绍兴要围绕建设全域未来社区这一目标，全面提升城市社区服务品质，充分展现"惠从党来"的社区氛围，打造共同富裕现代化基本单元绍兴范例，助推城市高质量发展。

（一）高站位完善顶层规划，坚守未来社区本质定位

绍兴市要坚持以人为核心，关注整体需求，始终围绕"未来定位""未来发展"这一基本属性开展城市未来社区建设，构建一个覆盖"硬件设施+软件服务"的系统性复合联动结构以及可持续的长效发展机制。

一是构建社区发展顶层设计，明确未来社区目标体系。结合绍兴市发展实际，依托各社区工作规划与制度建设，以提升社区治理能力和居民幸福度为出发点，围绕"一统三化九场景"的统一规划，进一步完善未来社区建设的指标体系，通过打造独具特色的精品示范项目，以点带面，多中心、多链条、多维度协同打造全域未来社区规划。在人员配备上，建立一套信息对称、协调各方的多主体联动决策机制，成立集住建、发改、民政、教育等各组织条线的实体化运作专班，使前期设计、方案审批、建设施工等环节的工作职责到岗到人，提升统筹规划与落地实施的匹配程度。

二是编制阶段性任务清单，推进未来社区规划建设。通过编制未来社区建设时序清单，紧扣阶段性重点，突出重要时间节点重点工作；编制责任清单，明确责任部门、实施权限、行使依据等，确保有章可循、权责一致；编制典型区、县（市）的案例清单，通过试点先行，典型引领，谋划储备一批、申报实施一批、提炼形成一批互学互鉴、可复制可推广的精品经验，从而在市域范围内整体推广。如针对"老社区的未来"和"未来的新社区"这一核心问题，根据社区年龄构成差异采取不同策略，旧改社区需要更关注"一老一小"，新社区需更聚焦智慧化发展，因地制宜地突出标识度。

三是融合地域性传统文化，培育未来社区特色亮点。绍兴自越王勾践建城起已拥有 2500 多年的历史，丰厚而优质的运河文化、古桥文化、茶道文化、曲艺文化等均为未来社区建设提供立体多样的人文底蕴。在社区运营的规划、设计、装饰、维护等环节中应深度嵌入地域性特色文化，利用好区域内名人名居、诗词石刻、家风家书等禀赋，突出人文多样性、包容性和差异性，注重艺术化打造社区色彩、建筑形态等，借助固态的装饰建筑推动传统文化内涵嵌入社区日常生活，并创意化布局城市书房、文化驿站等名牌项目，由此丰富社区居民间记忆共建和情感共通的平台，提升对中国传统文化以及社区文化环境的认同感和归属感，打造独具绍兴辨识度的未来社区标志性成果。

（二）多主体联动管理运营，提升未来社区服务质效

党委、政府、社区、社会组织、居民是参与社区治理的多元主体，处理好多元关系是新时代未来社区建设的重点和难点。

一是坚持党建引领。未来社区建设应充分发挥党的领导这一制度优势，使政府、社会、市场等各司其职，同时以党建联建构建起居民内生参与和社会主动参与的社区共建场域，以此实现政府治理、居民自治的有效衔接。鼓励培育更多两新党组织，着力构建起关联两新组织、街道党委、社区党支部等的党组织制度关联通道，创造出与组织和民众距离相近的场域，增强各党组织和党员群众之间的信任，以稳固的党组织关系促使基层治理架构能够有效顺应时代冲击，并变革迭代。尤其要注意的是，要积极在社会组织中建立坚强党组织，优化党社结构，以此促进社会组织在一定程度上规避自身发展的不确定性。根据国家、地方最新政策框架，及时调整并提升服务项目数质，健全社区及相关部门组织的运行机制，参与完善社区沟通协调机制、民主协商机制和激励保障机制，党员志愿者服务制度、党员社区表现评价制度等，探索出"社区+社会组织+居民委员会""干部+党员+群众"相融合的长效治理机制。

二是健全协作机制。未来社区应建立统一的管理和运营机制，明确各主体的权责分工和协作机制，通过制定规范、建立标准等方式，提高管理和运营的效率和质量。绍兴应打破传统的社区管理模式，将重大项目选址、遴选开发主体、规划方案编制、建设、运营等环节贯通，明确政府、企业、居民、研究机构在整个流程中的具体权责，通过构建起多专业协同、多部门联动的项目运作

机制与考核保障体系，形成各司其职、密切配合的工作合力，避免不同主体间产生不必要的利益冲突和责任推诿，充分激活"基层政府、运营企业、社区商家、社区志愿者、社会组织"五大力量的协同作用，整体提升社区精细化治理水平。

三是要创新融资方式。资金平衡、来源充足、运营合理是未来社区持续优化提升的物质基础，绍兴未来社区建设要同时做好开源和节流。一方面，要以省区市各级有关乡镇（街道）、村（社区）、社工建设的相关文件为项目规划做指引，积极拓宽资金来源渠道，探索多元化资金筹措方式，主动吸引国资、民资、外资等多方社会资本融入未来社区创建，创新运用专项基金、打造产业联盟、委托专业机构等新形式来高效整合资源，加强异质性主体间的合作韧性，提高社区服务的品质和效益。落实推广社区"契约化"共建，鼓励辖区内商户企业将其优质产品服务投入社区建设之中，引领社会组织在项目共建平台中发挥桥梁纽带作用。另一方面，要严格招引资质较高、服务较好的物业公司进驻运营，并落实完善的物业考核标准，通过提升管理效能来降低运营维护成本，为资金平衡提供充分保障。

（三）人本化覆盖生活场景，扩大未来社区惠及范围

社区治理的每一次改革、社区模式的每一次创新，都体现了党和国家以人民为中心的宗旨，都是以满足人民美好生活为目的。绍兴未来社区建设仍然要紧紧围绕这一中心思想，重视居民在社区治理中的主体地位，注重培养居民的公共意识、契约意识、服务意识、诚信意识、环保意识等，推动居民自觉自发维护社区建设、主动参与社区治理，培育社区治理良性循环的内生动力。

一是构建全生活链体系。聚焦人的全生命周期美好生活需要，构建高水平一体化的公共服务体系。基于生活圈、需求链配置布局服务设施，率先构建"15分钟公共服务圈""15分钟社区生活圈"，形成网格化、无障碍、功能复合的公共生活网络，将服务内容与场景空间、社区规划、已有板块等相互融合，统筹规划并合理设计高品质、集成式、多样化便捷服务，切实提高居民幸福获取的便捷程度。

二是重点领域重点群体重点关注。绍兴未来社区建设在加强内容整合的同时，应注重对特殊关注群体的个性化服务，基于对已有"一老一小"融合服

务新模式、优化交通场景、改造升级公共空间等重点举措的成功经验，创造性为残障人士、失独群体、单亲家庭等重点群体，提供"家门口、日常型、高品质"的环绕式社区生活服务，加强心理疏导、技能培育、邻里融洽等多维度关照，从而提升社区整体向心力和凝聚力。

三是完善居民自治闭环。未来社区建设是推进全过程人民民主的必要环节，根据居民反馈及时调整场景方案亦是社区治理的本职所在。绍兴应加快畅通居民参与渠道并树立规范，加强居民建言献策、评估落实、评价反馈的闭环工作体系，做到场景设计和群众愿景深度融合，充分调动居民参与社区生活的积极性，不断提高群众获得感、幸福感、安全感。

（四）全链条搭载数字技术，推进未来社区整体智治

数字治理转型是中国社会治理现代化的战略性倾向，数字技术为未来社区多方协作、信息互通、流量吸引等方面提供更为高效精准的技术支撑。绍兴在建设未来社区的过程中，要充分发挥数字技术强渗透性、高创新性、多场景性等特征，在项目实施和纵向管理等方面广泛应用，利用新型数字技术赋能政府、社会组织、企业机构等多元主体协同治理的渠道载体，向全周期全覆盖的智慧治理模式转变。

在前期诉求整合阶段，未来社区建设需整合优化现有政务服务平台，充分发挥数字化改革牵引作用，积极推进跨层级、跨系统、跨部门的业务协同，实现数据交互共享。"向上"呼吁省级乃至国家层面持续完善未来社区建设导则，统一平台接入标准，避免"数据孤岛"。"向下"及时与乡镇（街道）、社区多个服务站点实现网格化连接，对接入户调查行动并共享更新救助需求信息，引导相关企业单位和社会力量跟进转介，打造上下联动、左右互通的供需对接数字平台。

在中期应用迭代阶段，未来社区规划、建设、运营、管理全过程中，充分利用大数据、云计算、人工智能等技术助力群众供需信息精准匹配。聚焦解决群众高频需求，依托大数据迭代优化全域资源的统筹运营和高效供给，多维度打造"健康大脑+智慧医疗""文化大脑+社区文化""教育大脑+未来学校"等一批多跨场景应用，实现社会服务"线上+线下"融合、"政府数据+社会数据"融合、"数字赋能+人文关怀"融合，推动基层事务高效协同、流程再造、

智能服务，实现快速响应、零延反馈，探索建立整体智治路径。

在后期宣传推广阶段，未来社区建设应积极利用自媒体传播平台提升项目传播广度与社会主体参与深度，带动辖区内外居民对社会组织的信任支持和行动协同，从依靠直觉和经验决策的"闭门造车"式服务向依靠民众需求数据的"对症下药"式服务转变，以数字赋能促进基层治理人本化。同时，社区建设应强调治理和服务线上线下平衡点，在出行、就餐、就医等日常高频场景中保留线下帮扶渠道，保障社区弱势群体能够平等享受数字红利。

参考文献

李枭：《多元主体参与下的我国城市社区协同治理研究》，经济科学出版社，2018。

葛天任、李强：《我国城市社区治理创新的四种模式》，《西北师大学报》（社会科学版）2016 年第 6 期。

徐明：《以未来社区建设推进社区治理精细化转型》，《国家治理》2024 年第 6 期。

刘程：《农村劳动力移民的地位分层及认同分化》，《华南农业大学学报》（社会科学版）2017 年第 1 期。

李兴华、蔡万焕、陈明：《社会经济地位与社区邻避效应：基于城市市民对新生代农民工的观察视角》，《当代财经》2017 年第 5 期。

李保海、王晓剑、俞萍萍：《未来社区数字化建设运营问题与策略研究——以杭州市为例》，《城乡建设》2024 年第 4 期。

张晓婧、戴昳雯、孙雯等：《少子老龄化背景下社区"一老一小"代际融合设施建设研究》，《规划师》2022 年第 8 期。

B.13
柯桥区以新型农村集体经济带动
乡村共富的实践探索[*]

中共柯桥区委党校课题组[**]

摘　要： 自党的十九大首次将"壮大集体经济"作为实施乡村振兴战略的重要内容起，中共中央已多次强调要"发展新型农村集体经济"。柯桥区以中央及省市精神为导向，2023年深化强村富民集成改革，全区村均经营性收入达到367.15万元，全面消除年经营性收入120万元以下的村；农村居民人均可支配收入55299元，居全省第2位；城乡收入倍差低于1.6。但是也面临着新型农村集体经济在乡镇（街道）层面发展不平衡，强村富民集成改革推进存在诸多困难以及新型农村集体经济对政府帮扶依赖性较强、带头人带富能力不足、经营内容趋于同质化、发展存在政策资源制约等问题。建议柯桥区要强化顶层设计，持续释放集成改革动能；深化党建引领，持续夯实基层组织聚能；着眼人才培育，持续挖掘共富主体潜能；立足业态更新，持续把握产业发展势能；注重文明重塑，持续推动精神文化赋能，进一步做好以新型农村集体经济带动乡村共富工作。

关键词： 新型农村集体经济　共同富裕　乡村振兴　柯桥区

---

* 本报告中的数据，除有特别说明外，均来自柯桥区农业农村局相关文件。

** 俞鸿，中共绍兴市柯桥区委党校（绍兴市柯桥区行政学校）、绍兴市柯桥区社会主义学校副校长、高级讲师，研究方向为"三农"问题；邱昊，中共绍兴市柯桥区委党校（绍兴市柯桥区行政学校）、绍兴市柯桥区社会主义学校教研室副主任（主持工作）、讲师，研究方向为基层社会治理；毛睿佳，中共绍兴市柯桥区委党校（绍兴市柯桥区行政学校）、绍兴市柯桥区社会主义学校教研室副主任、讲师，研究方向为"三农"问题；颜晨，中共绍兴市柯桥区委党校（绍兴市柯桥区行政学校）、绍兴市柯桥区社会主义学校教务科助理讲师、经济学博士，研究方向为应用经济学、运输经济学。

党的十九大首次提出实施乡村振兴战略时,就将"壮大集体经济"作为实施乡村振兴战略的重要内容。2018年《中共中央 国务院关于实施乡村振兴战略的意见》以及《乡村振兴战略规划(2018—2022年)》中,又进一步提出了"探索农村集体经济新的实现形式和运行机制""发展新型农村集体经济"等政策主张。党的十九届五中全会在"全面推进乡村振兴"部分再次强调"发展新型农村集体经济"。2023年中央一号文件指出,发展新型农村集体经济,就是要巩固提升农村集体产权制度改革成果,构建产权关系明晰、治理架构科学、经营方式稳健、收益分配合理的运行机制,探索资源发包、物业出租、居间服务、资产参股等多样化途径的农村集体经济。

柯桥区紧紧围绕中央、省、市关于"发展新型农村集体经济"等政策主张,持续深化强村富民集成改革,2023年创新探索"企业创富体""乡村共富联合体"等载体,稳妥推进宅基地制度改革和集体建设用地入市试点,持续提升村集体"造血"能力,以新型农村集体经济带动乡村共富。同时,不断做好保障和改善民生文章,加强文化建设、生态文明建设,创新基层社会治理,优化社会公共服务,实现人的全面发展和社会全面进步,为打造共同富裕和中国式现代化县域样板奠定坚实基础。

一 柯桥区以新型农村集体经济带动乡村共富的主要做法和成效

(一)深化强村富民集成改革

2023年,柯桥区以入选省级强村富民集成改革实践试点为契机,紧盯农民农村共同富裕目标,一体推进"市场化改革+集体经济、宅基地改革+乡村建设、标准地改革+农业双强、数字化改革+强村富民"四大改革,加快形成强村富民乡村集成改革标志性成果。一是"市场化改革+集体经济"方面,通过创新金融支持方式、发展新兴产业、创新农村集体"三资"监管、深化结对帮扶等举措,推进集体经济跨上新台阶;积极探索"党组织领导、公司化经营、专业化运作、老百姓受惠"的强村公司经营机制,努力构建"区级引导、镇级主导、村级补充"三级橄榄形共富矩阵结构,形成区域联盟型、资

源开发型、资产盘活型等9种强村公司发展模式，累计规范发展强村公司50家。二是"宅基地改革+乡村建设"方面，在全国率先探索农户在有富余宅基地的行政村，通过有偿选位等方式跨村实现其资格权，柯桥区已在福全街道峡山村试点实现全国首例宅基地市域跨县有偿选位，在王坛镇喻宅村等3村开展宅基地镇域跨村有偿选位试点，共成交宅基地11宗，成交额达177万元，保障农民户有所居，有效促农增收；出台全省首个《闲置农房盘活利用准则》，积极探索创新捆绑式激活、合作式激活、共享式激活等多种激活模式，截至2023年底，全区共引入社会资本23.83亿元，激活农房建筑面积78.78万平方米，激活土地、山林共12675.3亩，增加农户收入11663.08万元，增加村集体收入9031.59万元。三是"标准地改革+农业双强"方面，确定王坛镇蒋相村为区级试点村，加快出台镇级标准地建设方案，明确净地标准及招引标准，2023年，共落实5块标准地改革地块，总土地面积约420余亩，投入850.16万元，亩均产值为2.9万元，带动农户880人，增收142.34万元；抓实科技强农、机械强农，完成农机"一县三基地"项目建设，打造一批"双强"标志性成果：平水海丰花卉建成全省首个菊花种质资源圃、蒲公英无土栽培等数字农业项目落地、东湖农场已成为展示全区农业"双强"成果的"重要窗口"。四是"数字化改革+强村富民"方面，统筹科盛、天圣种养基地、漓渚兰花数字农业工厂等一批数字农业新基建示范创建，促进智慧农业关键技术攻关和集成应用。例如：漓渚镇棠棣村建成460余平方米集文化展销、研学互动、电商直播于一体的兰花培育大棚，利用先进技术根据种植参数实现"云管理"；大力发展直播电商，积极推进电商直播式"共富工坊"培育建设，截至2023年底，全区共建成4个具有一定规模和效益的直播电商基地以及一批电商直播式"共富工坊"；以"浙农码"为载体，建立农产品产业全流程溯源加工体系；开展集体大宗物资网上采购交易，通过大宗物资竞价交易，市场价格降幅普遍在10%。

（二）党建引领激活乡村共富新动能

柯桥区坚持抓党建促乡村全面振兴，不断壮大村集体经济，为乡村全面振兴提供源源不断的动力。一是创新共富体制机制。由区共富指导中心牵头，建立党建共富、扩中提低、民生补短、平安共富、三次分配、未来乡村等六大重点领域工作专班，作为乡村共富的协调机构。健全考核机制，将村级集体经济增收、消薄等工作，作为乡镇（街道）岗位目标责任制考核的重要内容，同时出台区机关部门结对帮扶经济薄弱村考核制度。二是强化党建引领赋能。积极开展"共富星村"建设，以党建联盟建设、"五星达标、3A争创"、强村公司矩阵、改革创新集成、城乡统筹发展为五大抓手，统筹推进乡村振兴，尤其是以组织共建为纽带，推动资源有机联接，截至2023年底，全区已累计组建16个片区、开展140余个各类形态的党建联建实践项目。三是探索共富载体抓手。创新探索"企业创富体""乡村共富联合体"等载体，采用"企业+村+农户"经营模式，通过"合作农户+村集体+企业"的利润分配方式，激发乡村发展活力。大力推进"共富工坊"建设，畅通村企合作渠道，搭建村企合作平台，促进农民家门口就业增收。2023年，柯桥区建成"共富工坊"182家，吸纳农户就近就业万余人次，带动村级增收超2200万元。稳妥推进宅基地制度改革和集体建设用地入市级试点，持续提升村集体"造血"能力。四是抓好引才育才用才。深入实施村社党组织书记"领雁工程"，通过创设领雁擂台赛、抓实导师帮带、举办常态培训班等举措，持续提升村社干部和后备人才的综合素质和能力。全面实施"金农计划"，建强农创客发展联合会，聘请120名"乡村运营师"，着力推动青年乡贤一代与乡村"双向奔赴"。致力培育乡村本土人才，按照"一镇一品"实施农村居民农艺技能提升行动，打造湖塘梅农、稽东榧农、漓渚兰农等"柯桥农匠"品牌，打响湖塘杨梅、稽东香榧、漓渚兰花等特色农产品品牌。2023年，完成职业技能培训3.15万人、新增技能人才8317人、新增高技能人才5080人。五是迭代升级驻村制度。2022年，柯桥区实施"百名年轻共富指导员进百村"行动，从区级机关部门和乡镇（街道）挑选了103名懂经济、会发展的年轻干部担任共富指导员，专职驻村1年，每人联系一个经济欠发达村（当年村级集体经济年收入100万元以下），为所驻村制定一项强村规划，办好一件富村实事。2023年，通过"驻村驻社+项目引进""驻村驻社+党建联建""驻村驻社+赋能增效"等方式，一体推进未来乡村、和美乡村和共富星村建设，助力共同富裕。柯桥区驻村指导员"接棒治理"，一任接着一任干，已推动214个行政村建成美丽乡村示范村。驻村指导员制度已然成为浙江党建引领乡村振兴和基层治理的一张"金名片"。

（三）推动乡村新业态高质量发展

柯桥区结合村庄实际，丰富产业形态，发展壮大村集体经济收入，不断拓

展村民增收渠道。一是做精做优特色产业。柯桥区乡村资源丰富，有"一片叶子、三棵摇钱树、五朵金花"之称。"一片叶子"即柯桥日铸茶，"三棵摇钱树"即香榧、红豆杉、杨梅，"五朵金花"是指兰花、桂花、梅花、荷花、菊花。柯桥区通过市场化运作，做大做强这些优势特色产业，包括加工、仓储、物流、旅游等，形成内生力量，为乡村发展提供强有力的产业保障。以柯桥日铸茶为例，截至2023年底，柯桥区已有21家日铸茶生产企业，其中"东方茶业"和"玉龙茶业"为"品字标浙江农产"认定的茶企。稽东香榧作为传统特色产业，不断拓展产业链，已成功开发"古榧长青"系列产品、"稽东古榧"巧克力、"榧你莫属"香薰礼盒等产品，通过拉长衍生链，为榧农增收150多万元。二是培育发展文旅产业。柯桥南部山区交通不便，经济基础薄弱，且有水源保护和生态保护红线，面临"一产限制、二产禁止、三产控制"的发展窘境，但满目青山绿水，生态资源极佳，还有大量古村落、宗教庙宇、古道等，柯桥区充分利用这些资源，将其串联整合起来，大力探索"文旅+"模式，推动研学、露营、乡村旅游等产业加快发展，同时利用停车场、仓储设施、土特产品等获得配套收益。2023年，柯桥区还利用风光旖旎的自然山水和底蕴深厚的人文历史，投入1.08亿元，打造兰渚遗风带、鉴湖渔歌带、湖光山色带等8条稽山鉴水"千万工程"美丽乡村示范带，推进全域景区化建设工作，目前已创建省A级旅游景区村庄227个，覆盖率达88.78%。三是大力发展养老产业。农村养老产业既是银发产业，也是朝阳产业。2023年，柯桥区以第三批省级共同富裕试点和国企参与养老省级试点为契机，组建成立康养集团——浙江金柯桥康养产业发展集团有限公司，注册资本1亿元，开展养老服务、护理服务、教育培训服务、殡葬服务，同时链接医疗保健、适老化改造、养老金融等养老产业，探索培育智慧康养、长者助餐等相关连锁产业。柯桥区鼓励农村尤其是山区农村，充分依托良好的生态资源优势，发展养老产业。平水镇王化村利用乡贤力量，建设"金秋家园·长塘头"项目，项目集"休闲娱乐、养老养生、田园观光"于一体，成为颇具规模的养老综合体。乡镇（街道）"乐龄中心"、村（社区）"乐龄之家"，服务"乐龄管家"的柯桥模式，被绍兴全市推广实施。

（四）加大财政金融扶持乡村力度

柯桥区充分发挥政府主导作用，强化财政资金扶持力度，加快乡村振兴步伐。一是出台南部山区新一轮扶持政策。鉴于南部山区面临水源地保护"一产限制、二产禁止、三产控制"的发展窘境，2024 年 2 月，柯桥区印发《关于进一步推动南部山区高质量发展的政策意见》，该文件从规划引领和财政支持、提高市级生态补助水平、明确绿色生态发展扶持资金、支持山区改善公建设施、支持山区高标准农田及水利设施改造、实施教育卫生残疾人等专项扶持、鼓励农文旅融合发展、支持产业产品推广、扩大创业就业群体、加大强村富民集成改革扶持力度等方面，进一步加大对南部山区高质量发展的扶持力度。二是启动南部山区总部飞地建设。2023 年，发布《绍兴市柯桥区关于加快南部山区柯桥总部飞地建设的实施意见》，将"群贤 198 文创园"部分楼宇作为南部山区柯桥总部，列入飞地政策。7 月 26 日，首批由南部山区平水、王坛、稽东三镇招引的 15 家企业入驻总部飞地。同时，在平水镇建设南部山区总部副飞地，供南部三镇引进企业落户集聚。目前，总面积 1 万平方米的南部山区总部飞地正式运营，已有 41 家企业获得入驻资格，每年预计为南部三镇新增税收贡献超 2800 万元。南部山区总部飞地被《浙江经济》列为"城乡区域协调发展观察点"。三是加大金融支农力度。柯桥区政府部门积极开展与地方股份制银行——瑞丰银行的合作，区农业农村局与瑞丰银行签署了战略合作协议，双方在乡村产业振兴、和美乡村建设、乡村治理提升、集体经济发展、农户创业就业、农村改革创新等领域进行深入合作。瑞丰银行通过参与柯桥区"飞地抱团"项目，仅 2023 年就向 83 个相对经济薄弱村投放 1.66 亿元"强村贷"。瑞丰银行大力实施数字化网格管理，推动小额普惠贷款工程建设，实现区域内所有可授信农户 100% 覆盖，授信总金额突破 300 亿元，真正做到"人人可贷"。包括工商银行在内的区内其他金融机构也全面落实金融支持乡村振兴战略，丰富面向农村市场的金融产品，助力乡村产业兴旺，助力农民增收共富。

柯桥区通过深化强村富民集成改革，推进党建引领乡村共同富裕，推动乡村新业态高质量发展，加大财政金融扶持乡村力度，在促进农村新型集体经济发展、缩小城乡差距、加快实现共同富裕方面，取得了显著的成绩。2023 年全区村级集体经济组织总收入达 19.23 亿元，同比增长 7.31%。其中，村均总收入达 586.29 万元；经营性收入总额 12.06 亿元，村均经营性收入达 367.15 万元。全面消除年经营性收入 120 万元以下村。全区全体居民收入实现 79500

元，其中城镇居民人均可支配收入 87467 元，农村居民人均可支配收入 55299 元，分别居全省第 5 位和第 2 位，始终稳居全省"第一方阵"。柯桥区农民收入增速已连续 19 年高于城镇居民，城乡收入倍差降至 1.582，全省领先。全区家庭年可支配收入 10 万~50 万元群体占比 80%左右。2022 年，柯桥区"共同富裕基本单元——共富星村"项目已入选全省高质量发展建设共同富裕示范区第二批试点。2022~2023 年，柯桥区共同富裕工作连续两年考核位列全省优秀。2023 年，柯桥区被列为全市唯一国家级共同富裕实践观察地，还被列为共富星村省级试点以及国企参与养老省级试点。同年，柯桥区成功入选全国首批乡村振兴示范县，强村富民集成改革成为全国试点。

二 柯桥区新型村级集体经济发展壮大的现实瓶颈

柯桥区通过强村富民集成式改革，推动党建引领，培育发展新的业态，加大财政金融支持力度，发展新型农村集体经济，带动城乡共富取得了可喜的成绩，积累了宝贵的实践经验。但在探索发展过程中，也存在一些薄弱短板，如发展不够均衡、帮扶依赖性强、带富能力不足、经营业态趋同、配套要素制约等，需要进一步改进完善。

（一）从共富成效看，发展水平高但不平衡且同质化严重

一方面，发展尚不平衡。柯桥区新型农村集体经济整体发展水平较高，在省内居于领先位置，但在乡镇（街道）层面发展不平衡。2023 年，全区村级集体经营性收入总额为 12.06 亿元，村均经营性收入达 367.15 万元，全面消除年经营性收入 120 万元以下村。但具体到每个乡镇（街道），则呈现发展不平衡状态。特别是南部山区三镇（平水镇、稽东镇、王坛镇）由于经济基础弱、区域位置差、发展限制多等原因，村均经营性收入远低于平原乡镇（街道）。以 2023 年为例，钱清、杨汛桥两个街道共 31 个行政村，经营性收入 500 万元以上的有 21 个村，600 万元以上的有 19 个村，700 万元以上的有 18 个村，而南部山区三镇（平水镇、稽东镇、王坛镇）村均经营性收入平均数为 181.74 万元。2023 年，全区经营性收入 130 万元以下行政村 62 个，其中南部三镇有 49 个，占 79%。尽管区级层面出台了很多举措，但目前依然无法改变发展不平衡的局面。

另一方面，同质化较为严重。柯桥区平水镇、王坛镇、稽东镇等南部山区乡镇（街道）由于地处水源保护地，发展常规二产、三产面临重重困难。漓渚镇、兰亭街道、夏履镇、湖塘街道等半山区乡镇（街道）区位优势差、资源禀赋差，但生态优势非常明显、山清水秀、空气质量好。因此，在村级新型集体经济发展方向上，它们不约而同地选择了文旅养老产业。村级组织借助良好的生态环境，合资合作引进实体，发展养老、休闲、研学、露营、民宿等产业。这些产业符合当地实际条件，在相应地域内具有合理性，但从目前的情况来看，大有一哄而上的趋势，同质化现象比较严重。截至 2023 年底，柯桥区以乡村旅游、研学、露营等为主要内容的企业在 10 家以上，包括花香漓渚田园综合体、会稽山国际研学营地、鉴湖里建设运营管理、盛和文旅雪窦岭项目、谢家坞民宿研学露营基地等。而相应的市场要么尚未足够成熟，要么容量有限，缺乏持续性的客源，乡村旅游也未达到能自动吸引游客的程度，除个别企业外，多数效益不尽如人意。

（二）从政策资源看，强村富民集成改革的相关保障不足

一是缺乏政策依据。以宅基地制度改革为例，柯桥区以完善资格权保障为出发点，探索打破地区限制，满足不同类型农户的建房需求，解决了规划控制区内无房户、住房困难户的出路问题，但土地管理法等相关法律以及从中央到省市的相关政策对此类改革突破的边界尚不明确，因此，目前仍处于审慎推进的试点阶段。二是缺乏要素配套。以耕地资源要素为例，柯桥区耕地、永久基本农田大幅调减，耕地由 33.3 万亩减至 13.85 万亩，永久基本农田由 24.6 万亩减至 11.01 万亩，粮功区、高标田严重倒挂，占补平衡补充资源匮乏，对标准地改革等改革举措推进、农业双强项目落地的影响日益凸显。三是受相关政策制约。如南部三镇位于汤浦水库饮用水源地保护区内，不仅全面禁止工业发展，连农业种植、旅游活动也受到诸多制约，大量项目无法引进，很多年久失修的村级集体资产受改造政策限制，无法发挥有限资源的最佳效益，无法满足经济发展的实际需求。

（三）从内生动力看，自我发展能力不足且抗风险能力差

一方面，自我发展能力尚且不足。当前，柯桥区绝大部分经济薄弱村为山区

村，位置相对偏僻，路途较远，村域内自然村之间交通也不甚方便，集体老旧厂房、队屋等闲置资产大多年久失修，且三证不全，基本处于无法利用或低效利用状态，缺乏市场；同时受区位发展条件约束，资源价值难以转化，市场价值不高。由于村集体没有或者少有"优质"经营性资产，加之经济薄弱村本身的经济实力就很弱，发展项目、购置物业等资金投入较大，发展村级集体经济难度较大。

另一方面，抗风险能力欠缺。当前，柯桥区新型农村集体经济发展多依赖政策帮扶、项目支持、上级援助、资产租赁等，缺乏优良的经营性资产，没有相对稳定的收入来源，市场竞争能力弱，抗风险能力较差。目前，柯桥区村集体经济收入中，物业经济占经营性收入的比重达到 53.33%（按照 214 个行政村来算）。但随着城市化的推进和拆迁拆违工作的落实，不少村因村级主要物业拆除、整村拆迁、高速高架公路征地拆迁等原因，导致物业收入减少，年经营性收入和年收入较往年呈现大幅下降趋势，部分村甚至出现收入负增长现象。尤其是杭绍临空经济一体化发展示范区绍兴片区核心区块所在的钱清街道，更是面临这一严峻现实。新型农村集体经济中，强村公司是推动村集体经济收入增长的重要引擎。柯桥区已累计规范发展强村公司 50 家，但截至 2023 年底，只有少数强村公司经营状况相对较好，但利润也多在 100 万元以下。其中，经营状况较好的部分企业与政府较大的扶持力度是分不开的，政府扶持力度较小的强村公司，经营效益普遍不够理想。行政手段属于非市场行为，持续性差，一旦企业失去行政力量的支持，很可能由于"造血"功能不足而迅速陷入各种困境。而行政力量又容易扭曲市场规律，破坏市场公平竞争。

（四）从人才队伍看，新型农村集体经济发展缺乏优质人才

党建引领乡村振兴和共同富裕，重点还在于人才队伍建设方面。一是村干部的带富能力不足。柯桥区组织部门以大抓基层为鲜明导向，大力加强村干部队伍建设，打造一支实干担当、领跑竞跑的"柯桥牌"村（社区）书记队伍，多次举办类似"强基促发展·争先建新功"村（社区）党组织书记"鉴湖领雁"擂台赛等比拼活动，激发了村（社区）书记干事创业的精气神。但从总体上看，文化程度高、素质能力强的村干部后备队伍还不足，多数村干部年龄偏大、文化程度不高、思想观念保守。柯桥区强村公司的运作主体普遍由镇村干部兼任，许多镇村干部理论水平不高、缺乏市场意识和经营头脑，导致公司

活力不足、盈利困难，还容易形成廉政风险。二是驻村指导员发挥作用有限。虽然柯桥区已经明确了"六大员""15 项职责清单"，但在实际操作中，选人派人难精准，部分驻村指导员无权无资源，村内关系难协调，工作难以推进，在推动乡村集体经济增收、农民致富工作中发挥的作用有限。三是懂农业、爱农村、爱农民的人才难以留住和引进。随着现代社会发展及开放程度，农村中有能力有素质的年轻人大多进城在其他领域就业或创业，留在村里的绝大多数是老弱病残幼，这在南部山区表现更为突出。稽东镇大桥村、平水镇王化村等地大力引进乡贤，利用村里的资源创业，对乡村振兴起到了显著作用，但从总体上看，都还只是"盆景"，尚未形成"风景"。

三　柯桥区以新型农村集体经济带动乡村共富的对策与展望

在全面推进乡村振兴，加快农业农村现代化的大背景下，如何持续激发新型农村集体经济在乡村共富上的强大引擎力，还需要在进一步发挥现有优势的同时，针对以上问题补足短板，持续从改革动能、组织聚能、主体潜能、发展势能、文化赋能等五方面发力。

（一）强化顶层设计，持续释放集成改革动能

新型农村集体经济的发展根本动力源于制度的改革与创新。在城乡融合特征日益鲜明的条件下，应着眼城乡一体系统谋划，以改革为推手加强制度、政策、管理的联动性、集成性。

1. 强化区域统筹规划，持续强化村级经济发展

在加快推进柯桥城乡综合交通网络化、公共服务同城化、生态文化共享化的基础上，在杭绍甬同城化大格局、市县镇区域化大循环的规划下找准每个村居发展的势能定位，跳出村居发展村居，优化产业布局，着眼资源优势为新型农村集体经济发展在发展定位上、聚势借能上提供更为清晰的规划图。

2. 聚焦"市场化改革+集体经济""宅基地改革+乡村建设"试点任务集成推进，持续打破城乡要素流通壁垒

巩固改革成果，放大改革效应，强化改革联动集成。以"宅基地改革"

激发市场化要素聚集，深化"农房收储+周边资源""乡贤回归+农户参与""传统业态+专业管理"等盘活模式，培育发展农文旅养等新业态，带动农村增收、农民致富。以"市场化改革"推动宅基地改革，带动乡村空间重塑、产业更新。进一步创新村级集体经济经营模式，充分发挥"强村公司"市场化主体地位，拓展村级集体经济市场化运营的方式途径。探索农村集体经营性建设用地入市改革。建设城乡统一的用地市场，推动建设用地城乡同等入市、同权同价。

3.加强配套政策完善，持续强化农村领域创新深度、改革力度

针对改革后续的政策配套需做好前期谋划、后续跟进。如，跨区、县（市）有偿选取宅基地的相关农户，其医疗、教育、住房等社会保障的配套供给，目前仍缺乏法律依据及制度遵循，急需中央及省级层面出台相关法律、政策，为后续进一步深化改革提供依据支持。

（二）深化党建引领，持续夯实基层组织聚能

柯桥区在美丽乡村转化为美丽经济的过程中走出了一条党建引领之路，但在新形势、新特征、新挑战的共富背景之下，还需进一步迭代升级引领机制，持续以基层组织的创新实践聚合乡村发展的动力。

1.深化驻村指导员制度，强化共富指导员角色

针对新型农村集体经济带头人带富不强问题，要充分发挥驻村指导员的帮扶作用。从选派机制上应强化因村派驻，精准帮扶，针对村级经济相关产业领域、经营模式、发展方向加强指导作用。从培育机制上应着重提升驻村指导员的市场敏感性与市场经营能力，着力提升指导员帮扶村级经济发展的能力。

2.创新党建联盟机制，打造共富联合体实践路径

充分发挥执政党的吸纳功能，依靠党组织的全领域"血脉"贯通，实现多元主体的组织联结，促进"共富"场域中发展主体的同频共振，从而实现发展资源的共建共享。重点以"共富联合体"试点贯通区域内重点村落、重要资源、重点企业、主要产业，片区化、系统化、多元化发展村级集体经济，以避免同质化发展问题。

3.创新乡贤治理机制，聚焦"乡贤助乡兴"共富实践

充分挖掘当地乡贤资源，及时更新、扩充乡贤资源库，通过统战部门、群

团组织的推动提升加强乡贤组织的活动力、组织力与带动力，以乡贤为切入点引入市场资源，促进城乡互动，重塑乡村活力。定期召开乡贤恳谈会充分听取并吸收乡贤代表意见建议，使之成为乡村内生发展的重要动能。

（三）着眼人才培育，持续挖掘共富主体潜能

人才是乡村振兴的关键要素，乡村人才建设关系到全面推进乡村振兴的质量和成效。针对柯桥区新型农村集体经济发展中的人才数量不足、质量不高等问题，应坚持在内外联动、引育结合、精准培育上下功夫。

1. 加强本土人才挖掘、培养

识别并挖掘各类本土优秀人才，建立乡村人才资源数据库，做好人才储备、分类。加大培养力度，认真落实柯桥区高素质农民培育实施方案，按新型经营主体带头人、现代农业技能服务业等不同类型开展培训，探索农学结合、弹性学制、送教下乡等培育模式，与当地高职院校探索培育学分与学历学分衔接机制，就地就近定向培养具有中高等学历的高素质农民。

2. 创新探索用活人才政策

用好用活新时代文明实践中心、农村文化礼堂、乡村振兴研学基地等载体，开展以非遗文化传承、农耕体验、新媒体应用、市场经营理念等内容为主的各类活动，聘请当地农创人才为讲师。加大与本土企业的合作培育，为"土专家""乡创客"创造发挥才力智力的广阔舞台，切实做到不拘一格选才用才，不断扩充本土人才队伍。

3. 创新乡村人才引入政策

在"育"的基础上，还要加大"引"的力度，拓展"引"的方式。持续推进柯桥区乡村振兴人才"金农计划"实施办法，切入落实人才资助，项目补助、金融扶持等政策，对于重点发展区域（南部山区）、重点培育产业领域（香榧产业、竹产业、兰花产业等）的相关人才在原有资助额度的基础上上浮一定比例，从政策上增强相对落后地区的人才吸引力。

（四）立足业态更新，持续把握产业发展势能

乡村要发展，关键在产业。针对柯桥区新型农村集体经济发展中业态同质化的趋势，应注重根据实际打造特色，面向未来拓展新领域，把握现代农业三

产融合、三生融合发展趋势。

1. 聚焦农业基础，打造特色农业品牌

实施农产品本土品牌振兴战略，拓宽网络直播、抖音带货等推介渠道，推广农村电商直播共富工坊建设，形成线上线下"双擎"发展。加快推进订单农业发展，积极引导龙头企业建立"企业+平台""企业+农户"模式，搭建"品种优良、基地种植、辐射带动、订单回收"的一条龙服务平台，源头解决农产品销路不畅、种植规模小等问题。

2. 打响越乡品牌，持续强化绿色业态底色

业态更新有赖于乡村整体环境的更新，要坚持形神兼备，打造宜居宜业宜游环境，在深化"千万工程"基础上，将美丽底色转化为美丽经济。要深入实施土地综合整治，对独具绍兴特色的运河、湿地等重要生态系统、文化系统加强保护，以"稽山鉴水"的传承与保护保留越乡风貌和水乡肌理，以古越文韵与现代文明并存为导向，持续深化"微改造、精提升"的乡村有机更新。

3. 拓展三产融合形式，丰富业态类型

在立足自身产业基础、文化基础的同时拓展相关产业链，以"科技+""生态+""文化+"拓展产业融合广度，实现一、二、三产业融合深度。把握业态趋势，提升乡村文旅的体验价值、情绪价值、文化价值，以"小"博大，以"微"显著提升业态品质、塑造典型 IP。

（五）注重文明重塑，持续推动精神文化赋能

乡村文化建设是中华文明发展的基石基础，也是重塑中国式现代化乡村，实现精神富足的根本所在。

1. 加快提高乡村文明程度

深入推进社会主义核心价值观宣传教育，以先进理念、先进思想引领基层民众创业创新活力。根据地方文化、产业特色制定新农人培育计划，用好基层农校、新时代文明实践中心（所、站）等农民教育实践平台，同时结合地方优秀传统文化，指导农民认识乡村多维价值，促进生态资源、文化资源有效转化，以文明的更新重塑促进村级经济健康发展。

2. 着力繁荣兴盛乡村文化

加强农村文化阵地建设，因地制宜建设乡村文化驿站等新型文化空间。开

展形式多样的民俗活动，打造一批留住农村记忆的乡村博物馆、乡建艺术馆。加强历史文化（传统）村落、不可移动文物保护利用，推进传统建筑"老屋复兴"，结合新业态实现新改造，以文化引领乡村建设，促进文旅农商融合发展，依靠深厚的文化资源底蕴拓展业态类型。

3. 完善乡村自治体系，提升村级集体经济自我发展、自我管理能力

坚持和发展新时代"枫桥经验"，推动全过程人民民主基层实践，有效实现党建统领下的民事民提、民事民议、民事民决、民事民办、民事民评的多层次基层协商模式。依托涉农领域数字化改革，加强村级集体经济管理，实现村集体经济重大事项、重要环节、重要资产透明化、公开化、动态化管理，真正实现发展为了群众、发展由群众做主。

参考文献

习近平：《决胜全面建成小康社会　夺取新时代中国特色社会主义伟大胜利》，人民出版社，2017。

《中共中央　国务院关于实施乡村振兴战略的意见》，2018年1月2日。

《乡村振兴战略规划实施报告（2018—2022年）》，《农村工作通讯》2022年第24期。

魏后凯、姜长云、孔祥智等：《全面推进乡村振兴：权威专家深度解读十九届五中全会精神》，《中国农村经济》2021年第1期。

《2023年中央一号文件解读》，《现代农村科技》2023年第3期。

B.14
上虞区新材料中试基地建设调研报告

中共上虞区委党校课题组*

摘　要： 　新材料领域科技成果从转化到生产大多需遵循"小试、中试、产业化示范"模式，其中中试是能否成功转化的关键。中试基地是专门用于新产品中间试验的场所，其发展对于降低科技研发成本，提高科技成果转化率，提升产业创新能力具有重要意义，是助力科技成果转化迈过中试环节"死亡之谷"的重要平台。新材料是上虞区的支柱性产业，为着力补齐新材料中试短板，上虞区率先打造国内首个新材料领域中试基地，聚力打通科技成果向新质生产力转化的"最后一公里"。但从优化创新生态优势、提升中试服务等角度来看，仍存在一定制约因素，阻碍上虞中试基地向更高层级迈进。对此，要从中试基地的制度建设、要素保障、人才队伍建设、创新协同模式等几个方面推动中试基地的高质量发展。

关键词： 　新材料　中试基地　科技成果转化　上虞区

科技创新的核心使命是推动科技成果转化为现实生产力，将最新的科技成果应用于产业发展，进而形成新模式、新业态和新经济增长点。习近平总书记多次强调："科技创新绝不仅仅是实验室里的研究，而是必须将科技创新成果转化为推动经济社会发展的现实动力""科技成果只有同国家需要、人民要求、市场需求相结合，完成从科学研究、实验开发、推广应用的三级跳，才能真正实现创新价值、实现创新驱动发展"。

---

* 周媛，中共绍兴市上虞区委党校（绍兴市上虞区行政学校）、绍兴市上虞区社会主义学校助理讲师，研究方向为区域经济学；胡立刚，中共绍兴市上虞区委党校（绍兴市上虞区行政学校）、绍兴市上虞区社会主义学校高级讲师，研究方向为政治经济学；潘新新，中共绍兴市上虞区委党校（绍兴市上虞区行政学校）、绍兴市上虞区社会主义学校副校长，研究方向为公共管理。

科技成果转化需经历"实验室小试—中试—规模化生产"路径，其中的中试环节是能否成功转化的关键，是打通实验室创新成果与技术产业化之间壁垒的桥梁。对大部分产业来说，未经过中试的项目成果转化的成功率低于30%，通过中试则能够提高到80%以上，中试是推动科技创新项目跨越"死亡之谷"的关键环节。中试基地是专门用于新产品中间试验的场所，它的建设与发展能够大大提高科技成果的转化率，对于推动科技成果向新质生产力转化具有重要意义。

新材料产业是上虞经济发展的主阵地。近年来，上虞对标经济发展跑道，聚焦经济发展领域，聚力打造"集群智造"金名片，坚持创新引领，聚力提升先进高分子材料"万亩千亿"新产业平台，深化产业链、创新链、资金链、人才链四链深度融合，不断提高新材料产业创新发展水平，壮大企业发展梯队，做大共富蛋糕。在高创新要求背景下，新材料产业的高质量发展与高效安全的中试环境密切相关，建设长期稳定运行的中试基地有极为重要的意义。为加速科技成果转化、让新材料产业跨越创新难点，上虞区联合中国科学院控股有限公司共建全国首个新材料领域市场化运营的专业化中试基地，着手打通科技成果向生产力转化的"最后一公里"。

一　上虞区建设新材料中试基地的实践探索

上虞区联合中国科学院控股有限公司，盘整204.7亩化工用地，投入6.8亿元打造新材料中试基地。中国科学院控股有限公司新材料创新基地（以下简称上虞新材料中试基地），由中国科学院控股有限公司（以下简称国科控股）和绍兴市上虞区政府合作共建，由国科（浙江）新材料技术有限公司整体运营，于2022年正式投入运行。该新材料中试基地是国内新材料领域首个市场化运营的专业化中试平台，也是承接中国科学院新材料科技成果转化工作的唯一中试创新载体，已入选省级第三批高质量发展建设共同富裕示范区试点，是首批省级创新深化试点的重要内容。

（一）市场化的运营模式

上虞新材料中试基地实行"政府主导+公司主营"的市场化运作模式。政府主导中试基地审批管理，上虞区政府主导项目准入，提供用地、用能等要素

保障，不增设管理机构，不直接参与具体事务，通过加强规划引导、政策创新、协调服务等方式指导中试平台建设运营，明确监管部门的管理职责，划清权责界限，建立新型服务模式，对非重大和非原则性问题交由市场解决。公司主营中试基地运营实施，依托国有资本管理资源优势及人才培育经验，组建由中国科学院管理人才组成的团队，定期参加中国科学院系统高级培训，畅通技术转移管理人员、技术经纪人等全职称晋升通道，专注基地运营及项目实施。同时，探索优质项目知识产权或股权投资工作，提高资本、人才等要素的有效利用率，促进资源的合理分配，奠定长期收益基础。

（二）专业化的中试服务

中试基地为科研院所项目团队和企业提供中试平台、孵化区、智慧化信息系统平台，进行项目的中试和孵化，并协助入驻项目团队与相关企业开展技术对接、转让等合作，促进项目成果产业化，切实提高科技成果转化成功率，全面构建"研发、中试、产业化"的创新孵化机制。

上虞新材料中试基地重点聚焦高分子材料、能源和催化材料、功能性复合材料、电子化学材料等战略性新材料产业方向，重点突破技术创新与产业化过程中的工程化放大等技术瓶颈，为中国科学院相关院所、优质新材料企业以及高科技人才项目等提供技术放大和产业转化解决方案，推动杭州湾大湾区产业的转型升级，助力打造国家级新材料产业创新集群（见表1）。

截至2023年底，该中试基地累计对接近百个中试项目，其中22个中试项目已经通过立项评审，在已经完成立项的中试项目中，中国科学院相关院所解决"卡脖子"问题的项目约占1/3，本地企业开展工艺、产品创新的项目超过50%，均为本地新材料产业发展提供了强有力的支撑。

表1 上虞新材料中试基地项目引进方向

序号	发展方向	材料类别	具体内容
1	高分子材料	高性能膜材料	高性能分离膜:高性能海水淡化反渗透膜、水处理膜、特种分离膜、中高温气体分离净化膜、离子交换膜、耐温动力电池隔膜等
2		特种功能塑料	聚酰胺（PA）、聚苯醚（PPO）、聚苯硫醚（PPS）、聚酰亚胺（PI）、聚醚醚酮（PEEK）、聚砜（PSF）

序号	发展方向	材料类别	具体内容
3	高分子材料	可降解材料	光降解高分子材料； 聚乳酸(PLA)、聚酯、聚碳酸酯(PC)、聚氨基酸等生物可降解高分子材料
4		光学高分子材料	光学薄膜：聚酯光学膜、聚乙烯醇 PVA 薄膜、三醋酸纤维(TAC)薄膜等； 光刻胶：负性胶、正性胶
5	能源和催化材料	电池相关材料	锂电池材料：磷酸铁锂、镍钴锰、锰酸锂、钴锰酸锂/镍钴铝酸锂、富锂锰基材料、硅碳复合负极材料等
6		储能材料	储氢材料：稀土储氢材料、储氢合金材料等； 相变储能材料：储能复合材料
7		先进催化材料	环保催化材料：稀土三元催化材料、脱硫脱硝催化剂,大气污染物消除催化剂等； 化工催化材料：精细化工、石油化工中的高性能、绿色催化材料； 医药中间体催化材料：医药中间体合成中的高性能、绿色催化材料
8	功能性复合材料	保温阻燃材料	复合稀土保温材料、无机纤维复合材料、铁镁铝复合耐火材料、无机/高分子复合材料、阻燃聚合物/无机物纳米复合材料等
9		涂层材料	涂料：防腐防污涂料、环保水性涂料、高性能疏水/亲水涂料、新型无溶剂涂料等； 润滑材料：耐腐蚀自润滑材料、高温涂层材料、润滑薄膜、特种润滑油脂等
10		复合纤维材料	高模高强碳纤维、芳纶纤维、无机改性高聚物复合材料,增强热塑性复合材料、碳化硅铝复合材料； 碳/碳材料、金属基复合材料
11		电子信息材料	封装材料、绝缘材料、基体材料、耐候材料、改性塑料等
12	电子化学材料		超净高纯试剂、CMP 抛光液、光刻胶及其配套试剂、封装材料以及高纯度特气材料

资料来源：国科（浙江）新材料技术有限公司所提供的资料。

（三）高标准的硬件设施

上虞新材料中试基地最大限度模拟实际生产环境，建设通用型公辅配套和设备平台，主要由管理服务区、动力配套区、中试运营区、物流仓储区四大区

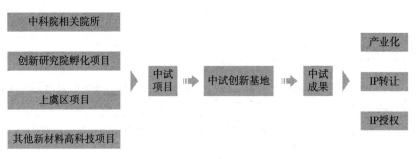

图1　上虞新材料中试基地的科技成果转化过程

块组成，在厂房高度、防爆、防腐、三废处理等方面为入驻的中试项目提供专业配套承载空间。管理服务区包含综合运维楼、综合分析楼、信息集成化中心和中心控制室，是整个创新基地的"大脑"。动力配套区包含动力车间和循环水系统，三废装置靠近园区污水处理厂，便于污水与之衔接。中试运营区包含11个中试车间（其中3个为孵化车间）和二期预留场地，是创新基地的核心。每个中试平台可根据项目需要的建设要求，分为1~3个中试区域，相互之间独立运作，互不影响。物流仓储区包含2幢甲类物资仓库、1座危废库和1个化工品罐组。

（四）高精尖的人才队伍

上虞新材料中试基地内设国科新材料产业技术创新研究院，研究院依托中国科学院相关院所的科研力量和优秀团队资源，形成以院士、海内外高层次人才、杰出青年等领衔的百人以上高水平研发团队。全职引入30余名国家科技管理信息系统技术研发专家，借助中国科学院系统分布在全国的18家新材料相关院所资源，协助企业及时攻关新产品中试过程中暴露的技术短板及工艺缺陷，一改以往企业中试"单枪匹马"，遇到问题"求医无门"的局面，集中攻克新产品工艺技术难题。如帮助皇马科技股份有限公司对接中国科学院开展关于聚醚胺催化剂进口替代的技术合作，大大降低了企业生产成本。邀请30多位新材料领域的院士、专家组建顾问团，并与SEG洛阳技术研发中心、天津大学绍兴研究院等10余家单位签订技术开发合作协议，解决中试项目落地工程化问题。

（五）可执行的管理体系

出台中试项目管理办法，针对新材料中试项目在监管、审批上无规可依的问题，杭州湾上虞经济技术开发区（以下简称杭州湾上虞经开区）与中试基地联合制定出台国内首个中试基地牵头推动的中试项目全周期管理办法——《中国科学院杭州湾上虞经济技术开发区新材料产业创新基地中试类项目管理办法（试行）》，对中试项目的各项内容和相关部门的工作职责进行全方位约定，具有更强的针对性和可执行性。简化中试项目审批流程，建立多部门和专家联合会商审批机制，入驻项目个体从立项到完成安全评价的审批流程从常规的近18个月缩短至3~4个月时间，有效提高了新材料中试项目的落地效率。建立多部门联合解难机制，建立由杭州湾上虞经开区、上虞区发改局、投促中心、应急管理局、环保局等部门组成的联合会商制度，协调解决中试项目入驻、运行过程中的安全、环保等关键问题，补齐中试项目短板。建立专家帮扶机制，邀请30多位院士、专家作为顾问，为基地和项目的管理和发展提供技术咨询与支持。创新基地整体环境影响评价机制，中试基地联合上虞区生态环保分局制定基地整体环评创新管理模式，通过模拟、预估基地中试项目的方式测算总体排污指标，并由公司整体申报、整体购买，后续入驻的中试项目仅需编制、报送环评报告书备案即可。

二　上虞区建设新材料中试基地的问题和挑战

（一）基地自身提级拓能仍存在一定瓶颈

中试项目有别于一般生产类项目，中试是进行工艺放大和寻找最佳参数的过程，条件不稳定，参数需反复调整，各类风险隐患显著高于成熟技术，中试基地对设备、安全、能耗、排污等安全环保情况有更加严苛的要求，因此中试基地的初始建设投入和后期的运维投入成本很大。同时由于中试产品无法进行大规模销售，中试基地缺乏充足的收入来源，绝大多数依赖政府投资扶持，缺少与创新主体联动的长效机制，不利于长期稳定运行。加之新材料行业工艺技术更新快，需要频繁地对设备进行更新换代、引进先进仪器设备，引入和更新新一代设备成本或将高达上千万元，资金压力较大。此外，中试项目需要持续引进领域内的专业技术人才，而高精尖人才成本高昂，若缺少优质科技项目或

牵动性强的科技成果转化项目，则会加重基地资金周转的负担，较低的项目回报率将难以覆盖高昂的运营支出，不利于专业化中试基地的长期建设和稳固发展，难以对科技成果转化形成很好的支撑。

（二）基地服务企业的能力有待进一步提高

一是专业复合人才的不足。中试基地为企业提供系统性服务，需要既懂研发又懂企业生产管理的复合型人才，能够适应工程化和市场化的需求，对成果进行有效地放大和提升。然而中试基地普遍存在人才缺乏的问题，尤其是缺少在行业内工作经验丰富的工程技术人才，导致很难有效将科技成果转化为工程化的成熟成果或技术。二是企业的中试热情不足。以企业为项目需求主体的中试项目，由于与行业内企业存在激烈的竞争关系，往往有较强的知识产权保护意识，导致不少企业最终选择在中试基地进行试验的意愿和积极性不高，若中试基地的软硬件配套服务水平不及市场预期，将会进一步挫伤企业参与中试的积极性。三是中试主体间的信任不足。在具体合作过程中，成果持有人、成果需求方和中试方三方对于风险和利益的分配很难达成共识，科研机构往往只考虑能否将成果完成，企业往往考虑尽量得到最大经济收益，而中试基地通常要斡旋于企业和成果持有人之间，为双方起到担保作用，但中试基地也要担心项目接近成熟后可能无法收取应得的收益或者服务费用，而且很难把握对技术企业是否适用。

（三）基地辐射产业发展的能力有待进一步挖掘

中试基地是创新链前端基础研究与后端成果转化之间的中间桥梁，为全面发挥带动产业发展的优势，需要进一步完善前端研发和后端孵化功能。然而，当前中试前端的科技创新研发尚不足，上虞区各类创新研发平台总体上呈现多而不大、散而不强的状态，国字头、标杆性的创新平台仍然不多，在赋能产业研发创新、科技成果转化的配套功能和服务功能方面发挥得还不够充分；校企协同研发尚不强，部分研究院存在对接项目多但落地项目少的现象；企业创新动力不足，直接用于研发的投入不够。中试后端的创新孵化功能有待加强，中试基地尚未建立完善的科技成果转移转化与知识产权管理机制，中试合作过程中的权利、责任和义务方面难以达成共识；对在本地孵化的创新项目，在技术、资金、人才等资源要素的倾斜尚不足；中试基地与科研院所、企业的技术转移通道尚未打通，在标准制定、成果应用与推广上缺乏合作，技术商品难以有效流动。

（四）基地体制机制有待进一步完善

中试项目涉及立项、评审、场地建设、装置建设等大量准入退出的合规性问题，且由于中试项目种类复杂，不同领域差别很大，尚无国家层面的顶层制度规范和统一的管理办法，单一由地方科技管理部门出台中试基地管理办法，难以形成政策合力，中试基地系统的顶层设计仍显不足，科技创新机制和制度不够健全。在创新治理体系方面，科技成果转化激励机制、运行绩效评价制度不够健全，创新人才评价和奖励机制有待完善，科技服务体系有待健全，产学研结合的创新体系建设需进一步完善。中试过程涉及工艺开发、工程开发、安环管理、数据包编制等多个环节，任何环节出现问题都可能导致项目失败，目前对中试项目亟待建立一定的容错机制。此外，中试处于实验室研发和产业化的中间阶段，承担着技术风险、投资风险、市场风险等，目前缺乏合理的利益分配、风险共担和市场化合作的运行机制。

三 上虞区推动新材料中试基地发展的对策建议

（一）强化中试项目要素保障，营造良好的创新创业环境

一是强化资金保障。研究出台有利于行业发展的资金扶持政策和激励措施，建立专项引导资金，积极争取省级和市级资金支持；对中试基地内的企业按规定给予技术转移奖补、减税降费、研发补贴政策优惠。二是创新设立中试项目产业基金。建立健全"投拨结合、先拨后投、适度收益、适时退出"支持模式，创新建立产业基金双向承诺制度，推动产业基金持续发展。引入第三方投资机构调查评估进行先期投资，在项目成果转化阶段将前期项目资金按市场价格转化为股权等投资权利。三是强化用地保障。对于中试平台建设和产业孵化的中试项目，给予用地规划和指标需求的优先保障。四是强化用能保障，对中试基地给予一定的能源支持，优先保障重大科技项目的用能，对中试平台采取备案制度，适当降低项目环保需求。

（二）加强中试人才队伍建设，激活基地建设的主体活力

一是强化中试项目运营和管理人才的培养力度。搭建卓越工程师培养平台，推动建立制定有特色的中试产业人才政策，通过人才互聘、薪酬绩效、成果奖励等举措，激发中试人才的积极性。瞄准国家、省级顶尖人才，组建多层次跨领域的中试专业化团队，围绕"引、育、留、用"，构建特色人才培养链。二是充分依托绍兴科创大走廊建设。整合实验室、研究院所资源，建立创新人才联盟，鼓励科研人员和企业工程人员互动交流，为前期研发提供人才支持。三是建立由政府、企业、院所等人才组成的智库团队。定期开展学术讲座、技能培训和协会活动，提高相关从业人员的专业素养，为中试项目的运行和管理提供保障。探索开展技术转移人才资格认证和职称评定制度，加大科技服务专业人才培养。四是充分利用高校科研和教学资源。加强产学研用，根据地方产业需求设置科技成果转化和科技服务等相关学科专业，以市场为导向培养复合型科技人才。

（三）探索新型协同创新模式，推动创新要素的高效利用

以创新基地为载体，寻求"产学研设"协同创新的新模式，充分发挥产业联盟等平台的作用，加强企业、高校、科研院所、行业协会及相关专业机构与中试基地互动，鼓励各平台与企业开展共性技术研发、中试放大等工作，促进符合产业转型所需的重大科技成果转化落地。一是积极共建区域科技创新联合体。推进本地院所联合，加快与天津大学绍兴研究院、杭州电子科技大学上虞产教融合创新园等形成技术创新联盟，加强与曹娥江科创走廊内其他平台的协调联动，加速实现创新要素的高效协同和顺畅流动，实现与重点科研平台在重大关键、共性技术的研发和中试的联合攻关，推动更多优质的科技成果走出实验室。二是强化与省内外科研院所的对接。推进与浙江大学、上海交通大学、中国科学院上海有机所等新材料创新机构开展合作，强化重点领域的联合攻关，争取省外院所中试项目在平台落地运行。三是建立企业家咨询座谈会议制度。鼓励企业专家参与到中试项目中来，针对不同企业对中试项目在规模和融资等方面的困难精准施策，实现企业需求与中试平台资源的精准对接。

（四）链式打通中试创新链条，提升中试的配套服务能力

一是优化前端科技创新研发。建设新材料产业技术研究院，联合与天津大学绍兴研究院等本地院校机构，构建科技创新联盟，以市场需求为导向，围绕特色优势产业，聚焦关键"卡脖子"技术，加快新产品的研发设计，加速抢占产业链上游。二是完善中端中试基地建设。搭建好创新链前端基础研究与后端成果转化之间的桥梁，精准服务创新主体，降低中试风险和成本，缩短中试周期。三是强化后端创新孵化功能。组建专业化孵化团队，吸引风险投资机构入驻平台，构建本地孵化承诺制度，创新中试平台与企业开展技术对接和成果转让机制，提高科技成果转化成功率。

（五）完善中试基地政策体系，形成基地建设的政策合力

中试放大是多学科、跨专业的复杂系统工程，也是一个投资大、风险高、需要长期培育的过程。因此，需进一步出台鼓励中试的专项政策，在资金、土地、税收、项目、人才等方面给予中试基地建设的政策保障，充分调动各方建设中试基地的积极性，让创新单位敢于中试、愿意中试。一是编制完善中试基地总体规划。强化问题导向，研究制定中试基地和中试项目系列激励政策，鼓励产业化导向明确的科技计划项目成果进行中试或者在中试基地进行验证。二是健全科技成果评价体系。完善科技成果评价机制，探索建立面向产业的、可供推广的科技成果评价方法，加强对科技成果转化的奖励。三是建立健全平台考核监督制度。组建由政府部门、相关专业机构、权威专家组成的三方机构，按照评估结果对平台予以政策倾斜和要素支持。四是建立一定的项目容错机制。支持风险投资机构入驻平台，加大对市场前景好的项目的支持力度，加快科技成果转化尽职免责机制，对困难项目统筹资源帮助解决实际问题，形成科研人员敢为、愿为的创新氛围。

参考文献

彭绪庶：《新质生产力的形成逻辑、发展路径与关键着力点》，《经济纵横》2024 年

第 3 期。

王帅帅：《我国中试基地的发展建言》，《科技导报》2012 年第 15 期。

侯小星、曾乐民、罗军等：《科技成果转化中试基地建设机制、路径及对策研究》，《科技管理研究》2022 年第 21 期。

叶浅草、金学慧：《我国科技成果转化中试环节政策现状、问题及思考》，《科技智囊》2020 年第 7 期。

B.15
诸暨市培育航空航天产业集群打造
新质生产力先发地的实践探索

中共诸暨市委党校课题组*

摘　要： 新质生产力强调通过劳动者、劳动资料、劳动对象及其优化组合，实现全要素生产率的提升。培育新质生产力，要强化党委、政府对产业发展的规划引导、政策支持，发展战略性新兴产业、部署培育未来产业、加快传统产业转型升级，深化创新引领、强化人才支撑、优化生产关系。诸暨市通过健全完善组织体系、规划布局产业空间、搭建产业创新平台、持续优化产业生态，在发展航空航天产业方面取得显著成效。但也面临着发展方向较为分散、缺少链主企业等问题，因此建议诸暨市优化航空航天产业空间布局，构建航空航天细分产业优势，推进链主企业项目招引、科技创新成果转化、产业开放合作、科创平台支撑、产业服务保障等工作，推动航空航天产业链创新发展，为打造新质生产力先发地提供有力支撑。

关键词： 新质生产力　新兴产业　航空航天　诸暨市

一　诸暨打造新质生产力先发地的背景

2023 年 7 月以来，习近平总书记站在高质量发展战略全局高度，围绕新

---

* 课题组成员：赵国强，中共诸暨市委党校（诸暨市行政学校）、诸暨市社会主义学校、枫桥学院综合教研室主任、讲师，研究方向为城乡经济、社会治理；楼宇琼，诸暨市科技创业服务中心干部，研究方向为科技创新；方婷玉，诸暨市科技城建管委经济发展处副科长，研究方向为产业经济；吴少杰，诸暨市委科技创新委员会办公室秘书科科长，研究方向为产业经济学、创新平台管理。

质生产力作出一系列重要论述。新质生产力是指通过劳动者、劳动资料、劳动对象及其优化组合，实现全要素生产率的提升，特点是创新，关键在质优，本质是先进生产力。发展新质生产力、推动高质量发展业已成为全党全社会的共识和实践行动，但要"因地制宜"，防止一哄而上、泡沫化，需要强化党委、政府对产业发展的规划引导、政策支持，发展战略性新兴产业①、超前部署和培育未来产业②、加快传统产业转型升级。③

诸暨发展航空航天产业具有良好的市场前景和政策环境。2023 年 12 月，中央经济工作会议提出要打造生物制造、商业航天、低空经济④等若干战略性新兴产业，开辟量子、生命科学等未来产业新赛道，广泛应用数智技术、绿色技术，加快传统产业转型升级。⑤ 航空航天产业链由上游零部件和材料研发制造、中游整机研发制造、下游应用服务等构成，技术门槛高、产业外溢率高，是国家综合国力的集中体现，也是推动科技创新和经济社会发展的战略性产业。其中航天产业主要包括卫星制造、航空运载火箭等，航空产业主要包括民用航空等领域。由工信部、科技部、财政部、中国民用航空局联合印发的《通用航空装备创新应用实施方案（2024—2030 年）》提出，到 2027 年，以无人化、电动化、智能化为技术特征的新型通用航空装备将在城市空运、物流配送、应急救援等领域实现商业应用；到 2030 年，通用航空装备将全面融入民众生产生活各领域，成为低空经济增长的强大推动力，形成万亿级市场规模。据有关机构测算，2023 年我国低空经济规模已超过 5000 亿元，2030 年有望达到 2 万亿元。⑥

2021 年，浙江省出台《浙江省航空航天产业发展"十四五"规划》，聚

---

① 战略性新兴产业：包括移动互联网、智能终端、大数据、云计算、高端芯片等信息技术带来的产业变革，围绕新能源、气候变化等的技术创新，绿色经济、低碳技术等产业，生命科学、现代农业、生物能源、生物制造、环保等产业。

② 未来产业：人工智能、量子信息、未来网络与通信、物联网区块链等信息技术产业，以基因编辑、脑科学、合成生物学、再生医学等为代表的生物技术产业，绿色低碳产业，战略空间产业等。

③ 洪银兴：《发展新质生产力 建设现代化产业体系》，《当代经济研究》2024 年第 2 期。

④ 低空经济是以各种有人驾驶和无人驾驶航空器的各类低空飞行活动为牵引，辐射带动相关领域融合发展的综合性经济形态。

⑤ 《中央经济工作会议在北京举行》，《人民日报》2023 年 12 月 13 日，第 1 版。

⑥ 宋志勇：《高质量建设低空飞行服务保障体系》，《学习时报》2024 年 4 月 8 日，第 5 版。

焦大型飞机、商业航天、通用航空和无人机等领域，推动航空航天研发设计、高端制造、运营服务融合发展。绍兴是浙江省航空航天产业的重要板块，2023年出台的《先进制造业强市建设“4151”计划专项政策》提出要推进交通（汽车、航空航天等）等重点产业集群发展。

在绍兴市委九届五次全会上，诸暨市被赋予打造“新质生产力先发地”的发展定位。2024年3月印发的《绍兴市融杭发展规划》再次明确要“借力大飞机制造，培育诸暨航空航天产业集群”。在此背景下，诸暨市以发展航空航天产业为抓手，统筹推进传统产业升级、新兴产业壮大、未来产业培育，着力打造新质生产力先发地。

二　诸暨市航空航天产业的发展实践

（一）发展基础

诸暨市连续多年入选全国综合实力百强县、全国工业百强县、中国绿色发展百强县市，2023年居全国百强县第11位。可以说，诸暨市发展航空航天产业具有良好的产业基础、交通区位、要素保障、社会善治等优势。

1. 在产业基础方面

作为工业大市，诸暨加快融合人才链、创新链、产业链，创成“两化”深度融合国家示范区、浙江省制造业高质量发展示范市，2023年高新技术产业增加值占规上工业增加值比重达55.6%。空天装备产业相关企业涵盖卫星测控与研发制造、直升机停机坪、新材料、轴承轴瓦、弹簧及五金零配件等领域。如浙江圣翔航空科技有限公司（以下简称圣翔航空）自主研发的“全铝多层直升机停机坪系统”应用于航空应急医疗救援等领域。浙江伊思灵双第弹簧有限公司、英科控股有限公司、诸暨市康宇弹簧有限公司等具备航空航天精密弹簧研发制造能力，中科金绮新材料科技有限公司、崌肯中智新材料有限公司、浙江实利合新材料科技有限公司等具备PBO纤维、碳纤维材料、钨钼合金等航空航天材料生产能力。

2. 在交通区位方面

诸暨是杭州都市圈核心区成员。浙赣铁路、沪昆铁路、杭长高铁连通南

北，杭金衢高速、诸永高速、绍诸高速贯穿全境，是全国首个拥有绕城高速的县级市。从诸暨乘高铁到杭州19分钟、到上海90分钟，距离萧山国际机场仅50分钟车程。航空航天产业主要集聚地科技城（海归小镇）距离诸暨市区不足10公里，距离杭州市区约50公里，距离绍兴市区约40公里，均在1小时车程内。诸暨市入选全国交通运输一体化示范县创建名单，是上海、杭州高端制造业溢出项目的重要承载地。

3. 在要素保障方面

面向航空航天领域科技发展前沿，诸暨与浙江大学、浙大控股集团共建浣江实验室，集聚了一批航空航天产业人才，成立中俄（诸暨）国际实验室、诸暨（港科大）联合创新中心等科技创新平台。诸暨土地资源相对丰富，海归小镇总规划面积7025亩，具有充裕的用地发展空间。

4. 在社会善治方面

诸暨作为"枫桥经验"的发源地，连续19年被评为浙江省"平安县市"，是全国文明城市、全国新时代文明实践"先行试验区"，是浙江省高质量发展建设共同富裕示范区打造精神文明高地领域首批试点，获评教育、卫生、文化、体育等社会事业全国先进县市。

（二）发展举措

2023年1月，欧美同学会海归小镇（诸暨·空天装备）落户诸暨科技城。以此为契机，诸暨整合原有相关产业、企业基础，围绕打造全国航空航天产业先进制造基地、全国航空航天产业创新孵化高地和全国航空航天产业应用服务高地"三个地"战略定位，通过强化组织领导、构建发展空间、搭建科创平台、优化政策生态，在发展航空航天产业方面取得显著成效，实现产业集聚、技术突破，推动航空航天产业链创新发展。

1. 健全完善组织体系

诸暨市成立先进制造业强市建设领导小组，建立航空航天产业链"链长+链主"协同机制，由诸暨市委常委担任链长，负责牵头协调和推动工作落实；科技城建设管理办公室作为航空航天产业链的具体牵头单位。编制《诸暨市航空航天产业链创新发展实施方案（2023—2026年）》，设立航空航天产业专项基金，招引航空航天产业高科技企业。统筹推进"十个一"工作机制①，形成"一链一表"、一月一报，加强要素保障、政策咨询和技术服务。健全诸暨市发改局、诸暨经济开发区管理委员会、诸暨市科技局、诸暨市经信局等部门与陶朱街道、应店街镇等乡镇的市镇联动、政企互动工作机制，并通过政企亲清会等平台，帮助协调解决重大问题。

2. 规划布局产业空间

推进航空航天产业链空间集聚，主要布局在开发区和科技城（海归小镇）。其中，存量企业主要位于开发区，依托产业示范基地，培育出一批航空航天零部件企业；科技城（海归小镇）是全国第四个、县级第一个欧美同学会海归小镇（空天装备小镇），总规划面积7025亩，未来将成为诸暨航空航天产业链的主平台。同时，强化暨阳街道、大唐街道等地航空航天相关企业支撑，发展电子元器件、纤维材料等产业配套。截至2024年5月，风洞试验平台加速建设；姚江镇试飞基地、总装直升机基地完成土地政策处理。

3. 搭建产业创新平台

围绕国家、浙江省、绍兴市重大产业布局和诸暨市"229"产业规划，重点引进国家"双一流"建设高校、中国科学院等具有一流创新能力的各类机构，聚焦航空航天、新材料、网络安全等新兴产业，先后落地浣江实验室、中俄（诸暨）国际实验室、西交网络空间安全研究院等高能级科创平台。出台《诸暨市共建科创平台建设管理办法（试行）》，每个平台配备一名市领导担任党组织书记，开展联系指导；发挥科创平台成果转化、企业孵化等作用；出台《诸暨市共建产业创新平台绩效评价办法》，根据科创平台特色制定绩效考核细则，实施考核结果与经费拨付挂钩、低效退出机制。推动科创平台与企业共建联合研发中心，协同开展关键核心技术研究，推行科创平台大型科学仪器共享机制。2023年1月，诸暨市政府、浙江大学与浙大控股集团共建浣江实验室，总投资5亿元；截至2024年1月，浣江实验室已有常驻工作人员106

---

① "十个一"工作机制：一个产业链发展规划、一批产业链支持政策、一个产业链发展平台、一批产业链龙头企业、一批产业研究院（含产业链公共创新服务平台）、一批产业链高端人才（含专家智库）、一个工作推进机制、一个产业链工作专班、一支产业链专业招商队伍、一个产业链年度工作计划。

人，包括国家级领军型人才12人、省级领军型人才7人，拥有科研仪器设备70余台（套），总价值近5000万元①；截至2024年3月，已孵化科技型企业16家，承担横向科研合作项目31个，入选省级新型研发机构，从事航空航天及关联领域人才占比超80%。

4. 持续优化产业生态

出台《诸暨市航空航天产业招商选资专项扶持政策意见（试行）》《关于建设诸暨海归小镇人才管理改革试验区的实施意见》《金融支持稳进提质若干政策》等政策，涵盖人才招引、科技创新、金融服务等方面。开展"增值式"人才服务，实施人才服务"十件实事"，建立"首席人才服务官"工作体系，加大人才医疗保障、子女入学、住房安居支持力度。2023年，诸暨出台《海归小镇（诸暨·空天装备）专项扶持政策》《关于建设诸暨海归小镇人才管理改革试验区的实施意见》等人才管理和重点产业专项政策，为人才提供最高500万元购房补贴和100万元安家补贴，实行人才公寓"先租后售"等政策。举办、承办海内外高层次人才创业大赛、欧美同学会"双创"大赛、航空航天产业发展论坛、中国力学学会青托委员会年会等活动，为高层次科技创新人员搭建交流平台，推动航空航天人才、项目、科技等资源向诸暨集聚。科技城建设管理办公室加强与海外联络站合作，动态更新全球高层次海归人才库，打造海归人才管理改革试验区，从职业发展、生活要素等方面吸引海归人才。科技局实施"平台引才""伙伴引才"行动，通过共建研究院（实验室）、企业、海外离岸创新中心等引进、培育航空航天产业相关科研团队和国内外领军人才。经济和信息化局对航空航天相关新材料企业首批次应用综合保险给予补偿，促进航空航天相关新材料应用推广。强化金融政策支持，创新金融中心主动牵线搭桥，推进创投资本与航空航天科技创新企业开展项目投资合作；修订完善《诸暨市银行业支持科技企业和人才创业企业发展的若干意见》《诸暨市科技银行运营工作领导小组关于优化科技贷款申请发放流程细则的通知》，由科技银行为企业提供"科创贷"信贷支持。

---

① 袁晓玲：《浣江实验室：发力航空航天 共逐星辰大海》，《今日科技》2024年第1期，第68页。

（三）发展成效

经过产业培育发展，当前诸暨航空航天产业链条形态已基本显现。截至2024年3月，诸暨已集聚了一批航空航天产业企业，包括省隐形冠军企业、国家专精特新"小巨人"企业、省专精特新中小企业，涌现出赛思倍斯（绍兴）智能科技有限公司（以下简称赛思倍斯）、弘飞空天科技有限公司等优质企业。诸暨市航空航天产业已涵盖卫星测控与研发制造、空天信息、芯片、传感器、光电、电子器件、直升机停机坪、新材料、轴承轴瓦、链条传动、弹簧及五金零配件等领域，涉及产业链上游（原材料零部件领域），并开始进入中下游的整机制造与应用服务（见图1）。

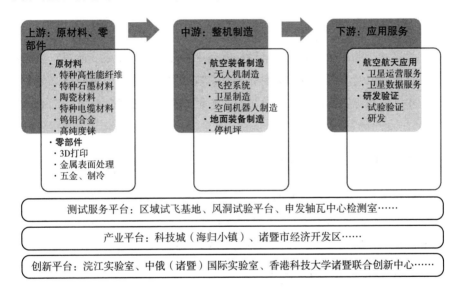

图1　诸暨市航空航天产业链示意图

通过人才引进、科技合作、创新支持等，诸暨航空航天产业前沿技术、创新产品频现。企业生产出可应用于飞机"黑匣子"的PBO纤维；赛思倍斯是国内唯一以超低轨道卫星为主营业务的企业，自主研发的国内首颗超低轨道技术试验卫星"乾坤一号"升空，填补了我国超低轨道技术应用领域的空白。①

---

①　李伯俭：《何以打造新质生产力先发地？——诸暨聚力"大抓产业"综述》，《诸暨日报》2024年2月20日。

圣翔航空自主研发的"全铝多层直升机停机坪系统"被认定为"国际首创"，已量产应用。浙江天链航天科技被称为"卫星管家"，目前服务在轨卫星 230 多颗，初步形成遍布全球的商业卫星运维管理网络和航天数据服务体系①。

三 诸暨市发展航空航天产业面临的挑战

虽然诸暨市在培育航空航天产业集群，打造新质生产力先发地方面取得重大成效，但与先进地区相比仍存在一些短板和亟待破解的关键问题。

（一）发展方向较为分散

航空航天产业涉及领域广、研发周期长、投入资金大，且全国及浙江多地均在布局这一产业，竞争激烈。诸暨航空航天产业链尚处于起步阶段，企业不多，涉及通用航空、大飞机、卫星、火箭、数据服务等多个领域，势必分散资金、人才、土地等资源，导致细分领域还不够聚焦，需要因地制宜，形成比较优势。

（二）缺少标杆链主企业

航空航天产业具有高精度加工、高水准管理、高知识要求等特点②，需要"链主"龙头企业带动产业链上下游配套集聚发展，目前诸暨航空航天企业主要为配套环节，核心装备制造企业不多，缺少标杆性"链主"企业。

（三）产品应用场景不足

当前诸暨的航空航天产业订单主要来自政府项目，与北京、西安等资源富集城市相比，市场优势还不足。受低空空域因素影响，在低空经济领域尚未形成规模化市场，标志性的应用项目、场景不多，需要进一步推动产业培育，提升产业知名度。

---

① 周志豪：《守望宇宙的"卫星管家"》，《诸暨日报》2024 年 4 月 8 日。
② 吴可人、柳乾坤：《浙江航空航天工业发展思路与对策》，《浙江经济》2021 年第 1 期。

（四）创新平台有待提效

企业在"生产成本及研发成本较大"背景下，希望"同相关实验室合作，解决技术难题及瓶颈"，当前诸暨已经搭建了多家校地科创平台（实验室），但创新资源还较为分散，科研经费、项目、设施、人才和数据等创新资源的协同规划、相互衔接还不够，尚未形成协同倍增效应和集群效应，科研成果还不足以满足企业需要，政府、企业与科创平台的协同创新机制有待进一步完善。

（五）人才队伍有待提升

航空航天产业领域科技含量高、对制造工人的要求高，属于高级技工行列。企业普遍反映航空航天产业"有经验的创新型人才较少，引进成本较大"，而受周边大城市虹吸效应影响，"在诸暨范围内高级技工更为稀少"。可见，航空航天产业作为新兴产业，对干部和企业家的创新能力、服务能力、发展能力提出了更高要求。

（六）配套设施有待完善

航空航天产业如卫星、无人机等需要建立完备的产业配套服务体系，而诸暨的航空航天产业起步不久，基础设施、政策设计、营商环境等配套仍需优化。如企业在土地保障、设备添置、厂房建设、资质申报、项目审批等方面需要政府提供更优的服务和保障。

四 推动诸暨航空航天产业发展的对策建议

诸暨要进一步完善航空航天产业培育专项政策，优化航空航天产业空间布局，形成航空航天"231"产业细分优势[1]，推进链主企业项目招引、科技创新成果转化、产业开放合作、科创平台支撑、产业服务保障等工作，推动产业链创新发展，为诸暨打造新质生产力先发地提供有力支撑。

---

[1] 航空航天"231"产业细分：形成打造卫星、无人机两大细分产业链，航空航天零部件、新材料、地面装备三大集群，航空航天高端测试服务。

（一）优化产业空间布局

聚焦诸暨航空航天产业发展布局，构建"一核引领、平台赋能、多点支撑"的产业空间布局。

1.科技城（海归小镇）"一核引领"

坚持高水平规划、高标准招引、高要求培育，打造科技城（海归小镇）航空航天产业主平台。加强与中国科学院宁波材料所等合作交流，培育中俄（诸暨）国际实验室等航空航天工程研究中心、实验室基地、企业研究院等创新机构。突出重大项目示范带动，强化与高校院所合作，打造卫星、无人机产业集群。聘请专业机构运营，加大与上海欧美同学会等合作，打造高端留学人才汇聚地。面向全球产业链精准招商，承接空天装备产业重大项目、优质拟外迁企业以及高端人才等各类资源外溢。优化生产生活服务及数字基础设施，推进产城融合。

2.浣江实验室等科创平台"强力赋能"

以航空航天领域重大产业需求为导向，开展前沿技术创新与关键核心技术攻关，打造集科学研究、成果转化、人才引育、产业孵化于一体的高能级创新平台，为航空航天产业发展提供强大支撑。如浣江实验室重点发展高端测试服务、空间微电网和无人机、卫星、机器人、传感器等高端装备制造。

3.开发区及有关乡镇（街道）"多点支撑"

优化开发区、重点乡镇（街道）和经开区、产业园区等航空航天产业平台，提升吸引力、承载力，针对航空航天企业研发、生产、检测、组装、库存、物流、销售等全周期需求，科学规划建设配套设施，打造航空航天产业标准化厂房和生活区，实现企业入园即可生产。布局数字化基础设施，支持龙头骨干企业建设"未来工厂"。陶朱街道、暨阳街道重点发展卫星配套、芯片制造、电子元器件等产业；大唐街道重点发展弹簧、纤维材料、高性能复合材料等领域；姚江镇依托低空空域条件，推进国际通航港建设，培育发展直升机总装等临空制造服务，推进姚江区域飞行器试飞基地建设，搭建服务型公共孵化器、中试平台、生产平台等，发挥风洞试验平台等航空航天公共测试服务设施作用。提升空间平台土地利用效率，鼓励企业开展"零土地"技术改造和厂房改造，推动工业设备上楼，加快提升土地利用效率，推进低效工业用地连片整治和盘活利用，提升航空航天产业空间集聚度。

（二）构建"231"产业细分优势

1.培育两大细分产业链

一是培育卫星产业链。发挥重点企业和浣江实验室作用，建立卫星产业链整星研制、载荷研制、测控服务、数据应用等板块，打造全国微纳卫星产业高地。依托整星企业加快推动相关卫星平台和卫星载荷研制生产配套企业落地诸暨，打造卫星产品研发设计生产集群。深化发展卫星测控服务，布局卫星地面设备，推动卫星数据与地理信息及互联网数据融合。加强太空采矿机器人、空间碎片抓捕机器人等空间机器人研发。二是培育无人机产业链。推动无人机整机研制、核心部件研制、应用产品开发，打造无人机智造高地。研制物流配送、电力巡航、应急救援等应用无人机系列产品，培育无人机多样化应用模式，布局电动垂直起降飞机（eVTOL）产业，发展低空经济。

2.打造三大产业集群

一是打造航空航天零部件产业集群。依托诸暨轴承轴瓦、弹簧、五金零配件和精密制造产业基础，发挥龙头企业带动和科创平台作用，发展高精度传感器、航空航天专用制冷机、发电机、航天阀门等航空航天零部件产业，培育国产大飞机和火箭、卫星等供应链企业。二是打造航空航天新材料产业集群。结合诸暨金属新材料、有机高分子 PBO 纤维、碳纤维材料产业优势，发挥中俄（诸暨）国际实验室等新材料研发作用，培育航空航天新材料制造企业。开展复合材料、先进金属材料、特种化工材料等关键材料研制及应用。三是打造航空航天地面装备产业集群。发展低空新基建设备、卫星地面设备、试验检测设备、生产制造装备等，培育航空航天装备专用生产线、数控机床等领域装备制造企业。培育卫星地面设备、机场或起降点地面监测设备等。

3.发展航空航天高端测试服务

为满足快速增长航空航天产业公共测试服务需求，依托浣江实验室、西交网络空间安全研究院等创新平台和龙头企业，发展航空发动机试验、航天环境模拟、空气动力模拟、零部件及新材料性能测试等高端测试服务，建立航空航天公共测试平台，为市内外行业龙头企业提供高端服务。拓展测试产品服务领域，向汽车、高端装备等领域开放服务，打造一投多用的测试服务体系和公共测试平台。

（三）推进链主企业项目招引

1. 引育链主企业

与浙江大学、北京航空航天大学等院校加强联系，借助人脉资源优势和欧美同学会海外资源，开展产业链招商、基金招商、科研平台招商、赛会招商、乡贤招商、以才招商，建立健全一把手招商机制和省、市、县联动支持机制，瞄准北京、上海等重点地区央企和头部企业，精准招引标杆型链主企业。围绕链主企业项目建设内容和要素需求，通过工作专班、政策直通车等机制，强化政策和服务支持，推动标杆型企业、重大项目落地。

2. 招引链条企业

发挥既有航空航天相关领域整机制造企业的带动作用，梳理链主企业本地配套需求，绘制细分产业链招商图谱，招引有意向的链主企业、优质供应商和客商。根据卫星、无人机等重点细分产业链培育需要，引进上下游隐形冠军、专精特新"小巨人"等优质企业。建立航空航天产业链重点项目库，优化招商政策，优先引进重资产类优质企业。

3. 打造产业联盟

征集摸排航空航天领域的意向企业，对接中国宇航学会、中国航空学会及相关高校等空天领域资源，由政府、浣江实验室、企业、投资机构等共同建立航空航天产业联盟，开展行业战略和高端技术研究及关键设备研发，通过产学研合作、技术创新，加速航空航天产业人才集聚、信息汇聚、企业集群，提高产业竞争力和影响力。

4. 健全企业孵化机制

创建国家级孵化器、众创空间，发挥科创平台产业孵化作用，加强航空航天产业领域业务培训和政策辅导，建立航空航天科技企业孵化机制。优化初创企业培育的扶持政策，完善适用于航空航天产业的首台（套）设备、技改和金融支持政策，构建"容错"创新环境，为初创企业提供有力支持。引培第三方企业服务机构，强化航空航天小微企业精准服务。

（四）推进科技创新成果转化

1. 打造高能级科创平台

强化校地、校企合作，推动科创平台科技、教育、人才、财政、土地、税收等政策协同，建优用好浣江实验室等航空航天产业领域科创平台。健全以科创平台为中枢的"技术策源—应用牵引—企业孵化—产业集聚"新质生产力全生命周期培育体系，打造"源头在高校、中试在平台、产业化在诸暨"的科创生态。聚焦高能级科创平台"建、管、用"全链条，强化全流程绩效管理，构建重大任务导向的考核评价体系。

2. 加强创新成果转化激励

健全技术转化进程中利益共享、要素置换、柔性合作等创新机制，推动科研成果从实验室走向产业化，激发创新成果转化活力。发挥市科技成果转化中心、科技大市场作用，促进技术成果交易和转移转化。推行项目经费包干、科技成果赋权、薪酬激励分配等制度，赋予平台更大的技术路线决定权、经费支配权、资源调配权。支持高能级科创平台开展职务科技成果赋权改革，鼓励和支持科研人员携赋权科技成果作价入股、创办企业。

（五）推动产业开放合作

支持有条件的航空航天企业积极谋划应用示范项目，提高市场占有率，提升诸暨航空航天产业能级。加强航空航天企业与有关单位、科研院所合作，吸纳行业技术成果转化，支持企业提升配套能力，支持有条件的企业争取保密资质，积极参与特种产品研发制造。

1. 开展融杭产业协作

发挥临杭区位优势，依托浣江实验室和浙江大学航空航天学院人才团队资源，与杭州民用无人驾驶航空试验区、云栖小镇、钱塘新区等航空航天产业加强联系，支持有条件企业参与重大活动保障，承接杭州等地区航空航天产业溢出资源，共同承接国家重大项目建设，打造杭州航空航天技术成果产业化基地和配套加工基地。

2. 融入区域产业集群

推动诸暨航空航天企业走出去，加强与央企对接，支持企业进入央企和国产大飞机等供应链体系。鼓励企业参与国产大飞机零部件、新材料等研制，参与中国国际航空航天博览会、上海国际商用航空航天产业展览会等高能级展览活动，打造诸暨航空航天展示窗口。积极开展长三角区域交流、研发合作，努力融入长三角航空航天基础设施、重大平台等共建共享。

（六）提升产业服务保障能力

1. 优化企业服务

深入实施营商环境优化提升"一号改革工程"，强化对企业"有求必应、无事不扰"工作理念，通过政企亲清会等工作机制，发挥链长、部门、专职驻企服务员作用，构建"亲清"政商关系。针对航空航天产业发展的差异化需求，加快完善惠企政策，提高科学性和有效性。针对保密资格获取、两证获取、适航认证、检测试验、行业标准研制等重点方面，积极搭建公共服务平台，提供行业共性服务。定期组织产学研、产才、产融等对接洽谈活动，为航空航天产业发展提供高效交流平台。

2. 优化人才支撑

发挥诸暨市委组织部、市人力资源和社会保障局等部门作用，统筹推进高素质干部队伍、高水平创新型人才和企业家队伍、高素养劳动者队伍建设，开展高层次人才招引、人力资源服务、人才阵地运营等全方位服务，为航空航天产业发展提供人才支撑。发扬诸暨企业家精神，注重新生代企业家培育。开展"增值式"人才服务，完善人才服务"十件实事"，建立"首席人才服务官"工作体系，加大人才医疗保障、子女入学、住房安居支持力度，持续优化留才氛围。办好创新创业大赛、学术研讨会等活动，帮助高层次科技创新人才交流信息资源、开展科研交流、浓郁人才氛围。创新劳动者培育，健全职业教育体系，推行新型学徒制，推动企业与院校合作开展"工匠培训""师徒结对"，提高航空航天产业员工技能和综合素质，培育航空航天领域高级技工。

3. 优化金融服务

发挥航空航天产业基金作用，鼓励金融机构创新金融产品服务，组织开展精准、高效、便捷的融资对接服务，解决企业融资问题。引入航空航天供应链金融服务机构，鼓励企业探索应用初创期融资、订单融资、设备租赁等供应链金融产品。推进优质企业股份制改造，支持企业上市融资、发行债券。发挥诸暨市金融发展服务中心和诸暨市数字金融产业园的运营管理作用，开展项目融资和企业服务对接。

参考文献

林毅夫、黄奇帆等：《新质生产力：中国创新发展的着力点与内在逻辑》，中信出版社，2024。

敖万忠：《三大驱动力打造低空经济新增长引擎》，《学习时报》2024年4月8日。

高帆：《"新质生产力"的提出逻辑、多维内涵及时代意义》，《政治经济学评论》2023年第6期。

黄群慧、盛方富：《新质生产力系统：要素特质、结构承载与功能取向》，《改革》2024年第2期。

焦方义、杜瑄：《论数字经济推动新质生产力形成的路径》，《工业技术经济》2024年第3期。

洪银兴：《新质生产力及其培育和发展》，《经济学动态》2024年第1期。

王文泽：《以智能制造作为新质生产力支撑引领现代化产业体系建设》，《当代经济研究》2024年第2期。

王璐、杨涛、肖华玮：《校地共建产业技术研究院模式研究》，《合作经济与科技》2023年第8期。

吴可人、柳乾坤：《浙江航空航天工业发展思路与对策》，《浙江经济》2021年第1期。

徐兰、吴超林：《数字经济赋能制造业价值链攀升：影响机理、现实因素与靶向路径》，《经济学家》2022年第7期。

周文、叶蕾：《新质生产力与数字经济》，《浙江工商大学学报》2024年第2期。

B.16
嵊州市以小吃产业促进共同富裕的
实践探索[*]

中共嵊州市委党校课题组[**]

摘　要：　"嵊州小吃"承载了千年传统文化，在历代传承实践中，创制形成了以"小笼包、炒年糕、榨面"为代表的百余种小吃美食。近年来，嵊州市依托悠久历史和地方特色，深入挖掘美食文化，通过实施"大嵊归来"统标工程等系列行动，促使嵊州小吃产业在技术标准化、经营现代化、品牌时尚化等方面取得了积极成效，已经发展成为嵊州富民增收的重要产业和引以为傲的城市名片。但同时，嵊州小吃产业也存在经营理念滞后、经营规模偏小、标准化程度不高等问题。持续推动嵊州小吃产业高质量发展，需要顺应市场发展新趋势以及消费升级新需求，推动小吃产业链纵向延伸、横向整合，形成一、二、三产业有机融合的新型产业形态，促进小吃产业"标准化、连锁化、产业化、国际化、数字化"，构建小吃产业促富新优势，推动嵊州小吃产业持续向好。

关键词：　嵊州小吃　共同富裕　产业品牌

"民以食为天"。地方小吃传承文化、连接市场，是扩大内需、促进共富的重要载体。小笼包、炒年糕、榨面……一份份看似普通的小吃，却让嵊州名扬四海，在带给人们舌尖上满足的同时，也成为嵊州的一张亮丽名片，让嵊州

---

* 本文所使用的数据除特别说明外，均来源于 2024 年 3 月 19 日刊发于《浙江日报》的《嵊州借助电商做大小吃产业　小笼包有了"大蒸笼"》一文和嵊州市商务局相关资料。

** 课题组成员：邱晓军，中共嵊州市委党校（嵊州市行政学校）、嵊州市社会主义学校副校长，研究方向为区域经济；梁雨婷，中共嵊州市委党校（嵊州市行政学校）、嵊州市社会主义学校助理讲师，研究方向为区域经济。

成为"浙江小吃文化之乡"和"中国小吃文化名城"。其中嵊州老面小笼包制作技艺不仅被列入第六批浙江省非物质文化遗产代表性项目名录,而且被评为"味美浙江·百县千碗"名小吃(名点心)挑战赛50佳名小吃里的十佳包子之一,赋予嵊州"小笼包之乡"的称号。

从小作坊到大工厂,从独立门店到连锁经营,嵊州人走南闯北,将嵊州小吃打造成了富民产业、特色产业,不仅形成了"嵊州小吃"这一颇具特色的产业品牌,更把地方特色"小"产业发展为百亿大产业。据不完全统计,全国各地共有嵊州小吃门店3万余家,带动8万多人创业就业,年创经济收益110亿元以上。① 嵊州小吃产业已经成为嵊州市民创业致富的重要途径,成为实现乡村振兴战略的重要抓手。2023年,嵊州市"地方小吃'创富增收'模式探索试点"成功入选浙江省高质量发展建设共同富裕示范区试点。

一 嵊州小吃产业的发展现状

(一)小吃产业优势明显

1. 文化底蕴深厚

嵊州自古山明水秀,人文蔚兴,素以"万年文化小黄山、千年剡溪唐诗路、百年越剧诞生地、两圣一祖归隐处"闻名于世。深厚的人文积淀,悠久的文化传承,让嵊州人民在生产生活实践中创制了以"小笼包、炒年糕、榨面"为代表的百余种小吃美食,并形成了嵊州历史悠久又极具特色的民间饮食文化。除了"小笼包、炒年糕、榨面"这三大名片,黄泽豆腐包、青麻糍、麦虾汤、春饼、糯米果等嵊州小吃,都蕴含着独特的风味和动人的故事。

2. 制作工艺独特

嵊州小吃虽"小"字当头,却小中见大、俗中有雅,最显滋味和人间烟火味。以小笼包为发端的嵊州小吃,在长期的发展过程中,逐渐形成了种类丰富、口味鲜美、风味独特的嵊州特色。原料上,可分为面食类、米粉类、豆制品类和其他类;品种上,可分为小笼包、炒榨面、炒年糕、麦镬、春饼、糍

---

① 阮帅:《一屉小笼包,蒸出百亿富民产业》,《浙江日报》2023年2月18日。

糕、千层酥、马蹄酥等上百种美味小吃；烹饪技法上，善用蒸、煮、煎、烤、烘、炸、氽、冲等多种烹饪方法；风味上，兼具咸、甜、荤、素、香、脆、软、糯等，满足不同食客的口味需求。嵊州小吃不仅仅是简单的饮食，更展现了嵊州人对美食的热爱和对精致生活的追求。

3. 业态十分丰富

嵊州小吃分布具有集群化特征，每个乡镇（街道）都有地标性的美食街区和较大影响力的特色小吃。如黄泽镇有春饼、麦镬、豆腐馒头、黄泽糍糕等数十种特色小吃；崇仁镇有崇仁炖鸭、年糕饺、拇指小笼包、溪滩榨面等数十种特色小吃；剡湖街道的禹溪村，60%以上的劳动力从事小笼包生意，小笼包收入占村民总收入的80%以上。基于此，嵊州市因地制宜，积极推进越剧小镇、华堂古村等美食小镇建设，建成了吾悦广场、三江街道等美食一条街，形成了"可看、可吃、可玩、可享"的小吃业态，不仅方便本地人品尝美食，也满足了旅游者求新求异的心理，对于吸引游客、促进消费产生了积极的作用。

近年来，不少企业抓住契机，创新思路，在保留传统纯手工制作工艺的同时，积极探索发展速冻产业链，引进了全自动的蒸汽隧道、预冷隧道和速冻隧道等尖端设备，研发了虾仁小笼包、干菜肉包、豆腐包以及腊肠五烧卖等一系列独具特色的美食，既实现了规模化量产，也显著提升了产品品质。如浙江包行食品有限公司引进先进智能设备后，每日产能高达80万只，实现跨越式发展。2021年以来，小笼包速冻生产企业实现爆发式增长，截至2023年底，全市已有48家嵊州小笼包速冻生产企业，市内小吃门店2000多家，其中3家已经上规，平均每家小笼包速冻生产企业聘用55人，人均工资280元/天，日产小笼包5万只，日销售额3万余元，有效解决了就业问题，促进了创业增收。

4. 辐射范围广泛

嵊州作为全国第一批经济开放县市，一直以来坚持"打开放牌、走开放路"。特别是改革开放以来，一代又一代嵊商外出闯荡，触角不断向外延伸，常年在外创业的超过10万人。嵊州小吃也随着天南地北闯世界的嵊州人在全国各地"四处开花"，走出中国、走向世界。近年来，在美国唐人街、东南亚国家、中国港澳地区都已经出现了嵊州小笼包店铺。随着互联网、电商的快速发展，嵊州市抢抓机遇，积极打造直播电商基地，培育直播电商"共富工坊"，通过短视频、直播带货等方式开拓线上渠道。嵊州小吃也由此搭上电商直播的"顺风车"，产业规模快速壮大。小杨哥、辛巴（辛选）等头部主播相继为嵊州小笼包带货，全市从事电商业的小吃企业达到137家，如嵊州越鲜食品有限公司作为嵊州规模较大的速冻小笼包电商生产直播基地，有手工小笼包制作员工170人，网络主播8人，每天线上销售速冻小笼包2000单以上。

5. 品牌效应明显

嵊州是传统农业大市，拥有茶叶、桃形李、香榧等多个"名特优新"农产品。2023年，嵊州市整合"名特优新"农产品，发布"嵊情家味"区域公用品牌，确立了"1+1+3"的农业品牌生态结构，即以1个"嵊情家味"区域公用品牌为统领，发展越乡龙井1个优势产业品牌及嵊州桃形李、嵊州香榧、嵊州小吃3个特色产业品牌，进一步提升了嵊州小吃和嵊州农产品的附加值。同时，还开展了"嵊情家味宴"十大特色菜肴评选活动，通过展示和挖掘越乡美食文化，吸引和带动更多人参与到美食为媒的共富行动中来。

为了进一步挖掘展示嵊州特色小吃，扩大嵊州小吃影响力，嵊州市积极参与"名店、名品、名师、名星"、浙江省"百县千碗"等评选活动。截至2023年底，已拥有中华餐饮名店2家、全国餐饮业名优产品5款；省级小吃名店13家、省名小吃11个；中国烹饪大师3人、省点心大师3人、省小吃之星2人、省级以上专业比赛金奖获得者8人，成为浙江省"百县千碗"品牌重要组成部分，被英国BBC称赞为"中国名小吃"。

嵊州市还借势"一带一路"倡议、中欧商贸协会、友好城市结对等，依托重大节庆、重要活动、重点赛事，开展嵊州小吃营销推广，为嵊州小吃走出去、推广宣传创造了良好的环境。随着先后参与2023年绍兴国际马拉松比赛、2023年亚运会、2023年全国"枫桥经验"纪念大会等重大赛事活动，"嵊州小吃"的知名度和影响力不断提升。同时，加大与央视、浙江卫视等媒体合作力度，目前央视已拍摄专题片7部。随着央媒镜头的频频聚焦，嵊州小吃的名气彻底引爆，吸引了成千上万名游客前来寻根追味。

（二）生产经营管理有序

1. 实施"五个一"统标工程，塑造统一形象

嵊州小吃最初只是市民自发谋生的手段，走到哪儿就把小吃店开到哪儿，但由于嵊州的"嵊"字太过生僻，外出从业者基本上使用"杭州小笼包"的招牌。同时，从业者也都各自为政，缺乏团队意识，存在恶意竞争、互相压价、经营环境脏乱差等陋习。为了推动嵊州小吃品牌化、规模化、规范化经营，2018年，嵊州市将"嵊州小吃全国统标工程"列入全市"十大民生实事工程"，通过实施"大嵊归来""嵊州小吃"全国统标工程，聚焦下游终端门店，推行"店招、工艺、服装、器具、设计"五统一，设置旗舰店、品牌店、标准店等三种规格，对小吃门店进行了规范，助推路边小店经营向现代企业管理模式升级，促使嵊州小吃行业良性发展。截至2023年底，已完成标准化门店建设5100多家。

2. 加强各类技能人才培训，提升小吃风味

强化小吃人才培养，开设嵊州小吃培训班，采取"政府买单、免费培训"方式，采用"理论+实操"相结合授课形式，设置小笼包制作、面点制作等培训课程，重点为农村闲散劳动力以及残疾人、低收入群体等提供嵊州小吃加工烹饪培训，培养其掌握小吃制作技能。截至2023年底，已举办培训210期，培养小吃中、高级技工和专门人才上万余人，推荐就业9000余人。大力发展相关职业教育培训，加强专业人才培养，近年来，在嵊州市职业技术学校专门开设烹饪专业，每年招收新生150人以上；在市农民培训学校常年开设嵊州小吃培训班。截至2023年底，全市已培养中、高级技工及专门人才7800余人。

3. 构建链条式管理，优化品质控制

随着小吃产业的蓬勃发展，也暴露出"品质难保、品牌难塑、品味难提"的问题。为了推动"嵊州小吃"标准化建设，2023年，嵊州市商务局、嵊州市小吃行业协会等30多家单位起草了6项关于"嵊州小吃"的团体标准。其中《嵊州小吃小笼包传统制作规范》突出了嵊州小笼包的非遗文化和特殊工艺，规定了产品分类、原辅料、制作工艺等要求，并明确原料配比等细节，助力嵊州小吃更好地"走出去"。针对小吃产业标准化程度低、产业融合机制不完善等问题，上游聚焦小吃原辅料专业市场建设，推行"国企+民间资本+合作社+种粮户"机制，以订单形式稳定供需关系，确保龙头企业、基地、农户安心生产；中游推进小吃加工制造企业整规提升，推广"生产基地+中央厨房+餐饮门店""生产基地+加工企业+商超销售"等新模式，以龙头企业带动个体工商户、低收入农户等创业就业增收；下游结合文旅、厨具、物流等行业，加快"小吃+"产业融合，形成行业规模影响力。为保障消费者食用安全，嵊州市创新"电子食安身份证"全链溯源，为每份小吃原材料受检食材赋予唯一、可溯源的"身份证"，归集11类数据，用专业认证保障食品安全。消费者仅需扫码即可溯源食品，为入口食品更添安心。截至2023年底，嵊州已累计生成"电子食安身份证"95万余份。

（三）帮扶政策落地有效

1. 制定长远规划规范产业发展

2018年以来，嵊州市高度重视嵊州小吃的传承和发扬工作，构建"政府+协会+企业"的推进机制，专门成立由嵊州市政府主要领导挂帅的"嵊州小吃"领导小组，制定产业发展长远规划，成立小吃发展投资集团，每年安排扶持小吃产业专项资金，促进嵊州小吃产业快速健康发展。先后出台《关于加快推进商务经济高质量发展的政策意见》《关于扶持小吃产业发展助推富乐嵊州的若干政策意见》《嵊州小吃产业三年行动方案（2023—2025）》等政策文件，推动小吃全产业链发展。如对年销售额达到200万元以上的主营嵊州小吃的餐饮企业、年销售额突破2000万元的生产企业，分别给予奖励，推动嵊州小吃集群化、规模化、标准化生产，推动他们逐步发展成为传统食品行业的领军企业。鼓励嵊州小吃"进机关食堂、进大型商贸综合体、进高校院所"，推动嵊州小吃先后走进外交部、复旦大学、上海人才周、浙江大学等。组织开展全国嵊州小笼包大赛、嵊州小吃品牌宣传推介等活动，以及《嵊州小吃名录》编制、全国小吃品牌创建等工作，进一步提升了嵊州小吃的美誉度和影响力。

2. 建立行业协会打通沟通渠道

2016年，嵊州市专门成立嵊州小吃行业协会。目前，按照政府引导、协会组织、企业参与的原则，积极发挥嵊州小吃行业协会作用，在市外建立工作联络站，为全国各地小吃门店提供政策落地、纾困帮扶等服务，打通政府和经营者沟通"最后一公里"。截至2023年底，已建立工作联络站36个，覆盖全

国所有省、自治区和直辖市。

3. 实施普惠金融解决资金难题

加大政府财税扶持和金融支持力度,通过政府提供保证金、协会认定、银行做大资金池、保险公司承接贷款保险等方式,为嵊州小吃从业人员量身定制推出"越乡情"小吃贷、"越乡惠"个人贷款和"小笼卡"等信贷产品,切实减轻企业资金压力。截至 2023 年底,全市小吃生产经营者贷款余额达 2.95 亿元。

二 嵊州小吃产业面临的主要挑战

近年来,嵊州市始终把小吃产业作为一项富民工程来抓,通过抓谋划、建机制、搭平台、强服务,将政府"有形之手"与市场"无形之手"协调发力,始终保持平稳较快增长态势,在助转型、稳增长、扩消费、惠民生、促创业、增就业等方面发挥了重要作用,但依然存在一些问题。

(一)经营理念滞后,产品创新仍显不足

传统的嵊州小吃产业链单一,市场主体以个体工商户为主。多数经营户因循守旧,管理模式缺少创新、品牌建设意识不强、市场开拓不力。虽然嵊州有100 多种小吃,但嵊州市外的小吃店,基本以"小笼包"为主,产品较为单一,产业线较为狭窄,同质化现象较为严重,这也导致消费者容易转向其他更具特色的餐饮品牌。随着我国经济水平的不断提升,居民的消费观念发生了巨大改变,从吃饱、吃好向吃得更有特色、吃得更健康转变,人们对吃的要求逐渐提高。尤其是当下,"90 后""00 后"已成为餐饮消费的主体,这些年轻食客更加在乎顾客体验、重视餐品质量和进餐环境。随着市场发展和消费升级,消费品牌化、饮食健康化、新品潮流化已成为主流方向,以小吃、茶饮为代表的网红食品、爆款食品不断涌现。如果经营户不能做到与时俱进,紧跟消费群体的变化,开发适销对路的新产品,落后于时代潮流,必然会被市场淘汰。

(二)经营规模偏小,小吃产业链条不长

嵊州小吃品类众多,拥有着高刚需、高性价比和多场景适配的特点,适合

成为全国人民的一日三餐，在市场上具有很大的潜力。但目前，嵊州市外的小吃店大多是"小作坊""夫妻店"，普遍规模偏小，带动就业有限，助富主体较为单一，群体覆盖范围不广。嵊州小吃门店虽然遍布全国各地，但仍面临着市场经营鱼龙混杂、连锁化程度低、龙头企业缺乏、产业聚集度低等诸多不利因素，限制着嵊州小吃的进一步发展。近年来，沙县小吃、柳州螺蛳粉、重庆小面按照产业化、工业化思路，均促进了特色小吃快速发展。如沙县小吃围绕标准化菜品、智能化设备、信息化平台及现代化物流，构建了包含研发、加工、检测、展示、运营、培训、大数据七大中心的全方位标准化体系，打通了沙县小吃产业链上游加工园区、中游供应链、下游智慧餐饮全链条生态，实现了"以二产带一产促三产"的目标。广西柳州以产业化、工业化思维打造螺蛳粉产业，完善产业链布局，实现了标准化、品牌化、规模化发展，同时抓住电商发展浪潮，运用互联网思维，成为尽人皆知的网红产品。重庆通过建设重庆小面产业园，引进小面生产型和销售型企业42家，已经有2家年产值过亿的企业。而嵊州小吃产业的产值、规模、创（就）业人员等，与沙县小吃、柳州螺蛳粉、重庆小面、兰州拉面等相比，仍然存在较大的差距（见表1）。

表1　嵊州小吃与其它小吃餐饮情况比较

小吃种类	年产值（亿元）	门店（万家）	就业人数（万人）
嵊州小吃	>110	3	>8
沙县小吃	>550	8.8	>30
柳州螺蛳粉	>600	5	>30
重庆小面	>400	38	>50
兰州拉面	>650	3.5	>60

资料来源：沙县小吃办、柳州商务局、重庆市小面协会、兰州拉面行业协会资料报告。

（三）标准化程度不高，品质仍难以保证

嵊州小吃门店虽然数量众多，但普遍场地规模较小，门店多为单打独斗，各自为战，在食材供应链、物流配送等方面没有统一化的模式，小吃的制作受从业人员个人技艺、从业经验、心情秉性等因素影响较大，无法保证稳定的消

费体验。同时，受行业利润空间较低等因素影响，部分小吃经营者选择通过偷工减料、降低选材标准等方式来降低生产成本的现象仍然存在，小吃面临品质安全难管控、品牌价值难塑造和行业自我认同难提升等问题，一定程度上制约了小吃产业持续高质量发展。目前虽已推出"嵊州小吃""嵊情家味"这些公用区域品牌，但口号宣传传播仍局限在小范围内，嵊州小吃核心品牌仍有进一步提升和优化的空间。而与此相对的是，沙县小吃已经通过数字赋能，引入智能管理系统等措施，打造了一个高效、便捷、环保的沙县小吃品牌生态系统，引领小吃产业进入品牌连锁和商业化运营的新时代。在品牌连锁方面，沙县小吃通过建立统一的品牌形象、标准和流程，提升了小吃的整体品质和服务水平，相较而言，嵊州小吃仍存在一定差距。

三 进一步推动嵊州小吃产业高质量发展的对策建议

餐饮业一向被视为我国"百业之王"，在拥有庞大产业体量和强大影响力的基础上，嵊州小吃产业前景未来可期。2023 年以来，嵊州市大力挖掘"中国小吃文化名城"的品牌优势，按照"兴旺一个业、激活一座城"的思路，提出了小吃产业规模达到"双百亿"的目标，即到 2025 年底，培育 100 家小吃企业，实现年产值市外 100 亿元、市内 100 亿元"双百亿"的目标，推动以小吃产业撬动形成原材料种养、生产加工、门店和线上销售、物流配送、营销推广等大产业发展格局，努力使小吃共富成为嵊州共同富裕示范区县域样板的标志性成果。要实现这个目标，需要坚持市场主导与政府引导相结合、产业发展与品质提升相结合、创新引领与开放合作相结合，推动嵊州小吃产业链纵向延伸和横向整合，构筑一二三产业有机融合的新型产业形态，促进嵊州小吃"标准化、连锁化、产业化、国际化、数字化"发展，同时加强顶层设计，通过建立"一个能够引爆嵊州小吃的 IP、一套多店点线面快速复制的连锁扩张体系、一套标准化的覆盖全产业链的供应链、一批具有嵊州小吃全产业链代表性的品牌企业、一支能够快速赋能产业升级的市场化头部产业基金、一个由多方联合参与打造的超级平台公司"等"六个一"发展路径，形成小吃产业促富新优势，推动小吃产业持续向好。

（一）产业赋能，加速"小吃+"融合发展

一是要延长小吃产业链条。小吃虽小，却能让一个城市的特色风味、历史文脉、风土人情通过舌尖传递、味蕾相承，对一个地区的经济拉动作用明显。要规划建设嵊州小吃特色产业园，培育一批涵盖生产、冷链、仓储、流通、营销等环节的示范企业。要聚焦嵊州小吃食材的绿色化、安全性，加强小吃原辅料专业市场建设，打造一批规模化、标准化、专业化和集约化的绿色食材供应基地，推行"龙头企业+基地+种粮户"模式，由小吃龙头企业以订单的形式与种粮户合作共建优质稻米、辅料等基地，带动从事原辅料种养的高素质农民和低收入农户等创业就业增收。要聚焦嵊州小吃食材采购的集约化、配送的统一化，支持连锁经营企业发展中央厨房、集中采购中心和第三方物流配送等现代化生产经营方式，以降低采购成本，增强企业的市场竞争能力。

二是要大力推进小吃与文旅融合发展。要顺应融合发展趋势，充分挖掘传统嵊州小吃蕴含的人文历史、丰富文化内涵，利用"舌尖"带动"脚尖"效应，推动小吃与乡村振兴、文化旅游、养老、家政、婚庆等行业资源深度融合。要强化小吃搭台文旅唱戏，深耕"一镇一品"发展模式，结合民俗传统文化和旅游文化提炼品牌故事，打造一批古镇游、乡村游、越剧游、唐诗之路游等精品旅游线路，营造"吃、游、购、娱"融合的新消费场景，促进小吃产业的本土发展和繁荣。要推进小吃与传统特色产业联动，加强小吃产业与厨具产业、竹编产业、仿古家具产业协同发展，打造民宿、特产店、餐饮店、乡村夜景等新业态。要打造嵊州小吃系列中高端伴手礼，让外来游客在嵊州既可观、可秀，又可吃、可带，丰富嵊州旅游内涵，提升游客体验感。

（二）宣传赋能，助力企业拓展市场

一是要加大市场拓展力度。要依托嵊州商会、嵊州小吃协会等组织，充分发挥嵊州籍企业家的资源优势，加大嵊州小吃推广力度，鼓励在全国各地开设集培训、研发、体验、运营于一体的嵊州小吃旗舰店。要鼓励嵊州小吃企业开拓外地市场，通过连锁、直营等方式增设门店。重点扶持连锁门店发展，吸引小吃经营集中的一、二线城市的嵊州籍业主，根据小吃连锁经营标准对小吃店进行升级改造，打造嵊州小吃品牌店、标准店，进一步扩大国内连锁加盟

区域。

二是要加大宣传推介力度。重庆小面品牌的引爆，得益于 2014 年《舌尖上的中国 2》的报道；柳州螺蛳粉品牌的引爆，得益于 2019 年某头部网红播出了制作螺蛳粉的视频，并同时在自家网店开售品牌螺蛳粉。为提升嵊州小吃的知名度，有必要深入推进嵊州小吃"走出去"，不断拓展嵊州小吃在机关、高校、景区、酒店、机场、高铁、高速服务区、综合商贸区的入驻与推广，组织经营单位参加小吃文化展示、名小吃展销、小吃制作技艺比赛、小吃美食品尝推介会等活动，宣传嵊州小吃的人文历史、品牌故事。要探索建立小吃海外宣传推广平台，利用"一带一路"倡议、中欧商贸协会、友好城市结对等机遇，开展嵊州小吃的国际化营销推广。探索以国有企业、行业协会等为主体构建国营旗舰品牌，鼓励原材料生产企业、小吃经营企业、方便（冷冻）食品加工销售企业等打造企业自主品牌，培育一批行业知名品牌。要按照嵊州小吃"五统一"模式，规范经营行为和市场秩序，夯实"嵊州小吃"品牌基础。要依法查处仿冒"嵊州小吃"名称，侵权包装、店铺装潢等不正当竞争以及违法宣传行为。

（三）品质赋能，助力餐饮质量提升

一是要加强新产品、新工艺研发。针对消费主体的变化和需求，在传承嵊州小吃文化和传统烹饪技艺基础上，致力于开发新产品和新技术，在原材料处理、包装、储存、冷链物流等方面采用现代创新工艺。要深入挖掘历史悠久、品种繁多的嵊州小吃品类内容，结合时令节气、节日习俗等元素不断在品类上推陈出新，在原先以"小笼包、炒年糕、榨面"为代表的基础上寻求超越，提升口感层次，打造流行爆款。要在食材原材料环节下功夫，以健康养生小吃系列谋求差异化，引领健康小吃走向新时代的潮流。要进一步拓展嵊州小吃的食用场景，让小吃品牌融入社会生活更广泛的范畴之中。

二是要加强行业规范管理。充分发挥嵊州小吃行业协会作用、各地嵊州商会的桥梁纽带作用，为小吃产业发展提供服务。要发挥嵊州小吃旗舰店核心作用，对单店以及连锁门店进行一体化管理，进一步规范企业经营行为和市场秩序。要制定嵊州小吃质量标准体系规范，规范"嵊州小吃"餐饮门店经营服务规范、小笼包制作工艺、速冻小笼包产品等专业标准，推动嵊州小吃产业标

准化建设。要构建可追溯的嵊州小吃优质原辅料供应体系，鼓励小笼包、年糕等食品生产企业开展质量管理体系认证，促进生产规范化。

（四）人才赋能，激发创业创新引擎

一是加强小吃人才技能培训。要强化现代化经营管理人才培育，加快培养一批具有现代经营理念，适应新发展需求的中高层次嵊州小吃经营管理人才。要构建"协会+企业"联动培养新模式，推进集开店指导、就业服务、技能培训、风险评估、金融扶持于一体的嵊州小吃"一站式"创业就业培训指导体系建设。强化小吃行业协会的创业就业指导作用，加强对小吃经营管理、技能操作、安全生产、礼仪等方面的培训指导，重点对小吃经营制作、品牌文化、营销战略、企业管理等进行培训，培养一批懂技术、会管理的小吃专业人才，为嵊州小吃提升发展增添新活力。支持小吃行业协会定期组织开展相关企业员工技能练兵比武，设立品种创新奖、质量优胜奖，激励嵊州小吃全产业链从业员工创新创造。

二是要完善小吃人才评价体系。探索制定小吃从业人员持证上岗培训标准，探索开展职业技能鉴定、农业技术职称评审，加强小吃制作大师、名师、高级技师、技工的培养。强化小吃企业培训主体作用，支持小吃企业自主加强对经营管理人才新技能、新理念的培训。要聚力带动新就业形态从业人员、中小企业主和个体工商户、进城农民工、低收入农户等人群创业就业增收，对照培训标准，开展技能培训，提升群众就业创业能力。探索出台小吃人才新政，吸引更多企业家、乡贤、"农创客"等高素质人才投身小吃产业。

（五）数智赋能，助力管理迭代升级

一是要搭建小吃渠道运营服务平台。要抓住数智化红利，利用现代信息技术，打造嵊州小吃的宣传和信息平台，推动嵊州小吃从"案板"跃上"云端"。要通过云计算、大数据分析、移动互联网等前沿技术，整合商务、市场监管等部门的资源，建立一个连接政府、行业协会、商家、消费者和金融机构的信息化系统，实现多方协同，实时监控旗舰店、品牌店、标准店的运营情况，以积累分析大数据，提高经营效率。

二是要加强与第三方服务平台合作。鼓励企业对餐饮设施设备进行信息化

和智能化改造，采用信息技术强化管理和服务，不断提高效率和提供更好的顾客体验。支持经营户利用互联网等新技术、新模式，加强与数字化平台合作，扩大知名度，提高影响力，推动餐饮行业高质量发展。推动"互联网+餐饮"模式的发展，鼓励小吃企业拓展在线营销、电子订餐、移动支付和美食推荐等电子商务服务，促进餐饮服务的线上线下一体化。

（六）金融赋能，助力发展蓄势添能

一是要搭建多层次金融服务体系。建立"常态化"与"定制化"相结合的政银企对接机制，搭建金融机构和餐饮企业合作平台，深入挖掘金融需求，推动金融服务"向前一步"。进一步构建完善"政银企农"联合平台，提供高水平从业培训、创业支持等一站式服务。支持对小吃商户提供"一对一"专属金融管家服务，围绕小吃龙头企业和中小微小吃商户的金融诉求，探索"一户一策"量身定制综合金融服务方案。

二是要创新实用型信贷产品。加大对嵊州小吃的发展支持力度，支持连锁小吃品牌企业完善自身产业链建设，在当地开展新建改建加工工厂、中央厨房、仓储中心、物流配送等项目。引导金融机构开发适合餐饮行业的产品，创新推出"小吃贷、农机贷、粮农贷"等专属信贷产品，专项用于支持小吃商户的创业经营。探索开发小吃"品牌贷"，支持小吃注册品牌转化为抵押、贷款额度，鼓励支持公益基金对小吃品牌价值进行评估，助力小吃企业再融资、再贷款。探索开发"数字贷"，依托小吃全产业链场景，通过提取分析交易数据，核定贷款授信额度。

参考文献

《嵊州借助电商做大小吃产业　小笼包有了"大蒸笼"》，《浙江日报》2024 年 3 月 19 日。

《嵊州小笼包的"前世今生"》，"新华网"百家号，2019 年 7 月 19 日，http：//baijiahao. baidu. com/s？id=1639470143880550414&wfr=spider&for=pc。

《福建沙县：改革"再出发"　人民幸福"进行时"》，《福建新闻》2023 年 12 月 16 日。

《行业报告 | 柳州螺蛳粉：千亿级别特色产业》，百度，2024 年 1 月 3 日，https：//

mbd. baidu. com/newspage/data/dtlandingsuper? nid=dt_ 5053514085271109522。

《打造重庆小面千亿 IP 品牌万亿产业平台?》，网易，2023 年 11 月 22 日，https：//www. 163. com/dy/article/IK5477G4O5118O92. html。

《特色小吃地标美食第一品牌的顶层设计和底层运营》，澎湃网，2024 年 3 月 21 日，https：//www. thepaper. cn/newsDetail_ forward_ 26751572。

B.17
新昌县以科技创新支撑共同富裕的实践探索[*]

中共新昌县委党校课题组[**]

摘　要： 浙东山区小县新昌依靠科技创新支撑，克服了资源禀赋有限、区位条件不足等不利因素，探索出一条科技强、生态优、经济好的共同富裕之路。新昌以科技创新支撑共同富裕的主要做法有：通过科技创新推动经济增长，巩固共富物质基础；推动协调发展，缩小共富"三大差距"；推动共享发展，实现共富普惠均衡等。未来要继续抓好科技创新支撑共同富裕工作，还需要通过增强创新战略定力、统筹推进协调发展和坚持科技惠民导向等方式，强化共富内生动能，提高共富均衡水平，站稳共富价值立场，从而不断推动县域共富迈上新台阶。

关键词： 科技创新　共同富裕　高质量发展　新昌县

党的二十大报告强调，实现全体人民共同富裕，既是中国特色社会主义的本质要求，也是中国式现代化的重要特征。共同富裕的前提是要"做大蛋糕"，要靠高质量发展来实现。习近平总书记曾指出，要"坚持以人民为中心的发展思想，在高质量发展中促进共同富裕"。中共中央、国务院《关于支持浙江高质量发展建设共同富裕示范区的意见》也进一步表明，高质量发展是实现共同富裕的前提和保证。在二十届中共中央政治局第十一次集体学习时，习近平总书记特别强调：高质量发展需要靠新质生产力来

---

* 本文数据如无特别说明，均来自新昌县统计局和新昌县相关部门资料。

** 课题组成员：张凌鹏，中共新昌县委党校（新昌县行政学校）、新昌县社会主义学校助理讲师，研究方向为区域经济；孟令国，中共新昌县委党校（新昌县行政学校）、新昌县社会主义学校校委员、教务科科长、高级讲师，研究方向为公共管理。

推动，科技创新是发展新质生产力的核心要素。由此可见，科技创新是支撑共同富裕的关键。

新昌县位于浙江省东部，是一个常住人口只有 42.6 万人、"八山半水分半田"的山区小县，资源禀赋有限，区位条件较差。但新昌却依靠"小县大科技"的发展模式，在 11 年时间里，从省级次贫县一跃成为全国百强县；又用 10 年时间，从浙江省重点污染监管区，华丽转身为国家级生态县、全国生态文明建设示范县；拥有 4 家营收超百亿企业、4 家单项冠军示范企业、16 家国家专精特新"小巨人"企业、16 家 A 股上市公司、410 家规上企业、343 家国家高新技术企业、894 家浙江省科技型中小企业，还创造了 60 天内 5 家企业上市过会的全国纪录；拥有 16 个全球第一、25 个国内行业第一的重要工业产品，每万人上市公司数量、市值均位列长三角地区县域第一。2023 年，新昌地区生产总值为 606.67 亿元，增长 8.00%，增幅居全市第一；人均地区生产总值为 141851 元，排名位于浙江省 90 个县（市、区）第 16 位。可以说，新昌坚持科技创新不动摇，久久为功、接续发力，坚守主业、专注创新，走出了一条科技强、产业优、生态好的高质量发展之路。新昌也因此成为浙江省高质量发展建设共同富裕示范区首批试点之一（缩小收入差距领域）、科技部"科技创新支撑共同富裕"的唯一县域试点。

一　新昌县科技创新支撑县域共同富裕的实践

（一）科技创新推动经济增长，巩固共富物质基础

一是确立科技强县发展路径，擘画共富"发展蓝图"。习近平总书记担任浙江省委书记期间，曾于 2003 年 2 月 15 日和 2006 年 10 月 17 日两次到新昌调研，为新昌指明了"必须紧紧依靠科技的力量来支撑"的路径，为新昌确立科技强县的发展路径提供了根本遵循。新昌科技强县助推共富的路径选择有其内在原因：第一，资源环境所迫。新昌是"八山半水分半田"的典型山区县，资源禀赋不足，境内群山环绕，在这样的资源环境中谋发展，要想"亩均论英雄"，只能向科技要附加值。第二，工业基础较好。新昌工业发展早先有一定基础，在改革开放前就有新昌制药厂、轴承总厂、柴油机厂、丝绸服装厂等

国有企业，为新昌后续的科技创新创造了条件，直接或间接孕育了县内的16家上市公司（见表1）。1985年前后，新昌便确立了"工业立县"的大方向。1997年推进企业股份化改造，组建了第一家股份制公司——浙江医药股份有限公司（原新昌制药厂），并于两年后上市。1998年企业产权制度改革全面展开，新昌与金华兰溪一起被列为全省试点县。第三，文化特质所致。逼仄的环境、匮乏的资源虽然限制了发展，但也因此催生了开拓进取、改革创新、坚韧不拔的"新昌精神"，为地方工业经济注入了强劲的文化精神动力，为经济发展提供了精神动力、智力支持和文化氛围。

表1　新昌县16家A股上市企业一览

单位：亿元

序号	股票代码	名称	上市时间	2023年底市值	2023年营收	2023年净利润
1	002050. SZ	三花智控	2005.06	1097.39	245.58	29.21
2	002001. SZ	新和成	2004.06	524.22	151.17	27.04
3	002020. SZ	京新药业	2004.07	109.52	39.99	6.19
4	002085. SZ	万丰奥威	2006.11	105.79	162.07	7.27
5	600216. SH	浙江医药	1999.10	103.54	77.94	4.30
6	605507. SH	国邦医药	2021.08	98.13	53.49	6.12
7	603667. SH	五洲新春	2016.10	86.25	31.06	1.38
8	603583. SH	捷昌驱动	2018.09	77.03	30.34	2.06
9	002520. SZ	日发精机	2010.12	52.66	20.83	-9.03
10	301550. SZ	斯菱股份	2023.09	51.02	7.38	1.50
11	301252. SZ	同星科技	2023.05	32.99	9.80	1.19
12	003036. SZ	泰坦股份	2021.01	26.78	14.00	1.30
13	301032. SZ	新柴股份	2021.07	24.43	23.16	0.32
14	300611. SZ	美力科技	2017.02	24.25	13.76	0.41
15	301053. SZ	远信工业	2021.09	22.78	4.88	0.18
16	002699. SZ	美盛文化	2012.09	14.46	9.81	-1.11

资料来源：根据各公司年报整理。

二是提供有力政府服务，当好共富"行动队长"。时代在发展、形势在变化，但新昌县政府当好企业"店小二"的心态始终如一。新昌每一任领导干部都把科技创新作为政策制定和制度安排的核心要素，坚持"一张蓝图绘到底"，把做强实体经济作为工作的出发点和落脚点，把最好的资源给企业，真正把自己定位为"店小二"，无事不扰、有事必到、闭环解决，构建起具有新昌特色的"营商环境"。同时坚持"一把手当行动队长"。新昌县领导不仅是决策者，还参与到具体行动中来。此外，新昌还坚持"一盘棋强统筹"，对科创机构进行全盘优化，成立县委科技创新委员会，探索实施线上科创大部制改革，创设"云上科创平台"，跨界整合各部门创新职能与资源部署，重塑创新工作流程、提升部门工作合力，建立科技与人才工作重大事项容错免责机制，让干部吃下"定心丸"。可以说，在联系企业、服务企业等方面，新昌县委、县政府全面参与、全力以赴。

三是突出企业主体地位，做大共富"有生力量"。聚焦企业培优育强，打造优质企业梯队，突出企业主体培育，出台《新昌县科技创新支撑共同富裕试点建设方案》。支持龙头企业发挥集成牵引优势，积极组织产业链上下游企业围绕行业发展需求开展联合研发和协同攻关，通过推动龙头企业与中小企业联合开展技术攻关，为中小企业输送丰富的创新资源，带动中小企业更好融入产业链，实现产业链上下游协同发展。同时积极引导中小企业坚守实业，走专精特新之路，通过技术创新和品牌建设，努力成为细分领域的"单打冠军""隐形冠军"。在解决中小企业融资难问题上，采取多项有力措施。如在商业银行设立科技支行，推出知识产权质押贷款、研发贷款等科技金融产品，为企业提供灵活多样的融资渠道。政府设立产业基金、科技金融贴息专项等，通过财政资金的引导和撬动作用，全面支持中小企业解决融资难问题。率先建立"企业出题、高校解题、政府助题"的产学研协同创新模式，支持企业破解开发新产品难、找准技术难、培养企业人才难、企业转型难等问题，为企业发展提供有力保障。

（二）科技创新推动协调发展，缩小共富"三大差距"

一是发展特色优势产业，缩小共富地区差距。新昌立足已有基础和资源禀赋优势，精心谋划部署产业发展，进一步丰富和壮大具有当地特色的产业集群。为避免同质化竞争，缩小与发达地区的差距，新昌制定出台《新昌县"39X"先进制造业集群培育实施方案（2022—2026年）》，旨在通过建立

"创新型中小企业—专精特新中小企业—工信部专精特新'小巨人'"矩阵体系，全面推动产业链扩链、补链、强链，提升现代产业链的深度与厚度。在这一过程中，新昌聚焦制冷配件、生物医药、高端装备、低空经济等重点产业，全局部署、靶向发力、培优育强，与链主企业形成创新共同体，共同推动产业链的升级和发展。在推动产业发展过程中，新昌还注重传统产业转型升级，并提升对战略性新兴产业的培育，优化产业结构，引导稀缺资源向高技术产业集中，实现产业的数字化、智能化和绿色化，推动高端制造业的发展，实现高端制造业规模进一步壮大（见表2）。为推动优势产业发展，新昌还积极组织产学研力量对当地优势产业重大项目协同攻关，打通科技成果转化"最后一公里"，加速推进先进科技成果落地，把高精尖科技力量转化为当地切实的经济和产业竞争优势，缩小新昌与先进发达地区的差距，为实现共同富裕提供有力支撑。

表2　2023年新昌县科技创新产业规模以上工业增加值及增速情况

单位：亿元，%

产业	增加值	增速
规模以上工业	197.43	10.10
高技术制造业	77.60	12.00
高新技术产业增加值	177.86	9.20
规模以上装备制造业	137.18	9.20
战略性新兴产业	107.22	15.70
数字经济核心产业制造业	46.68	15.00
节能环保制造业	4.43	11.70
高端装备制造业	112.57	11.70

资料来源：新昌县统计局。

二是推动乡村振兴发展，缩小共富城乡差距。科技创新全面推动乡村振兴，新昌相继出台农业产业化、茶业强县、万元亩产、农机购置补贴和设施农业设备补贴、鼓励和支持大学生从事现代农业等一系列农林科技扶持政策，每年安排一定的财政资金，用于农林科技创新和科技推广等。同时，在"千万工程"指引下，新昌做深"土特产"文章，创建"新昌优选"区域公用品牌，推动绿茶叶变"金叶子"、低效林变"珍贵林"、农特产变"名特产",农村集体经济总收入、经营性收入、农村居民人均可支配收入实现跨越式增长。为了培育更多高素质农业人才,造就一支"爱农业、懂技术、善经营"的新型职业农民队伍,新昌还积极培植"高素质农民""农创客"等五类人才。通过建设共富工坊和低收入农户帮促基地,发展壮大乡创人才队伍,为现代农业持续发展提供智力支持,多渠道、多途径促进农民可持续增收。最后,新昌还注重推动形成从农林第一产业到农林产品加工业,再到休闲观光旅游产业的一二三产业有机融合的局面,通过整合农业产业链和价值链,缩小城乡差距,推动乡村振兴发展。

三是促进重点群体增收,缩小共富收入差距。科研人员是科技创新的核心力量,也是做大中等收入的重点群体。新昌通过发掘企业研发人员、技能人才、高素质劳动者等重点群体的增收潜力,让更多劳动者能够通过科技创新的力量进入中等收入群体,全方位营造"一名科技人员造就一个中高等收入家庭"的社会氛围。在这一过程中,深化改革薪酬制度发挥了重要作用,新昌在当地高新企业中推行科技人员协议薪酬制度,在固定工资、绩效工资基础之上设立专项奖励,奖励根据研发人员的技术攻关、研发项目的成果转化收益按比例授予,激发科技人员创新创富积极性。以浙江三花智控股份有限公司为例,公司专门设立项目研发奖励,对重大项目研发成果给予现金奖励,公司优秀科研人员已经累计收到 6000 多万元奖励资金。除了薪酬制度改革外,新昌还引导上市企业积极推行股权激励计划,让科研人员、高技能人才和优秀员工能够分享到公司增长的红利,进一步提高重点群体收入。截至 2023 年底,新昌 16 家上市企业中已有 14 家实施了股权激励计划,形成了科技人员增量增收与区域经济提质增效的良性循环。

(三)科技创新推动共享发展,实现共富普惠均衡

一是实现科技资源共享,插上共富科技羽翼。新昌以数字化为动能,通过构建开源式、共享式创新模式,推进创新资源由大企业向中小企业、由城镇向乡村流动,让科技的光芒照亮每个角落。首先,新昌积极建设各类众创、众服创新平台,推进创新资源开放共享,推动创新资源在企业之间自由流动。如建成"新昌众创共享科创云平台",帮助专精特新企业制造业务"深度上云"。

其次，创建各类数字化应用服务与治理平台，如医疗健康数字服务平台"生命第一档案"、生活服务应用"天姥管家"、入学入园掌上办平台"新昌县新生入园入学一件事"以及农村集体"三资"数字化监管平台等。这些平台的建立，不仅提升了公共服务的效率和质量，也为民众提供了更加便捷、高效的服务体验。同时，新昌还注重在农村地区普及技术知识，通过开展技术讲座、科普活动等方式，向民众普及科技创新对脱贫的积极作用，从而全面提高农村居民的科学文化素质，加速农村的知识化进程，缩小城乡居民间的科学知识差距和信息差距。

二是推进经济绿色转型，夯实共富生态基础。1991年，新昌作为浙江省级次贫县，面临着巨大的发展压力。为摆脱贫困，推动经济发展，新昌选择了以医药化工产业为主导的发展道路，开始了经济的快速增长。在这股发展浪潮的推动下，新昌的经济状况得到了极大改善，2002年新昌首次跻身"全国百强县"。然而，正如硬币的两面，经济繁荣的背后也带来了日趋严重的环境问题，新昌被列为省级环保重点监管区，母亲河新昌江变成了"黑水河"。老百姓对此颇有怨言，甚至爆发了严重的环境冲突事件。面对如此严峻的生态挑战，新昌痛定思痛，开启了"壮士断腕"的经济转型之路，毅然决然将高污染、高能耗的主导产业——医药化工行业的众多企业逐步"关停并转迁"，同时大力发展智能制造、生命健康等高端产业，力求将经济结构调整到更加绿色、可持续的轨道上。同时新昌还积极提升旅游业的地位，争取把"绿水青山"的生态优势转化为经济发展的优势，不断推进绿色经济的发展。经过一系列转型发展的努力，新昌经济面貌得到极大改善，传统产业比重逐渐下降，战略性新兴产业逐渐崛起。其中，医药化工产业占GDP比重从原先的60%以上下降到17%左右，并以创新药物制剂等环境友好型产品为主，产业结构得到极大优化。

三是着力发展工业旅游，丰富共富产品矩阵。新昌县凭借"科技创新"的特色模式，实现经济快速发展，也为工业旅游的繁荣发展奠定坚实基础。新昌借助本地的工业底蕴，积极和当地特色龙头企业携手，共同推动工业旅游的发展，进一步做强了工旅品牌。以港股上市企业达利丝绸（浙江）有限公司为例，其依托丝绸面料主业，打造达利丝绸文化博览园。该园区将蚕桑文化与清廉文化相结合，不仅展示丝绸文化的独特魅力，还传递清廉自律的价值观。

如今，该园区已经成为浙江省首批工业旅游 4A 级旅游景区和全国十大工业遗产旅游基地，吸引大量游客前来参观。万丰奥特控股集团借助主业通用航空产业，打造了集飞机整机制造、机场建设、飞行旅游、航校培训等于一体的全产业链平台——万丰航空小镇。小镇被成功列入全国首批通用航空旅游示范工程，进一步提升了新昌工旅品牌的影响力。在推进工业旅游的同时，新昌也大力发展全域旅游，依托当地的生态资源优势和大佛寺、天姥山、十九峰等核心景区的引领作用，着力构建"山水品质之城"。2020 年，新昌县成功创建全省首批 5A 级旅游景区城（全省仅 3 个），一二三产业的深度融合正成为新昌旅游新亮点，共富产品矩阵进一步丰富。

二 新昌县科技创新支撑县域共同富裕的主要成效

（一）经济质效稳步提升，共富物质基础进一步夯实

一是经济总量不断提高，发展态势回升向好。2023 年全县地区生产总值 606.67 亿元，同比增长 7.4%（见图 1），连续两年增幅名列全市第一；工业增加值实现 265.94 亿元，增长 6.5%；财政总收入 78.40 亿元，其中一般公共预算收入 46.30 亿元，增长 11.2%。消费、投资、出口"三驾马车"韧性充足，发展动力正在积聚。投资、出口增速回升，固定资产投资 193 亿元，增长 17.8%，建设规模不断扩大，外贸出口总额为 247.5 亿元，增长 10%，展现强劲韧性。工业经济进一步壮大，全年规上工业总产值超 720 亿元，规上工业增加值 197.43 亿元，增长 9.6%（见图 2）。新增规上企业 47 家、亿元以上企业 20 家、10 亿元以上企业 2 家，新增国家级专精特新"小巨人"企业 6 家、省级专精特新中小企业 35 家，2 家企业入选浙江民营企业百强榜，2023 年浙江三花智能控制股份有限公司市值跃居全省第 3。浙江同星科技股份有限公司、浙江斯菱汽车轴承股份有限公司成功上市，A 股总市值为绍兴市最高。2023 年全县主要经济指标明显提升，县域经济总量稳步扩大，经济运行持续回升向好，经济发展的韧性和潜力进一步凸显，经济实力进一步增强，共富"蛋糕"继续增大。

图1 新昌县历年产业发展和地区生产总值情况

资料来源：新昌县统计局。

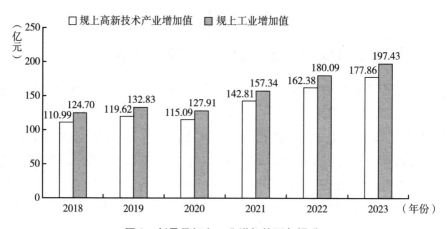

图2 新昌县规上工业增加值逐年提升

资料来源：新昌县统计局。

二是经济结构逐步优化，发展潜力持续凸显。2023年县域经济不仅实现了量的合理增长，更实现了质的稳步提升。2023年，全县分别实现第一、二、三产业增加值25.01亿元、301.30亿元、280.36亿元，分别减少0.87%、增长3.67%、增长12.64%。三次产业结构为4∶50∶46，形成了以机器人零部件、通用航空和生命健康等产业为依托，现代农业和特色文旅产业相辅相成的三产融合发展局面。制造业强链补链持续推进，高新技术产业投资增长

19.2%，明显快于全部投资。制造业高质量发展态势进一步巩固，制造业比重稳步提升，高端化、智能化、绿色化发展趋势更加明显，新产业、新业态、新基建蓬勃发展，创新能力快速提升，新动能迅速发展壮大，现代化产业体系加速构建，新质生产力更加可感可触。规上战略性新兴产业增加值占比54.31%，高出全省21个百分点；规上工业高新技术产业增加值占比为90.09%，高出全省平均值23个百分点。目前，每万人发明专利拥有量达99.39件，居全省第6位。纵深推进全面深化改革，市场化、法治化、国际化营商环境加快构建，内生动力活力不断激发，经济抗冲击能力和韧性进一步强化。

三是经济活力持续释放，发展韧性不断增强。2023年，全县专利授权数实现2213件，其中发明专利414件，实用新型1611件，外观设计188件。研发经费支出占GDP比重连续九年保持在4%以上，实施"飞地+高创园+基金"科技人才项目全流程引育模式，建设运营高创园和杭州双城国际科创飞地、新昌科创人才港（北京）等两个飞地，正式完成组建规模3亿元的科创人才基金，共招引科技人才项目15个。与浙江大学共建浙江大学—新昌联合创新中心（天姥实验室），实现新昌高能级平台零的突破。新增省级研发机构13家，开发（备案）省级及以上新产品162项。荣获首批"浙江制造天工鼎"，并3年蝉联"科技创新鼎"，科技创新获省政府督查激励，"腾笼换鸟、凤凰涅槃"攻坚行动获省级考核激励。"数字经济的新昌探索"获省委、省政府主要领导批示推广。入选全省创新深化首批"三位一体"试点、省中小企业数字化改造财政专项激励试点。前瞻性布局"低空经济"、人形机器人等未来产业。县域经济"成绩单"成色十足，县域经济韧性强大、动能澎湃、活力充足。

（二）收入差距持续缩小，共富短板弱项进一步补齐

一是居民收入不断提升，收入倍差逐步缩小。《新昌县科技人员收入倍增行动计划》深入实施，科技人才数量不断壮大。截至2023年底，实质性洽谈科技人才项目45个、人才科创基金立项项目4个，首批4家初创型人才科技企业已开展入驻准备工作，6家签订意向入驻协议。万人拥有人才量达2844人，每万名就业人员中研发人员数达195.46人，企业R&D人员占比达11.3%（居全省第5名），"一名科技人员造就一个中高等收入家庭"的氛围进一步浓

厚。新昌城镇与农村居民人均可支配收入连年增长、城乡居民收入倍差逐年缩小。2023年，全县人均可支配收入达6.21万元，同比增长6.5%。其中，城镇居民人均可支配收入为7.56万元，同比增长5.8%；农村居民人均可支配收入为4.21万元，同比增长7.5%，农村居民人均可支配收入连续18年增幅高于城镇居民收入。城乡居民收入倍差由2018年的1.98缩小至2023年的1.80（见图3），低于全省平均水平（1.86）。继续深化"缩小收入差距"试点建设，攻坚16项标志性成果，个体工商户分型分类培育获省级试点，建成共富工坊148家。全县居民收入实现较快增长，收入结构逐步优化，消费水平不断提高，生活质量稳步提升。

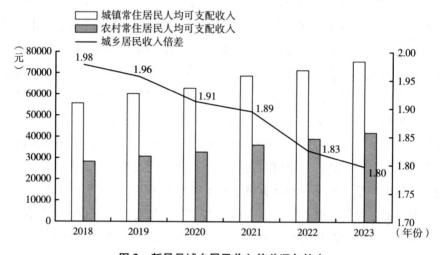

图3　新昌县城乡居民收入倍差逐年缩小

资料来源：新昌县统计局。

二是城市品质加快彰显，城乡融合一体推进。创新为本的城市品性进一步涵养。自2017年设立"5·31科技日"以来，新昌县共开展8届"5·31科技日"活动，成为全国最早设立"县级科技日"的县，尊重知识、尊重人才、尊重创新成为新昌这个小山城最浓厚的"底色"。为进一步提升城市能级，创设更好吸引人才、留住人才、培育人才、服务人才的硬软件环境，新昌启动"精致花园城市建设"，持续推进城市更新，"东门如城"新城建设，县人民医院迁建、省妇保院新昌分院、浙江工业职业技术学院新昌分院、浙江药科职业技术大学新昌学院、文化旅游综合体、小球中心等大型项目进展顺利，新增省级未来社区3个，"唐诗名城·诗画鼓山""探茗问禅·现代南岩"风貌区入选省城乡风貌样板区，城市面貌蝶变日新月异。城市管理更加精细，全国文明城市创建工作纵深推进，"410"行动①全面实施，城乡"六个一体化"②改革扩面提质。镇村风貌焕发新颜，持续深化新时代"千万工程"和精美集镇建设，推进农村人居环境整治提升，创成省级示范乡镇1个、省级特色精品村5个、省级未来乡村4个、和美乡村达标村51个，规范农村宅基地审批管理制度，完成14个自然村共富生态搬迁，澄潭江美丽乡村共同富裕示范带建设成效显著，乡村振兴与文旅融合实现了"双向奔赴"。

三是民生保障得到加强，消费市场活力释放。社会兜底保障不断加强，社会保险覆盖面进一步提升。公共服务"七优享"工程领跑全省，十方面民生实事全面完成。随着科技创新的进一步推进，更多高附加值就业机会和新的就业空间逐步涌现，2023年城镇新增就业人数6055人，招引外来产业工人6127人，户籍人口基本养老保险参保率达99.21%，基本医疗保险参保率为99.94%，越惠保参保率为73.40%，医保"共享法庭"全市推广，限额以上社会消费品零售总额、限额以上住宿业营业额增速排全市第1位。经济回升向好、就业形势稳定带动居民收入恢复性增长，旅游出行、文娱休闲等服务消费热度不减，数字消费、健康消费、绿色消费越来越受到消费者的青睐。2023年，社会消费品零售总额达222.07亿元，同比增长13.3%（见图4），超过疫情前水平（见图4）。全域旅游亮点纷呈，天姥山景区获评国家3A级旅游景区，大古云延度假酒店、重阳宫等项目有序推进，祈福圣地、碳水王国、户外运动王国、疗愈度假王国"一地三王国"文旅品牌成功出圈，新昌入选省第二批诗路旅游目的地和美食旅游目的地创新发展典型案例，2023年全年接待游客640万人次，同比增长24%。消费潜力加速释放，消费企稳回升的态势持续显现。

---

① "410"行动："4"即城市功能优化、城市单元美化、城市家具洁化、城市治理序化四大行动；"10"即每个行动各设10项工作任务。

② "六个一体化"是指城乡规划一体化、城乡产业发展一体化、城乡市场体制一体化、城乡基础设施一体化、城乡公共服务一体化、城乡管理体制一体化。

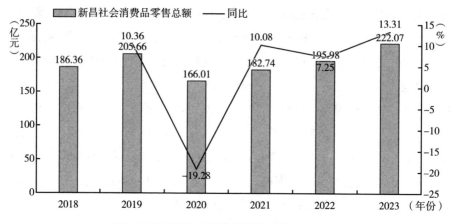

图4 新昌县社会消费品零售总额逐步复苏

资料来源：新昌县统计局。

（三）公共服务更加普惠，共富示范效应进一步彰显

一是基础设施继续加强，共富基础不断夯实。2023年，总投资14亿元的新昌高创园正式建成投用，平台跨界整合33个部门、汇集108宗创新事项和385项创新资源。全新推出科创服务平台"云局"，实现一次填报、数据多部门联通，全力打造教育科技人才一体推进、营商环境全面优化、创新资源开放共享的特色载体，为企业和人才提供线下全要素、全周期、全方位的一站式优质服务。目前，全县有创新服务事项的33个部门和166名工作人员已全部上线"云局"，汇集6大类、108宗创新事项，统筹2大类、386项创新资源。科创基础设施的完善进一步推动个人和企业平等享受公共资源，为孕育创新、促进转型、培植发展新动能、带动共富肥沃了土壤，带动了县域经济的繁荣，为经济高质量发展提供了推进器，从而为共同富裕夯实了物质基础。

二是公共服务不断优化，普惠水平持续提升。教育质量稳步提升。全国学前教育普及普惠县创建通过国家评估，高分通过省教育基本现代化县评估，全国义务教育优质均衡发展县创建通过省级评估，公办义务教育学校全部纳入城乡义务教育共同体建设，中高职一体化建设深入推进，高考特控线上线率全市第一，教育现代化发展水平首次进入全省第一方阵。推动"科技创新"进校园，举行以"科技创造美好生活"为主题的科技童玩节活动，县内学子科技素养进一步提高。健康新昌纵深推进，基于 E-SMART 智慧医疗 3.0 云生态服务体系，建成"数字化智能化医共体家医平台"，打造智慧健康服务开放平台，为居民提供医疗、健康、智能、便捷可及的健康管理服务；为医护人员提供公共卫生、医疗服务、健康管理、分级诊疗、绩效考核等信息化支撑；为医院管理者提供数据化、智能化、多维度、可预测的决策支持。"一老一小"服务体系日趋完善，县级长者中心、街道颐乐学院、社区长者健康活动之家一体推进，"十分钟"养老服务圈入选全省共同富裕最佳实践；全省首批普惠托育试点建设加快，新增托位 320 个。

三是环境质量持续领跑，生态文明深入推进。产业发展与生态环境保护并不矛盾，关键是要看选择什么样的产业，走什么样的道路。2006 年时任浙江省委书记习近平同志调研新昌，作出"在发展中要正确处理好人与自然、人与人之间的和谐关系"重要指示之后，新昌强力推动科技创新和绿色转型发展，当前已取得显著成效，经济发展方式进一步绿色转型，绿色低碳产业发展方兴未艾，形成许多新的经济增长点。2023 年规上工业增加值能耗降低率 2.7%，高于全省平均 2.5 个百分点。全县空气质量综合指数为 2.95，PM2.5 平均浓度低至 21 微克/米^3，同比优化 1 微克/米^3，空气质量优良率 95.6%，达历年最优水平；新增美丽河湖 2 条，市水土保持目标责任制考核实现"五连冠"，水环境质量稳定达标、空气质量综合指数全市第 1 位。新昌江、澄潭江、黄泽江"三江"交接断面水质均值达到地表水 Ⅱ 类水质标准。市级 14 个水环境质量考核断面均达到 Ⅱ 类或 Ⅲ 类功能区要求，断面达标率为 100%。县城、乡镇饮用水源地水质均达到 Ⅱ 类功能区要求，达标率 100%。健全生态产品价值实现机制，深化生态系统生产总值（GEP）核算，探索碳汇、绿电等生态权益转化路径，规模以上单位工业增加值能耗下降 2.7%。共富水平更加健康、更可持续，人民生活品质更高、福祉更好。

三　新昌持续推进科技创新支撑共同富裕的对策建议

新昌在未来依靠科技创新支撑共同富裕仍面临一些问题，需要给予高度关注，主要体现在以下四个方面。一是区位劣势越发凸显。受沪杭甬等周边城市

"虹吸"效应影响,新昌作为一个人口只有42.6万人的小县,城市能级弱,高层次人才引进难度大。二是科技发展不均衡加剧。科技创新对大企业的发展增效立竿见影,它们更愿意也更有能力推进科技创新;但很多中小企业的意愿往往并不强烈,它们更加缺乏科技创新的基础,甚至没有明确的科技攻关方向。三是迭代升级难度愈增。新昌在基础研究层面一直处于较低水平,以往依靠"产学研"合作的技术创新模式也面临着日益严峻的竞争。四是科技创新对收入分配影响有限。科技创新对共同富裕的支撑作用,主要体现在推进经济高质量发展层面,即"做大蛋糕",当然这也是推动共同富裕的主要方面。但对于分配制度的优化改革,即"分好蛋糕"方面,科技创新的作用就非常有限。针对上述问题,本报告提出如下对策建议。

(一)增强创新战略定力,强化共富内生动能

一是坚持以习近平总书记关于科技创新的重要论述为指引,"一张蓝图绘到底",久久为功,持续推进。科技是第一生产力,是财富创造的源泉,是夯实共同富裕的基础。扎实推进共同富裕,让改革发展成果更公平惠及全体人民,是全面建设社会主义现代化国家新征程的根本要义和重大部署。针对区位劣势明显和资源禀赋匮乏的问题,新昌要想继续推动经济高质量发展实现共同富裕,就必须坚决贯彻落实习近平总书记关于科技创新的重要论述,坚定不移沿着习近平为新昌指引的"紧紧依靠科技的力量来支撑"这条路走下去,忠实践行以科技创新支撑共同富裕的道路。坚持一张蓝图绘到底,一任接着一任干,不因暂时的艰难挫折而止步,不因时间推移及人员环境变化而停滞,坚定信心,创造以科技创新推动县域高质量发展的新成就。

二是加大人才引育力度,以"三支队伍"建设塑造县域科技创新新优势。针对人才引育难问题,新昌要在持续建好、建强基层干部队伍、不断优化营商环境的基础上,继续办好"5·31科技日·人才周"等活动,强化"三个给足",大力表彰科技领军企业家、新锐企业家,继续擦亮"亲清天姥·为企服务"品牌,当企业遇到困难时理性担当、及时纾困。以"天姥英才"计划为载体,引进生命健康、汽车零部件、轴承装备等重点行业急需的高层次人才。每年安排专项资金,大力引进资深专家、海外工程师、海外高层次和高端创新团队。聚焦高能级平台集聚高端人才的辐射带动作用,做大做强浙江大学-新

昌联合创新中心（天姥实验室），以智能制造、动物医药等 7 个高水平创新团队为牵引，加快引进顶尖人才、领军人才等高水平创新型人才。另外，建立专业人才培训机制。组织开展专业性强的科技培训和企业职工学历教育"再培训"。注重提升企业家科技素质，实施"企业家科技素质提升工程"，鼓励企业家和经营管理团队参加高级管理研修班。深化工程硕士"1+2"联合培养机制，打造"新昌模式"，持续扩大研究生联合培养规模，依托一流高校合作资源，吸引带动更多优秀高校毕业生、青年硕博人才创业创新。

三是推动产业转型升级，以新质生产力发展提质增效。要把握好新一轮产业革命的历史机遇，加大对生命健康、航空材料、低空经济等新昌战略性新兴产业、未来产业的培育力度，加快新质生产力的培育。要引导和支持轴承、制冷配件等传统企业加大技改和设备投入，推动传统产业往数字化、智能化和绿色化方向发展，增强产业发展的接续性和竞争力，实现"老树发新芽"，提高经济质效。要加大对新昌人形机器人、低空经济等战略性新兴产业、未来产业的培育力度。这些产业具有广阔的市场前景和巨大的发展潜力，是推动经济高质量发展的关键。要通过政策引导、资金投入和产学研合作等多种方式，推动新兴产业快速成长，打造一批专精特新企业，为经济发展注入新的动力。要用新技术新业态改造提升传统产业链。通过大数据、人工智能、高端装备等先进技术，对轴承制造、制冷配件等传统产业进行升级改造，提高生产效率和产品质量。

（二）统筹推进协调发展，提高共富均衡水平

一是培育雁阵式企业梯队，缩小企业资源差距。针对科技发展不均衡问题。应着重壮大市场主体，充分发挥企业的主体地位。首先，壮大领军企业，发挥其在产业发展中的引领作用，应立足新昌产业和资源优势培育和壮大科技领军企业，给予浙江三花智能控制股份有限公司、新和成股份有限公司、浙江万丰奥威汽轮股份有限公司等领军企业科研创新活动必要的财政支持和资源倾斜，支持其创设实验室和研发中心，提升其对高端人才的集聚能力。其次，还需注重培育中小企业，激发中小企业的创新活力，科技型中小企业是科技创新的重要源泉，贡献了 70% 以上的技术创新[1]。要持续优化营商环境，

---

① 资料来源：国家知识产权局。

系统解决科技型中小企业发展过程中的难题，激发其创新潜能。引导中小企业成立创新联合体，协同开展科研攻关，以弥补资源不足的先天缺陷，从而带动全产业的技术进步。建立健全中小企业培育长效机制，加快培育专精特新、"单项冠军"和"小巨人"等科技型创新型企业，强化对创新型企业金融支持力度，健全社会资金的投资退出机制，引导和鼓励社会资本流向科技型中小企业。

二是通过城乡一体化治理，缩小城乡发展差距。城乡发展不平衡是制约共同富裕实现的重要因素之一。要坚持协调发展理念，缩小城乡的发展差距，防止"木桶效应"的出现。首先，应提升乡村基础设施建设水平，将建设提升的重心放在农村地区，实施乡村基础设施提档升级行动计划，不断提升农村路网水平，将高水平推进"四好农村路"建设作为高质量发展、实现共同富裕的基础工程和破题之作，实现城乡顺畅对接，推进城乡基础设施一体化，实现城乡基础设施共建共享、互联互通。其次，还应统筹推进城乡协调发展战略和乡村振兴战略，大力实施美丽乡村和未来乡村建设，对人口集聚、基础条件好、有发展潜力的村庄如外婆坑村、雅庄村等进行重点建设，努力将其打造成为宜居宜业和美乡村；推动《新昌县农村人居环境管理办法》走深走实，持之以恒整治人居环境，打造"干净、整洁、有序"的农村环境；稳扎稳打建设美丽乡村，结合村庄布点规划、项目受益面和资金盘，扩大产业、文化、生态优势，全面推进乡村振兴。

三是发挥科技人员"领头羊"作用，缩小居民收入差距。针对科技创新对收入分配影响有限的问题，要持续深入实施《新昌县科技人员收入倍增行动计划》，充分发挥科技人员的引领作用，深入实施科技驱动创富行动，从而撬动社会各阶层的增收潜力。通过薪酬制度改革、股权激励改革以及进阶管理改革等举措，鼓励科研人员通过"揭榜挂帅"的方式技术入股，增加智力变资产的转化通道，同时推行实施科技人员晋升"双通道"制度，管理职务和专业职级并行，提高科技人员工资收入，从而激发科技人员、技能人才、高素质农民等重点群体的增收潜力，使更多普通劳动者借助科技创新跻身中等收入群体，营造"一名科技人员造就一个中高等收入家庭"的氛围。要进一步完善科技特派员制度，鼓励更多优秀青年科技工作者积极投身乡村建设，将先进的科学知识和技术引入农村，为乡村全面振兴提供坚实智力支撑，实现用活人才、搞活基层、激活发展、振兴产业、提高收入的多方共赢局面，解决农村基层科技力量不足和科技服务缺位等现实困难。

（三）坚持科技惠民导向，站稳共富价值立场

一是推动科技成果共用，提高民生福利水平。推进科技在产业发展、民生需求、政府治理等多场景中的应用，构建开放共享的科技创新生态。在产业发展方面，要构建开源的产业创新平台，打破技术壁垒，对企业生产、运营管理及物流体系进行智能化重组，实现资源对接与共享，提高产业效率。在民生需求方面，要大力发展智慧交通、智慧健康、智慧教育和智慧养老，以科技的力量扩大高品质公共服务供给。构建基层社会数据共享交换平台，推进政务服务相关应用系统各类基础数据集中汇聚、统一共享及应用，为城镇居民提供精准的社会公共服务。丰富公共服务数字综合场景，精准分析民生需求，推动民生供需高水平对接，为人民群众提供更加便捷、高效、优质的公共服务。如持续深入打造"天姥管家"构建数字化便民服务网络，完善"天姥管家"平台事前预约、事中办理、事后回访全过程服务机制，从而紧扣市民需求，整合各类资源，全力织好方便快捷、优质高效的便民生活服务网。

二是推动科技成果共享，提升人民科技素养。新一轮科技革命和产业变革的浪潮深刻改变了生产方式，也对经济社会发展产生了深远影响。要积极采取有效措施，推动全民科技素养的提升，让科技成果更多更广泛惠及人民群众。要持续完善教育培训体系，提升全民科技素养与技能，通过加强基础教育、职业教育等培训体系，推动科技展览馆、体验馆等平台建设，为公众提供直观、生动的科技展示和体验，让人民群众更加深入地了解科技创新的成果和应用，帮助人民群众深入把握最新科技创新成果及应用，提升全民科技素养，缩小不同社会群体的发展机会差距。继续推动实施由新昌科协主导的"全民科学素质提升月行动"，丰富活动内容，扩大活动覆盖面。如继续与中国科学院上海分院开展科普校园行活动，让大中小学生走进万丰航空小镇、三花科创园等新昌科创示范基地，把科学知识、科学方法、科学精神传递给青少年，激发学习兴趣，滋养科学素养，营造良好的青少年科技教育氛围。

三是加大科技产品供给，启迪科学智慧，改善人民生活水平。要持续丰富优质科技资源供给，满足人民群众日益增长的物质文化需求。要大力依靠科技

创新，发展工业旅游。工业旅游作为一种新型旅游业态，将工业发展与旅游休闲融为一体，为人民群众提供一种全新的旅游体验，具有独特的魅力和潜力。参观工厂、了解生产流程、体验科技产品等方式，不仅能满足人民群众的好奇心和求知欲，还能增强他们对当地企业、科技以及工业文化的认识，丰富人民群众的精神生活，从而进一步带动当地相关产业发展，提升城市旅游知名度和美誉度，为当地经济发展注入新的动力。要发挥好新昌拥有 16 家上市公司的独特优势，与浙江三花智能控制股份有限公司、新和成股份有限公司、浙江京新药业股份有限公司等龙头企业合作，进一步丰富工业旅游产品供给，打造完善工业旅游矩阵，擦亮新昌工业旅游名片，满足人民群众日益增长的物质文化与精神文明需求。

参考文献

张颖熙、夏杰长：《科技向善赋能共同富裕：机理、模式与路径》，《河北学刊》2022 年第 3 期。

张淑慧、王伟楠、梁鉴：《新昌探索科技支撑共同富裕的经验与启示》，2023 年 6 月 14 日，https：//mp.weixin.qq.com/s/EeTeCAKisNeAbn1XYYeWPg。

燕连福、程诚：《科技创新促进共同富裕的独特优势、面临挑战与推进路径》，《北京工业大学学报》（社会科学版）2024 年第 5 期。

产业引领篇 ▷

B.18
2023年绍兴黄酒产业转型
升级发展报告*

王新波　惠佩瑶　徐思佳**

摘　要： 作为绍兴传统产业之一，黄酒产业是绍兴的一张金名片，被列为两大历史经典产业之一。在政策环境相对利好的情况下，黄酒已经逐步打开消费市场，形成了产地多元化但又局部集中的发展格局，总体呈现出规模持续壮大、区域分布相对集中、龙头企业引领发展、市场秩序不断优化、营销推广愈加多元等特点。但同时也面临激烈的市场竞争，存在市场局限突破困难、品牌辨识度不高、创新投入力度不够、区域空间布局碎片化等问题，必须从突破市场局限性、提高品牌辨识度、加大创新力度、优化产业区域空间布局、加强行

---

* 本文所使用的数据除特别说明外，均根据绍兴市经济和信息化局（绍兴市中小企业局）相关材料。

** 王新波，中共绍兴市委党校（绍兴市行政学院）、绍兴市社会主义学院党史党建教研室副主任、法学博士，研究方向为营商环境与产业发展；惠佩瑶，中共绍兴市委党校（绍兴市行政学院）、绍兴市社会主义学院经济学教研室讲师、经济学博士，研究方向为数字经济理论与实践、传统产业转型升级；徐思佳，绍兴市经济和信息化局产业发展处处长、三级主任科员，研究方向为产业政策与中小企业发展。

业监管与传承保护等方面采取有力措施，持续推动黄酒产业转型升级。

关键词： 黄酒产业　传统产业　转型升级　绍兴

三千余年来，黄酒文化如同城市的血脉，生生不息地流淌于绍兴的历史发展之中。作为酒中珍品，绍兴黄酒不仅仅是一种饮品，更是绍兴经济社会发展的见证者和推动者。作为绍兴传统产业之一，黄酒产业的发展带动了农业的现代化，促进了地方经济的增长。黄酒文化的传播也吸引了众多游客来绍，使绍兴成了国内外知名的旅游目的地。

黄酒产业的转型升级，不仅关系到绍兴经济的持续健康发展，更关系到绍兴传统文化的传承与创新。2022 年，绍兴市委、市政府提出"4151"先进制造业强市计划，将黄酒产业列为"10+2"重点产业集群（产业链）中两大历史经典产业集群之一。近年来，面对整体市场份额收缩的局面，绍兴黄酒产业坚持守正创新、传承发展，不断推动产业转型升级。

一　当前黄酒市场面临的形势分析

（一）酒类市场竞争激烈

根据全球领先酒精饮料数据研究机构国际葡萄酒及烈酒研究所（IWSR）测算，2022 年全球酒类市场规模为 1.1 万亿美元，预计到 2027 年将达到 1.2 万亿美元，中国酒类消费额为 2600 亿美元、占全球的 23.6%，是全球最大的酒类消费国，美国、日本紧随其后。2022 年，全球酒类总产量为 2.4 万亿升，同比增长 5.3%，其中，葡萄酒、啤酒和烈酒（白酒）产量分别为 0.88 万亿升、0.9 万亿升、0.62 万亿升，占全球酒类产量的 36.3%、37.5%、26.2%。根据中国酒业协会统计，国内酿酒行业主要由白酒、啤酒和葡萄酒三大品种组成，白酒是消费主力，黄酒销售收入和利润总额占全国酿酒行业份额不足 1%，仅相当于白酒的 1.4% 和啤酒的 4.6%，在国际市场的认知度和流行度远远低于葡萄酒、烈酒和啤酒。

（二）政策环境相对利好

2022 年 1 月 1 日，全球规模最大的自由贸易协定《区域全面经济伙伴关系协定》（RCEP）正式生效，许多成员经济体的酒类产品加速拥抱中国市场，中国酒业尤其白酒以及极具中国传统文化特色的黄酒等酒产品也借助 RCEP 拓展国际市场。近年来，国家、浙江省高度重视历史经典产业传承发展，浙江省政府 2015 年就提出要在大力发展七大万亿产业的同时兼顾发展丝绸、黄酒、中药等历史经典产业，出台《关于推进黄酒产业传承发展的指导意见》，省级层面还专门提出 20 余项举措支持绍兴黄酒产业发展。

（三）消费市场逐步打开

当前，全球酒类产业发展呈现出高端化、多元化、全球化趋势，"绍兴黄酒（绍兴酒）"作为唯一黄酒类首批 100 个中欧互认中国地理标志产品，叠加 RCEP 对酒类产品减税政策利好，逐步为国际市场所接受。据海关总署统计，黄酒出口在 2023 年整体保持平稳，出口量约为 1.19 万千升，出口额 1.52 亿元，基本与 2022 年持平，[①] 主要销往日本，对日出口量近三年相对稳定，对澳大利亚、马来西亚、韩国、新加坡、俄罗斯等国家和地区的黄酒出口量明显增加。数据显示，2023 年，绍兴黄酒出口总额为 3.18 亿元，增速高达216.2%，[②] 年均出口量 1.5 万吨左右，[③] 是中国黄酒出口量最大的地区之一。

（四）产地多元局部集中

黄酒产销尤其销售主要集中在长三角地区。从产地看，一般认为，当前

---

① 云酒视界：《14 张图全解 2023 酒类进出口，白酒缘何大幅逆增 50%？》，雪球网，2024 年 1 月 31 日，https：//xueqiu.com/7455605149/277193841。
② 黄酒 Channel：《"抱团出海"、开海外首家品鉴会，黄酒国际化再提速》，网易，2024 年 6 月 28 日，https：//www.163.com/dy/article/J5PL90LI055658VW.html。
③ 王旭东、李晓斌：《RCEP 助力黄酒香飘四海》，绍兴市人民政府网站，2023 年 1 月 16 日，https：//www.sx.gov.cn/art/2023/1/6/art_ 1462938_ 59440012.html。

主要有浙江越派黄酒、江苏苏派黄酒、上海海派黄酒和北方黄酒四大类型，在全国范围主要有六大产区。一是浙江绍兴产区，主要有古越龙山、会稽山、塔牌、女儿红和咸亨等黄酒品牌（见表1）；二是江苏苏南产区，主要有沙洲优黄、白蒲黄酒、金坛封缸酒、丹阳封缸酒、吴宫老酒、惠泉酒、江阴黑杜酒和同里红等品牌；三是上海海派黄酒产区，主要包括石库门、金色年华、和酒、侬好等品牌；四是福建红曲酒产区，包括鼓山、青红等品牌；五是皖南黄酒产区，品牌有古南丰；六是山东即墨产区，主要生产即墨老酒。此外，浙江嘉善的西塘老酒、江西九江的封缸酒、广东客家娘酒、湖南嘉禾倒缸老酒及上古苍老酒、湖北房县黄酒、陕西谢村黄酒及黄关黄酒、河南双头黄酒及刘集黄酒等在我国的黄酒产业中也占有一席之地。近几年，一些外地的黄酒企业不断创新发展，使绍兴黄酒市场份额面临着激烈的竞争，高端市场受沙洲优黄（苏派黄酒代表）和义乌丹溪红曲挤压，中端市场面临上海海派黄酒争夺以及其他产区竞争。

表1　绍兴黄酒产业重点企业及代表性新品基本情况

企业名称	特色领域	品牌	品牌荣誉	开发新产品	技术研发创新
浙江古越龙山绍兴酒股份有限公司（以下简称古越龙山）	传统黄酒	古越龙山、沈永和、状元红、鉴湖等	亚洲品牌500强、中华老字号、中国驰名商标、国家非遗项目、国家级非遗生产性保护示范基地、省级非遗工坊、国家黄酒工程技术研究中心、国家级博士后科研工作站、浙江绍兴黄酒产业创新服务综合体、浙江省质量奖、"十三五"中国酒业科技突出贡献奖等	黄酒威士忌、无糖黄酒、露酒、米酒、女士酒	"一中心五平台"数字化管理系统、黄酒产业园智能化酿造系统、数字化产品追溯系统
绍兴女儿红酿酒有限公司（以下简称女儿红）	传统黄酒	女儿红	中华老字号、中国驰名商标等	露酒、米酒、浮雕酒、风味黄酒	数字化产品追溯系统

企业名称	特色领域	品牌	品牌荣誉	开发新产品	技术研发创新
会稽山绍兴酒股份有限公司（以下简称会稽山）	干黄（非遗）	会稽山、兰亭、唐宋、东风、西塘、乌毡帽	中华老字号、中国驰名商标、中国名牌产品、国家非遗传承基地、浙江省非遗传承基地、浙江省名牌产品、浙江省企业技术中心、浙江省农业科技研发中心、浙江省优秀传统文化普及基地等	纯正五年促销装、一日一熏气泡黄酒、干纯18新品、1743礼盒装、兰亭黄酒大师版、兰亭黄酒标准版、兰亭1993纪念版等	酿酒大数据库、"会稽山数字酒庄"
浙江塔牌绍兴酒有限公司（以下简称塔牌）	中国传统黄酒酿制技艺	塔牌、丽春、塔牌本	中华老字号、中国驰名商标、非遗传承基地等	塔牌雪见	数字化系统

资料来源：根据绍兴市经济和信息化局材料整理。

二　绍兴黄酒产业发展情况[①]

近年来，绍兴黄酒产量保持稳定，高端产品销量增长较快，盈利能力正在增强，呈现"逆势上涨，稳步提升"的态势。

（一）产业规模持续壮大

截至2023年底，绍兴市共有黄酒生产企业75家，其中，规模以上企业11家，资产总计136.91亿元。2023年，全市规上黄酒企业实现销售收入36.13亿元、比上年同期增长10.3%，利润总额9.13亿元、同比增长83.2%，亩均税收24.9万元（同期全市规上工业企业亩均税收23.3万元）。2023年，绍兴市规上

---

① 本部分数据来自绍兴市经济和信息化局（绍兴市中小企业局）相关资料。

黄酒企业无论销售还是利润增长均大幅快于全国面上水平，分别高于同期全国规上黄酒制造企业7.4个和44.3个百分点。绍兴规上黄酒企业销售占全国的比重达到42.3%，利润总额占比58.6%（见图1），分别较2018年提升21.4个和33.2个百分点，绍兴市黄酒产业在全国的地位呈现出进一步稳定的趋势。2023年绍兴上榜2023年全国消费品工业"三品"战略示范城市（酒的制造）。

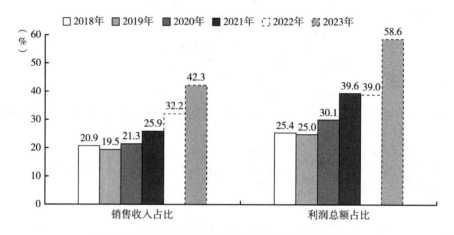

图1 2018年以来绍兴黄酒主要指标占全国比重变化

资料来源：根据绍兴市经济和信息化局、绍兴市统计局相关数据整理。

（二）区域分布相对集中

绍兴市有75家黄酒企业，其中柯桥区20家、占比为26.7%，越城区27家（其中滨海新区8家）、占比36%，上虞区8家、占比10.7%，其他20家分布在诸暨、嵊州、新昌三地（见图2）。总体来看，绍兴黄酒产业区域分布相对集中，特别是"一市三区"涵盖资源丰富，近年来大力推进文商旅融合发展，逐步形成了多个汇聚酒企、展览馆、特色街道等主体的多元立体产业集聚区。投资57亿元的黄酒产业园项目，建成后将成为全国最大的智能化黄酒生产基地，人工成本将减少30%，产能将提升两倍。经过多年建设和完善，绍兴黄酒小镇入选首批浙江历史经典产业特色小镇，是绍兴市黄酒文化对外传播的重要基地。特别是2023年12月，越城区政府与中国酒业协会签订战略合作协议，中国国际黄酒产业博览会永久落户绍兴黄酒小镇。

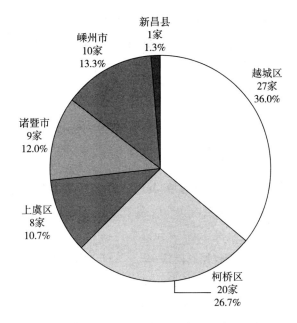

图2 全市现有75家黄酒制造企业地理分布

资料来源：根据绍兴市经济和信息化局相关材料整理。

（三）龙头企业引领发展

目前，绍兴市黄酒产业主要有三大酒企四大品牌：古越龙山、会稽山、塔牌和女儿红（既是酒企也是品牌，详见表1）；其中，古越龙山、会稽山已在A股上市；女儿红已被古越龙山收购；塔牌早年以出口为主，近年来以坚守纯手工酿制技艺为主打，内外销兼营。根据上市公司公开披露信息，2023年古越龙山和会稽山分别实现营收总额17.84亿元和14.11亿元，约占全国3家黄酒上市公司总营收的84.79%，[①]约占同期绍兴市11家规上黄酒制造业营收总额的88.43%。[②]中国绍兴黄酒集团（古越龙山）2023年被认定为首批市级链

---

① 上海金枫酒业（股票代码600616）股份有限公司公开披露信息显示，该公司2023年营业收入为5.73亿元。

② 《新浪财经·酒业内参》文章《发展看龙头，黄酒产业背后有三个好现象》显示，绍兴黄酒规上11家企业，2023年实现销售36.13亿元，2024年6月7日，https://finance.sina.com.cn/chanjing/jync/2024-06-07/doc-inaxxcrw4027299.shtml。

主企业之一。近年来，古越龙山、会稽山、塔牌、女儿红等龙头企业高度重视研发创新，面向"高端化、年轻化、国际化、数字化"倾力拓展品系、开发新品，成功打造了"国酿""兰亭""本酒""桂花林藏"等系列精品，其他企业也加快跟进，实现了"龙头引领、骨干支撑、多点协同"的集群化区域品牌梯队。

（四）市场秩序持续优化

近几年黄酒企业发展的内外环境得到持续优化。市场监管、公安和检察机关等部门协同办案，对"两头在外"① 现象进行严厉打击，2023 年已查办黄酒维权案件 15 起，涉案金额 4600 万元以上，其中移送司法机关的案件，涉案金额 4500 余万元，采取行政强制措施 79 人，打击力度为历年来最大，有效维护了品牌价值和品牌形象，加速净化了黄酒企业发展的外部环境。同时，绍兴坚持在黄酒企业内部质量管理和黄酒产品质量提升上做文章，特别是派专家进行一对一指导，助力一家龙头黄酒企业冲刺中国质量奖。

（五）传承创新力度加大

大力支持"绍兴黄酒酿制技艺"非遗传承，绍兴现有国家级酿酒大师 3 人、行业唯一"轻工大国工匠"1 人、浙江工匠 1 人、全国技术能手 1 人、省级非遗代表性传承人 7 人、市级 6 人；打造省级非遗生产性保护基地 3 家、省级非遗工坊 2 家。强化原产地保护，成功入选 2023 年国家地理标志产品保护示范区。积极推动优质黄酒专用糯稻品种选育，支持黄酒生产企业建立专用原料种植基地，2023 年共对 10300 亩黄酒糯稻基地建设补贴 300 万元。加强行业共性技术研发，推进"绍兴黄酒"专用糯稻选育、"绍兴黄酒传统酿制工艺"标准化、黄酒口感标准化等研究。黄酒集团积极推进国家重点研发计划课题项目研究，2023 年共获得发明专利 5 项，实用新型专利 1 项，"一株降解生物胺的明登乳杆菌及其应用"科研项目获中国专利优秀奖。

---

① "两头在外"：即假冒绍兴黄酒品牌的酒厂，生产和销售都在绍兴以外。

（六）营销推广愈加多元

大力推进"越酒行天下"营销策划行动，组织酒企积极参与泸州酒博会、成都糖酒会、日本国际食品展等展会。积极打造区域品牌，深耕互联网社交媒体圈，在央视《中国酿造》栏目宣传绍兴黄酒，绍兴黄酒"后劲"主题海报和短视频在抖音、新浪微博等头部自媒体平台发布，相关话题总阅读量突破2.6亿次，视频播放量超527万次，"绍兴黄酒"网络热度极大提升。黄酒主题宣传片在广东、河南、黑龙江等省全域推广。系列短视频在北京西站、首都机场、上海虹桥机场等省外重要交通场站刊播。黄酒标志、标识在绍兴主要入城口、城市重要节点常驻。"绍兴与黄酒"等旅游主题作品和"游绍兴·品黄酒"主题旅游线路齐头并进。绍兴酒企积极与头部电商企业合作，利用新业态开展新推介，推进线上销售。其中，2022年的"双11购物狂欢节"，古越龙山在京东、天猫、拼多多等六大平台包揽全网黄酒销售第1名，获得2022年度商务部电子商务高质量发展奖和电子商务新零售示范基地奖；会稽山2023年电商平台营业收入突破9100万元，同比增长160%，获得抖音2023年产品领航奖、天猫2023年度黑马奖。

（七）消费市场持续扩大

首先，产品结构的多样化带动了市场的扩大。随着黄酒企业创新力度的不断加大，绍兴黄酒的产品结构越来越多样化，在传统的黄酒产品的基础上，出现了芝麻酒、花酒等新型酒类产品，满足了消费者多样化的需求。其次，黄酒的创新产品以及营销方式的新媒体化，推动了市场的年轻化。近年来，"冰饮黄酒""黄酒冰激凌""黄酒面膜""黄酒鸡尾酒"等黄酒创新产品通过新媒体的直播销售，吸引了众多的年轻消费者（定义为18~35岁）购买黄酒产品，推动着黄酒消费市场不断向年轻化方向拓展。中国酒业协会的统计数据显示，年轻消费者在黄酒消费群体中的比重逐年上升。具体来说，2018年，年轻消费者在黄酒消费者中的占比约为30%；而到了2023年，这一比例已经增长到了45%左右。这一增长趋势表明，年轻消费者对黄酒的兴趣和接受度正在显著提高。最后，文化赋能黄酒品牌提升。绍兴黄酒企业通过参与文化活动和评选，弘扬黄酒的文化底蕴，提升品牌形象。绍兴黄酒节、黄酒文化节等活动，

不仅展示了黄酒的传统制作工艺，也让消费者更深入地了解黄酒历史和文化。这种文化营销策略有效提升了黄酒的市场认知度和品牌忠诚度，也在很大程度上推动了绍兴黄酒市场的持续扩大。

三　绍兴黄酒产业发展面临的问题和挑战

总体而言，绍兴黄酒产业长期坚持守正创新，传统经典产业逐渐焕发新生。但在当前的情况下，绍兴黄酒产业仍有不少问题和短板，需要进一步转型升级。这些问题主要集中在以下四个方面。

（一）市场局限仍难突破

一是生产规模有限。黄酒企业以中小型企业为主，大型领军企业数量太少，头部的四家企业总资产仅为6亿~70亿元（见表2），这在一定程度上制约了产业的集群效应和规模经济的形成。二是产业链条不完善。黄酒产业的上下游链条相对较短，缺乏高效的供应链管理和市场服务体系。从原料供应、生产加工到销售服务，黄酒产业的各个环节尚未形成紧密的协同和互动，这影响了产业的整体效率和市场响应速度。三是黄酒消费市场规模有限。黄酒品类在中国酒类市场占比太低，增长速度远不及白酒。首先，黄酒消费群体相对小众，且消费人群偏老龄化。尽管黄酒企业已经在努力开发年轻化的场景，且能在一定程度上吸引年轻用户，但是，人们在打卡、浅尝之后，复购率仍维持在较低水平。其次，黄酒的消费场景相对单一，多与传统文化活动相关联，缺乏与其他酒类相媲美的社交属性。这导致黄酒难以在更广泛的消费者群体中形成强烈的吸引力和品牌忠诚度。此外，许多消费者存在认知局限，将黄酒视为烹饪时的佐料或具有保健功效的酒类，用于浸泡药材，而不是日常饮用的酒。这种认知限制了黄酒作为健康饮品的普及。最后，绍兴黄酒的消费市场主要集中在特定地区，尤其是江浙沪一带，而在全国其他地区的市场占有率相对较低。如古越龙山在上海、浙江、江苏地区2023年合计销售收入10.21亿元，占比59.17%，在上海、浙江、江苏以外的其他地区（不包含国际销售）销售收入6.62亿元，占比38.35%。① 这种地域性的

---

① 时代在线网：《年轻消费者都不喝黄酒了吗？年报折射黄酒尴尬困局》，雪球网，2024年4月22日，https://xueqiu.com/9635254416/287139897。

市场局限，使绍兴黄酒难以形成广泛的全国影响力，也影响其在更广阔市场的竞争力。

表2　绍兴黄酒四大企业基本情况一览

项目	浙江古越龙山绍兴酒股份有限公司	会稽山绍兴酒股份有限公司	绍兴女儿红酿酒有限公司	浙江塔牌绍兴酒有限公司
总资产(亿元)	68.44	45.28	15.67	6
员工数量(人)	2259	1537	567	664
专利数量(个)	167	132	63	139

资料来源：通过天眼查网络公布的企业相关资料整理所得。

（二）品牌辨识度不高

绍兴黄酒整体对外宣传力度不足，独特优势和文化内涵未得到有效宣传，品类体系不够清晰，产品定位尚且模糊。这些问题导致绍兴黄酒在现代市场中的品牌辨识度不高。一是绍兴黄酒对外宣传的整体力度不足。尽管绍兴地区拥有14家获得原产地证明商标的企业，但这些企业中使用"绍兴酒"地理标志的产品比例不足20%，这无疑削弱了绍兴黄酒作为一个整体品牌形象的凝聚力。此外，部分主打产品甚至没有使用统一的绍兴黄酒证明商标，进一步降低了绍兴黄酒的品牌辨识度。二是绍兴黄酒的独特优势和文化内涵并未得到有效的应用和宣传。绍兴黄酒拥有鉴湖源头水和绍糯品种等独特优势，以及伴随千年黄酒传承的中华传统特色文化内涵，特别是黄酒的原料"绍糯"和非物质文化遗产——228道酿酒工艺等是其文化和品质的重要体现。但目前这些传统元素在品牌推广中的运用并不充分，未能充分发挥其在提升品牌价值和吸引消费者中的作用。三是绍兴黄酒企业的品类体系不够清晰，产品定位模糊。这让消费者在面对众多产品时，难以找到符合自己心理预期的产品，从而难以激发潜在消费者的购买欲望。四是黄酒产业的文化传播和品牌建设存在局限。黄酒的文化价值和品牌故事尚未得到充分的挖掘和传播，造成黄酒在塑造品牌形象和提升文化软实力方面，难以与其他具有显著文化特色的酒类竞争。

（三）创新投入力度不够

黄酒行业在创新投入上的不足，已成为制约其发展的重要因素。一是黄酒产业的研发投入强度较低。2023 年数据显示，绍兴全市规模以上黄酒产业的研发投入强度仅为 2.2%，远低于规模以上工业的平均水平 4.1%，反映出黄酒行业在科研投入上的不足，直接影响到黄酒产品的质量和竞争力。黄酒的传统酿造工艺虽然精湛，但在现代科技的融合和创新上还有很大的提升空间。黄酒企业在新产品研发上的投入不足，导致产品线单一，难以形成差异化竞争优势。同时，黄酒行业在科研成果的转化和应用上也存在不足，许多创新成果未能有效转化为市场竞争力。二是黄酒行业在营销推广上的投入和创新不足。随着消费者需求的多样化和市场竞争的加剧，传统的营销方式已难以满足现代市场的需求。黄酒企业需要加大在数字营销、社交媒体推广等方面的投入，利用现代营销手段提升品牌知名度和市场占有率。三是黄酒行业的创新体系和机制建设有待加强。黄酒企业需要建立完善的创新体系，从产品研发、工艺改进到市场营销，形成系统化的创新机制。同时，黄酒行业也需要加强与科研机构、高等院校的合作，引入外部智力资源，共同推动黄酒产业的创新发展。四是黄酒产品的更新力度不足。黄酒产业在产品创新、工艺创新方面与现代市场需求存在一定的差距。传统黄酒产品难以满足年轻消费者和国际市场的需求，而新产品的研发和推广力度不足，导致黄酒产业在市场竞争中处于劣势。

（四）区域空间布局碎片化

绍兴黄酒产业的区域空间布局碎片化导致以下三方面问题。一是区域空间布局的碎片化导致资源配置和产业协同效率低下。绍兴黄酒产业的地理分布较为分散，企业之间难以实现有效的资源共享与合作。分散的布局增加了原材料采购、生产加工、物流配送等环节的成本，降低了整个产业的资源配置效率。同时，由于缺乏集中的产业集群，企业间难以形成协同效应，影响了产业的整体竞争力和市场响应速度。二是产业集中度不足，影响了黄酒产业的规模经济和品牌建设。黄酒企业在空间上分散，行业内缺乏统一的行业标准和品牌形象，这不仅削弱了黄酒产业的规模经济效应，也限制了品牌影响力的扩大。分散的产业布局使黄酒企业难以形成合力，难以在激烈的市场竞争中形成有力的竞争优势，同时也影响了黄酒文化的传播和推广。三是区域空间布局的碎片化制约了技术创新和行业监管。分散的产业布局使企业在技术研发和人才培养上的投入分散，难以形成集中的技术创新力量，影响了黄酒产业的技术进步和产品升级。此外，分散的布局也给行业监管带来了挑战，监管部门难以有效实施统一的监管措施，行业内也难以形成有效的自律机制，这在一定程度上影响了黄酒产业的健康有序发展。

四　推动绍兴黄酒产业转型升级的对策建议

2023 年 9 月 1 日，《绍兴市人民政府办公室关于促进黄酒产业发展振兴的实施意见》（绍政办发〔2023〕27 号）正式颁布，提出到 2027 年"绍兴黄酒"品牌在全国乃至全球黄酒市场的影响力和美誉度进一步提升，黄酒产业年销售收入达到 100 亿元，市场占有率超过 50%，形成 2~3 家黄酒行业链主企业的目标；在推动黄酒产业转型升级方面，提出大力改革强企，提升产业集群竞争力；强力创新拓市，增强产业振兴支撑力；全力优品立名，提升"绍兴黄酒"引领力；合力聚势推广，扩大黄酒文化影响力四大行动任务，为推动黄酒产业转型升级提供了中长期工作部署，就此，本文认为应主要抓好五个方面。

（一）突破市场局限性

一是实施产品多样化策略，拓宽产品线。首先，要加强市场调研，明确目标消费群体。黄酒企业需要深入了解不同消费群体的需求和偏好，包括年龄、性别、消费习惯等。通过更大区域范围内的市场调研，企业可以更准确地定位产品，满足不同消费者的需求。通过调查准确掌握消费者对黄酒品质、口感、包装等方面的反馈，开发多种口味和风格的黄酒产品，以适应不同消费者的口味需求。如可以推出低度、甜味、果味等不同口感的黄酒，以吸引年轻消费者和女性消费者。其次，企业还可以开发适合特殊场合的黄酒产品，如节日庆典、商务宴请等，以满足不同场合的消费需求。最后，黄酒企业要积极寻求、建立跨界合作伙伴关系，共同开拓市场。当前酒水市场的跨界合作层出不穷，例如泸州老窖和花西子联名的"桃花醉"礼盒、茅台和瑞幸联名的酱香咖啡

等，将自身 IP 介入合作产品的做法，在社交媒体和酒类市场都掀起狂潮。黄酒企业可以与其他酒类企业、餐饮企业、旅游企业等建立合作伙伴关系，共同开拓市场。通过合作，企业可以共享资源，降低市场开发成本，同时也可以借助合作伙伴的渠道和客户资源，扩大市场覆盖面。

二是拓展国际市场，提高黄酒的国际知名度。以国家各项外交活动为契机，赴欧美等地举办"绍兴海外文化周"，进行适度展陈、以国礼馈赠以及指定宴请用酒，提升绍兴黄酒在国际上的知名度和影响力，塑造黄酒文化自信。黄酒企业可通过参加国际食品展览会、与外国酒商合作等方式，将黄酒推向国际舞台。企业需要了解不同国家和地区的消费习惯和法律法规，制定相应的市场策略，重点是做强日本市场、做大东南亚市场、加快进军、培育欧美市场。此外，企业还可以通过跨境电商平台，将黄酒产品直接销售给海外消费者，拓宽销售渠道。

三是利用数字化营销手段，提高市场渗透率。在互联网时代，数字化营销已成为企业推广产品的重要手段。黄酒企业应充分利用社交媒体、电子商务平台、在线广告等数字化工具，进行产品推广和品牌宣传。新建或收购电商直播大楼，谋划建设绍兴黄酒电商销售基地，加强与头部主播的对接，在电商、直播、数字平台等各种渠道全面拓展市场销售，建立更广泛和更便捷的销售渠道和网络，提升绍兴黄酒的市场覆盖率和渗透率。通过线上活动、互动营销等方式，吸引消费者的注意力，提高品牌的在线可见度和影响力。

四是加强售后服务，提升消费者满意度。黄酒企业要重视售后服务，提供及时、专业的客户服务，解决消费者在购买和使用过程中遇到的问题。通过优质的售后服务，企业可以提升消费者的满意度和忠诚度，建立良好的口碑，吸引更多的回头客。

（二）提高品牌辨识度

一是强化品牌核心价值与文化传承。首先，要深入挖掘和弘扬黄酒的传统文化，将其作为品牌建设的核心。协调推动绍兴黄酒作为浙江省"三祭"，即缙云轩辕祭典、绍兴大禹祭典、衢州南孔祭典活动的主用酒。企业可以通过举办文化节、展览、讲座等活动或者故事化营销，宣传黄酒的历史、制作工艺和文化价值，提升消费者对黄酒文化的认知和兴趣。其次，黄酒企业要不断提升传统工艺设计制造与衍生品研发能力。结合国潮、宋韵等艺术风潮，加强与国漫、汉服、古镇、戏曲等相关领域融合，将黄酒品牌植入影视、综艺、游戏、元宇宙等场景中。再次，实施跨行业合作战略与品牌差异化。推动黄酒产品与旅游、餐饮等行业跨界合作，将黄酒文化与地方旅游、美食等结合起来，吸引更多消费者。如打造文旅融合片区，把中国黄酒博物馆、上大路茶饮一条街、迎恩门风情水街、原中国黄酒文化园河中岛地块等统一联合，成为集绍兴黄酒文化、水文化、饮食文化于一体的黄酒精品旅游路线等。同时，黄酒企业需要通过差异化战略来突出自己的特色和优势，扩大品牌的影响力，吸引新的消费者群体，提高品牌的市场覆盖率。最后，持续提升黄酒产品质量。品牌辨识度的提升与产品质量密切相关，黄酒企业应注重产品质量管理，确保产品能够满足消费者的期望。

二是构建统一的品牌视觉识别系统与强化市场营销。一方面，为提高品牌辨识度，企业需要建立一套统一且具有辨识度的品牌视觉识别系统，包括品牌标志、色彩、字体等元素，在所有品牌传播材料中保持一致，以加深消费者对品牌的记忆。黄酒企业可以通过产品包装、品牌故事、品牌文化等方面进行品牌建设，从"抱团再出发"到"同心合力铸品牌"，持续提升绍兴黄酒的品牌价值和市场引领力。另一方面，加大品牌宣传与市场推广力度。利用各种媒介和渠道进行品牌宣传，提高品牌的曝光率和知名度。充分利用传统媒体、社交媒体、线上线下活动等，通过广告、公关活动、品牌合作等方式，加强与消费者的沟通和互动，提升品牌的市场影响力。支持绍兴黄酒作为浙江历史经典产业之一在机场、高铁站、服务区等重要场站展销，打响"世界美酒产区""中国黄酒之都"品牌。

（三）加大创新力度

一是增加研发投入。一方面，黄酒企业应将研发作为长期投资，增加研发资金的比重，确保有足够的资源用于产品创新和技术升级。既要坚持对新产品的开发，也要保持对现有产品的持续改进和工艺优化。另一方面，加强市场导向的产品创新。企业应以市场需求为导向，加强对市场的研究，深入了解消费者的喜好和需求，开发符合消费者口味和消费趋势、具有独特卖点和创新元素的黄酒产品，以增强品牌的市场竞争力。

二是建立产学研合作平台。在持续发挥国家黄酒工程技术中心科研功能的基础上，继续强化黄酒企业与高校、研究机构建立紧密的合作关系，建立创新资源一体化配置、产学研一体化联动体制机制，共同开展技术研发和人才培养，积极探索有利于提高黄酒产品质量、保证食品安全的技术。以绍兴黄酒集团（古越龙山）、会稽山、塔牌等龙头企业为主体，联合产业链上下游企业、省内外高校院所等优势力量组建创新联合体，成立浙江传统绍兴黄酒科学研究院，重点聚焦优质酿造原料、先进工艺装备、功用功效体系等关键技术问题，实施重大科技项目攻关，加快新产品研发，推广高端黄酒产品，增强自主创新和品牌建设力。组织有关机构开展对黄酒成分及其促进人体身心愉悦、健康养生内在机理的学术研讨和宣传推广，为提升黄酒的市场认可度提供科学支撑。

三是强化创新团队建设。黄酒企业要建立一支专业的创新团队，包括研发人员、市场研究人员、包装设计人员等，形成跨学科、跨领域的创新团队。通过团队协作，集中智慧和资源，推动创新项目的实施。同时，实施创新激励政策。企业应制定创新激励政策，鼓励员工参与创新活动。探索建立创新成果的奖励机制、创新项目的资助支持，以及增加对创新人才的职业发展机会等，激发员工创新热情。

四是推动数字化和智能化转型。黄酒产业应积极拥抱数字化转型，利用大数据、云计算、物联网等技术，提高生产效率和管理水平。创新利用 5G、VR、AR 等现代科技手段，打造黄酒元宇宙制造工坊、虚拟漫游体验谷等，推进历史经典产业实现数字化立体式呈现。同时，探索智能化生产线，减少人工干预，提升产品质量的稳定性和一致性。

（四）优化产业区域空间布局

一是加强区域发展规划和产业园区建设。政府和行业协会应共同制定黄酒产业的区域发展规划，明确产业布局的方向和重点区域。建设黄酒产业园区，通过政策扶持和规划引导，吸引黄酒企业入驻，促进产业集聚，形成产业集群，提升整体竞争力。园区内可以提供完善的基础设施、公共服务和政策支持，降低企业运营成本，增强产业集聚效应。改善和优化黄酒产业区域的交通物流体系，提高物流效率，降低物流成本。

二是培育龙头企业和区域品牌。出台更多支持黄酒产业发展的政策，从税收优惠、财政补贴、信贷支持等方面，降低企业运营成本，提高企业的投资意愿和能力，培育一批具有较强竞争力的黄酒龙头企业，带动整个产业的发展，并以黄酒产业园区为核心，加强区域品牌的建设，打造具有地方特色的黄酒品牌。通过品牌建设，提升区域黄酒产业的知名度和影响力，吸引更多的消费者和投资者。

三是促进区域间的行业合作与交流。鼓励不同区域之间的黄酒企业进行合作与交流，共享资源，互补优势。通过区域合作，形成产业联盟，可以促进技术、信息、人才等要素的流动，共同提升整个黄酒产业的竞争力。通过政策引导和市场机制，促进黄酒产业链上下游企业之间的协同发展。在原料种植、酿造加工、包装设计、物流配送等环节，形成完整的产业链，提高产业的整体效率和竞争力。

（五）加强行业监管与传承保护

一是加强黄酒行业监管。严格《地理标志产品绍兴酒（绍兴黄酒）》标准执行，强化对地理标志、商标、专利等知识产权的保护和利用，加大反不正当竞争执法力度，严厉打击假冒伪劣、以次充好、违规使用地理标志制假售假等扰乱行业秩序的行为，加大维权整治处罚力度，营造良好市场环境。

二是完善标准体系。构建完善统一的绍兴黄酒生产技术和管理规范标准体系，组建成立绍兴黄酒产业标准化管理委员会。参照法国红酒、西班牙火腿等做法，积极开展黄酒年份酒、销售、品质等级认定标准、绍兴料酒标准的制订，抢占市场话语权。

三是强化原产地保护。加快设立以鉴湖流域为核心区块的生产环境保护区，落实鉴湖源头水源保护制度，在鉴湖源头谋划建设专用水厂。同时推进优质黄酒专用糯稻品种选育，制定种植规范、验收标准，支持黄酒生产企业建立专用原料种植基地。

四是强化酿酒工艺传承。积极推动"绍兴黄酒酿制技艺"申报世界非物质文化遗产，培育一批非遗酿酒大师，恢复一批传统黄酒酿造作坊，打造以传统手造为特色的高端精品黄酒。持续提升黄酒"鉴湖水、本地糯、老工艺"的品牌价值和市场引领力。

参考文献

千际投行原创行业研报：《2023年中国黄酒行业研究报告》，21经济网，2023年11月9日，https：//www. 21jingji. com/article/20231109/herald/ef6777c2b71b9e1d9a618132b7c15784. html。

中国酒业协会：《2023年酒业经济运行报告》，国家统计联网直报门户，2024年5月27日，http：//lwzb. stats. gov. cn/pub/lwzb/bztt/202405/W020240527578178456051. pdf。

华经产业研究院：《〈2023年中国黄酒行业深度研究报告〉-华经产业研究院发布》，搜狐网，2023年9月5日，https：//www. sohu. com/a/717861689_ 120928700。

绍兴市人民政府办公室：《绍兴市人民政府办公室关于促进黄酒产业发展振兴的实施意见》，绍兴市人民政府网站，2023年11月21日，https：//www. sx. gov. cn/art/2023/11/21/art_ 1229564999_ 1892673. html。

时代在线：《年轻消费者都不喝黄酒了吗？年报折射黄酒尴尬困局》，雪球网，2024年4月22日，https：//xueqiu. com/9635254416/287139897。

2023年绍兴集成电路"万亩千亿"产业平台发展报告[*]

沈敏奇 宋潞平[**]

摘 要： 绍兴市持续推进产业转型升级和动能接续转换，大力推进新产业平台建设。其中，作为全省首批7个"万亩千亿"新产业平台之一，绍兴集成电路产业平台的年度考评一直稳定在全省前两位。2023年，在龙头企业和重大投资项目的带动下，绍兴集成电路产业平台实现了产业规模"芯"跨越。2024年，绍兴集成电路产业发展机遇和挑战并存，如集成电路企业税收政策优惠延续、汽车芯片发展势头良好、先进封测技术的需求有望提升、市场竞争进一步加剧等。在此背景下，课题组认为绍兴发展集成电路产业要通过锚定赛道特色发展、促进区域协同发展、投引联动内生裂变等举措，推动绍兴经济社会高质量发展。

关键词： 集成电路 "万亩千亿"平台 绍兴

近年来，绍兴市持续推进产业转型升级和动能接续转换，大力推进新产业平台建设。目前，集成电路、生物医药、先进高分子材料、智能视觉四大平台已入选省"万亩千亿"新产业平台培育名单，总体数量、建设进度和评价考核均居全省前列。2022年，四大平台工业总产值达2023.6亿元，2023年达2313.9亿元，发展势头良好。根据《绍兴市"万亩千亿"新产业平台提质扩面三年行动计划（2023—2025年）》规划内容，到2025年，绍兴市"万亩千

---

[*] 本文所使用的数据来自绍兴政务部门网站公开内容和国务院发展研究中心数据库。

[**] 沈敏奇，中共绍兴市委党校（绍兴市行政学院）、绍兴市社会主义学院经济学教研室讲师、经济学博士，研究方向为企业发展；宋潞平，中共绍兴市委党校（绍兴市行政学院）、绍兴市社会主义学院经济学教研室主任、副教授，研究方向为区域经济发展。

亿"新产业平台计划实现区、县（市）全覆盖，年度工业总产值计划在 4500 亿元以上，年度产业投资额达 400 亿元以上，较 2022 年翻一番。其中，作为全省首批 7 个"万亩千亿"新产业平台之一，绍兴集成电路产业平台的年度考评一直稳定在全省前两位。2023 年，在龙头企业和重大投资项目的带动下，绍兴集成电路产业平台实现了产业规模"芯"跨越。

一 绍兴集成电路产业发展基本情况

（一）中国集成电路产业发展基本情况

集成电路被称为"现代工业粮食"，是物联网、大数据、云计算等新一代信息产业的基石。集成电路产业是典型的人才密集、技术密集、资金密集产业，也是一个高度的国际竞争行业，是现代经济社会发展的战略性、基础性和先导性产业，是保障国防建设和国家安全的重要战略资源。2023 年，全国集成电路产量恢复增长，东、中、西部地区产量均出现不同程度增长，东北地区产量有所下降，集成电路产量排名前 10 位的分别为江苏、广东、甘肃、上海、浙江、北京、四川、陕西、安徽和山东。其中前三名产量合计 2344.70 亿块，地区集中度 CR3 达到 66.7%；前十名产量合计 3359.29 亿块，地区集中度 CR10 达到 95.6%。东部地区占据绝对优势，集成电路产量合计 2555.45 亿块，较上年同期增加 248.04 亿块，增长 10.7%；占全国比重约为 72.7%，较上年同期提高 1.5 个百分点。其中，排名前 3 位的江苏、广东和上海，产量分别达到 1054.87 亿块、685.74 亿块和 286.42 亿块。由此可以看出，我国集成电路产量地区分布相对较为集中。

（二）绍兴集成电路产业发展基本概况

绍兴集成电路产业园依托高新、袍江两个国家级开发区进行建设，聚焦集成电路设计—制造—封装—测试—设备及应用全产业链发展。2018 年，在省委、省政府的大力关心支持下，顺利成为省级集成电路产业基地，高票入选全省首批"万亩千亿"新产业平台，并被纳入国家《长江三角洲区域一体化发展规划纲要》，目标为打造国家级集成电路产业创新中心。截至 2023 年底，绍兴市集聚了集成电路产业链上下游企业 129 家。根据绍兴市经济和信息化局公布的数据，2023 年，绍兴市规上数字经济核心产业制造业增加值增长 12.6%，居全省第 5 位；全市集成电路产业链实现产值 652.2 亿元，同比增长 22%，生产规模稳步扩大。课题组预计，2024 年集成电路产业链产值将会突破 750 亿元。

其中，芯联集成电路制造股份有限公司（以下简称芯联集成），作为绍兴最具代表性的集成电路核心企业，2023 年实现营业总收入 53.24 亿元，同比增长 15.59%，经营性现金流同比增长 95.93%。公司车载、工控、高端消费"三驾马车"齐驱，主营业务收入同比增长 24.06%。芯联集成第二增长曲线碳化硅业务持续稳定增长，实现中国出货量第一，第三增长曲线模拟 IC 逐步上量。2024 年，公司的应用市场将从新能源市场进一步延伸，向 AI 领域发力。2023 年芯联集成主营收入占比中，车规 IGBT、SIC 产品占比 47%左右，工控 IGBT 和 MOSFET 产品占比 29.5%左右，高端消费 MOSFET 和 MEMS 产品占比 23.5%左右。另外，从晶圆代工业务来看，2023 年主营收入占比中集成电路晶圆代工占比超过了 90%，模组封装占比在 8%左右。其中，车载类的晶圆销售同比增加 111%左右，8 英寸功率器件销售同比增加 4%左右。与 2022年相比，8 英寸硅基收入从 2022 年的 35.6 亿元上升到 2023 年的 40.5 亿元，6英寸的 SIC 从 2022 年的 0 元上升到 2023 年的 3.7 亿元，2024 年芯联集成还计划建成国内首条 8 英寸碳化硅 MOSFET 实验线。出口收入方面，2023 年芯联集成实现了 5.61 亿元出口，同比增长 42%左右。研发方面，该企业的研发费用一直处于上升通道，2023 年研发费用达到了 15.29 亿元，占营业收入的比重为 29%左右，新增专利 100 项以上，2023 年还被国家知识产权局评为国家知识产权优势企业。从全国层面来看，芯联集成是 2023 年中国 IGBT 芯片出货第 1 名，SICMOSFET 全球市场出货全国第 1 名、全球第 7 名。同时，该企业的中国汽车功率模块出货量增速排名全国第 2 位，中国 MEMS 代工厂营收排名全国第 1 位，中国 MOSFET 市场份额占比居全国第 5 位。

二 绍兴集成电路产业发展环境分析

（一）机遇

1.集成电路企业税收政策优惠延续

长期以来，为推动集成电路产业加快发展和追赶国际先进水平，国家不断

提升行业的战略地位，持续出台财税政策、专项补贴、人才引进、技术攻关和产业投资等多种利好举措，为集成电路高速增长和实现高质量发展提供了重要动力。近年来，国家发展改革委等部门连续每年发布通知，给予符合条件的集成电路企业或项目、软件企业一定的税收优惠政策。2024年3月21日，国家发展改革委等五部门联合发布《关于做好2024年享受税收优惠政策的集成电路企业或项目、软件企业清单制定工作有关要求的通知》（发改高技〔2024〕351号），继续推行税收优惠政策。

2. 汽车芯片发展势头良好

近年来，伴随汽车产业的智能化、电动化、网联化、共享化等新特征、新变革，新能源汽车已成为最重要的细分赛道。而新能源汽车单车平均使用芯片数量超过1000颗，不仅多于传统燃油车使用量，还远超消费电子单台设备芯片使用数量，因此带动了汽车芯片产业的发展和繁荣。另外，为切实发挥标准对推动汽车芯片产业发展的支撑和引领作用，2024年1月8日，工业和信息化部印发《国家汽车芯片标准体系建设指南》（以下简称《指南》），基于汽车芯片技术结构及应用场景需求搭建标准体系架构，以汽车技术逻辑结构为基础，提出标准体系建设的总体架构、内容及标准重点建设方向，充分发挥标准在汽车芯片产业发展中的引导和规范作用，为打造可持续发展的汽车芯片产业生态提供支撑。

3. 高算力芯片发展即将掀起热潮

2023年以来，生成式人工智能在全球范围内掀起热潮，大模型的竞争越发激烈。尤其是ChatGPT的出现，大大拓展了AI芯片的市场空间，AI大模型训练需求激增，因此高算力芯片成为半导体产业链本轮复苏的主要驱动力。受此影响，2023年英伟达数据中心业务凭借着A100、H100等GPU（图形处理器）产品实现了217%的同比增长，截至2024年3月6日，其市值已突破2.1万亿美元。作为当前进行AI运算的主流处理器，GPU自身具备强大的并行计算能力，但在近几年的市场验证中，也暴露出成本较高、交付周期较长以及功耗偏高等问题。为此，各类企业正在创新芯片架构，以期对AI处理器的功耗和成本进行优化，ASIC这类适用于特定场景的芯片开始被谷歌、微软等云服务厂商关注。架构的多点开花既体现出各大企业对于通用芯片和专用芯片的取舍，也意味着更多芯片品类的供应商及其上下游企业有机会分享AI时代的红利。展望 2024 年及未来，随着人工智能的进一步发展和应用，将带动芯片算力、存力（存储性能）和能效的提升，推动半导体在架构和先进封装等环节的创新，并带来新的市场增量，为产业资本、金融资本等提供重要的投资主题及机遇。

4. 先进封测技术的需求提升空间大

传统封装技术以芯片保护、尺度放大、电器连接三项功能为主，相对而言，先进封装在此基础上增加了提升功能密度、缩短互连长度、进行系统重构三项新功能。以是否焊线来区分，先进封装包括倒装（FlipChip）、凸块（Bumping）、晶圆级封装（Waferlevelpackage）、2.5D 封装和 3D 封装等非焊线形式。在芯片制程不断迈向 7nm、5nm 乃至更精细的 3nm 的过程中，晶圆代工厂正积极应用先进封装技术，以进一步提升产品性能、优化成本结构，并缩短产品上市时间。因此，先进封装技术引领着封装技术的迭代升级，正逐步成为行业发展的新风向。尤其是随着 AI 技术的持续进步，众多应用场景以及芯片对高算力、高带宽、低延迟、低功耗、更大内存和系统集成等特性提出了更为严格的要求。在这一背景下，先进封装技术扮演着至关重要的角色。

（二）挑战

1. 高端芯片进口可能下滑

2022 年 8 月，美国政府正式出台《2022 年芯片与科学法案》，被称为"美国政府数十年来对产业政策的最重大干预"，此后全球集成电路和芯片产业链遭受巨大冲击。该法案具有排斥性的产业扶持政策，阻止国际半导体企业在中国继续投资。2022 年 10 月，美国政府宣布对华实行广泛的芯片出口管制政策，并说服荷兰和日本出台类似的措施。2023 年 10 月，美国政府出台新规进一步限制高性能 AI 芯片向中国出口。进入 2024 年，美国政府再次以国家安全为由，修订了旨在阻止中国获取美国人工智能（AI）芯片和芯片制造设备的规定。新修订的规则阐明，面向中国的 AI 芯片出口管制也将适用于包含这些芯片的笔记本电脑。这次修订的新规则长达 166 页。同时美国商务部还表示，将计划继续更新对中国的技术出口管制，以加强和完善这些措施。展望2024 年，随着美国进一步收紧 AI 芯片的出口管制政策，美国芯片对华限制将进一步扩大到更广泛的消费电子领域，将对我国集成电路进口尤其是高端芯片

进口造成重大不利影响。随着进口渠道的收窄，2024年我国集成电路进口规模预计将继续下降，无论是进口量还是进口金额都将保持大幅下降趋势。

2.市场竞争可能进一步加剧

近年来，随着我国集成电路行业快速发展，在设计、制造、封测等各个环节都吸引了众多的企业进入，集成电路企业未来业务发展都将面临一定的市场竞争加剧的风险，可能导致行业平均单价及利润率下降，进而对各企业销售额及利润率造成一定影响。同时，全球终端市场需求疲软，半导体行业处于下行周期，导致国内外客户需求下降和订单减少，产能利用率降低，进而带来利润下滑。为此，企业需要积极有效应对市场变化，持续加大研发投入，加强市场开拓，强化降本增效，提高产品价格竞争力，同时加强对高附加值市场的战略布局，提高企业的综合竞争力。作为技术密集型行业，集成电路涉及数十种科学技术及工程领域学科知识的综合应用，具有工艺技术迭代快、资金投入大、研发周期长等特点。如果企业未来不能紧跟行业前沿需求，正确把握研发方向，可能导致产品创新、设计、工艺、封测等技术出现定位偏差。同时，新技术和新产品的研发过程较为复杂，耗时较长且成本较高，存在不确定性。集成电路丰富的终端应用场景决定了各细分领域芯片产品的主流技术节点与工艺存在差异，相应市场需求变化较快。如果企业不能及时推出契合市场需求且具备成本效益的技术平台，或技术迭代大幅落后于产品应用的工艺要求，可能导致公司竞争力和市场份额有所下降，从而影响公司后续发展。

3.绍兴自身存在发展局限

相较于其他集成电路较为成熟地区，绍兴集成电路产业起步较晚，经验丰富的从业人员数量占比较少，就业前景和薪酬等方面存在劣势。一是就集成电路行业本身而言，人才成长周期较长。如代工厂培养一名总监以下部门经理需要近10年时间，加之集成电路行业的技术类人员未来的职业发展受到一定制约，对于优秀人员的吸引力逐渐减弱，造成人员另择行业就业。同时，越来越多的年轻人崇尚自由、轻松的环境，而与集成电路有关的生产线工人需要面临高压和封闭的环境，并实行倒班制，导致现在生产线工人越来越少。二是薪资待遇竞争力不足。集成电路是知识密集型、技术密集型行业，其研发类人才需要具备较高知识素养和专业知识，而这部分人才往往与互联网、通信等行业高度重合，如：芯片设计企业和互联网企业均需要软件开发类的人才，而和产业成熟、福利配套齐全、薪酬待遇高的互联网"大厂"相比，集成电路行业竞争力明显不足。三是满足产业高速发展的产教融合人才培养体系尚未形成。从人才培养看，课程设置和师资力量有待增强。集成电路科学与工程一级学科属于交叉学科，包含数学、物理、化学、材料、机械等基础知识，形式上和内容上都呈现多样性和复杂性的特点，现有的课程体系和人才培养模式尚不完善。同时，目前我国院校的教师基本上是"从学校到学校"的培养方式，集成电路行业需要丰富的实践经验，现有的人力资源整合的政策和措施不足，部分院校缺乏更多的高层次师资队伍，和国外相比高水平的研究成果还略显不足。从产教融合看，存在"校热企冷"的情况，长效合作机制尚不健全，若企业培养人才的投入产出比较低，同时还面临着知识产权泄漏风险，必定影响其积极性。

三 进一步推动绍兴集成电路产业发展的对策建议

第一，坚持战略聚焦，锚定赛道特色发展。一是发挥龙头"强集成"作用。发挥芯联集成、长电（绍兴）等龙头企业引领作用，聚焦 MEMS、功率器件、5G 通信、智能汽车等领域寻求应用突破。着重发挥龙头企业"链主"作用，围绕其产业链、供应链上下游，精准开展"以商招商""以商稳商"，突出在制造、封测环节上形成国内领先的技术优势和规模效应，着力构建"一核两翼、多位一体"的产业格局，积极打造具有国内较强影响力的"IP 高端芯片设计—制造—封测—关键装备材料"全产业链的集成电路产业集群。二是推进本地"一体化"协同。进一步加强产业布局规划，强化绍兴区域内的协同制造。发挥本地新材料、装备等其他领域的产业基础优势，强化制造端配套；同时，发挥生物医药、电机等领域产品优势，探索推进在应用端的牵引发力，进一步延伸产业链长度，提高产业安全度。以"新基建"领域的应用为牵引，推动产业链上下游企业在技术开发、资本投入、产品应用间的深入合作，形成企业间协同创新共同发展的态势。三是融入产业"全球化"格局。集成电路是高度国际化的产业，必须进一步加大产业交流力度，形成"绍芯"标识度。将中国（绍兴）集成电路产业峰会打造成为行业知名高峰论坛，积极参与集成电路领袖峰会等民间高端峰会，参加国内外重要展会，对接国内外

集成电路产业高端资源。积极推进豪威触控显示科技（绍兴）有限公司、长电集成电路（绍兴）有限公司、华为公司供应商大会在绍兴举办。四是着眼产业前沿。光子芯片是信息产业发展的前沿技术，也是未来集成电路发展的重要趋势之一。目前，绍兴突出重点布局电子集成电路技术领域，在规划布局、区域定位、创新平台等方面均较少涉及光子集成电路技术。课题组从浙江省半导体行业协会了解到，目前仅集成芯片占全省集成电路产业链比重已升至10%以上，特别是宁波等地重视度日益提升。从未来产业角度来看，绍兴亟须积极主动进行谋划布局。

第二，坚持招商强链，促进区域协同发展。一是政府主导，企业参与。集成电路产业招商与发展不仅要发挥政府的作用，也要听取龙头企业意见，更要利用好龙头企业的影响力和资源优势。政府要从投资风险、预期营收、税收、政策需求等方面出发综合考量引进项目的可靠性，降低招商失败的风险，防止烂尾项目出现。同时产业链招商需要听取龙头企业的意见，发挥企业的行业专业性。企业要从自身实际出发，考虑自身发展所需要的上下游对接配套企业，引进能与本地企业形成合力的项目，形成良性循环。二是精准定制，细化政策。集成电路产业是一个极大的门类，其中包含了逻辑处理器、存储器、功率器件、传感器和功率器件等不同的方向，不同的方向表现出一定的相关性和相对的独立性。从绍兴目前的龙头企业来看，主要立足于功率器件、MEMS和传感器领域，而较少涉及处理器、存储器。因此，需要细分招商范围，确立好主攻方向，结合龙头企业的上下游产业链精准定制，做好精准招商，防止"大水漫灌"，保证产业园高度而又有效的集群协同。同时，对于引进的企业和项目而言，最重要、最实际的就是政策支持。现存的政策大多是面上规定，而集成电路产业链涉及的环节多而繁杂，面临的问题十分复杂，要细化完善政策，使企业和项目方感受到满满诚意，加快项目的评估、落地。三是产业延伸，加强融合。龙头企业在本土的产业基础，对于上下游产业链的其他企业是一种优势吸引。产业链下游的应用产业若与龙头企业形成良好的区域协同，则既能保障其供应链的安全，又能减少供应链的运输成本，更能在产品定制与创新上缩短研发周期。因此，在招商时与芯片应用的有关项目也应纳入考虑范围之中，要让这些项目从需求端出发为集成电路指引方向，从而提升产业链产品竞争力，完善整个产业链的最末端。

第三,坚持内外结合,引育集成电路人才。一是通过高校和科研院所引进产业人才。可与杭州电子科技大学、西安电子科技大学、西安交通大学等高校合作培养研究生,也可以与绍兴的职业技术学院通过联合办班的形式合作培养技术型人才,还可以从国外引进有成熟经验的高端人才;建设绍兴集成电路实验室,提供创新研发平台和土壤,让世界领军人才来绍创业。二是通过行业协会或技术院校建立层次化的培育体系。如引进培训机构、共建实训基地来培养集成电路技能人才。三是发挥政策效应留住人才。要留住人才必须有集聚的产业,有好的土壤才能培养和留住人才。目前绍兴的人才政策比较优势较为明显,建议建立政策兑现的回访制度,更好发挥政策效能来留住产业人才。

第四,坚持金融聚力,投引联动内生裂变。集成电路作为典型的资本密集型产业,技术研发和产能扩建需要长期持续的大额资金支持,要进一步发挥资本创新,吸引联动各类社会资本"金融活水"通过股权或者债权等形式参与进来,助推绍兴集成电路产业能级裂变。一是做强专业化基金运作。更好发挥国有金融资本的引领撬动作用,扩大产业基金规模,对接引入国家大基金及省级产业基金。通过组建基金、直接参股等方式,关注不同阶段的集成电路企业成长,加大对集成电路领域重大科研成果转化、创新创业、并购重组等方面的金融支持,强化资本市场对产业的影响力与驱动力,形成完整的投资体系和运作体系。二是拓展多元化融资渠道。支持通过给予风险补偿等方式,推进融资方式创新,支持企业通过融资租赁、信用贷款、股权质押贷款等多元化方式融资。三是对接多层次资本市场。深化与上海证券交易所、上海股权托管交易中心、深圳证券交易所等的合作,积极对接北京证券交易所,加大对集成电路类科创企业挂牌、上市的培育辅导和财政奖励,加快培育一批新兴集成电路企业登陆境内外资本市场,提高直接融资比例。

参考文献

闫梅、刘建丽:《赶超与发展:我国集成电路产业链布局与优化对策》,《齐鲁学刊》2023年第6期。

郑彬、乔英俊：《中国汽车芯片发展战略研究：特征、挑战及对策》，《中国科技论坛》2023 年第 1 期。

张桐赫、何海燕、郑华峰等：《关键核心技术竞争态势感知模型——以人工智能算力芯片为例》，《科技和产业》2024 年第 9 期。

B.20
2023年绍兴先进制造业（制造业集群）发展报告

陈芳敏　徐思佳*

摘　要： 作为绍兴提升城市竞争力的战略支点和关键环节，加快先进制造业发展是构建现代化产业体系、实现高质量发展的重要举措。本报告分析了近年来绍兴先进制造业以及制造业集群的整体发展现状及成效，探讨绍兴推进先进制造业在构建政策体系、集聚创新要素、引育特色优势、优化营商环境等方面发展的特色做法，同时展望现代纺织、生物医药、新能源汽车等重点产业创新发展形势。总结发现绍兴先进制造业在创新质量与载体、数字化转型、企业梯队培育以及产业链式集群发展方面的短板不足，并提出覆盖点线面群、持续建强绍兴先进制造业的对策建议，助力绍兴打造具有国际国内竞争力和鲜明辨识度的先进制造业强市。

关键词： 先进制造业　制造业集群　产业创新　绍兴

先进制造业是为国民经济发展提供技术装备的战略性产业，具有技术含量高、产业带动能力强、资源能源消耗少等特点，是一个国家或地区工业化、现代化水平和竞争力的综合反映，也是衡量其工业化程度和国际竞争力的重要标志。2023年，绍兴市深入贯彻落实制造强国以及浙江省打造全球先进制造业基地的战略部署，大力实施先进制造业强市建设"4151"计划，持续强化制造业领域谋布局、促创新、优生态、补短板、拉长板、锻新板，新旧动能转换全面提速，主要指标稳中向好，各项工作取得较好成绩，先进制造业展现出较

---

* 陈芳敏，中共绍兴市委党校（绍兴市行政学院）、绍兴市社会主义学院人才发展研究中心讲师、经济学博士，研究方向为人才政策、区域经济、产业发展、创新网络等；徐思佳，绍兴市经济和信息化局（绍兴市中小企业局）产业发展处处长、三级主任科员，研究方向为产业政策与中小企业发展。

强韧性。同时，在全球科技和产业竞争日趋激烈态势下，绍兴制造业转型升级也面临着诸多新的挑战。进入新发展阶段，绍兴需要进一步增强创新驱动力，加快推进制造业高端化、数字化、融合化、品牌化、集群化发展，探索具有绍兴特色的新型工业化道路，积极构建现代化产业体系，全力打造具有国际国内竞争力和鲜明辨识度的先进制造业强市。

一 绍兴先进制造业（制造业集群）发展现状与成效

近年来，绍兴全面推进先进制造业强市建设，采取了一系列特色做法：精准有力的政策措施、加速集聚创新要素、产业增量与存量双轮驱动，以及持续优化营商环境，逐渐孕育出一种"以政策为翼、以创新为魂、以产业为基、以环境为壤"的全方位发展模式，不仅彰显绍兴市制造业的深厚底蕴，更昭示其迈向先进制造业强市的决心与行动。经过多年的探索与发展，绍兴先进制造业的创新力、融合力、集群化、品牌化不断彰显，综合实力迈上新台阶。

（一）日益完善政策体系，规划明确主导产业

2022年9月，绍兴制定出台《关于实施"4151"计划打造先进制造业强市的意见》及系列配套政策，如《绍兴市深化"双十双百"培育行动 打造十大重点产业集群的实施方案（2022—2026年）》等，吹响绍兴先进制造业强市建设的号角。此后，绍兴市相继出台系列先进制造业相关产业政策与具体行动方案，加速构建起与先进制造业强市"4151"计划相适配的政策体系（见表1）。

表1 绍兴先进制造业发展的政策体系

时间	政策	发文字号	核心内容
2022年9月	《绍兴市人民政府关于实施"4151"计划打造先进制造业强市的意见》	绍政发〔2022〕17号	重构制造业空间布局、建强先进制造业集群（产业链）、培育一流企业队伍、深化创新链产业链融合、加快制造方式转型、推进优质优品提升、畅通国内国际循环、优化制造业发展环境

时间	政策	发文字号	核心内容
2022 年 12 月	《绍兴市深化"双十双百"培育行动　打造十大重点产业集群的实施方案（2022－2026 年）》《绍兴市深入实施"长高长壮"行动　加快培育一流企业的实施方案（2022—2026 年）》《绍兴市先进制造业"凤凰行动"计划（2022—2026 年）》《绍兴市先进制造业优质优品发展行动计划（2022—2026 年）》	绍制强办〔2022〕1 号	加快推动新时期绍兴制造业发展格局重塑和竞争力跨越式提升，培育形成 10 个左右具有全国乃至全球竞争力的重点产业集群和 2 个经典产业集群
2023 年 2 月	《绍兴市人民政府办公室关于印发先进制造业强市建设"4151"计划专项政策等七个政策的通知》	绍政办发〔2023〕5 号	《先进制造业强市建设"4151"计划专项政策》《加快现代服务业高质量发展若干政策》《促进建筑业高质量发展若干政策》《加快科技创新若干政策》《金融支持高质量发展若干政策》《鼓励支持开放型经济发展若干政策》《进一步扩大有效投资若干意见》
2023 年 5 月	《绍兴市加快推进集成电路产业发展若干政策》《绍兴市加快推进生物医药产业发展若干政策（试行）》	绍政办发〔2023〕19 号	形成覆盖全产业链的"政策包"，推动绍兴市集成电路产业跨越式发展；打造长三角高端生物医药制造基地和创新策源地，推动绍兴市生物医药产业高质量发展
2023 年 9 月	《绍兴市加快软件产业高质量发展"2515"行动方案（2023—2026 年）》	绍政办发〔2023〕30 号	构建现代化产业体系，实现软件产业高质量发展
2024 年 1 月	《绍兴市人民政府办公室关于印发先进制造业强市建设"4151"计划专项政策等六个政策的通知》	绍政办发〔2024〕4 号	《先进制造业强市建设"4151"计划专项政策》《加快现代服务业高质量发展若干政策》《促进建筑业高质量发展若干政策》《加快科技创新若干政策》《金融支持高质量发展若干政策》《鼓励支持开放型经济发展若干政策》

资料来源：绍兴市人民政府官网。

与此同时，绍兴先进制造业发展的思路和目标导向日趋鲜明。2023年绍兴市国民经济和社会发展计划中提出要坚持强链延链，建设现代化产业体系，聚焦"4151"先进制造业强市体系，明确指出要推进纺织产业国家先进制造业集群试点示范建设，争创国家印染制造业创新中心和绿色化工国家先进制造业集群试点示范。2023年7月，绍兴市委九届四次全会作出"五创图强、四进争先"决策部署，提出"产业进阶"新目标——先进制造业发展水平跻身全国同类城市"10强"，为绍兴先进制造业发展指明了方向。2023年12月，绍兴市委九届五次全会紧扣"谱写新时代胆剑篇"新使命，强调指出"着力塑造先进制造新优势，打造'腾笼换鸟、凤凰涅槃'的标志性成果"，细化完善"产业进阶"的工作思路、推进路径、具体举措。2024年4月，绍兴市召开加快发展新质生产力打造先进制造业强市现场会，强调指出制造业是新质生产力的主战场，要加快构建以数字经济为引领、以先进制造为骨干的现代化产业体系，同时还具体部署了"4151"计划和新质生产力发展年度重点工作。

在日益完善的政策体系支持下，绍兴先进制造业发展步伐不断加快。根据中国电子信息产业发展研究院（赛迪研究院）下设赛迪顾问股份有限公司（赛迪顾问）发布的《中国先进制造业百强市报告》①，2018~2022年，绍兴市先进制造业发展在全国同类城市②中位次稳中有升，从2018年的第26位提升至2022年的第13位，2023年位列全国同类城市中的第15位（见图1），总体展现出绍兴先进制造业强劲的发展水平，传统产业改造提升与战略性新兴产业培育"双轮驱动"的发展成效初显。

（二）加速集聚创新要素，增强产业发展动能

科技是第一生产力，创新是第一动力。创新能力是先进制造业实现高质量发展的核心驱动力，也是先进制造业发展的根本依靠。2023年，绍兴市强力推进创新深化和"315"科技创新体系建设，加快构建具有绍兴特色的全域创新体系。

---

① 自2018年起，赛迪顾问连续六年开展城市先进制造业发展水平评估研究工作，选取全国重点城市对其先进制造业发展情况进行定性及定量研究，并于每年第四季度发布当年《中国先进制造业百强市报告》（2021年前为《中国先进制造业城市发展指数报告》），对各重点城市得分依序排名，成为目前衡量各城市先进制造业发展水平的重要依据。

② 本报告中的"全国同类城市"指不包括直辖市、副省级城市的地级市。

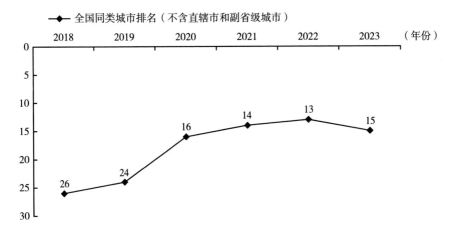

图 1　2018~2023 年绍兴先进制造业发展水平排名变化

资料来源：赛迪顾问 2018~2023 年《中国先进制造业百强市报告》。

1. 数字化改革扎实推进

"智改数转"是推动先进制造业结构升级、价值链攀升的必由之路。《中国先进制造业百强市报告》也重点加入了工信部评选出的智能制造试点示范工厂揭榜单位及优秀场景、新一代信息技术与制造业融合发展试点示范项目等一系列评价指标，强调了智能化和数字化在制造业融合发展方面的重要性。2023 年，绍兴市制定出台《绍兴市数字经济创新提质"一号发展工程"行动方案》和《绍兴市数字经济创新提质"一号发展工程"高技能人才倍增行动实施方案（2023—2027 年）》，全面推广"学样仿样"新模式，全行业实施新一轮智能制造提升行动，数字经济系统考核居全省第 1 位，全市规上工业企业数字化改造覆盖率高于全省平均水平（80.61%），产业数字化规模和成效稳步扩大。数字经济核心产业制造业增加值达 386 亿元，同比增长 12.6%，增速快于全部规模以上工业；在全国数字经济城市发展百强榜位列第 37 位；6 家企业入选智能制造试点示范工厂揭榜单位及优秀场景，累计已达 12 家，"制造大市"阔步迈向"智造强市"。①

---

① 数字经济核心产业数据来源于绍兴市统计局官网；"数字经济城市发展百强榜"名单来源于工业和信息化部中国电子信息产业发展研究院直属机构赛迪顾问；智能制造试点示范工厂揭榜单位及优秀场景数据来源于工业和信息化部。

2. 企业创新主体地位持续强化

2023 年，绍兴市出台《绍兴市高质量推进高新技术企业发展三年行动方案（2023—2025 年）》，实施高新技术企业"增量扩面""提能造峰""服务优享"行动，深入推进制造业企业"长高长壮"计划和"凤凰行动"计划，聚焦"10+2"产业链，着力打造以"雄鹰"企业、"链主"企业为引领，专精特新企业"补链"的企业链，落实企业研发费用加计扣除、研发后补助等专项政策，不断增强企业的自主创新能力，构筑大中小企业融通发展格局，制造业的发展潜能不断增强。在 2023 年国家创新型城市创新能力指数排名中，绍兴位列第 38 位，比上年提升 5 位。2023 年，全市新增国家级高新技术企业 528 家（见图 2），国家级专精特新"小巨人"企业 26 家，国家级制造业单项冠军企业（产品）3 家。8 家企业上榜 2023 中国制造业企业 500 强，12 家企业入围 2023 中国民营企业制造业 500 强榜单（见表 2）。新增省级科技领军企业 3 家，省级科技"小巨人"企业 8 家，省级专精特新中小企业 276 家，省级科技型中小企业 1340 家；9 家企业入选全省高新技术企业百强名单，数量居全省第 3 位，逐步形成"龙头企业引领、单项冠军企业跟进、专精特新'小巨人'企业集聚"的梯度培育结构。①

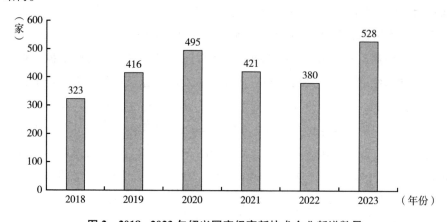

图 2　2018~2023 年绍兴国家级高新技术企业新增数量

资料来源：2018~2023 年绍兴市国民经济和社会发展统计公报。

---

① 新增省级科技领军企业、新增省级科技"小巨人"企业等数据来源于绍兴市科技局官网；浙江省百强企业榜单的资料来源于浙江省科技信息研究院。

表2 绍兴上榜2023中国制造业企业500强和中国民营企业制造业500强榜单的企业名单

企业名称	营业收入（亿元）	中国制造业企业500强排名	中国民营企业制造业500强排名
海亮集团有限公司	2073.7	59	21
三花控股集团有限公司	523.1	229	145
卧龙控股集团有限公司	470.3	264	174
浙江龙盛控股有限公司	413.2	—	200
万丰奥特控股集团有限公司	351.8	324	233
天洁集团有限公司	338.6	329	241
新和成控股集团有限公司	328.4	—	254
精工控股集团有限公司	319.8	344	—
浙江天圣控股集团有限公司	208.5	442	386
绍兴柯桥恒鸣化纤有限公司	193.0	—	409
露笑集团有限公司	186.0	—	415
浙江中财管道科技股份有限公司	174.5	486	434
浙江永利实业集团有限公司	156.0	—	469

资料来源：中国企业联合会、中国企业家协会评选的"2023中国制造业企业500强"榜单，全国工商联评选的"2023中国民营企业制造业500强榜单"。

3. 核心技术攻关和成果转化不断加强

立足产业需求，绍兴积极开展产业关键技术攻关、成果转化和产业化应用。2023年，绍兴市抓住全省首个教育科技人才"三位一体"高质量发展试验区建设契机，制定出台《绍兴市教育科技人才"三位一体"高质量发展试验区建设方案》，率先列入全省创新深化唯一的综合试点，同时加快绍兴科创走廊建设，在染料产业基础再造、高端半导体材料等产业领域布局11家创新联合体，成功引进运营浙江大学绍兴研究院、天津大学浙江研究院（绍兴）等35家高能级研究院，围绕集成电路等领域率先布局成果转化中试基地4家，成立化工新材料行业中试产业生态联盟。由此推动产学研深度融合，不断汇聚各类科技创新要素，降低企业技术研发成本。2023年，绍兴市实施国家重点研发项目2项、国家自然科学基金项目26项、中央引导资金项目3项、省"尖兵""领雁"项目19项，共争取国家、省级重大科技项目等资金1.71亿元；[①] 24项科技成果获浙

[①] 《2023年绍兴市国民经济和社会发展统计公报》，2024年3月27日，https：//tjj.sx.gov.cn/art/2024/3/27/art_ 1229362069_ 4142849. html。

江省科学技术奖，技术交易额目标完成率 263.3%，省重大科技成果目标完成率 142.9%，均列全省第 3 位。①

（三）扩增量与优存量双轮驱动，彰显制造业特色优势

1. 聚力"双招双引"，扩增量成效显著

近年来，绍兴按照"高大上、链群配"的要求，深化"双招双引"，注重内挖潜力，激发制造业发展新动能。以集成电路为例，绍兴市扎实推进头部链主型项目招引，从无到有，先后招引芯联集成电路制造股份有限公司（以下简称芯联集成）、长电集成电路（绍兴）有限公司（以下简称长电绍兴）、豪威触控显示科技（绍兴）有限公司（以下简称豪威科技）等一批头部企业落户，吸引集聚 120 余家上下游配套企业，初步形成了以特色工艺为重要核心的"设计—制造—封装—测试—设备及应用"全产业链布局，已成为国内排名前列的集成电路产业制造基地，规模以每年 100 亿元的速度攀升。2023 年，绍兴集成电路产业集群工业总产值达458.2 亿元。2023 年 6 月，海峡两岸（绍兴）数字产业合作区获国家四部委正式批复、授牌成立，集聚台资企业及欧美日韩等国外企业资源，共同打造以"泛半导体"产业为主的"绍芯谷"和以光电芯片产业为主的"光电谷"。目前，依托合作区平台已吸引优质项目 39 个，总投资达 535 亿元。此外，绍兴坚持内生培育和招商引资双向发力，以"靶向式"引育强链、补链、延链，有效推动与华为、比亚迪、百度、视频与视觉技术国家工程研究中心等头部企业和机构建立战略合作，培育浙江晶盛机电股份有限公司等本地链主企业茁壮成长，促进首家自主培育的芯联集成企业于 2023 年 5 月在科创板挂牌上市，为绍兴先进制造业发展注入了新动力。

2. 平台载体跨越发展，优存量取得积极进展

近年来，绍兴市大力推进制造业大平台能级提升，助推产业基础高级化和产业链现代化，不断塑造发展新优势。加快构建"432"现代服务业产业体系，深入实施"百项千亿""平台造峰""消费扩容"等八大行动，推进"一地一现代服务业集聚区"建设，推动现代服务业与先进制造业深度融合。

① 《2023！绍兴科技创新交出"双十"高分答卷》，2024 年 1 月 28 日，https：//mp. weixin. qq. com/s？__ biz = MjM5MTUxNzI1Nw = = &mid = 2648656387&idx = 1&sn = e6e430792cfb23 6308961459c6799f46&chksm = be9fb52589e83c33602f30504b651a40ca3f7f48336ae521448ce39a7f733 cdb2d4832e665e6&scene = 27。

2023年，成功创建第三批省级现代服务业创新发展区5家，数量居全省第3位。[1] 迭代"2（2）+6+N"[2] 开发区（园区）体系，开展高能级战略平台"赛马比拼"。创建绍兴集成电路、滨海新区生物医药、上虞先进高分子材料、诸暨智能视觉四大省级"万亩千亿"新产业平台，四大"万亩千亿"新产业平台工业总产值达2313.9亿元，同比增长13.8%，其中集成电路"万亩千亿"新产业平台产值达754.2亿元，列全省集成电路行业第一梯队。[3] 绍兴现代纺织产业集群和氟精细化工产业集群入选"2023中国百强产业集群"，分别列第17位和第64位，数量位居全省第三；绍兴市及上虞、新昌、越城夺得首批"浙江制造天工鼎"，18个化工集聚提升项目用地全部摘牌并实质性建设。在此带动下，全市实现规上工业增加值2154.9亿元，同比增长10.8%，分别高于全国、全省平均6.2个和4.8个百分点，居全省第2位，连续27个月保持全省前列。[4]

3. 双轮驱动下产业结构和空间布局持续优化，特色优势凸显

在三大产业中，工业始终发挥支撑作用。从产业结构看，2020~2023年绍兴三次产业比重持续优化，第二产业结构占比稳步提升，与第三产业比重差距不断缩小，三次产业比重由2020年3.6：45.2：51.2优化为2023年的3.1：47.9：49.0，且制造业和服务业融合发展效应逐渐凸显（见图3、图4）。与此同时，绍兴传统产业持续恢复向好，新兴产业实现较快增长，先进制造业加速成为绍兴高质量发展的新引擎。2023年，全市十七大重点传统制造业增加值同比增长8.1%，相比2022年提高2.9个百分点；装备制造业、战略性新兴产业、数字经济核心产业制造业、高技术产业（制造业）增加值同比分别增长13.5%、13.2%、12.6%和11.7%，分别占规上工业比重为34.3%、42.0%、11.5%和

---

① 第三批浙江省现代服务业创新发展区名单资料来源于浙江省现代服务业发展工作领导小组办公室。

② "2（2）+6+N"："2"指绍兴滨海新区、杭绍临空经济一体化发展示范区绍兴片区2个引领型平台；"（2）"指海峡两岸（绍兴）数字产业合作区、义甬舟嵊新临港经济区2个跨区域合作型平台；"6"指柯桥经济技术开发区、杭州湾上虞经济技术开发区、上虞曹娥江经济开发区、诸暨经济开发区、嵊州经济开发区、新昌高新技术产业园区等6个骨干型平台；"N"指全市网络大城市特色基础型平台，包括人才科创、开放城市、文旅生态平台及特色小镇、小微企业园、创业创新园等。

③ 数据来源于《2023年绍兴市国民经济和社会发展统计公报》。

④ 《绍兴市经济和信息化局2023年总结和2024年思路》，2023年12月25日，https：//www.sx.gov.cn/art/2023/12/25/art_1229416413_4101265.html。

16.2%，均高于2022年。① 从产业空间布局来看，绍兴所辖各区、县（市）都逐步形成了具有辨识度的特色产业集群，如越城区的"区域IDM模式"集成电路产业集群，柯桥区的"纺织产业集群+中国轻纺城专业市场"，上虞区的年销售额超300亿元的绿色石化新材料产业集群，诸暨市的"中国五金之乡"金属加工产业集群，嵊州市的厨具整机及配套产业集群，新昌县的医药、轴承等产业集群等。伴随着产业结构布局的优化，2023年绍兴市规模以上工业亩均增加值184.5万元/亩，相比2022年增长21.5%。

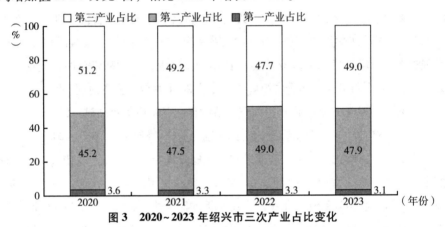

图3　2020~2023年绍兴市三次产业占比变化

资料来源：《绍兴统计年鉴（2021~2023）》，绍兴市统计局官网。

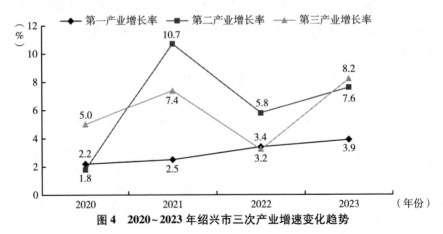

图4　2020~2023年绍兴市三次产业增速变化趋势

资料来源：《绍兴统计年鉴（2021~2023）》，绍兴市统计局官网。

---

① 资料来源于绍兴市统计局官网，https://tjj.sx.gov.cn/art/2024/1/31/art_1229361945_4107849.html。

（四）持续优化营商环境，护航产业稳步发展

1. 政务服务增值化改革纵深推进，营商环境不断优化

2023 年，绍兴市锚定打造"营商环境最优市"目标，在全省率先开展政务服务增值化改革，逐渐走出一条具有绍兴特色的"赢商"之道。绍兴积极打造"越满意"增值服务品牌，设立市县两级"1+7"企业综合服务中心，构建以"创谱"、"大型仪器设备开放共享一指办"、创新服务"云局"为核心的增值式服务新范式，在全国率先发布"四链融合"指数，建立企业"重要事项直通车"服务机制，帮助协调解决重大问题，持续擦亮企业"有求必应、无事不扰"金名片，惠及企业超 10 万家次，"一网通办"率达 99.3%。① 2023 年，绍兴"枫桥式"护企优商模式等 6 个案例入选全省营商环境最佳实践案例，获批"公平竞争指数"国家级试点，入选国家社会信用体系示范城市，在全国工商联"万家民营企业评营商环境"中列全国地级市前 10 位。

2. 常态化开展"爱企行动"系列活动，助企高质量发展

2023 年，绍兴市以"企业需求+困难诉求"为核心，以"领导领办+部门主办"为途径，通过"面对面、点对点、零距离"方式，由市委主要领导牵头主持召开企业家座谈会，持续开展政企亲清"会客厅"、集群培育"群英会"、驻企服务"直通车"等七大"爱企行动"系列活动，建立活动报送"亮晒"机制、"大中小"问题分类办理机制，进一步营造尊企爱企帮企护企的浓厚氛围，激发和弘扬企业家精神，助力打造先进制造业强市。截至 2023 年 12 月，绍兴市累计开展"爱企行动"系列活动近 70 场次，解决企业诉求 3403 件、办结 3389 件，办结率达 99.6%。② 此外，围绕企业发展，绍兴市还组织开展"万名干部助万企"系列暖心活动，组建涉及数字经济、法律保障等专家团组 65 个，下沉驻企服务员 4197 名，完成减负降本 247.5 亿元，百分百化解中小企业无分歧拖欠款项，加快推动亲清政商关系落到实处。③

---

① 《2024 年政府工作报告》，绍兴市人民政府官网，2024 年 2 月 7 日，https：//www.sx.gov.cn/art/2024/2/7/art_ 1229265336_ 4109049. html.

② 资料来源于绍兴市人民政府官网《2023 年市政府重点工作完成情况》。

③ 资料来源于浙江省经济和信息化厅官方网站。

3. 要素保障强化，赋能先进制造业发展成效明显

2022 年，绍兴大力实施先进制造业优质优品发展行动计划，持续汇集资金、数字、平台服务等要素赋能先进制造业发展，每年安排制造业发展专项资金 30 亿元，在全省率先实现涉企资金财政直兑，2022 年和 2023 年分别兑现惠企资金 40.3 亿元和 52.3 亿元。2023 年，绍兴市出台《金融支持绍兴先进制造业强市建设"4151"专项行动方案》，实现制造业中长期贷款增长 12.8%，累计争取两只总规模 100 亿元的基金落地绍兴，规模居全省第一。不仅如此，绍兴不断加快"产业大脑"建设，迭代织造印染、电机等产业大脑功能，提升质量基础设施一站式服务平台。截至 2023 年，平台累计服务企业 1879 家，总服务 4016 次，累计培育"品字标"企业 84 家，新认定发布"浙江制造"标准 46 项。[①]

二 绍兴先进制造业（制造业集群）发展展望

当今世界百年未有之大变局正加速演变，新一轮科技革命和产业变革深入发展，我国已转入高质量发展阶段，科技创新"关键变量"成为高质量发展的"最大增量"。站在新的发展起点，近年来绍兴立足现代纺织、生物医药、新能源汽车等特色产业优势，以创新驱动的战略眼光，加速制造业转型升级，重点领域实现创新突破，不仅巩固了这些产业的领先地位，更为全市先进制造业的高质量可持续发展注入了源源不断的新动能，将成为绍兴未来抢占先进制造业产业高地的关键支撑。

（一）新材料领域实现新突破，现代纺织产业加速崛起

现代纺织产业是绍兴传统支柱产业，也是富民产业、民生产业。截至 2023 年底，绍兴共有规上纺织企业 1929 家，其中产值超 10 亿元企业 17 家，从业人员 21.9 万人，已将上游的 PTA、聚酯、纺丝，中游的织造、印染和下游的服装管理与贸易等，串起一条雄厚的传统线性产业链，产业辐射杭州丝绸女装、宁波男装、嘉兴毛衫、湖州童装，形成了环杭州湾现代

---

① 资料来源于绍兴市人民政府官网《2023 年市政府重点工作完成情况》。

纺织产业群。2023 年，绍兴纺织产业总体走势平稳，实现产值 2226.7 亿元，同比增长 1.2%。同时，绍兴市纺织产业创新能力不断增强，纺织新材料领域取得重大创新突破，纺织产业链供应链的安全与韧性得到有效提升。

浙江佳人新材料公司（以下简称佳人公司）是绍兴现代纺织业科技创新的一个生动缩影。佳人公司以废旧纺织品、服装厂边角料等为初始原料，通过独有的化学循环再生技术将废弃聚酯材料还原成化学小分子级别，完全去除颜色和细微杂质，重新制成新的具有高品质、多功能、可追溯、永久循环性的聚酯纤维，用于新的服装和纺织品制造，使原先绍兴传统的纺织服装线性产业跃升为"材料—加工—消费—材料"的循环经济闭环产业链（见图 5），真正实现整个纺织产业链的永续循环。佳人公司目前已成为国内唯一、全球首家实现万吨级产业的化学法循环再生聚酯企业，也是全球最大的化学法循环再生涤纶纤维的生产研发龙头企业，国家专精特新重点"小巨人"企业，其作为绍兴传统纺织业的创新典型，引领传统纺织产业加速形成新质生产力，推动绍兴现代纺织产业不断崛起。

（二）创新药研发生产取得积极进展，生物医药产业向"新"提"质"

生物医药产业是绍兴市"4151"计划重点培育壮大六大战略性新兴产业之一，经过多年发展，形成了化学药占主导、生物医药兴起、中药及辅料器械等全面发展、各有特色的产业格局。同时依托绍兴滨海新区、杭州湾上虞经开区、新昌医药特色产业基地等区域协同发展，绍兴生物医药产业集群持续壮大。2023 年，绍兴全市共有规上生物医药工业企业 124 家，其中年销售额超亿元的企业 54 家，超 50 亿元的企业 3 家，超百亿元的企业 1 家，拥有上市公司 12 家，全市规上生物医药产业实现工业产值 396.8 亿元，产业规模位列全省第 3 位。①

---

① 数据来源于绍兴市经济和信息化局相关资料。

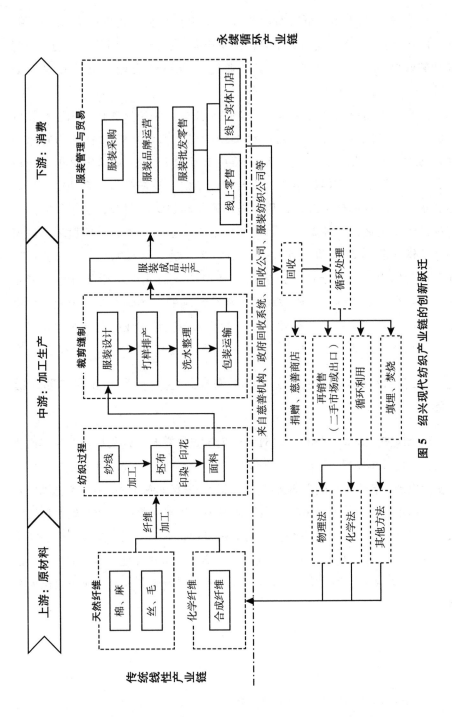

图 5　绍兴现代纺织产业链的创新跃迁

创新药研发历来是生物医药产业的一大难题，具有高投入、高风险、周期长等特点。位于绍兴新昌的浙江京新药业股份有限公司（以下简称京新药业）是国家级重点高新技术企业、中国制药百强企业，"十年磨一剑"，成功研发适用于失眠患者短期治疗的创新药——京诺宁地达西尼胶囊，于2023年获国家药品监督管理局批准上市。该创新药拥有全球首创的GABAA受体选择性部分激动剂，在运动障碍、后遗效应、耐受性、药物相互作用、身体依赖性等方面具有明显优势，为失眠障碍患者提供新的治疗选择，填补了国内失眠领域16年来没有创新药上市的空白，不仅助推京新药业进入以精神神经为核心、创仿结合的崭新发展阶段，更是用科创之光照亮绍兴生物医药产业高质量之路，成为绍兴生物医药产业不断向"新"提"质"的生动样板。

（三）创新汽车金属部件轻量化应用，新能源汽车行业蓬勃发展

汽车整车及零部件行业是绍兴市重点培育发展的十大标志性产业链之一，也是"双十双百"集群重点培育的特色产业链。多年来，绍兴大力推进传统汽车产业改造升级，积极发展新能源汽车产业，形成从三元前驱体材料（浙江帕瓦新能源股份有限公司）[①]、镍钴锂电池正极材料（浙江新时代中能循环科技有限公司），到汽车电子（绍兴比亚迪半导体有限公司）、动力电池（绍兴弗迪电池有限公司）、氢燃料电池（绍兴市上绍畔星科技有限公司），到电机（卧龙电气驱动集团股份有限公司绍兴电源分公司）、电控（绍兴三花新能源汽车部件有限公司），到各类组件（万向钱潮技术有限公司），再到动力电池循环利用（诸暨市东宇再生资源回收有限公司）等较为完整的新能源汽车全产业链体系和扎实的产业基础，成为绍兴高端装备产业的重要支柱，具体产业链图谱如图6所示。2023年，绍兴全市共有汽车整车及零部件相关企业2000余家，相关产品年产值近500亿元。

浙江万丰奥威汽轮股份有限公司（以下简称万丰奥威）是万丰奥特控股

---

① 括号内为该领域内代表性企业，下同。

| 创格科技 | 康思特动力 | 新柴股份 | 太阳股份 | 安格鲁 | 格洛博 | 斯凯孚 | 五洲新春 | 万安科技 | 希姆科精工悬架弹簧项目 | 全兴精工 | 索密克 | 万丰奥特 | 万向钱潮汽车零部件智慧园 | 天际汽车 | 绍兴市物资再生利用 | 上虞区物资再生利用 |

| 发动机系统及零部件 | 传动系统及零部件 | 制动系统及零部件 | 转向系统及零部件 | 驱动系统及零部件 | 中游：整车集成 | 下游：汽车后服务 |

上游：系统与零部件

| 汽车热管理系统零部件 | 车身结构件、安全件 | 汽车内外饰 | 汽车仪表系统及零部件 | 三电系统 | 智能网联汽车模块 |

| 华通控股 | 三花控股 | 三花新能源 | 万丰镁瑞丁 | 海威汽车 | 永生汽车部件 | 世纪华通 | 浙江汽车仪表 | 百嘉汽车 | 卧龙电驱 | 三花智控 | 帕瓦新能源 | 光特科技 | 车用功率器件项目 | 厦门金龙（绍兴）公司 | 东宇再生 | 源成祥再生 |

图6 绍兴新能源汽车产业链图谱①

资料来源：由绍兴市发展和改革委员会提供。

集团旗下唯一上市平台，作为绍兴传统制造业龙头企业，万丰奥威依托汽车金属部件生产基础、轻量化技术研发创新优势，在新能源汽车赛道上高歌猛进，这正是绍兴加速奔跑在新能源汽车产业赛道的一个缩影。万丰奥威把握新能源

---

① 图中企业及项目名称均为简称，按照从左到右、从上到下的顺序分别是：浙江创格科技股份有限公司、浙江康思特动力机械有限公司、浙江新柴股份有限公司、浙江太阳股份有限公司、浙江安格鲁传动科技有限公司、浙江格洛博机械科技股份有限公司、斯凯孚（新昌）轴承与精密技术有限公司、浙江五洲新春集团股份有限公司、浙江万安科技股份有限公司、希姆科精工年产1600万件高级轿车悬架弹簧项目、全兴精工集团有限公司、索密克汽车配件有限公司、万丰奥特控股集团有限公司、万向钱潮汽车零部件数智产业新基地建设项目、天际汽车科技集团有限公司、绍兴市物资再生利用有限公司、绍兴市上虞区物资再生利用有限公司、浙江华通控股集团有限公司、三花控股集团有限公司、绍兴三花新能源汽车部件有限公司、万丰镁瑞丁新材料科技有限公司、浙江海威汽车零件有限公司、绍兴市上虞永生汽车部件有限公司、浙江世纪华通集团股份有限公司、浙江汽车仪表有限公司、绍兴百嘉汽车电子仪表有限公司、卧龙电气驱动集团股份有限公司、浙江三花智能控制股份有限公司、浙江帕瓦新能源股份有限公司、浙江光特科技有限公司、绍兴比亚迪功率器件和传感控制器件研发及产业化项目、厦门金龙联合汽车工业有限公司绍兴分公司、诸暨市东宇再生资源回收有限公司、浙江源成祥再生资源回收有限公司。

汽车市场行业发展红利，针对新能源市场，聚焦铝合金和镁合金在减重效果、提升汽车性能、循环利用等方面的显著优势，专注铝合金轮毂和镁合金压铸产业，充分开展轻量化技术创新应用。万丰奥威于2016年收购全球领先的创新型镁合金铸造部件供应商镁瑞丁，同时与比亚迪、特斯拉、蔚来等主流新能源车企建立战略合作，积极推进新工艺应用以提升单车配套价值，形成以"镁合金—铝合金—高强度钢"金属材料轻量化应用为主线的汽车零部件产业，目前以年产1800万套规模实现铝合金汽轮行业全球领跑，持续助力绍兴在新能源产业赛道上加速前行。

三 绍兴先进制造业（制造业集群）发展中值得关注的问题

面对日益激烈的国内外竞争和不断变化的市场需求，绍兴先进制造业面临诸多发展挑战，其中在创新质量与载体、数字化转型、企业梯队培育以及产业链式集群发展等方面尤为突出。

（一）创新质量与载体建设亟待加强

一方面，创新质量有待提升。从创新产出来看，2023年绍兴市每万人有效发明专利拥有量43.9件，比上年增长5.7件，增长14.9%，但仍不及湖州（56.7件）、嘉兴（55.1件）。此外，重大产业平台创新支撑也不够强，如滨海新区2023年每万人口拥有高价值发明专利17.86件，仅为杭州钱塘新区的3/10。另一方面，创新载体仍显薄弱。与周边杭州、宁波等大城市相比，绍兴在创新平台的争夺上并不占据十分有利的位置，缺少支撑产业创新的高能级科创平台。截至2022年底，绍兴累计建设国家级科技企业孵化器5家，国家级众创空间4家，数量均位居全省第6位。截至2023年底，绍兴仅有省级新型研发机构7家，占全省（119家）比重仅为6%，居全省第6位，远落后于杭州（40家）、宁波（22家）、嘉兴（13家）、温州（11家）、湖州（9家），具体见表3。

表3　2023年浙江省内各城市创新能力情况

城市	每万人有效发明专利拥有量（件/万人）	省级新型研发机构数量（家）	城市	每万人有效发明专利拥有量（件/万人）	省级新型研发机构数量（家）
杭州市	123.9	40	金华市	24.3	7
宁波市	58.0	22	衢州市	23.2	4
温州市	29.5	11	舟山市	44.4	1
嘉兴市	55.1	13	台州市	33.4	4
湖州市	56.7	9	丽水市	16.5	1
绍兴市	43.9	7	全省	55.5	119

资料来源：浙江省市场监督管理局（省知识产权局）和浙江省各市科学技术局官方网站。

（二）数字化转型与两业融合亟待提升

一方面，绍兴市制造业数字化转型相对滞后。2022年，绍兴市数字经济核心产业增加值占GDP的比例为3.9%，仅高于省内丽水、台州、舟山等市，居全省第8位；全市规上工业中数字经济核心制造业增加值比重仅为8.5%，数字经济核心制造业企业中龙头企业偏少。另一方面，现代服务业供给与先进制造业需求有待衔接，两业融合度不高。2023年，绍兴市生产性服务业增加值占服务业增加值比重约为50%（杭州和上海均超过75%），规上工业企业数量为5356家，而其中软件和信息技术服务业、金融业、科研和技术服务业等高端生产性服务业规上企业仅为60多家，且缺乏知名龙头企业，支撑融合能力不强。截至2023年底，绍兴市仅有3家企业入选国家级新一代信息技术与制造业融合发展试点示范项目，不仅与省外同类城市无锡（11家）、常州（6家）等存在较大差距，还落后于温州（4家）。

（三）企业梯队培育格局亟待完善

一方面，头部企业规模有待增加。截至2023年底，绍兴市累计培育国家级专精特新"小巨人"企业107家，国家级制造业单项冠军企业（产品）19个；在中国500强制造业企业中，绍兴市占据9席，与湖州并列。2023年浙商500强企业榜单中，绍兴共有45家民营企业入选，居全省第3位，但年产值高于 100 亿元的仅 15 家，平均企业营收、利润率均居全省第 8 位，对产业带动能力相对较弱。另一方面，头部企业结构有待优化。截至 2023 年底，绍兴市头部企业中制造业单项冠军总数约为专精特新"小巨人"总数的 18%，表明绍兴市对制造业中小企业逐步成长为细分领域龙头企业的培育力度较为薄弱。

（四）产业链式集群发展亟待优化

一方面，产业平台"群而不链"。现有重点产业平台群多链少、量大质同的问题较为突出，如绍兴市生物医药"万亩千亿"新产业平台，对标苏州工业园区医药集群在规模、集聚度上均存在较大差距。2022 年，绍兴市生物医药"万亩千亿"新产业平台产值 356.7 亿元，集聚医药健康类企业 94 家；而苏州工业园区超 1523 亿元，集聚企业超 2000 家，两者规模相差甚远。此外，绍兴生物医药"万亩千亿"新产业平台内集聚的企业多以生产化学原料药和仿制药为主，技术含量、附加值较高的生物药、创新化学药发展相对滞后。2023 年，全市生物药品制品制造板块（生物药品制造+基因工程药物和疫苗制造）产值为 5.6 亿元，仅占生物医药总量的 1.3%。此外，生产配套服务平台、公共研发平台等支撑能力相对不足，协作关联、技术外溢、上下游配套等效应尚不明显，产业集聚发展有待提升。另一方面，"招大引强"与"延链补链"结合有待强化。2023 年，绍兴市实到外资 3000 万美元以上制造业、5000 万美元服务业共 7 个，仅占全省 129 个的 5.4%，缺乏引领性外资大项目。从总量看，2023 年绍兴实际利用外资 9.7 亿美元，远低于嘉兴（30.1 亿美元），仅为宁波、南通、常州的 27.3%、34.5%、36%，且缺少跨国公司投资项目，尚未形成足够的外商企业生存氛围，难以与绍兴本地产业链协同发展，助推企业国际化步伐。以集成电路产业链为例，绍兴引进的芯联集成、长电绍兴、豪威科技三个龙头企业尚处于自身建设阶段，产业链供应链各环节尚未实现协同发展，引领带动产业集聚效应尚未完全体现。芯联集成、长电绍兴等龙头企业的市内客户和市内供应商数量有限，企业间互动、合作和协同不足。芯联集成主要产品是功率半导体器件，与豪威科技的 CIS 业务无法形成配合，长电绍兴主要产品是晶圆级先进封装，与绍兴本地 IC 企业合作较少。

四 建强绍兴先进制造业（制造业集群）的对策建议

（一）强化"点"的培育，塑造科技创新"新引擎"

一是加强政策引导激发创新活力。完善市场化科技创新基金运作，加大对种子期、初创期企业创新的扶持力度，通过绩效考评、以奖代补等方式精准支持先进制造业创新，加强企业创新主体"点阵"。二是打造企业主导的创新联合体。健全"链长+链主"协同机制，鼓励龙头企业牵头以产业链、产业集群为"单元"组建体系化、任务型创新联合体，动态整合群内亟须攻关的关键技术清单，开展"揭榜挂帅""赛马"式联合破解"卡脖子"难题。三是推进成果转化扩量提质。加快建设绍芯实验室体系，导入国际性创新资源，按照"既突出前沿领域探索，又服务龙头企业发展"的宗旨，围绕"先导研究+产业转化"重点，全力打造立足长三角、面向全国的创新策源地。与此同时，深化科技成果使用权、处置权和收益权改革，鼓励在绍高校、科研院所实施"先赋权后转化"的成果转化激励方式，针对国资国企实施成果转化项目跟投、股权激励和收益分红等激励措施，持续助推创新成果加速转化为新质生产力。四是搭建全链条科创服务载体。推动浙江大学、天津大学等共建研究院的研究生招生培养资格落地，打造标杆型共建研究院，优化复旦科技园绍兴创新中心、杭州湾产业协同创新中心等科创载体策源功能，支持浙江大学生命健康中心共享实验室建设，推行科创平台牵动"科教人贯通"，加快建设"众创空间—孵化器—加速器—产业园"全链条孵化体系，促进更多项目开花结果。

（二）构筑"线"的延伸，激发融合引领"新动能"

一方面，打造数智化产业新生态。依托5G产业联盟、"5G+工业互联网"示范试点，针对重点行业产业链、供应链，计划"一链一策"推动制造企业"上云、上平台、上链"，完善工业互联网平台体系，打通产业链上下游企业数据通道，以数据链引领推动跨界融合和价值重塑，实现产业数智化新跃迁。另一方面，促进先进制造业和现代生产性服务业深度融合。推动现代服务业"体系重构、优势重塑"战略，利用印染、化工企业搬迁的有利时机和优越条件，打造全省领先的生产性服务业多样化集聚区、"两业融合"创新发展示范区和全国"腾笼换鸟、凤凰涅槃"样板区。同时，打造专业生产性服务业平台品牌，加快提升本地产业发展急需的研发设计、检验检测、现代物流等服务专业化水平，积极培育定制化制造、共享制造等高附加值的新业态、新模式，持续强化生产性服务业供给能力，助推先进制造业高质量发展。

（三）注重"面"的拓展，构建优企培育"新格局"

一方面，推动优质企业梯队培育建设。聚焦产业基础核心领域、产业链关键环节，加快推进"雄鹰行动""凤凰行动"，培育一批在现代纺织、绿色化工、集成电路、生物医药等绍兴先进制造业发展优势产业细分领域的"链主"企业，动态培育细分行业领军型、高成长型重点企业。按照"储备一批、培育一批、提升一批"的原则，构建"创新型中小企业—专精特新企业—专精特新'小巨人'企业—制造业'单项冠军'企业—'独角兽'企业—科技领军企业"的梯级培育体系，引导企业走专精特新发展之路。同时推广应用智能制造装备，加强工业互联网在绍兴制造业领域的融合创新应用，梯次培育"数字化车间—智能工厂—未来工厂"。另一方面，释放要素助力产业"蝶变"跃升。"稳"资金，积极发挥省"4+1"产业基金、绍兴生物医药产业母基金等基金的引导作用，解放思想，在吸引资金、资本上采取更加符合市场化的措施，引导更多资本参与先进制造业产业发展。对产业链协同创新项目以及国际、国内、省内首台/套产品分档给予奖励；"减"税费，全面落实研发费用加计扣除政策，推动先进制造业企业增值税加计抵减政策落实见效，不断增强企业获得感；"增"要素，加大市、区级政府引导基金的出资比例和额度，完善投贷联动、知识产权金融扶持政策，通过让渡超额投资收益等方式全面撬动金融要素资源投向先进制造业领域。深化工业用地市场化配置改革，统筹用能、排污权等要素资源配置，探索市内跨区域交易或租赁模式，全力推进先进制造业重大项目建设。同时探索实施"工业上楼"模式，打造"垂直工厂"，力争为产业空间突围提供新的路径，实现稳增长、扩投资、促转型"一石三鸟"作用。

（四）打造"群"的生态，铸就链式发展"新优势"

一方面，强化链主牵引壮大"雁阵集群"。布局构建由"引领性平台—骨

干性平台—特色性平台—产业社区"等多种形态构成的分级分类产业平台体系,支持存量"链主"企业垂直整合产业链、拓展上下游配套,带动提升产业链上中小企业产业地位,形成大中小企业相互支持、紧密协作的集群生态。依托绍兴市现有的产业链供应链生态的集群优势,以龙头企业为主导,鼓励集群内部企业创新合作,汇聚更多基础设施、资金、人才等资源,推动创新要素和产业资源的有效配置,尤其是要摸排掌握四大"万亩千亿"新产业平台的产业和相关要素需求。在此基础上,搭建企业、政府、科研机构、高校、服务公司等主体协同的产业生态网络平台,实施产学研政一体化,推进各类主体优势互补、互利共生,培育优质产业生态体系,助推集成电路、现代纺织等产业集群争创国家级先进制造业集群。另一方面,推动招大引强做优产业。坚持"项目为王",按照"高大上、链群配"思路,聚焦绍兴"4+4"先进制造业集群,梳理绍兴市先进制造业"卡脖子"领域和价值链高端环节产业链"鱼骨图""区块图""全景图",深度摸排出产业链的弱链、断链、缺链环节,并瞄准这些薄弱环节,组织开展"嵌入式"招商、"一对一"精准招商,挖掘上下游企业合作潜力,推动短板产业补链、优势产业延链、传统产业升链、新兴产业建链,同时大力引育一批具有较强核心竞争力、较高市场占有率及科技创新力的"链主"企业,引领带动产业链上下游和关键配套企业协同发展,逐渐形成产业集群效应。

参考文献

于金闯、刘丽、刘丽娜等:《产业生态化与现代化产业体系建设:以先进制造业服务化为例》,《中国软科学》2024年第4期。

吴秉泽:《壮大先进制造业集群》,《经济日报》2024年3月11日。

邓宇:《发展新质生产力与深化科技金融创新——兼论国际经验与中国实践》,《西南金融》2024年第4期。

B.21
2023年绍兴文商旅融合发展报告[*]

李 萍 郭春杰 张 军[**]

摘 要： 当前，国内文旅融合呈现前所未有的活跃态势，已成为影响未来文旅产业和区域发展的重要因素。2023年，绍兴文商旅融合环境加速优化，构建起更全面的发展格局和更扎实的载体支撑，擦亮了"历史文化名城"的城市品牌，诞生了众多文商旅融合的新业态、新模式。同时也存在融合程度不深、融合范围不广、融合模式较少等问题。在文商旅融合的新发展阶段，绍兴需要持续推进资源要素整合，打造城市宣传亮点，完善文商旅产业融合格局，在创新中求变，在变革中实现文旅融合高质量、全方位发展。

关键词： 文商旅融合 文化强市 城市品牌 绍兴

打造文商旅深度融合的发展格局，不仅是继承发扬优秀文化、拓宽旅游市场范围、寻找商业新增长点的客观需要，更是构建起更高质量、更高品位的产业体系、城市体系、文化体系、生态体系建设的必然要求。绍兴依托"越宋古都、江南水城、名士之乡"的城市品牌，推动文商旅要素融合，以文塑旅、以旅彰文，推进文化、旅游和商业深度融合发展，持续擦亮"历史文化名城""东亚文化之都"金名片。

---

* 本文所使用的数据除特别说明外，其他来源于《绍兴市文化广电旅游局2023年工作总结》（绍市文广旅〔2024〕16号）和绍兴各区（县、市）2023年文旅融合工作总结等。
** 李萍，中共绍兴市委党校（绍兴市行政学院）、绍兴市社会主义学院文化与统战教研室主任、教授，研究方向为区域文化；郭春杰，中共绍兴市委党校（绍兴市行政学院）、绍兴市社会主义学院图书和信息中心讲师，研究方向为数字文化；张军，绍兴市文旅集团副总经理，研究方向为古城保护与开发。

一 绍兴文商旅融合发展的基本情况

2023 年，绍兴将文商旅融合发展作为文化和旅游领域发展的核心工作，着力打造继承发展传统文化的融合载体、实现人民美好生活的融合渠道、结合经济效益与精神财富的融合媒介，以"越宋古都、江南水城、名士之乡"作为城市定位，确立"以文塑旅、以旅彰文"的文旅融合思路，着力打造以全城申遗为导向的历史文化传承地、以文创文旅为业态的时尚产业集聚地、以传统风貌为依托的宜居环境生活地。

在文商旅融合环境方面，绍兴以《关于推进绍兴古城"文商旅"深度融合高质量发展的实施意见》等政策为支点，布局谋划实施"315"项目①，着力构建全域联动的文商旅发展格局；同时，出台系列政策推进"若耶·铜谷小镇""兰亭国学文化研学"等融合载体工程和非遗形象门店、越剧博物馆等基础设施建设，实现融合环境的加速优化。在文化品牌建设方面，绍兴积极推进城市文化的传承和发扬，将文化遗产保护与文化产品创新有机结合，并利用节庆赛会活动促进旅游经济蓬勃发展，举办"名城绍兴·喜迎亚运""越酒行天下""味美浙江"等精品活动。在文商旅新业态培育方面，绍兴积极进行新路径、新模式、新业态的培育，以多元业态为融合发展提供路径探索；同时，重点利用数字平台集聚文旅资源，实现文旅产业的规模化、数字化，利用数字经济赋能文商旅产业竞争力和吸引力，探索文旅消费新航道。

2023 年，绍兴全市共计接待游客 6945.8 万人次，同比增长 23.66%，实现旅游总收入 453 亿元，同比增长 12.5%，创历史新高。截至 2023 年末，绍兴共有 A 级旅游景区 87 个，其中 5A 级旅游景区 1 个，4A 级旅游景区 18 个，3A 级旅游景区 43 个。同时，2023 年绍兴社会消费品零售总额实现 2820.4 亿元，同比增加 9.1%，位居全省第 5 位。GDP 权重指标批发、零售、住宿和餐饮产业分别同比增长 24.7%、12.3%、20.1%、19.0%，分居全省第 2、4、5、

---

① "315"项目："3"是系统推进书圣故里、阳明故里和鲁迅故里三大故里的整体开发；"1"是打造迎恩门至都泗门古运河风貌及休闲消费带；"5"是着力打造越王城文化广场、"一县一品"小吃综合体、黄酒作坊与品鉴园、婚庆摄影基地、康疗休养基地等 5 个特色产业片区。

2位。文商旅深度融合工程两获省政府"五星"评价，重点工作荣获国家考古发掘资质、中国研学旅行目的地·标杆城市、鉴湖国家级旅游度假区、"夜鲁镇"国家级夜间文旅消费集聚区、宋六陵考古国家遗址公园立项等五大"国字号"荣誉，总体成果喜人。

（一）文商旅融合环境加速优化

1. 全域联动的发展格局稳步形成

2023年4月，绍兴发布《关于推进绍兴古城"文商旅"深度融合高质量发展的实施意见》，提出"加快重点文商旅项目建设，提升全域旅游发展"的要求。谋求全域旅游发展对于文商旅融合具有宏观布局的作用，既需要在空间上形成"城乡一盘棋"的联通格局，也需要在产业上形成互补互联的完备体系。

对此，绍兴力求在空间上做好城乡联动、水岸联动、开发联动的一体化布局。在城乡联动上，提出"一廊三带"的全域旅游宏观空间布局，将乡村旅游放在重点推进"做精乡宿、做美乡宴、做丰乡礼、做特乡趣、做优乡博、做亮乡戏、做趣乡游"的乡村旅游"七大工程"上，力争打造乡村旅游的"归园田居图"3.0版本。同时，建设和宣传平王线、柯桥月华山线、九板桥线等优质乡村旅游路线，推动安头桥村、冢斜村、王化茶村等各具特色的古村落火热出圈。绍兴开辟的精品文化游线将古越文明的水文化、茶文化与现代新城有机贯通，从而实现一体化发展。另外，绍兴着力推动县域商业体系建设，新昌县入选2023年度全省县域商业体系建设示范县，诸暨一百集团入选全省5家省级县域商业重点流通企业之一。

在旅游空间利用上，重点开发了书圣故里片区、阳明故里片区和鲁迅故里片区三大文化IP，推进建设陆游故里和宋六陵国家遗址公园等具有历史文化内涵的景点。同时，重点打造古运河休闲消费带和越王城文化广场、黄酒品鉴体验区、婚纱摄影基地、康疗休养基地等具有商业价值的景点，实现文化价值与商业价值的有机统一。

在各区域联通上，完善环城交通体系，通过"越巴士"串联东湖、兰亭、禹陵、柯岩等景点，巴士不仅能直达老城区内的主要景点，还能快速换乘其他公交线路，前往越城、柯桥等其他多个景点，构建起"外联内达"的旅游公

交线网系统。针对水岸联通的需求，以浙东运河为基，以古桥古街为线，以乌篷船为珠，串联起乌篷船、黄酒、越剧等文化元素，连接上非遗作坊、黄酒博物馆、越剧博物馆、鲁迅故里等旅游景区，构建起"水城一体、昼夜兼营、多业融合、全时全季"旅游发展新格局。

2. 文商旅融合载体建设扎实推进

绍兴积极推动文商旅融合的场所载体建设，出台"五年实施方案""年度工作要点"并成立文旅深度融合工程专班，优化基础设施建设和公共服务。2023 年，绍兴市以"大投入"赋能"大产出"。在基础设施方面，重点实施重要台门和早期人防工程两个项目，建成塔山人防综合体和戢山体验馆项目。在文化场所方面，建成投用浙东运河博物馆等一批重大项目。工程两获省政府"五星"评价，项目投资完成率、文旅市场主体增速、民生实事项目建设、文艺赋美、微改精提综合评价等多项指标进入全省"第一方阵"。

2023 年末，绍兴共有博物馆 57 家，公共图书馆 7 家，藏书量达到 916 万册；入选第三批城市一刻钟便民生活圈试点地区，初步建成新型便民生活圈 8 个；完成了第二批非遗形象门店打造工作，非遗保护发展指数排名居全省第 2 位；完成 14 家省级美食体验店复评自查工作，新认定市级美食体验（示范、旗舰）店 35 家，推荐 19 家申报省级"百县千碗"美食体验（示范、旗舰）店；"百县千碗"杭州农都美食长廊完成整体装修；共完成提升、修缮、新增开放名人故居 12 家。新昌县入选"2023 年全国县域旅游综合实力百强县""中国文旅融合高质量发展旅游名县"。

3. 配套设施和政策支持进一步提升

在政策支撑上，绍兴积极响应国务院办公厅《关于进一步激发文化和旅游消费潜力的意见》与文化和旅游部等三部委发布的《关于开展国家文化产业和旅游产业融合发展示范区建设工作的通知》，遵循国家《"十四五"文化发展规划》《"十四五"旅游业发展规划》核心精神出台政策设计，为文商旅融合发展提供了良好的政策环境。2023 年《关于推进绍兴古城"文商旅"深度融合高质量发展的实施意见》着力于健全公共服务配套、优化交通系统、激励资金流入、提升文旅企业竞争力、招引文旅创新人才、市场监管引导等多个方面，重点建设配套设施和保障融合发展稳定有序。同时出台《绍兴市浙东唐诗之路文化资源保护和利用条例》《绍兴市 3A 级旅游景区评定管理办法》

等一系列重点突出的条例政策。

在政府政策激励和市场资金的支持下，绍兴文商旅融合的配套设施发展迅猛。2023年，绍兴新增国家3A级旅游景区7家、省级旅游度假区1家、工业旅游基地1家、中医药文化养生旅游示范基地1家、夜间文旅消费集聚区2家、采摘旅游体验基地12家以及旅游饭店5家、品质旅行社4家。在文化项目方面，越剧博物馆、北纬30度馆、古城北大门、子民图书馆等一批重大项目建成投用，共打造非遗形象门店62家，创建省级非遗工坊9家、市级非遗工坊47家；在重点工程方面，"兰亭国学文化研学""若耶·铜谷小镇"等197个重点项目完成投资410.17亿元。在商铺建设方面，依托2023年惠企"1+9+X"政策体系，设置"促进消费提质扩容"专项模块，聚焦首店经济、内外贸一体化等促消费政策，全力强化政策支持，共涉及促消费政策条款9条25项，已兑现资金超1亿元。在安全排查方面，绍兴文化广电旅游局围绕旅行社、旅游新业态、广电、文物等重点领域持续推动隐患大排查大整治专项行动，排查各类企业（场所）8225家次，发现并消除隐患5715处。开展夜间经营环境提升行动，针对夜间乱设摊、垃圾处理、噪声扰民、安全隐患等问题进行排查和治理。在招商引资方面，柯桥区"CBD城市新区"风貌区通过招商引资投建的钱清星隆城商业综合体、富悦·温德姆酒店、雷迪森艺境酒店等商业设施相继建成投用。

（二）文化品牌建设成效明显

1. 文化发掘和宣传成果展现新貌

2023年，绍兴在古城文化的传承和创新上下足功夫，积极推进文化遗产保护、"博物馆之城"打造和非遗传承创新工作，进一步发掘保护文化遗产，推出精品文化产品。

重点文物发掘取得突破。按计划完成宋六陵、亭山山体、南山年度考古勘探任务，成为全国唯二获评考古发掘资质的地级市。会稽刻石等5处文物入选全国《第一批古代名碑名刻文物名录》，宋六陵考古遗址公园入选国家立项单位，新增王阳明遗址故居和渔家渡石牌坊等10处省级文保单位，"亭山遗址群"入选全省考古"十大发现"。积极推进全城申遗，推动建立申遗工作机制，启动古城申遗。

文化发掘成果宣传推广重点发力。以越国、南宋和民国等历史为主要创作题材，打造纵观古城千载的大戏，挖掘传统习俗和文化元素，举办"祝福·绍兴古城过大年""7·15绍兴古城创意博览会""山阴城隍庙会"等文化节会。"任伯年绘画作品展"引流超15.3万人次，获得2023年"中博热搜榜十大热门展览"第3名。同时，举办了第十五届浙江·中国非物质文化遗产博览会，吸引了近百项国家级非遗项目参展，引流超20万人次。新昌县通过"新媒体+网红+发传单"的模式，在上海举办2023新昌文化旅游推广活动，发放"吃住行、游娱购"联合优惠券，首日话题阅读量达5000万。

2. 节庆赛会活动辐射商旅消费

绍兴抓住亚运经济风口，结合古城文化和旅游亮点，开展了众多节庆赛会活动，对商旅消费的辐射作用明显。在文化活动方面，于日本东京、中国香港举办2023"越酒行天下"黄酒与文旅融合系列宣传推介会，在绍兴举办"2023中日韩同上一堂课"活动，并在泰国曼谷开展绍兴文化和旅游资源宣传推介。在旅游资源推广方面，举办"越都宋韵·缤纷四季"、"'春暖花开相约浙里'2023全省文旅消费季（春季）启动仪式"、"金秋有你·嗨翻浙里"2023全省文化和旅游消费季（秋季）、绍兴文旅国际化推广暨"大师对话十周年"和"名城绍兴·喜迎亚运"文旅主题年启动仪式等活动。在体育赛事方面，绍兴完成杭州第19届亚运会棒球、攀岩、垒球、男子排球、女子篮球共5个项目的办赛任务，绍兴籍运动员在杭州亚运会上共获得10金2银2铜的优异成绩。在商业消费活动方面，2023年9月，成功举办以亚运消费、大宗消费为重点的金秋购物节；11月，举行全国绿色时尚纺织服装消费季启动仪式；12月，举办第三届中国地方菜发展大会，汇集了来自全国70多个城市的200余家餐饮企业。此外，借助亚运会、浙江"暑期来消费"、"味美浙江"餐饮消费季等活动契机，实现省、市、县三级联动。其中，柯桥区开展"我在柯桥过大年"活动、"鉴湖食汇·柯桥十碗"美食节活动和"金柯桥·最生活"乐享夏夜活动；上虞区举办"百县千碗·虞舜十碗"烹饪职业技能大赛和"青春之城·上虞风华"主题摄影展、"诗画曹娥江·魔力金口河"等文旅推介活动。

3. 文商旅精品项目破局出圈

2023年，绍兴打造了一批重点文商旅精品项目，项目融合效果显著，宣传成效优异，体现了古城风貌和历史文化气息。在文化项目方面，《美哉古越》节目亮相杭州亚运会开幕式，《喀喇昆仑》《闹天宫》等绍剧节目、新昌调腔《目连救母》等优秀剧目反响热烈，在中国戏剧节等国家级平台上展演。《在最美的风景遇见最美的自己》获评全国旅游公益广告优秀作品，歌曲《故乡》、越剧《核桃树之恋》入选省"五个一工程"优秀作品奖，原创越剧现代戏《祝家庄里的年轻人》获评浙江省戏剧节兰花奖·新剧目大奖。在旅游项目方面，开通了两条"水城夜游"游船专线，打造"水韵纺都"特色产业风貌样板区，串联了中国轻纺城、瓜渚湖、柯桥古镇，获评省"新时代富春山居图样板区"。打造鲁镇演艺集聚区并推出非遗互动项目、沉浸式演艺、3D灯光秀等特色夜娱项目，推动整个柯岩风景区破局出圈，2023年柯岩风景区游客量达145.9万人次，同比增长1234.4%。在新项目建设方面，新昌县的安缦缦度假区项目完成投资7.35亿元，拾玖郡山海经奇项目完成投资1.36亿元，上虞区的孝德文化小镇、瓷源文化小镇、卧龙万豪酒店等项目完成投资36亿元，项目建设稳步推进。

此外，绍兴专门在国内外宣传方面下功夫，通过举办"绍兴文旅资源泰国推介会""大师对话十周年""越酒行天下""中日韩同上一堂课"等活动拓展海外朋友圈，推动绍兴优秀传统文化与海外文脉交流互鉴。结合"千年诗酒话婵娟""兰亭集序登上太空"等展现绍兴人文风情的亮点活动进行推广宣传，新华网阅读量"百万+"报道达60篇。通过打造研学旅行品牌实现城市形象推广，"研学绍兴读懂中国"海媒矩阵传播力指数进入全国前10位。

（三）文商旅新业态新模式蓬勃发展

1. 文商旅融合途径突破创新

2023年，绍兴文商旅融合途径从文旅、商旅市场的"跨界合作"向着文商旅一体化的"无界化"演进，发展格局进一步深度融合，各类市场主体积极探索了新模式、新路径、新业态，文商旅融合的新项目、新品牌、新场景蓬勃发展。

首先，围绕传统文化开展的研学旅行新模式。绍兴围绕鲁迅文化、书法文化、诗路文化、黄酒文化、大禹文化、青瓷文化、古越文化等优势文教旅资

源，培育了大禹文化研学旅行营地、兰亭书法研学旅行营地、东方山水营地等10个具有地方特色的研学旅游基地，荣获"中国研学旅行目的地·标杆城市"称号，并落户全国首个"研学气象站"，成功举办中国研学旅行发展报告绍兴发布活动，成为中国研学旅行城市的"风向标"。

其次，利用特色产业赋能消费的商业新场景。柯桥区以发展夜间经济为载体，建立夜间经济试点城市创建工作领导小组，推出房产夜市、人才夜市、"鉴湖之夜"文化月等引流消费项目，累计开展活动近300场，直接拉动消费超过2亿元；新昌县以茶文化产业为重要板块，举办茶文化节、桃花节、水蜜桃节、茶旅融合培训班等活动，建成茶文化博物馆，推进茶、果等特色农产品与文旅资源的融合发展，打造下岩贝、梅棠雅集等一批乡村旅游打卡点。

最后，依靠政策支持培育文商旅创新种子。重点扶持古城青年创客项目，培育了祝福过大年、青春季、国潮季、仲夏夜等"古城四季"文化活动，落地文创、休闲旅游等古城青年创客项目超400家，进一步激发了古城文旅活力，鼓励新业态新模式在绍兴生根发芽。

2. 数字文旅平台落地开花

数字经济是新时代经济高质量发展的新引擎，数字技术所带来的新业态新模式改变了传统文旅产业发展趋势，对文商旅融合具有重大意义。对此，绍兴运用大数据、云计算、物联网等现代技术，聚焦商圈服务的便利化、智慧化和特色化，发布落实《绍兴古城保护利用数字管理平台共建共享实施方案》，完善"古城智治综合集成展示应用"，重点打造绍兴古城数字文旅创新发展轴、数字文化主体验区、数字旅游主休闲区和数字商贸主发展区的"一轴三片区"，扩大数字文旅产品供给，提升古城数字化治理水平。大力推行数字化改革，推动文旅产业数字化、数字文旅产业规模化，开发云旅游、云演艺、云娱乐、云直播、云展览、沉浸式体验等数字文旅新业态新模式，深化文化旅游和一二三产业跨界融合，创新推出研学、演艺、体育、康养、民宿、商贸等"旅游+"业态。柯桥区发动电商企业和高校力量，打造中国轻纺城服装市场直播电商基地和VFM时尚主播基地，开展直播培训20余场，利用网络平台推介柯桥特色纺织品和农产品。基地已入驻商户34家，2023年1~8月累计成交额达9720.5万元，夜间开播率超50%。目前绍兴全域已基本建成"数字孪生"古城、"古城数字大脑",上线"绍兴古城"App,建立包含地理、历史文化、规划设计、保护名录、地名等信息在内的古城保护利用信息管理系统。

二 绍兴文商旅融合发展的形势分析

2023年春节假期,由于疫情基本平稳,疫情防控措施进一步优化,加之春节假期较长,民众出游意愿大幅上升,旅游市场大幅回暖。据文化和旅游部数据中心测算,2023年春节假期全国国内旅游出游3.08亿人次,同比增长23.1%,实现国内旅游收入3758.43亿元,同比增长30%。特别是国家体育总局、文化和旅游部联合发布的12条"2023年春节假期体育旅游精品线路"受到广大游客的追捧。在落实好安全生产和疫情防控要求前提下,10739家A级旅游景区正常开放,占全国A级旅游景区总数的73.5%。北京、天津、河北联合推出10条京津冀主题旅游精品线路,举办京津冀冰雪旅游季。演出、展览、灯会、乡村"村晚"等活动精彩纷呈。87个平台的160个账号参与直播了"文艺中国2023新春特别节目",直播观看量达2715.41万人次。全国共举办群众文化活动约11万场,参与人数约4.73亿人次。据不完全统计,春节假期全国营业性演出共9400余场次,较2022年同比增长40.92%,比2019年增长22.5%,票房收入3.78亿元,观演人数约323.8万人次。各地开展非遗传承实践活动10522场,"文化进万家——视频直播家乡年"活动参与视频总量超过6.5万个,直播超过580场。

(一)外部发展环境优势较为显著

1. 历史文化名城的底蕴支撑

绍兴作为历史文化名城,历史文化遗产和自然风光存量丰富,是首批国家历史文化名城,拥有2500多年建城史,具有独特的文化符号和城市风貌,自古以来在江南地区就具有重要的经济和政治地位。

绍兴古城内的文化区域、历史遗迹和自然风光区域约39.33平方公里,占古城总面积的1/3以上。建城以来城址未变,包括8片历史文化街区和2个历史地段。1个世界遗产展示点。53个市级以上文保单位、41个文保点、56个

"三普"登录文物、55 处认证历史建筑等大量真实完整的文物古迹得到保护。①

在悠久的历史文化和丰富的历史遗迹的基础上，绍兴充分传承利用历史文化资源，以文商旅深度融合为载体，加强文脉传承、提升特色品牌、加大公共文化供给，擦亮城市文化金名片。相继建设发展了越子城、八字桥、书圣故里、鲁迅故里、阳明故里等历史文化遗迹，形成全域旅游的发展格局，构筑文商旅融合发展的良好环境。

2. 政策改革创新的机制保障

2019 年，国务院办公厅印发《关于进一步激发文化和旅游消费潜力的意见》，首次提出建设国家文化产业和旅游产业融合发展示范区，要求"宜融则融、能融尽融，以文塑旅、以旅彰文"。2022 年 12 月，文化和旅游部等三部委发布《关于开展国家文化产业和旅游产业融合发展示范区建设工作的通知》。同时，《国务院办公厅关于加快发展流通促进商业消费的意见》《关于促进消费扩容提质加快形成强大国内市场的实施意见》等系列政策规划的出台，进一步强调商业消费与文化旅游结合的重要性与必要性。文化和旅游部《"十四五"文化和旅游发展规划》要求"建设一批国家文化产业和旅游产业融合发展示范区"，为文商旅融合发展提供良好政策环境。

在此背景下，绍兴积极响应国家文商旅融合的政策导向，相继出台《绍兴古城保护利用条例》（2019 年 1 月）和《关于推进绍兴古城"文商旅"深度融合高质量发展的实施意见》（2023 年 4 月）等法规制度，使文化保护传承利用有据可依。出台《关于推进"博物馆之城"建设的实施意见》《绍兴市浙东唐诗之路文化资源保护和利用条例》《绍兴市 3A 级旅游景区评定管理办法》等一系列条例政策，为文化旅游产业高质量发展提供政策支撑。在文商旅融合结合数字技术方面，提出并落实《绍兴古城保护利用数字管理平台共建共享实施方案》，完善"古城智治综合集成展示应用"，多方位全角度展示古城，统筹掌握古城运行情况，提高古城数字化治理水平。

---

① 陈建造：《打造文商旅融合发展新高地》，《浙江经济》2019 年第 14 期。

（二）发展还存在亟待解决的问题

1. 文商旅支撑要素建设存在不足

尽管绍兴在文商旅融合的基础设施、配套服务、资金支持上作出了巨大努力，但目前的各类支撑要素发展情况仍处于较低水平。

第一，基础设施建设仍有提升空间。文旅项目普遍占地面积大、业态多，不少项目尤其是乡村旅游项目因用地性质和规模等难以符合土地利用空间规划、未预留足量建设用地和用地指标审批难等问题难以落地。在文化旅游用地中，尚有不少疏解闲置的空间资源未能活化利用。绍兴古城严格实行"最小干预"保护策略，最大程度保留了古城的原汁原味，但也导致了传统台门、腾退用房等创新转化不足，没有与群众需求、公共服务、文旅功能充分结合起来。满足吃住行的浅层开发多，针对游购娱的深度开发少，缺少有古城特色和融入现代元素、可沉浸式体验的项目，难以吸引游客慢下来、留下来。

第二，管理调配工作分散化、复杂化。在景区资源、房产资源、项目建设、经营管理、业态植入等方面存在多头管理、各自为政问题，导致统筹谋划难。各类资产权属复杂，存在指标缺口，空间要素明显不足，亟待梳理现有资源。由于缺乏有效的整合和规划，这些资源的效用无法得到最大程度的发挥。

第三，资金投入来源单一，缺乏资本支持。相比交通、教育、卫生等领域，目前绍兴对文旅的投入相对较少；旅游业发展的筹资渠道单一，主要依靠政府和国企投资，社会资本参与度不高，融资渠道少，且缺乏差异化的招商运营策略，远远不能满足快速发展的需求。

2. 城市品牌对外推广工作有待提升

绍兴作为历史文化名城，在塑造城市形象、打造城市名片方面涌现出很多具有地方特色和亮点的成果，但在向全国推广城市名片、在更大范围内发扬城市历史文化和旅游亮点上存在不足。2023 年中秋国庆期间，绍兴共接待游客约 367.81 万人次，其中浙江省内游客约 298.51 万人次，为总游客量的81.16%；省外游客仅占到总游客量的 18.84%，比 2019 年同期下降 18.06 个百分点，长三角地区游客又占总游客量的 90%以上。可见，绍兴城市品牌的影响范围局限于浙江省内，缺乏对全国范围乃至世界范围内客流的吸引。

一方面，绍兴城市品牌的核心亮点尚不突出，缺乏"必看""必玩""必

买"的核心吸引点。现有景区如鲁迅故里、东湖等主要为文化和自然风光景区,其游玩项目与国内其他 A 级旅游景区的区别不显著。现有文旅项目对越剧、书法、绍兴民俗等文化瑰宝的发掘力度不够,缺乏从学术研究、发掘保护到旅游商业应用的转化,更新迭代较慢,综合效率较低,缺乏广泛而持久的旅游冲击力和竞争力。此外,目前绍兴的文旅产业尽管产生了众多优秀文旅企业,但是文旅产业链条不成熟。文旅市场主体实力不强,"小、散、弱"的问题比较突出,缺少龙头骨干型企业引领,"吃住行游购娱"等各类要素没有充分聚集贯通,旅游线路策划设计、运营服务滞后,吸引团队游能力较弱,住宿、购物、娱乐等二次消费占比低,"景点留不住客、游客花不出钱"的现象普遍存在。

另一方面,绍兴在城市文化旅游项目的对外宣传渠道上具有局限性。绍兴文化和旅游景点的对外宣传力量分散,没有建立统一的文旅推广口号、标语和形象,与抖音等直播平台、微博、小红书等网络社交平台联系不密切,尚未形成系统性的文旅宣传推广体系,由此导致绍兴城市品牌的辐射半径小,主要局限于省内,全国知名度和国际影响力不大。

3. 商业消费场景搭建尚不全面

当前,"90后"乃至"00后"的顾客群体已成为旅游主力军,年轻化的游客群体不再满足于传统的观赏、休闲类型的文旅服务和地方特产、纪念品等文旅产品。然而,目前绍兴文商旅的商业消费体系仍停留在传统框架中,并未建立起满足市场新需求、迎合年轻消费群体文旅消费观念的商业消费场景。在文旅产品打造上,呈现同质化特征,主要产品仍为旅游纪念品和黄酒、梅干菜等地方特产,缺乏具有创新性和吸引力的"破圈"产品。在商业消费场景的建设上,绍兴主要商圈活跃时间一般到晚上 9 点,夜间经济带分布较为零散,难以形成规模效应、为游客提供全方位的消费服务。另外,商业消费区和文化旅游区域的结合不足,在主要景点附近的商家分布不均,且产品服务呈现同质化,缺乏物美价廉的产品服务和能形成"破圈效应"的网红产品。

三 推动绍兴文商旅融合发展的对策建议

从影响文商旅融合的内外因素来看,要以技术进步、业态迭代、需求增长等因素为驱动，通过三大产业资源、要素、业态、市场、政策的交叉、渗透、重组，产生"1+1+1>3"的叠加放大效应。

（一）推进资源要素整合，拓展文商旅融合场景

推进资源要素整合是文商旅融合的基础工作，是拓宽融合场景、打牢融合基石、提供融合载体的必要之举。对此，要学习先进融合案例，提高站位、拓宽视野，完善全域旅游、文商旅融合发展规划，逐步健全规划体系，划分部门权责，合理整合和分配特色资源、优势资源，科学调整空间布局和发力点，将资源和资金用在刀刃上，从而发挥最佳效益。

1. 进一步进行资源整合和要素融合

通过推动文商旅土地资源、人才资源、渠道资源的共生共用，有效带动服务供给、产品开发和市场消费，提升资源配置的效率；在文旅景点中，因地制宜地植入商业经营内容，实现综合效益的最大化；通过推动企业战略整合、资产并购、联合业务等，优化文旅企业结构和竞争能力，为文旅市场注入活水；重点提升技术要素的赋能作用，重点强化人才、资本等要素的支撑能力。将区块链、大数据、VR、人工智能、云计算等技术要素应用于文商旅融合领域，打造文商旅融合的数字平台，依托数字技术整合产业链和空间链，对各地区各领域的文化资源、商业资源、旅游资源进行梳理、整理、分类、标识等工作，提升融合发展的管理能力、技术能力和监测能力。

2. 完善文商旅市场投资融资体系

强化文商旅金融服务体系建设，加强与金融机构的合作，为文商旅企业提供多元化、定制化、灵活化的金融服务，打造投融资数字服务平台，促进金融机构与文商旅企业对接，为企业营造宽松便捷的营商环境；支持社会资本依法投资文化创意设计、影视动漫、数字信息、旅游休闲、工艺美术、文化会展等领域，提高社会资金吸引能力；深化政务服务增值化改革，打造投资审批快速通道，统筹安排资产注入与资金需求。用足专项债券政策，重点支持文商旅融合发展的优质项目建设。

3. 打造综合性文旅消费场景

打破行业壁垒，推动文商旅资源共享和优化配置。全面推进全市文商旅载体改造升级工程，对各类商场、文化场所、景区等空间进行功能扩展，推动文

化消费进入商业场所，商业消费融合景区特色，打造更多的综合性消费空间和场景。进一步丰富兴虹、武勋坊、未蓝等文创园区产业要素，实施越王城文化广场建设，打造融文化、休闲、旅游、购物等功能于一体的多功能文创空间。打造以江南原生水乡慢生活体验区、阳明心学圣地与越城坊综合体、古越文化和民俗展示集中地等核心文化片区为中心的周边商业地带。

4. 健全监督机制保障

健全文化、公安、市场、税务等部门协同监管机制，完善旅游投诉机制，重点打击虚假宣传、合同欺诈、恶性价格竞争、强制消费等群众关注问题，依法开展联合执法和日常监督。落实重要景区、历史街区安全管理责任制，常态化开展事故安全隐患排查和应急预案演练，保障古城文旅行业健康安全有序发展。

（二）打造城市宣传亮点，扩大文商旅吸引力范围

城市品牌是文商旅对外推广的核心和基础，目前绍兴已构建历史文化名城的城市品牌，但仍缺少如"淄博烧烤""苏州园林""哈尔滨冰雕"等流量吸引力大、深受消费者喜爱的城市亮点。因此，绍兴需要以塑造城市宣传亮点为抓手，以点带面提升城市知名度和美誉度，带动文商旅产业发展。

1. 从历史文化中挖掘城市文化亮点

广泛普查绍兴的文化、建筑、节庆、民俗等历史文化遗产，对其中具有历史气息、区域特色、文化特性的元素继续挖掘和转化，形成一批具有知识产权和商业价值的文商旅 IP；对现存的旅游景点、文旅企业、文创产品等进行创意开发，通过授权生产、内容孵化、产品设计、宣传推广的模式实现文商旅IP 的价值创造和创新发展；推动古城整体申遗，成立申报世界文化遗产工作领导小组和申遗专班，以活化古城遗产价值带动古城文商旅融合发展。

2. 从已有游线中创新城市旅游亮点

以全域旅游发展格局为核心，重点打造鲁迅故里、阳明故里、书圣故里、古运河、绍兴博物馆等核心旅游景区，拓宽线上宣传渠道，加大宣传力度；推进非遗展览馆、非遗作坊、艺术中心和博物馆等文化场馆建设，继续建设城市书房、文化馆、图书馆等公共文化场馆，改造提升绍兴剧院，用好大剧院、子民剧院等已有的演艺场所，打响"历史文化名城"的城市宣传口号；通过对

已有核心景区和文旅场所的重新串联和组合，推出结合商业价值、旅游价值和文化价值的一批精品游线，并以精品游线作为宣传载体，以点带线、以线带面，实现吸引客流和打响名声的效果。

3. 借助互联网平台拓宽城市亮点宣传面

凝练城市推广宣传语，充分利用新兴媒体和互联网平台，将重要节庆、文化民俗、旅游景区、高端会展等城市亮点作为宣传重要核心，构建全要素、全媒体、全渠道宣传营销矩阵，细分省内、长三角、全国等多级宣传区域，实施有针对性的宣传策略，拓宽文旅市场宣传半径；以"名城绍兴·越来越好"为城市品牌，重点培育"绍兴古城""鲁迅""没有围墙的博物馆""阳明故里·心学圣地"等文旅品牌，结合美食、美景、美宿、美购等要素，打造具有绍兴特色的文旅消费体系；大力发展以互联网为传播渠道的历史文化服务，借助数字技术打造沉浸式艺术展览与数字艺术演艺，普及绍兴古城历史文化知识。同时，加强多媒体宣传途径，继续拍摄并投放一批精品纪录片和宣传片，借助主流媒体宣传。在此基础上利用好直播、社交媒体等新媒体宣传渠道，利用抖音、快手等短视频直播平台，开展直播秀、带货等宣传活动，利用激励手段鼓励社交媒体用户在网络上分享创作绍兴文旅相关内容，借助社交网络吸引客流。

（三）强化区域辐射效应，深化文商旅全域布局

在文商旅融合的空间联动和区域辐射上，绍兴面临着区域联通效果不佳、文商旅各要素融合程度不高的问题。对此，绍兴可以优化全域旅游空间布局，强化商业要素与文旅产业的融合，打造"一水一桥三故里"的全域旅游发展格局，强化城乡有机贯通、文商旅一体发展。

1. 优化空间布局，实现古城景区的区域连接

以浙东运河为水陆交通主干，连水成网，串珠成链，加强水系网络的保护更新，维修建设桥梁、石板路等交通路径，打造交通沿线的戏院、文创园、民宿、水上乐园等特色项目，结合乌篷船、绍兴黄酒、越剧等绍兴特色元素，使水陆交通线成为文商旅融合的载体和桥梁；另外，从绍兴"双环、一横两纵、一片多核多点"的文旅核心区域开始，向外开发文旅资源，扩大古城旅游景区的布局范围，拓展古城文旅的辐射效果。

2. 发挥区域辐射效应，实现全域旅游的规模经济

围绕绍兴"一城一桥三故里"的空间架构，利用传统街巷和水道串联城市，推进各片区互联互通。在越子城片区构建"城山一体游"，打造集古越文化展示和庙会产业于一体的主题公园；在八字桥片区构建"运河人家"风情体验区，聚焦文艺文创、艺术长廊以及个性书屋、咖啡店、民宿等特色产业，打造江南原生水乡慢生活体验区；构建府河与沈园、青藤书屋、仓桥直街、塔山、风越里相连的片区体验游线，打造以文学、书画、诗词为主题的研学游综合街区；书圣故里片区完善"两横一竖"特色空间格局，建成探花坊、王羲之纪念馆，打造书圣名人印记、文房四宝、手工技艺作坊等非遗展示鉴赏区。

3. 探索协作机制，实现部门企业的业务连接

在政策制定方面，探索"社景合一、主客共享"的管理机制，发挥名城办的督查协调作用，统合各部门联动协作，将文化遗产保护、文旅项目建设和商业运营工作进行整合，破除文商旅产业条块分割、各自为政的局面。通过行政管理改革实现行政管理的有机协同，帮助企业和资本实现有效对接。在行业监管方面，打破文商旅融合的各类政策瓶颈，完善监督机制，减少产业壁垒和不正当竞争，形成文商旅一体化的政策法规和市场监管，构建更标准、更规范、更全面的市场秩序。在业态嵌合方面，鼓励文创企业、旅游业、景区和消费场所之间开展多维度分工协作，设计全流程服务消费体系，实现同心跨业经营，丰富产业内涵，实现规模效应。鼓励文商旅融合新业态、产品及服务的创造和经营，推动文商旅行业在融合中创新，在创新中升级。

（四）创新服务消费模式，优化文商旅市场生态

推进文商旅深度融合需要创新消费场景，培育新型业态和消费模式，才能使文化价值和旅游价值进一步转化为商业价值，为文商旅融合提供源源不断的动力。对此，绍兴需要创新文旅产品供给和商业模式，优化文商旅融合发展的市场生态，充分释放文旅消费活力。

1. 打造服务消费新场景

挖掘凝练名人、书法、黄酒、戏剧、古建筑等优秀传统文化元素、故事和产品，形成符合旅游消费需求、体现绍兴时代精神和城市特色的新产品、

新服务。在保护和传承的过程中，创新性地开发"历史文化故居""非遗技艺赋新"等体验型文化消费，打造传统文化焕新场景；集中打造文商旅融合示范区域，以现有特色街区、高品质步行街和夜间经济示范集聚区为试点，打造特色消费场景，在八字桥构建融合运河风情和水岸消费的商旅一体化区域，在越王城打造融合文化展示和庙会消费的文商一体化区域，在浙东运河沿岸建设集特色产品售卖、运河文化宣传和重大节庆活动于一体的综合区域，打造跨界跨领域融合场景；推进数字技术与文旅产业的创新结合，打造越文化、古城文化与虚拟现实技术、数字平台技术等跨界融合的新场景，重点发展全息情景营造、高清沉浸式影院、数字光影艺术展等创新服务和产品，打造沉浸式文化体验场馆，策划线上线下结合的沉浸式体验活动，打造数字沉浸体验场景。

2. 结合数字技术拓展文商旅服务维度

发展"文商旅+数字经济"的融合新业态，推动 5G、人工智能、虚拟现实等新一代信息技术的应用，推进文商旅产业与数字技术深度融合发展，培育"数字文商旅"的文旅品牌；以"绍兴古城"应用为基础，升级游客服务应用的 App 和小程序，进一步涵盖历史文化、商业消费、线上游玩、出行住宿等服务领域，为用户提供集成一体的文商旅服务；利用数字平台进行文化创新和文旅推广活动，通过小红书、微博、抖音等新媒体平台发布旅游资讯、插画绘图、历史文化视频、游玩攻略、好物分享等内容，鼓励基于网购平台的产品售卖，将黄酒、梅干菜等特色产品推广出去，通过网购产品反向带动旅游产业。

3. 鼓励文商旅消费模式的融合创新

以《绍兴市消费品质提升三年行动方案（2023—2025 年）》为抓手，统筹消费促进工作，谋划打造文旅消费新业态、新品牌、新模式、新热点。通过统一管理和统筹规划，培育"非遗+旅游""工业+旅游""教育+旅游""康养+旅游""会展+旅游""体育+旅游"等新模式新业态；升级文创产品，对"酒、馐、戏、城、艺、丝、药、器"等各类文化资源进行深度挖掘和应用，以满足不同个性化消费群体的需求为目标，提炼文化资源的闪光点和卖点，打造创新文化产品；鼓励青年创客以文商旅融合为主题进行创业，为本地文旅企业提供良好的政策环境和资金支持，帮助文旅企业在绍兴落地生根。

参考文献

绍兴市人民政府：《关于推进绍兴古城"文商旅"深度融合高质量发展的实施意见》，2023。

戴斌：《文旅融合时代：大数据、商业化与美好生活》，《人民论坛·学术前沿》2019 年第 11 期。

王秀伟：《大运河文化带文旅融合水平测度与发展态势分析》，《深圳大学学报》（人文社会科学版）2020 年第 3 期。

陈建造：《打造文商旅融合发展新高地》，《浙江经济》2019 年第 14 期。

仲丽华、沈洋：《文商旅融合视角下的绍兴古城更新与保护发展研究——以徐渭故里历史文化街区为例》，《绍兴文理学院学报》2023 年第 5 期。

刘安乐、杨承玥、明庆忠等：《中国文化产业与旅游产业协调态势及其驱动力》，《经济地理》2020 年第 6 期。

刘治彦：《文旅融合发展：理论、实践与未来方向》，《人民论坛·学术前沿》2019 年第 16 期。

张朝枝、朱敏敏：《文化和旅游融合：多层次关系内涵、挑战与践行路径》，《旅游学刊》2020 年第 3 期。

黄晓慧、邹开敏：《"一带一路"战略背景下的粤港澳大湾区文商旅融合发展》，《华南师范大学学报》（社会科学版）2016 年第 4 期。

雷石标、邵小慧：《商旅文跨界融合对旅游产业的影响研究》，《商业经济研究》2021 年第 13 期。

B.22
2023年绍兴数字经济核心产业发展报告

田海燕　何家浩　钱增扬*

摘　要： 2023年，绍兴市按照浙江省委、省政府统一部署，强力推进数字经济创新提质"一号发展工程"，全市数字经济核心产业蓬勃发展，增速持续领先全省，但仍存在产业发展集聚效应和规模效应不强、产业结构不合理、地区发展不均衡等短板。建议深化数字经济核心产业发展系统谋划，全力争取国家级环杭州湾集成电路产业集群核心城市地位；积极培育数字核心产业新增长点；加强创新体系建设；推进数字经济核心产业增加值应统尽统；发挥综保区政策优势支撑数字经济发展；加快培育诸暨智能视觉省级"万亩千亿"平台产业建设。

关键词： 数字经济　核心产业　绍兴

一　2023年绍兴数字经济核心产业发展基本情况

2023年，绍兴市数字经济核心产业蓬勃发展，增长速度全省领先，增加值占GDP比重和占全省比重持续提升；平台建设成效显著，集聚产业链龙头企业能力持续提升；数实融合特色鲜明，产业数字化深入推进。

（一）发展速度全省领先

2023年，绍兴市数字经济核心产业增加值达386亿元，同比增长20.0%

---

* 田海燕，中共绍兴市委党校（绍兴市行政学院）、绍兴市社会主义学院经济学教研室副教授，中共嵊州市委党校（嵊州市行政学校）、嵊州市社会主义学校副校长（挂职）、经济学博士，研究方向为产业经济；何家浩，中共嵊州市委党校（嵊州市行政学校）、嵊州市社会主义学校助理讲师，研究方向为数字经济；钱增扬，政协绍兴市委员会经济委员会主任，研究方向为区域经济。

（现价），高于全省平均增速9.9个百分点。以2018年为基数（2018年数字经济核心产业核算基本成形），2018~2023年，年均增长18.76%，高于同期GDP现价增速11.2个百分点，占GDP比重由2018年的3.00%提高至2023年的4.95%；占全省比重由2018年的2.94%提高至3.91%（见图1）。

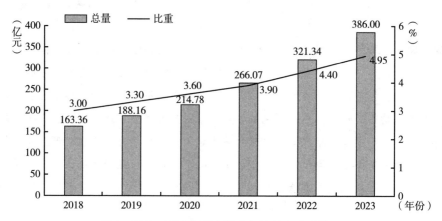

图1　2018~2023年绍兴数字经济核心产业情况

资料来源：由绍兴市统计局相关资料整理所得。

（二）平台建设成效显著

2023年6月，经国台办等四部委批复同意，绍兴成功设立全省唯一的海峡两岸（绍兴）数字产业合作区。数字经济两大"万亩千亿"新产业平台建设加快推进，滨海新区集成电路平台考评位列全省第一梯队，集聚产业链企业近百家。诸暨智能视觉平台在2023年被纳入国家重点项目清单，全年总产值突破150亿元，集聚以浙江讯智未来科技有限公司（科大讯飞股份有限公司投资）、芯云半导体（诸暨）有限公司（杭州朗迅科技股份有限公司投资）等为龙头的产业链企业140多家，落户重点项目50多个，总投资超700亿元①。

（三）数实融合特色鲜明

数字产业化、产业数字化协同并进。数字领域新兴项目逐渐投产达产，生

---

① 资料来源：诸暨市发改局、招商投资促进中心相关资料。

产规模稳步扩大。2023 年，规上数字经济核心产业制造业增加值为 248 亿元，比 2022 年增长 12.6%，增长率高于全省平均 4.3 个百分点（全省增长 8.3%）。其中，人工智能产业增加值为 102 亿元，比 2022 年增长 7.7%，占全部规上数字经济核心制造业的 41.13%。信息传输、软件和信息技术服务业产业规模质量不断提升，2023 年营业收入达 151 亿元，比上年增长 4.7%①。产业数字化深入推进。推广"产业大脑+未来工厂"新模式，2023 年，绍兴全市在役机器人数量近 2 万台，机器人密度达 302 台/万人，中小企业数字化转型覆盖率超 80%，产业大脑累计服务企业 8000 余家，平均效益提高 20% 以上。2023 年，绍兴产业大脑能力贡献度居全省第 1 位②。

二 绍兴数字经济核心产业发展存在的问题和挑战

近年来绍兴市数字经济发展迅速，但由于发展基础较为薄弱，绍兴市数字经济综合发展水平在全省尚处于中游，特别是数字经济核心产业能级不高，与绍兴总体经济实力在全省的位次不相匹配。在核心产业中，仍存在数字服务业规模小、盈利弱、贡献低，数字制造业集群效应不显著，创新发展支撑体系亟待强化，平台作用发挥尚不充分等问题。

（一）数字经济核心产业规模层次相对较低

从总量看，2023 年，绍兴市数字经济核心产业增加值为 386 亿元，占全省比重为 3.91%，位居全省中游位置。与省内其他地市相比，还存在一定差距，如杭州、宁波两市总量占全省的 70% 左右（杭州占 57.51%、宁波占 13% 左右），尤其是 GDP 总量位居绍兴市之后的嘉兴、金华两市数字经济核心产业增加值规模均高于绍兴市。从占比看，2023 年，绍兴市数字经济核心产业占 GDP 比重为 4.95%，位居全省第 8 位，低于全省平均 7 个百分点。与此相对的是省内 11 个地市中，杭州占比 28.3%，嘉兴占比高于

---

① 资料来源：《2023 年绍兴市国民经济和社会发展统计公报》。
② 资料来源：绍兴市经济和信息化局相关资料。

10%，温州、宁波、金华、湖州、衢州5个地市占比5.0%以上，均高于绍兴市。尽管2019~2022年绍兴市数字经济核心产业年均增速达18.4%，2023年增速已经达到20%，但根据《绍兴市数字经济创新提质"一号发展工程"行动方案)》所提出的目标，即到2027年全市数字经济核心产业增加值力争突破1000亿元，2023~2027年年均增速应不低于25.5%，实现这一目标存在很大压力①。

（二）数字服务业规模小、盈利弱、贡献低

一方面，从全省看，数字经济主要集中于服务业，尤其是信息传输、软件和信息技术服务业。全省信息传输、软件和信息技术服务业占数字经济核心产业比重接近60%以上，其中最高的杭州市占比在75%以上，而绍兴占比不足30%，尤其是重点行业互联网、软件和信息技术服务业偏弱。2023年，绍兴市软件行业营业收入处于全省中游位置，受龙头企业浙江宇石网络科技有限公司业绩下降的影响，软件收入较上年大幅下降。从企业看，绍兴数字服务业主要以移动、联通等通信公司为主，引领数字化发展前沿的互联网、软件、信息类公司数量极少（规模以上企业仅34家，增加值不足10亿元）。在数字经济128个行业小类中，仅移动电信服务、半导体器件专用设备制造、敏感元件及传感器制造、微特电机及组件制造4个行业增加值超20亿元，其余行业均零星分布，缺少龙头带动。

另一方面，数字经济核心产业结构总体呈"工业依赖明显、服务作用偏弱"特征。2023年，数字经济制造业拉动数字经济核心产业增加值增长10.5个百分点，贡献率为52.3%；数字经济服务业仅拉动9.5个百分点，贡献率为47.7%②。但从推动数字经济核心产业快速发展来看，工业整体投入周期长、见效慢，数字服务业尤其是信息传输、软件和信息技术服务业运转周期短，能快速拉动产业发展，如杭州作为数字经济发展排头兵，信息传输、软件和信息技术服务业增加值比重在80%以上（见表1）。

---

① 资料来源：绍兴市统计局相关资料。
② 资料来源：根据《2023年绍兴市国民经济和社会发展统计公报》中数据计算得到。

表1 2023年前三季度浙江各地市软件业务收入情况

地市	收入(亿元)	占全省比重(%)	位次	同比增速(%)	位次
杭州	5743.53	87.97	1	3.62	7
宁波	460.68	7.06	2	11.60	6
嘉兴	85.56	1.31	3	2.54	8
金华	65.24	1.00	4	26.86	1
湖州	55.76	0.85	5	16.00	4
绍兴	46.74	0.72	6	-11.69	10
温州	38.08	0.58	7	13.49	5
台州	11.89	0.18	8	-16.90	11
丽水	10.82	0.17	9	25.02	2
衢州	6.81	0.10	10	-0.08	9
舟山	3.80	0.06	11	16.02	3
合计	6528.91	—	—	4.32	—

资料来源:《业务收入增速回升 利润总额增长加快——前三季度全省软件和信息技术服务业运行分析》,浙江省经济和信息化厅,2023年11月16日。

(三)数字经济核心产业制造业集群效应不显

一是数字核心制造业总体规模小。虽然绍兴市数字经济核心产业中,制造业规模远大于服务业规模,但从整体工业体系看,数字经济核心制造业规模占比都较小。2023年,全市规上工业中数字经济核心制造业增加值比重仅为11.51%(见表2)。从制造业结构看,绍兴门类虽齐全,但纺织、化纤等传统制造业仍占主导地位。2023年绍兴规上工业企业中,十七大传统重点制造业增加值占比为62.6%,而数字经济核心制造业产业规模偏小,结构优化、产业升级等行业带动作用不强。

表2 全省规模以上数字经济核心制造业情况

单位:亿元,%

	2022年总量	位次	增长率	2023年总量	位次	占规上工业比重	位次
全省	3532	—	8.3	3833	—	17.12	—
杭州	1180	1	4.5	1233	1	24.74	1
宁波	711	2	8.3	770	2	14.56	5

续表

	2022 年总量	位次	增长率	2023 年总量	位次	占规上工业比重	位次
嘉兴	582	3	10.3	635.92	3	18.63	3
温州	267	4	9.0	291	4	17.97	4
金华	228	5	2.5	233.7	6	18.76	2
绍兴	181	6	12.6	248	5	11.51	6

资料来源：浙江省及部分地市 2023 年国民经济和社会发展统计公报。

二是头部项目总体偏少。绍兴市目前数字经济核心制造业中，年营收超50 亿元的龙头企业仅 3 家，即浙江三花智能控制股份有限公司、浙江晶盛机电股份有限公司（以下简称晶盛机电）和芯联集成电路制造股份有限公司（以下简称芯联集成），尚无超百亿企业，而嘉兴产值超百亿企业就有 4 家①。智能视觉平台尚在起步阶段，现阶段项目多由新引进的科创型中小企业孵化或建设，尚无重大引领性项目落户。

三是产业协同有待完善。绍兴市集成电路产业链主要集中在制造和封装环节，设计和应用较弱，芯联集成、长电绍兴等龙头企业产能完全释放尚需一定周期。产业链各环节协作不紧密、上下游配套不强，比如芯联集成的晶圆片后端封装工序不是由长电绍兴来实施，而长电绍兴上游的晶圆制造商也不是芯联集成，芯联集成的本地采购率不到 20%。

（四）创新发展支撑体系亟待强化

一是研究院支撑能力薄弱。研究院是政产学研的重要黏合剂，但绍兴数字经济方向的共建研究院数量少、成果转化力不强，对人才的吸引力不足，数字经济方向的研究院仅浙江大学绍兴研究院、浙江数字内容研究院、绍兴市北大信息技术科创中心、杭州电子科技大学上虞科学与工程研究院等 4 家；② 全职到岗人数不足，高层次人才引留困难。公共服务平台缺乏与闲置并存。绍兴创新平台多数由政府主导建设，研究院运营实施。已建成的检测和封装平台部分

---

① 资料来源：由绍兴市统计局提供。
② 资料来源：由绍兴市科技局提供。

运行较好，但还存在部分利用率不高的问题，如浙江大学绍兴研究院功率检测平台利用率还不高；8K 超高清视频信号传输与分析等一批中试基地正在全力建设，但部分中试基地建设中存在项目进度与资金拨付争议，影响项目实施，如西安交通大学绍兴市通越宽禁带半导体研究院的碳化硅封装中试线、芯片试验线建设因资金拨付争议进展缓慢。

二是中高端数字人才引留难。西安交通大学绍兴市通越宽禁带半导体研究院等 32 家被调研企业和研究院几乎都反映存在中高端数字人才引进和留用困难的问题。目前绍兴安全环保、医药化工信息化复合型人才紧缺，一些企业反映，研发团队引进的外国专家因学历不高、年龄偏大，无法享受外国专家局相关待遇；一些业务急需、市场稀缺的高技能人才，由于无相应学历，不能享受租赁蓝领公寓的优惠政策等。

（五）平台作用发挥还不充分

突出体现在绍兴综保区国家级平台对数字经济核心产业中的重点集成电路产业服务支撑不足。绍兴综保区与集成电路产业的协同发展尚处于起步阶段。从目前来看，绍兴综保区对集成电路发展的促进作用尚未完全发挥。一方面，绍兴集成电路材料和设备进口呈高速增长态势。2023 年，平均每月计算机集成制造技术产品的进口额在 5 亿元以上，比 2021 年增长 28％以上，制造半导体的机器设备每月进口额在 2 亿元以上。[①] 另一方面，进口绝大多数通过上海、宁波口岸，通过绍兴保税区进口的规模相对较小。如，包括原材料在内的泛集成电路进口中，仅芯联集成一家通过上海、宁波口岸的进口额就超过 6 亿美元，长电绍兴的 38 台设备、10 吨原材料等都通过上海口岸进口，只有芯联集成的硅片业务通过绍兴综保区进口，其他集成电路企业进出口货物尚未通过绍兴综保区平台进行。可见，绍兴综保区在支撑和协同推动绍兴集成电路产业发展方面提升空间巨大，究其原因，主要是绍兴综保区尚不能满足绍兴集成电路企业的实际需求。

---

① 资料来源：由绍兴市综保区和海关提供。

三　推进绍兴数字经济产业发展的对策建议

（一）深化数字经济核心产业发展系统谋划，全力争取国家级环杭州湾集成电路产业集群核心城市地位

深入贯彻落实习近平总书记考察浙江重要讲话精神，贯彻落实习近平总书记关于新型工业化的重要指示精神和党中央及省委、省政府有关部署要求，全市一盘棋系统谋划数字产业发展规划，将支持包括集成电路、智能视觉在内的数字经济核心产业发展作为长期战略，长远规划基础设施配套建设。集中力量建设一批数字经济产业片区，打造一批品质高、环境优的精品园区，将其作为绍兴市数字经济产业发展的主要平台。建立健全"链长+链主+专精特新"协同工作机制，成立集成电路等重点数字产业发展专家咨询委员会，组建工作小组，统筹协调全市及周边区域产业链发展布局。建立数字经济核心产业交流对接机制，举办产业链上下游对接活动，提高"链主"企业本地配套率。依托绍兴产业高度集聚和"绍兴国家集成电路产业创新中心"被列入国家《长江三角洲区域一体化发展规划纲要》（全省唯一）的两大优势，全力争取国家级环杭州湾集成电路产业集群核心城市地位。坚持差异化竞争和布局，立足芯联集成、长电绍兴、晶盛机电等头部企业，做大做强特色制造基本盘，做精做专并布局抢占细分领域赛道，应用牵引推动芯机联动，形成与杭州、宁波、嘉兴等地集成电路产业的协作协同，引领环杭州湾集成电路产业带发展。

一要加快推进优势数字经济核心产业做大做强。提升集成电路龙头企业引领力，推进全市域产业链协同构建。支持芯联集成等龙头企业牵头建设产业配套园，推动连片土地优先出让，并给予运营费、土地配套优惠。由龙头企业推荐认定一批供应链关键伙伴，建立白名单，给予政策倾斜，对龙头企业新引进配套企业或者将本地配套企业纳入供应链体系的，对龙头企业和配套企业均按采购金额的一定比例给予奖励。推动产业链大中小企业跨区县抱团发展。定期举办全市域重点产业链企业洽谈会，邀请产业链企业会商，出台政策对牵手成功的企业分别奖补。支持龙头企业通过产业链上下游并购重组的方式强链补链延链。扩充产业基金规模，发挥杠杆和撬动效应，引进智能视觉标志性项目。

采取"政府+基金—基金+项目"的招商模式,助力产业项目、人才项目落地转化。建立机制,强化配套,提升数字经济重点产业平台承载力、吸附力。

二要探索招商引资项目在跨区重点产业平台间流转共享机制。针对绍芯谷大量优质资源腾出亟待"俊鸟"、杭绍临空等产业平台存在部分项目等地现象等问题,统筹全市各区、县(市)开发区园区平台资源,亟须凝聚合力提升招商竞争力和全市域项目落地投产效率。流转项目在招商考核、税收和实现GDP方面在平台间分成,比如:前5年引入方和承接方按4∶6比例分成;至第6~10年,按3∶7比例分成。

三要创新投入机制、整合资源,强化园区生活配套保障。建议缓建一些非急需项目,将园区企业的留存地方税收、工业项目用地所得收入的部分资金返还园区并广泛吸引社会资本投入,按"政府主导、园区实施、企业参与、市场运作"的要求,建设舒适的人才公寓、标准化的员工食堂、优质的娱乐和园区商业配套等必备设施。聚焦园区员工出行需求,优化交通网络,充分利用园区周边现有学校、卫生资源改善员工生活条件。

(二)积极培育数字核心产业新增长点

一要提升软件和信息服务业整体实力与规模贡献。数字核心制造业整体投入周期长、见效慢,数字服务业尤其是软件和信息服务业运转周期短,能快速拉动产业发展。建议要推动工业企业软件业务专业化发展。举办工业企业剥离软件业务成立软件企业实务研讨会,邀请重点工业企业代表到场,宣传软件相关税收优惠、奖励政策;摸排重点企业分离发展软件业务的意愿、能力与难处,对意向企业开展软件业务剥离辅导;学样仿样复制推广,探索以卧龙电气驱动集团股份有限公司(以下简称卧龙电驱)分离浙江舜云互联技术有限公司(以下简称舜云互联)并做大做强(成立仅3年,预计营收破5亿元①),作为绍兴其他行业企业软件业务专业化发展的"学样仿样"样板企业,带动培育一批重点行业级工业互联网平台和一批优秀工业App。推动软件、数字化服务企业和工业企业精准对接。加快软件库建设,在全市域举办软件和工业企业对接会,推介绍兴工业软件重点服务商的代表性产品和解决方案,助力绍兴

---

① 资料来源:由调研中相关企业相关负责人提供。

软件企业建链补链延链，对签约成功的双方企业都给予一定奖励；鼓励绍兴软件企业联合中小企业打造"学样仿样"样板并复制推广，推动绍兴不同行业实力软件和数字化服务企业，如舜云互联、环思智慧科技有限公司、浙江陀曼智能科技股份有限公司、浙江康立自控科技有限公司、浙江锦马自动化科技有限公司、浙江沐恩网络科技有限公司等，与行业中小企业合作，打造行业数字化转型"学样仿样"样板企业，并复制推广。

二要加快构建电子化学品产业集群。半导体材料细分领域多，生产环境要求各不相同，比如光伏和面板类材料可在一般化工园区生产；但有些集成电路功能性材料、稀有金属材料、气体、高纯制剂等都有更高的提纯技术标准要求，若将这些高纯材料的生产与其他粗放的化工行业毗邻，则会影响产品良率。材料类企业投资额相对较小，现有招商激励政策不利于此类项目招引。因此建议，依据企业生产条件要求，科学规划园区建设和统筹安排企业布局。优化招商考核方式，补齐集成电路产业链短板。针对集成电路龙头企业合作伙伴的白名单企业和产业链关键材料企业，完善优化以项目投资额为主要标准的招商考核方式，加大对自主知识产权、专利、人才等的招引激励力度。

三要推动人工智能技术在传统优势产业的应用。根据浙江省统计局、省科技厅企业数字统计监测，2022年浙江省纳入人工智能产业统计目录的企业共有1630家，较上年增加474家；实现总营业收入5242.83亿元，同比增长34.87%；利润总额982.13亿元，同比增长120.05%，其中杭州人工智能产业总营收超过2500亿元，在全省营收占比接近50%。① 宁波、嘉兴、湖州积极布局人工智能产业发展，如湖州和宁波上线人工智能超算中心、嘉兴利用"顾家家居"品牌效应集群化发展智能家居产业，提升整体产业竞争力并有效扩充数字经济核心产业。因此建议，绍兴要构建一批典型人工智能应用场景，加快推动智能家居从"智能通用"向"定制服务"发展，支持浙江傲利智能科技有限公司不断提升智能化水平，推动喜临门家具股份有限公司、浙江捷昌线性驱动科技股份有限公司等企业智能化、柔性化、服务化发展。支持浙江绍兴苏泊尔生活电器有限公司、浙江亿田智能厨电股份有限公司、浙江帅丰电器

① 潮新闻客户端：《浙江人工智能产业发展如何？这份报告晒出最新"成绩单"》浙江网信网，2023年11月22日，https：//www.zjwx.gov.cn/art/2023/11/22/art_1673582_58874130.html。

股份有限公司等企业加强设计和功能集成，打造具有国际影响力和国内知名度的智能家居和厨电产业基地。

（三）加强创新体系建设

提升共建研究院支撑力方面。在研究院探索职务科技成果权属改革，促进成果产业化。绍兴城市能级不高，研究院稳定性不及高校、收入不及企业，人才引留难成为研究院发展的主要瓶颈。同时，高校和研究院所科技人员与企业进行产学研合作时，面临职务成果产权难以得到依法科学认定、保护和获得合理报酬等问题。因此，要在研究院探索赋予科研人员职务科技成果所有权或长期使用权、成果评价、收益分配，调动科技人才的积极性，逆转人才虹吸，促使更多科研成果在绍兴落地转化。推动研究院运营主体模式改革，明确运营目标，优化效率。发挥企业创新主体作用，引导研究院由政府主导建设向头部企业主导建设转变。建议由龙头企业与上下游企业、高校联合成立，并要求参与单位有一定参股比例，政府对研究院安排政策奖补，用于购买相关行业共用检测和实验设备，帮助研究院明确发展目标，稳定经费来源，提升成果转化能力。

破解数字人才供需矛盾方面。研究制定引进数字人才的特殊政策，在人才公寓、子女教育、人才房票方面给予倾斜；盘点外设研发机构，允许在绍兴交税的数字经济领域企业（人才引进在外地未享受人才政策）聘用数字人才享受部分绍兴人才政策补贴。承接杭州数字人才溢出，打破信息壁垒，与杭州市人社局加强合作，关注杭州数字人才领取失业保险信息，组织绍兴企业重点招聘。在全市域范围搭建数字人才交流平台，鼓励企业 HR 以及本地人才拉帮带外地人才共同加入，形成人才相互学习、提升自我、共同创新的良好氛围，给人才更多选择机会，优化创新要素配置，提高效率。

（四）推进数字经济核心产业增加值应统尽统

一方面，调整统计口径，新增数字核心行业应统尽统。浙江省数字经济核心产业核算采用省标，2023 年经济普查后可能将采用国家口径（因产业核算错年进行，正式调整估计在 2025 年），调整后，增加值将发生较大变化。目前，国家和浙江统计分类行业存在较大差异，其中：国家有但浙江无的 27 个

新增行业，主要涉及建筑、批发、零售等行业，需提前摸排、有序增量，如互联网零售行业，绍兴部分企业注册在外地，造成数据分流统计不准确。同时也要关注国家无但浙江有的 25 个行业，在统计过程中会影响现有存量，如电机、电池制造类不属于数字经济，卧龙电驱、绍兴弗迪电池有限公司等企业的相关产业将无法纳入，对绍兴影响较大。另一方面，大型企业分离新业态应统尽统。大型企业主辅分离出去的批发、零售、服务业以及电商等新业态，如卧龙电驱分离舜云互联企业虽已得到快速发展，但暂时未纳入本地统计口径，又如浙江金科汤姆猫文化产业股份有限公司的游戏海外发行收入也未入笼，对此要坚持注册公司在绍开票、在绍的企业纳统在绍。关注母公司在绍、数字核心业务子公司注册在外地的企业，引导子公司将收入计入绍兴，并积极引导业务回流。要提前谋篇布局智能家居，规划行业分类，确保应靠尽靠、应算尽算，尤其是要确保一些暂时未纳入统计的电商企业的数据不外流。

（五）发挥综保区政策优势，推进集成电路产业对数字经济的重要支撑

一要推动区内外协同确保零部件即时供应。梳理并加快引进绍兴主要集成电路制造企业特别是龙头企业的核心配套企业，并在区内外合理布局，健全集成电路产业链。引入更多集成电路的供应链服务公司在综保区内建立保税仓库和全球分拨中心，以加强主要设备、配件和原材料的本地储备。对综保区内企业实施"24 小时通关"服务，创新海关监管模式，制定集成电路备件非工作时间核验通关方案，打通区内仓库与区外企业间的物流通道，最大程度缩短企业物流配送时间。

二要以多种形式引入专业服务公司。通过招商和政府购买服务相结合的形式，引入更多既熟悉综保区政策又熟悉集成电路产业的专业服务公司。鼓励支持招商引入的专业服务公司作为独立的第三方机构，可接受企业委托，帮助企业提高入区认知、开展入区规划、辅导企业 AEO 认证、降低企业成本及代理企业报关、供应链物流管理、跨境电商销售、融资租赁等相关服务。从政府购买服务引入的专业顾问和咨询公司，将协助政府精准宣传综保区政策、为企业提供一对一辅导、帮助政府进行新业态筹划和优化管理。同时，建设一支高素质专业化的"保税通"干部队伍，建议遴选一批年轻干部，与集成电路专班

干部一起建立"保税通"干部库,通过培训、交流、挂职等形式,提高专业素养和服务能力。

三要建立绍兴综保区、绍兴海关与上海海关、宁波海关等紧密协作机制。建立健全针对跨关区疑难问题和突发应急情况的快速响应和协同处置机制,保障任何情况下绍兴重点集成电路企业经上海和宁波口岸进出境货物快速通关。实行"白名单"企业制度,整理制定集成电路产业链供应链重点企业"白名单",对被列入"白名单"的企业,绍兴海关与上海、宁波海关予以互认,并对这些企业的重点物资通关开通绿色通道,实现通关手续从快从简,确保"一次申报、一次查验、一次放行"。着眼长远,通过港区联动,争取在绍兴综保区设立危化品冷藏仓库等。

四要打造优惠政策和要素集聚高地。国内综保区数量较多,优质项目竞争激烈,绍兴综保区集成电路产业尚处于起步集聚阶段,亟须加强上游材料研发和生产供应商在区内的集聚,要求绍兴综保区具备一定的政策比较优势,吸引相关企业沿链聚合,推动产业集群的形成和创新发展。因此建议,绍兴综保区集成电路企业项目投资享受政府最高补贴;能耗指标优先保障绍兴综保区集成电路项目;大力推进体制机制创新,在区内率先复制各地自贸区制度创新成果,努力形成政策比较优势,把绍兴综保区打造成绍兴开放型经济发展特别是集成电路产业发展的强大引擎。

(六)加快培育诸暨智能视觉省级"万亩千亿"平台产业建设,增强数字经济核心产业支撑力

要分析长三角其他城市相关产业布局与重点,尤其是关注杭州萧山区"中国视谷"的产业布局,实施差异化发展战略;瞄准未来智能视觉产业发展方向,出台专门政策大力度引进与培育;支持本地相关企业向智能视觉产业方向转型;与国内相关研究院所建立产学研合作关系,发挥产业基金杠杆作用和撬动效应,以构建产业链、人才链、创新链、资金链融合发展优势,推进产业大发展;推进平台周边道路、管网、电力、绿化等基础设施建设工程,强化共性基础设施配套;加大对5G、人工智能、工业互联网、物联网等新型基建投资,强化个性基础设施配套;布局完善教育、医疗、商贸等配套功能,打造宜居宜业环境。

参考文献

《2023年浙江省国民经济和社会发展统计公报》，浙江省统计局网站，2024年3月4日。

《2023年绍兴市国民经济和社会发展统计公报》，绍兴市统计局网站，2024年3月27日。

《2023年嘉兴市国民经济和社会发展统计公报》，嘉兴市统计局网站，2024年3月25日。

《业务收入增速回升　利润总额增长加快——前三季度全省软件和信息技术服务业运行分析》，浙江省经济和信息化厅网站，2023年11月6日。

《2023年金华市国民经济和社会发展统计公报》，金华市统计局网站，2024年5月9日。

《2023年温州市国民经济和社会发展统计公报》，温州市统计局网站，2024年3月20日。

《2023年杭州市国民经济和社会发展统计公报》，杭州市统计局网站，2024年3月15日。

《2023年宁波市国民经济和社会发展统计公报》，宁波市统计局网站，2024年3月6日。

浙江省统计局：《2023年浙江省国民经济和社会发展统计公报》，2024年3月4日，http：//tjj. zj. gov. cn/art/2024/3/4/art_ 1229129205_ 5271123. html。

绍兴市统计局：《2023年绍兴市国民经济和社会发展统计公报》，2024年3月27日，https：//tjj. sx. gov. cn/art/2024/3/27/art_ 1229362069_ 4142849. html。

嘉兴市统计局：《2023年嘉兴市国民经济和社会发展统计公报》，2024年3月27日，https：//tjj. jiaxing. gov. cn/art/2024/3/27/art_ 1512321_ 59151488. html。

浙江省经济和信息化厅：《业务收入增速回升 利润总额增长加快——前三季度全省软件和信息技术服务业运行分析》2023年11月16日，https：//jxt. zj. gov. cn/art/2023/11/16/art_ 1659226_ 58931353. html。

金华统计局：《金华市国民经济和社会发展统计公报》2023年月11日，http：//www. yw. gov. cn/art/2023/1/11/art_ 1229711449_ 4051985. html。

温州统计局：《2023年温州市国民经济和社会发展统计公报》2024年3月20日，https：//wztjj. wenzhou. gov. cn/art/2024/3/20/art_ 1243860_ 58728957. html。

杭州统计局：《2023年杭州市国民经济和社会发展统计公报》2024年3月15日，https：//www. hangzhou. gov. cn/art/2024/3/15/art_ 1229063404_ 4246617. html。

宁波统计局：《2023年宁波市国民经济和社会发展统计公报》2024年3月6日，http：//tjj. ningbo. gov. cn/art/2024/3/6/art_ 1229042825_ 58919751. html。

B.23
绍兴上市公司引领力提升研究报告[*]

杨宏翔　田海燕　钱增扬[**]

摘　要：　绍兴经济发展的一个显著特点是上市公司数量多，总量居全国同类城市第 3 位，且 90% 为民营制造业企业。2023 年，绍兴 A 股上市公司数量占全市规上工业企业数的 1.46%，但营业收入和利润总额占全市规上工业企业的比重分别达到 51.2% 和 52.13%，支撑起规上工业企业"半壁江山"，为经济发展作出了重要贡献。近年来，绍兴上市公司发展呈现出新的气象：对研发和技术创新更加重视，更舍得投入；人才引进力度加大，对员工人力资本提升投入加大，使用外国专家和国外技术人员的企业不断增加；高新技术企业发展速度快，效益好；几乎所有上市公司都在尝试进入新产业新领域；海外设厂投资越来越多等。但也出现了前所未有的新羁绊：新增投资项目外流现象比较严重；关键材料、设备和零部件遭遇"卡脖子"；利润增长率下滑，扩大再生产受阻；大企业屡遭反倾销调查等。因此，上市公司自身高质量稳定发展及提升其对区域经济的带动力是绍兴面临的重要课题。

关键词：　上市公司　体制机制　制造强市　绍兴

截至 2023 年底，绍兴市累计实现企业境内外上市 101 家，其中境内上市 80 家，数量居全省地级市首位，居全国同类城市第 3 位，累计募集资金 1600

　＊　本文所使用的数据除特别说明外，均根据《绍兴日报》报道、2023 年绍兴上市公司年报及课题组调研时企业提供的净利润、市外投资等有关数据信息整理。

＊＊　杨宏翔，中共绍兴市委党校（绍兴市行政学院）、绍兴市社会主义学院原教育长、二级教授，研究方向为制度经济；田海燕，中共绍兴市委党校（绍兴市行政学院）、绍兴市社会主义学院经济学教研室副教授、中共嵊州市委党校（嵊州市行政学校）、嵊州市社会主义学校副校长（挂职）、经济学博士，研究方向为产业经济；钱增扬，政协绍兴市委员会经济委员会主任，研究方向为区域经济。

多亿元，10多家上市公司成为全球有影响力的行业龙头企业，上市公司业已成为绍兴区域经济高质量稳定发展的中坚支撑。本研究报告为课题组对绍兴80家上市公司公布的2023年年报的调研分析，并在深入走访调研的基础上形成。

一 上市公司在绍兴制造业强市建设中的特殊地位

上市公司是绍兴的宝贵资源，对于拓展产业规模、提升产业质量具有决定性作用。多年来，绍兴始终高度重视推动企业上市，做大做强一批上市公司，通过上市公司资源溢出，带动产业集群提升发展，探索出上市公司引领产业发展、推动经济转型的新路径。上市公司在绍兴制造业强市建设中有着特殊的地位和作用，主要表现在以下四个方面。

（一）经济发展的主引擎

绍兴上市公司数量多，是浙江省唯一"上市公司引领产业发展示范区建设试点"。上市公司对绍兴直接经济贡献和带动产业链上下游中小企业发展的贡献都非常突出。2023年，A股上市公司数量占全市规上工业企业数的1.46%，但营业收入近5000亿元，利润总额264亿元，占全市规上工业企业的比重分别达到51.2%和52.13%，支撑起规上工业"半壁江山"，为经济发展作出了重要贡献。近年来，上市公司本地采购额年均保持在280亿元左右，80家A股上市公司中，有36家与市内配套企业存在销售往来，占比达到45%。其中，市内配套销售占比高于10%的企业有20家，占比达到25%（见表1）。上市公司带动了大批本地上下游配套企业发展，为绍兴打造"10+2"标志性产业集群①提供坚实支撑。

---

① "10+2"标志性产业集群：《绍兴市人民政府关于实施"4151"计划打造先进制造业强市的意见》（绍政发〔2022〕17号）提出：培育壮大集成电路、生物医药、交通（汽车、航空航天等）、高端智能装备、智能家居家电、新材料等战略性新兴产业集群，加快布局新能源、智能视觉等未来产业集群，传承振兴黄酒、珍珠饰品等经典产业集群，力争到2026年，打造形成10个左右具有全国乃至全球竞争力的重点产业集群。

表 1　绍兴部分上市公司市内配套企业零部件业务量占比统计

单位：%

行业	企业	市内配套零部件占比	行业	企业	市内配套零部件占比
橡胶制品	三力士股份有限公司	11.78	升降装备	捷昌线性驱动科技股份有限公司	20
纺织机械	越剑智能装备股份有限公司	43.83	生物医药	京新药业股份有限公司	73.32
汽车部件	春晖智控股份有限公司	23.96	设备制造	精工集成科技股份有限公司	40
风机装备	金盾风机股份有限公司	50	家电汽车部件	三花智控股份有限公司	25
塑料制品	锦盛新材料股份有限公司	15.35	纺织机械	浙江泰坦股份有限公司	55
半导体设备	晶盛机电股份有限公司	10.4	家具制造	喜临门家具股份有限公司	15.42
照明设备	阳光照明电器集团股份有限公司	18	医用敷料	振德医疗用品股份有限公司	19.72
染料化工	龙盛集团股份有限公司	48	轴承	申科滑动轴承股份有限公司	65
厨电设备	帅丰电器股份有限公司	35	纺织服装	步森服饰股份有限公司	50
厨电设备	亿田智能厨电股份有限公司	18.94	生物医药	新光药业股份有限公司	10

资料来源：根据企业填写的问卷整理。

（二）科技创新的主力军

上市公司通过高强度的研发投入、高水平创新平台搭建和高频次技术共享，成为引领绍兴创新驱动发展的重要力量。2023 年，80 家 A 股上市公司研发投入共计 153.18 亿元，研发强度高达 3.81%，居区域上市板块前列。上市公司拥有省级重点研究院 21 家、博士后工作站 46 家、院士工作站 10 家，在新产品研发、关键技术攻关方面发挥着重要作用。上市公司积极推动研究院社会化和技术共享，如新和成控股集团有限公司、浙江龙盛集团股份有限公司通过专利授权，实现分析检测仪器共享、热安全风险评估，打造合作互助、抱团发展的现代产业集群。

（三）产业升级的领头羊

上市公司深度参与传统产业改造提升和新兴产业布局发展，在绍兴产业升级中发挥领头羊作用。绍兴上市公司中不少企业具有非常强的行业话语权，借助其雄厚的资本实力和高素质的行业技术人才储备，或参与市内低效和经营困难企业兼并重组，加快"腾笼换鸟"，盘活存量资产价值；或建立产业联盟（如染料、轴承、电机、纺织机械等），推动下游配套协作企业集聚，引领产业升级。传统产业上市企业面对原主营业务遭遇发展"天花板"，主动与科研院校合作，大胆尝试拓展数字经济、新材料等新领域，实现向先进制造业转型升级，盈利能力不断提升。

（四）"地瓜经济"的排头兵

绍兴将上市公司作为资源整合、并购重组的重要平台，坚持境内并购与海外并购相结合，并积极鼓励上市公司并购项目回归，扎根本地产业集群发展，走"两头扎根"的发展模式，为区域经济吸引投资作出重要贡献。截至2023年底，绍兴上市公司累计直接投资和并购整合海外企业40余次，投入资金超过350亿元。上市公司瞄准全球先进技术、优秀人才、高端品牌专利，以海外直接投资和并购整合，创造了一个又一个借梯登高、借船出海的商业奇迹。如卧龙集团股份有限公司并购奥地利 ATB 和意大利 SIR，掌握了世界一流技术，10年间实现利润和销售额50倍以上增长，成为全球电机第二大企业；阳光照明电器集团股份有限公司收购德国曼佳美（MEGEMAN）照明灯具有限公司（以下简称曼佳美），拓展海外销售渠道，并借助曼佳美品牌影响力，助推企业由贴牌生产向自主品牌转型取得重大突破。

二　绍兴上市公司更好发挥引领带动作用面临的新情况新问题

近年来，绍兴上市公司发展出现新的变化，如：对研发和技术创新更加重视，更舍得投入；人才引进力度加大，对员工人力资本提升投入加大，使用外国专家和国外技术人员的企业不断增加；高新技术企业发展速度快，效益好；

几乎所有上市公司都在尝试新产业新领域；海外设厂投资越来越多，海外仓成为一些上市公司拓展市场的新途径；等等。这些都说明绍兴上市公司是技术创新、高质量发展和"地瓜经济"能级提升的引领者。同时，调研发现，作为区域经济发展的火车头，国际环境和经济形势的变化，对上市公司自身稳健发展和引领带动区域制造业提升发展带来前所未有的新羁绊。

（一）外部环境变化影响深刻

一是世界经济整体下行，尤其是制造业"去中国化"，导致部分行业、企业经营困难。一些企业受制于设备、原材料和关键零部件进口"卡脖子"，无法充分利用市场机遇。如，比亚迪等对浙江大东南集团股份有限公司生产的电容膜需求量很大，但浙江大东南集团股份有限公司扩产需要的进口设备和纯度高的原材料遭遇"卡脖子"。浙江帕瓦新能源股份有限公司产品出口时原材料和制造地都遭遇清单限制。浙江远信工业股份有限公司生产的高端纺织定型机需要用到德国生产的特种钢丝，近年来德国提出要购买钢丝需要到德国投资，企业不得不在德国设厂，从而使每台成本提高5万左右。遇到此类状况的企业近年来在不断增多。2023年，绍兴80家A股上市公司中有17家出现亏损，亏损面达到21.25%；上市公司整体盈利能力下降，除去新上市的6家上市公司，在74家上市公司中，有39家上市公司净利润较2022年下降（或亏损增加），占比高达52.70%。二是企业上市制度环境变化，全面注册制的实施使绍兴企业上市机遇与挑战并存。全面注册制对研发周期长、短期回报不确定的科技企业上市融资敞开大门，为绍兴新兴产业培育提效提速带来新机遇。全面注册制降低了科技企业的上市难度，资源倾斜效应显著，企业上市数量不断增多，竞争加剧，"壳"企业加快退出。然而，绍兴上市公司的总体实力不强，高市值企业较少（2023年底市值100亿元以上的仅15家），多数企业科技属性不强，部分企业存在"壳"化倾向，全面注册制下，企业再融资难度增大。三是营商环境还存在一些短板。存在对企业安全生产检查偏多，监管部门之间协同配合较少，省区市消防、环保等多线检查、重复检查等情况；合规标准不断变化，企业反复改造增加成本；能源评价、环境影响评价等中介机构服务质量较低，对企业合规生产指导作用不大，造成资源浪费；夏季用电高峰，电力保障供应压力大，企业正常生产难保障等问题。对符合产业转移规律的项目外迁，存在引导不足、服务

不够的情况，企业"走出去"面临东道国营商环境风险，"小费文化""皮包中介"等导致企业投资损失。受诸如此类的多种因素影响，多数上市公司利润率下降、利润总量下降，资本积累及扩大再生产能力受到限制。

（二）产业引领路径不够畅通

上市企业产业引领效果不及预期，究其原因，主要有四个方面。一是上市公司终端产品不多，技术领先优势不突出。上市企业引领作用的发挥取决于企业的竞争力和所处的产业链环节，竞争力强、生产终端产品的上市公司对产业链其他环节企业的引领力最大，资源整合能力也最强。绍兴上市公司体量规模总体较小，主营业务多处于产业链中端制成环节，科技含量偏低，话语权不足，对产业链的龙头带动能力有限，在2023年绍兴市民营企业研发投入30强榜单中，上市公司仅占一半。全市上市公司中，目前省级"链主"企业仅卧龙控股集团有限公司和芯联集成（芯联集成电路制造股份有限公司）两家。在制造业就近配套趋势越来越明显的背景下，应外地终端客户要求，绍兴部分制造业上市公司将生产环节迁往终端客户所在地，出现比较明显的外移趋势。二是上市企业产业引领平台缺乏。创投产业园、产业创新平台等是上市公司引领力提升的重要基础设施；配套创投产业园为产业链配套中小企业提供良好的厂房、生活设施，有效招引链上配套企业，发挥上市公司引领作用，推动补链、延链、强链；上市公司主导产业创新平台建设，有利于深化创新引领，打造创新集群；目前，围绕上市公司建设的创投产业园还很少，上市公司主导产业创新平台建设的申报条件和要求较高，审批程序也不够简化。三是上市企业产业引领政策激励不够精准。目前，《绍兴市上市公司引领高质量发展政策》中，鼓励上市公司布局创投产业园，对上市公司参股30%以上的运营费用给予补助，但多数上市公司对布局创投产业园兴趣不大，不会因为一年200万~300万元的运营费用补助就参与投资，企业考虑的现实问题更多。四是招商引资部门与上市公司资源对接不足，部分企业存在有钱没有好项目的现象，影响企业引领力发挥。上市公司是绍兴链接资本市场的重要媒介，可助推市外优质项目在绍兴落地建设。然而，绍兴的上市公司资源并没有得到充分利用，部分上市公司资金充足，但是没有合适项目投资，部分企业有几亿甚至十几亿元流动资金长期存入银行购买理财产品，收益很低。

（三）项目外流现象比较突出

据国家企业信用信息公示系统数据统计，从 1997 年绍兴第一家上市公司诞生以来，上市公司累计在本地新增投资 340 多亿元，在国内其他城市投资约 610 亿元，其中杭州获得的投资最多，累计获得 150 多个项目投资，投资金额达 170 多亿元，上市公司项目外流现象比较突出。项目外流导致上市公司对绍兴的税收贡献下降。2023 年，80 家 A 股上市公司中，市内纳税营收占比大于 80% 的企业仅 33 家，占比仅为 41.25%；大于 50% 的企业有 52 家，占比为 65%；小于 30% 的企业有 20 家，占比为 25%；小于 10% 的企业有 15 家，占比为 18.75%。造成项目外流的原因，除企业为降低成本越来越贴近大客户建设生产基地外，还受绍兴土地、能源、人力、环保等资源要素的制约。调研发现，绍兴上市公司新增投资外流主要受五方面因素影响。其一，产业链不健全，缺乏终端品生产环节，根据制造业就近配套的需求，新投资项目布局市外；其二，传统业务盈利遭遇"天花板"（如纺织、汽车零件等），并购重组尝试新领域（如广告、游戏、数据中心等），绍兴缺乏新领域发展所需的要素条件（如人才、渠道、能耗、自然资源等），导致新项目布局市外；其三，企业为了保障供应链稳定，延链布局上游产业项目，靠近上游原材料产地的需要，以及开拓和维护终端消费品市场的需要；其四，大股东变化，受大股东投资偏好的影响，新增投资主要布局在新的大股东所在地；其五，本地要素成本高（如人力、能源等），外地招商引资政策力度大。不同原因导致项目外移的企业名单如表 2 所示。

表 2　绍兴部分上市公司项目外移原因归纳

项目外移原因	上市公司
就近配套	海亮集团有限公司、浙江万安科技股份有限公司、世纪华通股份有限公司、盾安人工环境股份有限公司、三花智控股份有限公司、浙江帕瓦新能源股份有限公司、捷昌线性驱动股份有限公司
发展新业务	世纪华通股份有限公司、浙江富润数字科技股份有限公司、露笑科技股份有限公司、浙江康隆达特种防护科技股份有限公司

续表

项目外移原因	上市公司
靠近原材料产地和消费市场	浙江中欣氟材股份有限公司、喜临门家具股份有限公司、浙江康隆达特种防护科技股份有限公司、浙江明牌珠宝股份有限公司、盈峰环境科技集团股份有限公司、卧龙地产集团股份有限公司、浙江亚厦装饰股份有限公司、浙江阳光照明电器集团股份有限公司
大股东变更	海越能源集团股份有限公司、浙江菲达环保科技股份有限公司
要素成本、要素存量制约及外地招引	浙江盾安人工环境股份有限公司、浙江新和成股份有限公司、浙江三花智控股份有限公司、浙江海亮股份有限公司、振德医疗用品股份有限公司、浙江康隆达特种防护科技股份有限公司、浙江盛泰服装股份有限公司、浙江德创环保科技股份有限公司、浙江菲达环保科技股份有限公司、露笑科技股份有限公司、浙江扬帆新材料股份有限公司、浙江龙盛集团股份有限公司、浙江闰土股份有限公司

资料来源：根据企业提供的信息整理。

应理性看待绍兴上市公司新项目外流现象，从优化要素资源配置的角度来分析，有的属于合理外流，但其中也存在一些本地因素导致的不合理外流，可以通过加强保障留在绍兴。目前，在绍兴上市公司外迁项目中，基于控制要素成本为目的的项目外迁数量最多，此类项目外移是产业升级、地区经济发展到一定阶段的必然产物。低端产业外迁有利于减少土地占用、降低资源消耗及减轻污染，为高端产业发展腾出空间。企业靠近上游原材料产地和消费市场的扩张布局，是企业主动作为，有利于绍兴"总部经济"的藤茂根壮。但同时，要对就近配套、其他城市大力度招引的、符合绍兴"10+2"重点产业集群打造方向的项目外迁现象保持关注，关注上市公司大股东变化，积极作为、加强保障，防止优质项目外迁。

（四）政策保障激励有待突破

一是上市企业资源要素政策保障不力。绍兴80家A股上市公司中，有17家企业提出其项目用地、能耗和排污的需求尚未得到满足，占比达到21.25%，其中不乏一些优质项目，如：晶盛机电提出项目存在排污指标缺口24万吨/年，折合800吨/日，能耗指标缺口3.5万吨标煤/年；康隆达锂盐项目和德创环保年产 3000 吨钠离子电池锰基氧化物正极材料项目对于绍兴新能源汽车动力电池产业链强链补链以及钠电未来产业发展有重要意义，项目所需土地、能耗指标和用电高压增容尚未得到满足和保障。上市企业要素保障不力尤其是能耗指标保障不足，导致部分优质项目无法落地，海亮股份单体投资金额最大、人财物等资源最集中的年产 15 万吨高性能铜箔材料项目投资甘肃兰州；世纪华通 48 亿元的数据存储项目投资广东深圳。二是上市企业人才政策竞争力不够，人才政策供需不匹配。传统行业上市企业普遍担忧普工招工难、用工成本上涨过快，实用技能和管理型人才总量少，长期供不应求；新兴行业上市企业担忧中高层次研发人才引留难，人才数量和质量难以支撑企业长远发展。在引进应届毕业学生方面，人才政策导向仍以引进高学历人才为主，与企业更需要的实用性技能和管理人才的需求匹配度不高。如政府对引进应届毕业的本科生、硕士生，不区分专业都有房票补贴，而与本市主导产业匹配度更高的机电类职高和中专毕业生却没有房票。然而，很多装备制造类企业在招聘中更欢迎机电类职高和中专毕业生，目前全社会"唯学历"导向，工程师和技术工人社会地位差距大，职业院校招生难，但毕业生却供不应求，反而是企业对社科通识类本科毕业生、硕士生需求并不多，但这类毕业生供大于求。房票使用范围相对狭窄，仅用于购买 70 年产权住宅，70 年产权住宅总价高，应届毕业学生即使想用房票也消费不起，局限了房票引进和留住人才的作用。此外，与上海等很多城市相比，绍兴对上市公司高级管理人才、高级技术人才的个人所得税以及原始股减持纳税奖励的力度很低，不利于税源回归。三是招商引资重外轻内现象突出。绍兴目前招引新项目政策优惠多，奖励力度大，重大项目"一事一议"；从产业基金配套、税收返还、人才公寓用地保障、高级管理人员个税奖励补贴到子女入学教育，各种福利应有尽有，但对曾经为绍兴税收做出突出贡献的本地上市企业新投资项目的优惠政策较少，尤其是在绍兴上市公司一些具有较大发展前景的新项目被列为其他城市重点招引对象的情况下，重外轻内的招商引资政策可能导致更多优质项目外流。

（五）企业治理机制存在瓶颈

一是国有上市企业创新发展制约过多。绍兴上市公司中，国资控股上市公司占比较大，8 家企业有国资背景，占比超过十分之一。其中浙江中国轻纺城

集团股份有限公司、浙江古越龙山绍兴酒股份有限公司、浙江大东南股份有限公司、浙江绍兴瑞丰农村商业银行股份有限公司和浙江震元股份有限公司属于本市国资控股企业；浙江菲达环保科技股份有限公司、海越能源集团股份有限公司和浙江盾安人工环境股份有限公司是外地国资控股企业。多数国资控股企业存在经营决策权受限、股权激励和市场化薪酬制度缺失等问题，企业创新发展制约过多，经营管理效率相对较低。二是部分上市企业发展动力不足。绍兴部分上市公司研发投入不高，品牌意识不强，盈利依靠产能扩张和大规模出口，长期处于价值链低端环节，发展存在严重路径依赖。面对国际经济环境变化、经济周期等多重不利因素影响，产品原材料价格上涨，需求萎缩，成本无法传导，部分上市公司管理层出现悲观情绪，缺乏应对困难的自信和充分准备，存在消极和被动等待宏观环境改善的现象。三是上市企业潜在风险依然存在。目前，绍兴有6家上市公司控股股东股权质押比例超过80%。部分传统产业上市公司对进入新兴产业发展把握不准，剥离原有主业，盲目并购新兴产业导致重大风险，失去获利来源，逐渐"壳"化。少数上市公司治理缺位，信息披露违法，被证监会立案调查，影响企业再融资和稳定经营。

三 推动绍兴上市公司引领力提升的路径与举措思考

制造业上市公司是绍兴经济发展的"基本盘"，其质量和引领力决定着绍兴经济发展的质量，体现着绍兴经济的成色。绍兴制造业上市公司汇聚了"大而优"的行业龙头和"小而美"的细分市场冠军，在科技创新、吸纳就业、稳定经济等方面发挥着"压舱石"作用。在我国资本市场改革全面进入股票发行注册制的新时代，对绍兴上市公司高质量发展及引领力提升都提出了新的要求。

（一）聚焦国家战略导向，强化上市企业精准培育

资本市场全面注册制改革的主要目的是要将更多资金导向国家战略性产业，注册制对企业上市的科技属性要求更高。根据证监会划定企业行业的要求。即分为禁止、限制、允许和支持上市四类，"支持类"属于符合国家重大战略需求，实现高水平科技自立自强、关键核心技术攻关，实现进口替代的企

业，主要包括集成电路、先进生物医药研发生产等企业，绍兴芯联集成电路股份有限公司也因此刷新科创板上市速度纪录。北京证券交易所（以下简称北交所）的设立是创新型中小企业拓宽上市融资渠道的重要机遇，绍兴部分企业"高不成、低不就"，许多企业对北交所兴趣不大，但随着北交所上市条件"水涨船高"，中小企业恐错失红利期。因此建议：一是抢抓注册制改革的重大政策机遇，进一步加快绍兴企业上市步伐，围绕国家战略性产业、科技产业、新兴产业和创新型企业培育上市后备力量，提升上市"后备军"科技属性。二是提供稳定发展环境与优先上市培育双重保障，加大对高层次人才创业项目的引进与支持。如政府拿出"腾笼换鸟"工作中腾退出来的土地，由国有投资公司主导，部分用于建设一些运营规范的小微企业园，以优惠租金或三年免租吸引人才创业项目，为企业提供轻资产创业稳定环境，将人才企业优先纳入上市培育库，资本赋能助力企业做大做强。三是加强部门联动和信息沟通，对拟上市公司给予资源倾斜，并建立企业上市"疑难杂症"解决机制。推动政府相关部门牵头，联合企业上市过程中涉及的相关职能部门，为拟上市公司开辟"绿色通道"，帮助企业协调解决技术改造、智能化提升等项目审批问题，以及土地房产变更、资产转让、税费减免、工商注册、环保安全、法律合规以及产权确认等历史遗留问题。四是加强在北交所上市的宣传指导服务。盘点符合北交所上市条件的企业名单，建立北交所上市后备企业库，一对一宣传指导。五是加强分类指导。鼓励上市公司通过做大市值，提升融资能力，加大投入做强主业，增强自身实力。建议重点对市值不足 40 亿元的上市公司加强分类指导，以"一企一策"方式，支持企业市值倍增。其中针对市值低于20 亿元的企业，引导其嫁接优势资源，在提升主营业务的同时，关注新兴产业转型机会，适时实现转型发展；对市值在 20 亿~40 亿元的企业，帮助其对接产业链上下游机会，鼓励企业并购扩张延伸产业链，逐步增加主营业务中战略性新兴产业领域占比，加快高质量发展步伐。

（二）聚焦重点产业集群，强化上市企业产业引领

链主型上市公司在区域产业集群构建中发挥着关键作用，链主自身实力和引领力的双提升，是产业集聚向产业集群转变的重要环节。绍兴上市公司数量多，企业自身实力和引领力差距较大。要聚焦"4151"目标中"10+2"重点

产业集群，强化上市公司产业引领作用的关键在于加强链主型企业的遴选、培育和提升，围绕链主型企业补链、强链，强化要素保障，充分利用上市公司融资平台，优化绍兴资源配置，吸引市外优质项目，留住绍兴上市公司新投资项目。因此建议：一是加大链主型上市企业遴选和培育，制定产业链招商引资项目指南及配套政策。紧盯产业链关键环节，以市值高、创新能力强、产业链带动作用大为标准，对"4151"目标中"10+2"重点产业集群逐一遴选1~2家链主企业，每年发布15家左右"链主"企业名录，集聚各类资源支持链主企业做大做强，由链主企业推荐认定一批产业链供应链关键伙伴企业，建立"白名单"制度，在项目用地、固定资产投资补贴、产业引导基金投资和应用场景等方面给予支持。二是支持上市企业创办先进制造业产业链配套园区。除给予"链主"企业布局创投产业园运营费用补贴以外，坚持要素资源跟着项目走，让"链主"企业享有政策资源调配权，提高链主企业积极性。三是对上市企业在本地新投资的项目给予招商引资政策。借鉴无锡市《关于进一步促进上市公司高质量发展的实施意见》，对上市企业再融资募集资金80%以上在绍兴投资的，参考招商引资政策给予一定激励，并在土地、能耗、环境容量等方面给予支持。四是支持上市企业的募集资金参与投资本地优质项目。搭建上市公司与投资项目的对接"桥梁"，把投资项目向上市公司定期通报，将投资项目优先推荐给绍兴上市公司，让绍兴上市公司的闲置资金和募集资金优先投回绍兴。

（三）聚焦营商环境优化，强化上市企业政策激励

良好的营商环境是上市公司做大做强和引领力提升的重要保障，聚焦绍兴制造业上市公司对营商环境进一步优化的诉求，形成吸引和留住上市公司投资项目的动态比较优势，因此建议：一是全市域统筹一定比例土地、能耗等要素指标，每年切出相当额度的资源要素，用于保障上市公司发展需求。构建上市公司新投资项目区县统筹落地机制，投资成果跨区域分配，制定实施办法，精准整合要素资源，统筹信息、空间、要素、服务，破解要素瓶颈，提升上市公司新投资项目承接能力。二是根据企业需求，加快推进教育科技人才一体化发展试点。把加强职业技术教育作为营造产业发展环境的重要抓手，打造招商引资的新的比较优势，同时进一步优化人才政策，满足企业家提出的职高、职业

技术学院毕业生享受本科生人才政策，在当地工作若干年的技术工人享受一定等级地方人才待遇的诉求；房票可用于购买商住公寓，降低买房门槛，留住积蓄不多的应届毕业生；扶持本地职业院校，开办夜校或者周末培训班，为年缴税超过一定额度的制造业分配一定的名额，使制造业企业的员工有机会到职业学校接受再培训，提高员工的职业技能，减轻企业招聘困难和降低用工成本；推动市内高等院校、职业学院与制造业上市企业、人才企业联合培育学生，实施"学校导师+企业家导师"双导师制，鼓励学校订单式培育；同时将企业引进外籍人才纳入人才政策享受范畴。三是加大公共服务部门人员专业化建设，选调生向与本地重点产业一致的专业的优秀毕业生倾斜，并对相关公务人员定期进行产业发展、技术前沿以及政策等内容的培训。四是加强对发展前景良好的、目前有困难的上市企业的扶持。对接产业基金，强化市区国企联动，协调金融机构，对有前景、有品牌、有市场、有技术但债务压力较大的上市公司及控股股东提供流动资金，支持稳定现金流，督促其处置资产"瘦身健体"。五是规范中介机构行为，建立中介服务收费与对企业的有效服务紧密联系的机制体系，促进中介服务业优胜劣汰。同时在中介行业发展发育尚不成熟阶段，有为政府的相关服务不可缺位。

（四）聚焦"地瓜经济"发展，强化上市企业发展贡献

在大国博弈、城市间招商引资竞争、绍兴上市公司部分生产环节项目加速外迁的背景下，引导上市公司把根深扎绍兴，把藤蔓伸向四面八方，不断结出丰硕成果，需要实时关注上市公司发展情况与诉求，主动做好引导服务。需要强调的是，绍兴新兴产业培育成效显著，原先布局市外的部分项目有回归条件和意愿，鼓励项目回归正当其时。弗迪电池项目落地绍兴、浙江帕瓦新能源股份有限公司在创业板上市等，提振了绍兴上市公司布局新兴产业链相关项目的信心。因此建议：一是大力发展总部经济。鼓励上市公司在本地建立研发设计和营销总部，梳理并引导上市公司市外布局重点项目的总部职能回归。对计划在本地建立制造研发中心的企业，在环评、安评和能评等审批程序上给予支持帮助。二是加强对上市企业生产力布局的引导服务。发挥助企联络员、商会、行业协会等信息获取优势，并加强政企交流，及时了解企业诉求，建立企业外迁预警机制（市场监管、商务、电力、银保监等部门），监测上市公司项目外

迁意向；对符合产业转移规律和战略扩张型的项目外移，优化企业境外投资服务，借鉴苏州模式，探索建立境内外投资服务示范平台，提供翻译、法律、信息、财务、中介等综合服务；对其项目外迁后腾退出来的土地、能耗等要素指标，鼓励通过再融资延链布局高附加值的研发和核心产品生产环节，对再融资新项目投资，参考招引外地新项目经济贡献的增量给予支持。三是鼓励上市企业项目回归。全面盘点上市公司布局市外的重点项目，聚焦"10+2"标志性产业集群，研究上市公司布局市外的项目与绍兴标志性集群的匹配度，评估项目回归对绍兴集群打造的作用以及回归的可能性，积极招引项目回归。建设境内外并购回归产业园，拓展境内外并购项目回归的承载空间和发展潜能。

（五）聚焦国企做大做强，强化上市企业改革创新

国有上市公司是绍兴上市公司群体的重要组成部分，肩负着引领产业高质量发展的责任。要强化国有上市公司改革创新，构建起竞争性国有上市公司股东、董事和高管"激励相容"的考核机制，才能让企业拥有更多决策自主权，激发国有上市公司活力。因此建议：一是按照管资本的要求完善竞争性行业国有上市企业考核。将国有上市公司发展质量情况（如利润、税收、科技创新等）纳入国有股东负责人考核评价标准，统一国有股东负责人、董事和高管考核标准，平衡股东和管理层利益。二是给予竞争性行业国有上市企业更多决策自主权。提高股东审批额度和审批级别，落实股东对外派董事授权清单的职权，落实董事会在重大投资决策、经理层成员选聘、业绩考核、薪酬管理、职工工资分配管理、重大财务事项管理等方面的职权。三是构建竞争性行业国有上市公司长期激励机制。除古越龙山绍兴酒股份有限公司已实施限制性股权激励机制以外，其他国企尚未实施，建议尽快在浙江震元股份有限公司、浙江中国轻纺城集团股份有限公司、浙江绍兴瑞丰农村商业银行股份有限公司等国企推广。

（六）聚焦制造强市目标，强化上市企业服务保障

强化对上市企业的服务保障是上市公司引领力提升的重要抓手。聚焦制造强市目标，强化服务保障的重点在于及时了解上市公司的困难诉求，并妥善处理。在资源要素供给不足的情况下，需要科学评价上市公司绩效，将有限的要

素资源配置给最有效率的企业，并防范化解上市公司各种潜在风险。因此建议：一是健全上市企业发展协调沟通机制，定期协调解决上市企业困难诉求。建立上市公司季度例会，每季度收集梳理上市公司和重点拟上市公司发展中存在的问题，研究和推进解决企业发展面临的突出问题。搭建上市公司协同办公平台，提升全周期、常态化、数字化服务水平。建立上市公司企业家咨询委员会，参与决策咨询，促进政策供需匹配。二是开展上市企业绩效评价，建立差别化政策激励机制。从科技投入、人才引进、税收贡献、产业链带动等方面设置评价指标，将上市公司分为 ABC 三档，对不同档的上市公司匹配不同的资源要素保障，设置差别化的激励政策。三是完善常态化监管机制，有效化解上市企业潜在风险。加大对上市公司的风险排查，持续关注上市公司股票质押、资金占用、违规担保、内幕交易等重点风险领域，实施风险清单动态管理，健全风险监测预警机制，落实风险压降任务，并纳入常态化金融风险防范化解工作。

参考文献

绍兴市人民政府办公室：《绍兴市人民政府办公室关于印发〈绍兴市上市公司引领高质量发展实施方案〉〈绍兴市上市公司引领高质量发展政策〉的通知》，2023 年 1 月 13 日，https：//www. sx. gov. cn/art/2023/1/13/art_ 1229265242_ 1880818. html。

方问禹：《解读绍兴上市公司何以逆势破百》，《新华每日电讯》，2024 年 1 月 18 日。

谢晓峰：《基于 VAR 模型的浙江上市公司业绩趋势分析——以绍兴地区为例》，《山西财政税务专科学校学报》2011 年第 1 期。

顾利民：《上市公司跨境并购的实践与启示》，《财经智库》2018 年第 1 期。

赵爱玲：《以产业链布局创新链　为上市公司"提质"》，《中国对外贸易》2023 年第 6 期。

柳磊：《上市公司高质量发展的战略意义与方向定位》，《国家治理》2022 年第 24 期。

Abstract

This book is the 19th report on the analysis of annual economic and social development of Shaoxing (*Shaoxing Blue Book*), Organized and wrote by the Party School of the Communist Party of China (CPC) Shaoxing Municipal Committee. It is also the first report on the assessment of Shaoxing's high-quality development and building itself into a demonstration zone for common prosperity at a municipal level, collaboratively authored by teaching and research personnel from the Party School system and researchers from party and government departments across Shaoxing. The book is composed of 23 research reports in four parts: the general report, section on the common prosperity at a municipal level, section on the common prosperity at a county level, and the thematic section on common prosperity. The data primarily comes from provincial and municipal statistical departments, important reports from CPC Shaoxing Municipal Committee and Shaoxing government, relevant departments at the municipal and county levels, and academic databases.

The Guideline on Supporting Zhejiang in Pursuing High-quality Development and Building Itself into a Demonstration Zone for Common Prosperity, which was jointly issued by the CPC Central Committee and the State Council on May 20, 2021, entrusts Zhejiang with new political responsibilities to set an example for promoting common prosperity nationwide through Zhejiang's pioneering efforts, and Shaoxing also shoulders the historical mission of striving to create a municipal-level model of Zhejiang's high-quality development and construction of a common prosperity demonstration zone. 2023 marks the third year of Shaoxing's endeavor to become a municipal-level model for high-quality development and construction of a demonstration zone for common prosperity, as well as the 20th anniversary of the implementation of the strategy of "making full use of eight advantages and implementing eight major measures" (hereinafter referred to as the "Double Eight Strategy"), which a significant milestone in the history of Shaoxing's development. At this crucial juncture, Xi Jinping, General Secretary of the CPC Central Committee, personally visited Shaoxing and entrusted Shaoxing with the major and glorious task and historical mission of "writing a chapter of courage and sword in the new era", thereby pointing out the direction and providing fundamental guidance for Shaoxing's development.

This book, from multiple perspectives, comprehensively analyzes and evaluates Shaoxing's efforts to have forged ahead and established itself as a municipal model within Zhejiang Province for high-quality development and common prosperity demonstration since 2021. It argues that in 2023, Shaoxing, profoundly grasped the essence of the 20th CPC National Congress, thoroughly conducted thematic education to study and implement Xi Jinping's Thought on Socialism with Chinese Characteristics for a New Era, faithfully implemented the Double Eight Strategy, and boldly embarked on a new path of municipal practice for Chinese modernization through the effects of Shaoxing' strategic decisions and plans of "striving for strength through setting five innovation models and striving for excellence in four advancements". Shaoxing vigorously implements the "Ten Major Projects", aims to create iconic achievements with Shaoxing's characteristics and replicability, and provide strategic guidance. The focus will be on promoting the upgrading of industries, enhancing project efficiency, improving the quality of the environment, and enhancing the well-being of the people, in order to drive continuous economic growth in a leaping style. Efforts should be made to ensure harmony and stability in the overall social situation, strive to write a new chapter of courage and sword in the new era, bravely explore a new path of modernization, and promote common prosperity in a deeper and more practical manner.

Keywords: Common Prosperity; Economic Operation; Social Development; Industrial Transformation; Shaoxing

Contents

I　General Report

B.1　2023 Report on Faithful Implementation of the "Double
　　　Eight Strategy" and Solid Promotion of Common
　　　Prosperity Development in Shaoxing in 2023
　　　　　　　　　　Sun Xiaofeng, Chen Fangmin and Zhao Jun / 001

　　Abstract: In 2023, Shaoxing unswervingly lead the development of common prosperity in the whole region through the "Double Eight Strategy", and created favorable conditions for the development of common prosperity in all aspects, and forged ahead in areas such as the construction of common prosperity demonstration zones and comprehensive deepening of reforms. More specifically, the overall economic recovery and growth were boosted; residents' incomes grew steadily, with continuous narrowing of "three major gaps"; the business environment was optimized, with concentration and innovation of talents; urban and rural areas prospered together, with rich intellectual and cultural lives. In 2024, under the current global trend of turbulence and transformation, there are still outstanding problems in promoting common prosperity, such as the weak overall linkage of the task of common prosperity, the gap in the demonstration and leading performance of achievements, and the "big but not excellent" industrial development. Therefore, it is recommended that Shaoxing should anchor the new blueprint for common prosperity in the new era, and use the systematic thinking and methodology of the "Double Eight Strategy" to further exert its existing advantages, optimize a favorable environment and create a new quality situation in terms of narrowing the "three major gaps", sharing high-quality public services, building new growth poles, integrating industry, city and people, promoting the integrated development of culture, commerce and tourism, and create a brand of "Harmonious and Beautiful Hometown of Yue State". It is aimed to create iconic achievements with Shaoxing's recognition, demonstration and promotion, and strategic leadership, and strive to write a chapter of courage and sword in the new era, and provide a city model for achieving common prosperity for all people.

Keywords: Common Prosperity; "Double Eight Strategy"; "Number One Projects"; Strategic Decisions and Plans of "Striving for Strength Through Setting Five Innovation Models and Striving for Excellence in Four Advancements"; Overall Party leadership

Ⅱ   Common Prosperity at the Municipal Level

B.2   Report on the Development of Rural Common Prosperity Through Party Building in Shaoxing in 2023

Zhang Le, Zhan Zhigang and Zhang Huanjun / 031

Abstract: Common prosperity focuses on rural areas, and the key lies in the leadership of primary-level party building. In recent years, Shaoxing has thoroughly implemented the series arrangements of the Central Committee and the Provincial Party Committees on promoting rural revitalization through Party building. In accordance with the overall arrangement of the "Campaign of Organizational Work to Promote Common Prosperity", Shaoxing has systematically planned and scientifically laid out the overall situation of integrating into the integrated development of Yangtze River Delta and promoting the construction of a Chinese modernization city model. It emphasizes forging a leading team with political leadership and flexibly using the Party building and joint building with organizational leadership so as to activate the development momentum and gather development forces. It has effectively transformed the Party's organizational advantages into a development advantage to promote rural revitalization and promote common prosperity, and has accumulated valuable experience in leading rural common prosperity with Party building. However, in the process of promoting common prosperity in rural areas, there are problems such as

lack of overall coordination, shortage of reserve talents, and lack of long-term mechanisms that need to be solved urgently. Therefore, Shaoxing should focus on deepening the promotion of rural common prosperity through Party building to lead talent empowerment, cultural revitalization, organizational reform, continuously promote high-quality rural development, and allow the vast majority of farmers in Shaoxing to share the fruits of reform and development.

Keywords: Primary-level Party Building; Common Prosperity; Joint Party Building; Organizational System

B.3　Report on Shaoxing's Efforts to Create a Model City with Industrial Innovation and Upgrading and Economic Prosperity in 2023　　　　　*Song Luping, Hui Peiyao* / 043

Abstract: In 2023, the gross domestic product of Shaoxing reached 779.1 billion yuan, with an increase of 7.8% compared to that in the previous year. Throughout the year, Shaoxing has highlighted numerous highlights in industrial innovation and upgrading, as well as economic prosperity and development. More specifically, Shaoxing, by adhering to the principle of "projects as king", has won the Zhejiang Province Investment "Horse Race" Incentive Award for the second consecutive year; Shaoxing has significantly strengthened policy, with 17 projects listed as major industrial projects in Zhejiang Province; and Shaoxing has improved the quality and efficiency in the industry, and has been awarded the "Cities with Significant Achievements in Industrial Stable Growth and Transformation and Upgrading" in the inspection and incentives by the State Council for two consecutive years. The Zhejiang Provincial Party Committee's "First Meeting of the New Year" proposed to "make every effort to build a team of high-quality cadre, a team of high-level innovative talents and entrepreneurs, and a high-quality workforce", and the Shaoxing Municipal Party Committee's "First Meeting of the New Year" aims at a major breakthrough in high-quality projects. In 2024, Shaoxing's industrial upgrading and economic development policy formulation will continue to focus on the construction of the "three teams" and development of high-quality projects.

Keywords: Economic Development; Industrial Upgrading; Shaoxing

B.4   Report on Shaoxing's Efforts to Create a Model City of

Urban Development with Balanced Income Growth and

Affluent Life in 2023   *Jin Jing*, *Ding Ding* / 056

Abstract: In 2023, the economic development of Shaoxing remained stable and improving. The income of urban and rural residents increased steadily, and the income gap between urban and rural residents continued to narrow; the consumption vitality of urban and rural residents was effectively released, and the quality of life of urban and rural residents was upgraded. The per capita disposable income of all residents in Shaoxing has reached 69, 706 yuan, ranking third in Zhejiang province, and the income gap between urban and rural residents continued to narrow. The consumption level of residents has further improved, with a growth rate of 8. 1% for the living consumption expenditure of all residents. The growth rate of residents' living consumption expenditure was higher than the growth rate of income, and the overall consumption situation has achieved a stable and positive trend. However, it is necessary to pay attention to the key points of high-quality development, such as continuous improvement of driving force for increasing income, the continuous narrowing of urban-rural income gap, balanced development between regions, and high-quality consumption supply. It is recommended to consolidate the foundation for high-quality development, enhance the ability to continuously increase income, expand channels for farmers to increase income, innovate consumption scenarios and carriers, and accelerate the construction of a model city for common prosperity.

Keywords: Residents' Income; Consumption; Common Prosperity; Shaoxing

B.5   Report on Thorough Implementation of the "Zhejiang's

Green Rural Revival Program" in the New Era in

Shaoxing in 2023   *Luo Zhenjun*, *Qiu Xiaojun* / 076

Abstract: In 2003, Comrade Xi Jinping, then Secretary of the Zhejiang Provincial Party Committee, personally deployed and initiated the implementation of

the "Zhejiang Green Rural Revival Program". For 20 years, Shaoxing has achieved remarkable results through the implementation of the "Zhejiang Green Rural Revival Program", leading to a dramatic transformation of rural areas. This report summarizes the main practices and achievements of the in-depth implementation of the "Zhejiang Green Rural Revival Program" in the new era in Shaoxing City in 2023, and also analyzes and extracts the main challenges faced in the in-depth implementation of the "Zhejiang Green Rural Revival Program" in Shaoxing. For instance, there is still way to go to achieve livability and suitability for business; cultural resources need to be explored; the goal of prosperous villages and affluent people has not yet been achieved; effects of reform are not obvious enough, and governance efficiency still needs to be improved. From the perspective of "Five Beauties" of ecology, humanities, affluence, layout, and harmony, the report proposes to deepen the rural environment improvement, highlight the local characteristics of Shaoxing, promote villages prosperous and people affluent, explore rural reform, improve rural governance to further promote the "Zhejiang Green Rural Revival Program" in Shaoxing in the new era.

Keywords: "Zhejiang Green Rural Revival Program"; Rural Construction; Rural Revitalization; Shaoxing

B.6　Report on Shaoxing's Efforts to Create a Model City
of Urban Development with Cultural Inheritance and
Innovation and Cultural-ethical Enrichment

Shan Yue, Lv Mingzhang / 092

Abstract: Shaoxing City, by relying on its profound cultural heritage and historical status, continuously rejuvenated itself in the new era. In particular, through the integration of cultural resources, the promotion of key projects, the improvement of working mechanisms, cultural tourism marketing, tourism market innovation, diversified development of cultural industries, the improvement of public services, the protection of cultural heritage, the creation of civilization and the deepening of volunteer services, Shaoxing has injected the spiritual motivation into the creation of model city with cultural inheritance and innovation and cultural-ethical enrichment in the new era. However, at present, there are still shortcomings such as the cultural construction awareness, traditional culture inheritance, creation of literary and artistic masterpieces, modern cultural industry development, public cultural service system and professional talent structure. To this end, the report proposes countermeasures and suggestions in terms of deeply understanding the importance of cultural construction by strengthening organizational leadership, strengthening financial security, optimizing development environment, building a scientific evaluation system, and deeply understanding the importance of cultural construction. From strengthening the protection and utilization of opera culture, painting and calligraphy culture, arts and crafts to build a model area of cultural heritage protection. From strengthening the water culture, celebrity culture excavation and protection, cultivating characteristic cultural villages and towns to build a model area of cultural heritage protection. From improving the development level of cultural industry and giving priority to the development of key industries, supporting key cultural enterprises and implementing key projects, cultivating cultural industry agglomeration areas, and constructing a modern cultural market system to build a cultural industry development and growth area. From perfecting the construction of public cultural facilities, promoting the construction of a service network for the benefit of the people, perfecting the mechanism of public cultural services, organizing major cultural festivals to build public cultural service demonstration areas, training and introducing high-level cultural talents. From strengthening the construction of grassroots cultural teams, and innovating the working mechanism of cultural talents to build a cluster of outstanding cultural talents. Through the above-mentioned efforts, we can promote the construction of Shaoxing culture in the new era constantly full of new vitality.

Keywords: Integration of Culture and Tourism; Cultural Industry; Public Service; Cultural Heritage Protection; Cultural-ethical Progress

B.7   Report on Shaoxing's Efforts to Create a Model of

Urban Development with Integrated and Coordinated

Regional Development in 2023

Sun Xiaofeng, Zhu Lisheng, Zhou Yongliang and Yang Huanbing / 110

Abstract: In 2023, Shaoxing has continued to open up channels for smooth flow of factors, promoted the interconnection and interaction of resource factors in the metropolitan area, between cities, within the city, and between urban and rural areas, and strived to create a city-wide integrated coordination model. Shaoxing has deepened "the integration of Hangzhou, Ningbo and Shanghai", taken on the "golden shoulder pole" of the "the tale of two cities" of Hangzhou and Ningbo, actively connected with the planning of the Shanghai metropolitan area, and improved the level of city-wide integrated coordination. Shaoxing has promoted common prosperity and sharing of high-quality public services. The per capita disposable income of all residents has ranked 10th in the top ten cities in China, and the difference in disposable income between urban and rural residents has been reduced to 1.65 times. While faced with challenges such as the aggregation of integrated collaborative factors, the systematization of urban-rural collaboration, and the categorized and balanced rural development, Shaoxing shall accelerate and improve its capabilities in areas such as integrated collaboration process, categorized development of agricultural industries, creation of Jiangnan water towns, and boost the development of villages and affluence of people. It is also imperative to accelerate the interconnection and interaction of industries, technology, talents, and other factors in different scales and fields and different categories of circles, so as to better serve the overall development of the province and the country with a typical example of city-wide integrated collaboration.

Keywords: "Integration of Hangzhou, Ningbo and Shanghai"; Factor Aggregation; Urban-rural Interaction; Reform Empowerment; Boosting the Development of Villages and Affluence of People

Contents ⌐⟩

B.8 Report on Shaoxing's Efforts to Create a Model City of
Urban Development with High-Quality Shared Services
and Strong Guarantees in 2023 　　　*Xu Qi, Song Jiangang* / 123

Abstract: In 2023, Shaoxing City accelerated the construction of "Seven Benefits" Project for public services (designed to ensure people's access to quality childcare, education, employment, medical services, elderly care, housing, and social assistance), effectively promoted the transformation of public services from "imbalance" to "balance", from "whether there is such service" to "whether the service is good or not", from "being sort of okay" to "being more comfortable", and the supply capacity from "fragmentation" to more emphasis on "holism", and won the province's five-star rating for three consecutive quarters in 2023. In line with provincial requirements and focusing on the expectations of the people, to promote the construction of "Seven Benefits" Project for public services to a new level, it is necessary to strengthen the adaptation of supply and demand, promote the innovation of supply models with digital empowerment, further play the "empowerment" role of public services and promote the diversified participation of supply entities. In addition, efforts should be made to build a public service system that is jointly built and shared to adapt to the new changes in the city's population and the new improvement in people's needs, as well as the new pattern of urban and rural development, so as to lay a solid foundation for people's livelihood for Shaoxing to write a chapter of courage and sword in the new era and bravely forge a new path of modernization.

Keywords: Public Services; "Seven Benefits" Project; Common Prosperity; Shaoxing

B.9 Report on Shaoxing's Efforts to Create a Model City of
Urban Development with Digital-Empowered Future and
Navigation in Transformation in 2023　*Hui Peiyao, Ru Yufeng* / 134

Abstract: In 2023, Shaoxing thoroughly studied and implemented the

important observations of General Secretary Xi Jinping on comprehensively deepening reform, closely focused on the key tasks of the three "Number One Projects" in the province and targeting the city's development goals of strategic decisions and plans of "striving for strength through setting five innovation models and striving for excellence in four advancements", promoted high-quality digital reform by using the value-added reform of government services as a guide, and deepened the optimization and improvement of the business environment. Shaoxing City continuously launched a series of business environment brands, including "*Yuekuaiban*" (Fast Handling in Shaoxing), "*Yuekuaidui*" (Fast Redemption of Policy Rewards in Shaoxing), "*Yueshengxin*" (Convenient Services in Shaoxing), and "*Yuemanyi*" (Satisfactory Services in Shaoxing), with remarkable results achieved. However, there are still some outstanding problems, such as relatively insufficient openness and sharing of public data, relatively insufficient development and utilization of large models in "vertical" fields, relatively insufficient iterative optimization of application scenarios, and relatively insufficient innovation and breakthroughs in specialized fields, which restrict the effectiveness of digital technology and data factors in empowering Shaoxing's high-quality development. Therefore, it is recommended to further intensify reform efforts and accelerate innovation and exploration in the future, establish a long-term mechanism for the open sharing of public data, develop large model application scenarios in the government domain, improve the iterative optimization system for digital reform, and build a digital cultural system with distinctive Shaoxing characteristics and cultural tourism brand influence. These efforts aim to promote Shaoxing to create a city-level model that empowers the future with digital technology in a better and faster manner and drives the transformation of the city.

Keywords: Digitalization; Business Environment; Value-added Reform; Shaoxing

B.10 Report on Shaoxing's Efforts to Create a Model City of Urban Development with Efficient and Coordinated Governance and Harmonious Society in 2023

Zeng Yun, Hu Wei / 149

Abstract: In recent years, Shaoxing has coordinated the promotion of the modernization of urban social governance and the model city of common prosperity demonstration zone. In particular, in 2023, Shaoxing has seized the opportunity of the 60th anniversary of Comrade Mao Zedong's instruction to study and popularize the "Fengqiao Model" and 20th anniversary of General Secretary Xi Jinping's instruction to adhere to the development of the "Fengqiao Model", continued to strengthen the Party's leadership, deeply practice the mass line and strictly follow the rule of law track, innovate and develop digital empowerment, and created an efficient, coordinated and harmonious governance environment for the realization of common prosperity. However, at the same time, there are still shortcomings and weaknesses in Shaoxing municipal governance, such as lack of systematic thinking, unclear responsibility system, lack of new methods and means, and lack of strong ability level. In 2024, it is necessary to further focus on the core essence of the "Fengqiao Model" in the new era, and improve the system construction, capacity construction, rule of law construction and digital construction of social governance.

Keywords: City Governance; Efficient Coordination; Social Harmony; Fengqiao Model; Shaoxing

B.11 Report on Shaoxing's Efforts to Create a Model City of Urban Development with Beautiful Ecology and Livable Environment in 2023

Luo Xinyang, Zhu Haiying / 165

Abstract: Striving to create a model city with beautiful ecology and livable environment is an important part of Shaoxing's advancement of Chinese modernization and common prosperity. Based on the new situation and new tasks of building a

modern society in which human beings coexist harmoniously with nature, this report comprehensively summarizes the foundation of Shaoxing's ecological civilization construction: it has embarked on a path of ecological civilization construction with Shaoxing characteristics, focusing on "ecological governance, ecological city, ecological economy, and ecological culture", and has initially formed a new pattern of modern development characterized by "beautiful ecology, affluent people, and prosperous economy". Furthermore, the report thoroughly analyzes the constraints and proposes the following countermeasures and suggestions: focusing on the creation of ecological demonstration, emphasizing the participation of the whole society, and building a new urban pattern that integrates mountains, rivers, and people; focusing on the improvement of environmental quality, emphasizing all-dimensional protection, and fighting a tough battle for pollution prevention and control; focusing on the development of environmental protection services, emphasizing all-round promotion, and building a green, low-carbon, and circular economic system; focusing on ecological and environmental safety, emphasizing full-chain prevention and control, and creating an ecological and environmental protection version of "Fengqiao Model" in the new era; focusing on the innovation-driven strategy, emphasizing the empowerment of all factors, and promoting the systematic governance of the ecological environment; focusing on comprehensive and strict Party governance to provide all-round guarantee, and strengthen the construction of ecological environment teams.

Keywords: Shaoxing; Ecological Civilization; Model City

Ⅲ　Common Prosperity at the County Level

B.12　An Exploration of the Practice of the Innovative
　　　　Mechanism of Future Communities in Shaoxing:
　　　　Taking Yuecheng District as an Example

Research Team of the Party School of CPC Yuecheng

District Committee / 179

Abstract: With the rapid development of the economy and society and the deepening of reform, based on national policy guidance and local urban planning,

Shaoxing City has taken the lead in launching the three-level collaborative innovation of future communities and future rural villages in the whole region. These projects integrate the concepts and measures of common prosperity, such as the renovation of old residential areas, community life circles, and complete community construction, and has gone through three stages of "laying the foundation —expanding from one place to many places—implementing whole-region construction". The research team selected the construction of future communities in Yuecheng District as a case study, to comprehensively outline the current status of the innovative operation of the future communities in Yuecheng District, and systematically explore the characteristics of innovative operation the future communities in Shaoxing, such as Party building leadership, people orientation, focus on the elderly and young, integration of communities and service scenarios, and digital empowerment. By the end of 2023, Shaoxing has completed the application and creation of 42 provincial-level future communities and established the new goal of the construction of the whole-region future communities at the sub-district levels; and the innovative operation mechanism has made breakthrough of the provincial common prosperity pilot program for the first time. However, despite some achievements made, the innovative operation of future communities in Shaoxing also faces challenges, such as utilitarianism, hollowing out and fragmentation. Therefore, it is imperative to understand the essence of future communities, improve the top-level design, strengthen the effectiveness of multi-subject linkage, activate the autonomy of community residents, and improve the coverage rate of community service scenarios.

Keywords: Future Community; Community Governance; Integration of Communities and Service Scenarios; Yuecheng District

B . 13 An Exploration of the Practice of Driving Rural
Common Prosperity with New Village Collective
Economy in Keqiao District

Research Team of the Party School of CPC Keqiao

District Committee / 196

Abstract: Since the 19th CPC National Congress first made "strengthening the collective economy" an important part of implementing the rural revitalization strategy, the CPC Central Committee has emphasized multiple times the need to "develop a new type of rural collective economy". Keqiao District has, by adhering to the guidelines of the Central, provincial, and municipal governments, deepened the integrated reform of boosting village development and enriching the people in 2023. The average operating income of each village in the district has reached 3. 6715 million yuan, completely eliminating villages with annual operating income below 1. 2 million yuan. The per capita disposable income of rural residents is 55, 299 yuan, ranking the second in the province. The income difference between urban and rural areas is less than 1. 6 times. However, there are also some outstanding problems, such as uneven development of the new type of village collective economy at the town and sub-district levels, difficulties in promoting the integrated reform of boosting village development and enriching the people, strong dependence of the new type of village collective economy on government assistance, and insufficient abilities of leaders to lead people to achieve affluence, tendency of homogeneity of business contents, and policy resource constraints on development. Therefore, it is imperative to strengthen top-level design and continuously release the momentum of integrated reform; deepen the guidance of Party building and continuously consolidate the gathering of primary-level organizations; focus on talent cultivation and continuously tap into the potential of common prosperity entities; base on the updating of business formats to continuously grasp the potential of industrial development; pay attention to the reshaping of civilization and continuously promote intellectual and cultural empowerment, and effectively promote rural common prosperity through the new village collective economy.

Keywords: New Rural Collective Economy; Common Prosperity; Rural Revitalization; Keqiao District

B.14 Research Report on the Construction of New Material
Pilot Bases in Shangyu District

Research Team of the Party School of CPC Shangyu
District Committee / 210

Abstract: The transformation of scientific and technological achievements in the field of new materials into production generally follows the model of "laboratory test, pilot test, and industrialization demonstration", among which the pilot test is crucial for successful transformation. A pilot test base is a facility specifically designed for the intermediate testing of new products, and its development is of great significance in reducing R&D costs, enhancing the conversion rate of scientific and technological achievements, and improving industrial innovation capabilities. It serves as a vital platform to help scientific and technological achievements overcome the "valley of death" in the pilot test phase. New materials are the pillar industry of Shangyu District. To address the shortcomings in the pilot test of new materials, Shangyu District has taken the lead in establishing the first domestic pilot test base in the field of new materials, focusing on bridging the "last mile" in transforming scientific and technological achievements into new productivity. However, from the perspectives of optimizing the advantages of innovation ecology and enhancing pilot test services, there are still certain constraints hindering the advancement of Shangyu's pilot test base to a higher level. Efforts should be made to promote the high-quality development of the pilot test base in terms of institutional construction, factor assurance, talent team building, and innovative collaboration models.

Keywords: New Materials; Pilot Test Base; Transformation of Scientific and Technological Achievements; Shangyu District

B.15 An Exploration of the Practice of Cultivation of Aerospace
Industry Clusters in Zhuji City to Create a Pioneering
Area for New Quality Productive Forces

Research Team of the Party School of CPC
Zhuji Municipal Committee / 221

Abstract: New quality productive forces emphasize the enhancement of total
factor productivity through the optimization of laborers, means of production, and
objects of labor, as well as their combination. To cultivate new quality productive
forces, it is necessary for the Party committee and government to strengthen their
planning guidance and policy support for industrial development, develop strategic
emerging industries, deploy the cultivation of future industries, accelerate the
transformation and upgrading of traditional industries, enhance the guidance of
innovation, strengthen talent support, and optimize production relations. Zhuji City
has achieved significant results in the development of the aerospace industry by
improving and perfecting the organizational system, planning industrial space layout,
building industrial innovation platforms, and continuously optimizing the industrial
ecosystem. However, it also faces issues such as a relatively dispersed development
direction and a lack of leading enterprises. Therefore, it is recommended that Zhuji
City optimize the spatial layout of the aerospace industry, build advantages in sub-
industries of aerospace, promote the attraction of leading enterprise projects, the
transformation of scientific and technological innovation results, industrial opening
and cooperation, support of science and innovation platforms, and industrial service
guarantees, in order to promote the innovative development of the aerospace industry
chain and provide strong support for becoming a pioneering are in new quality
productive forces.

Keywords: New Quality Productive Forces; Emerging Industries; Aerospace
Industry; Zhuji City

B.16   An Exploration of the Practice of Promoting Common
Prosperity Through the Snack Food Industry in
Shengzhou City

*Research Team of the Party School of CPC Shengzhou
Municipal Committee* / 236

Abstract: "Shengzhou snacks" carry thousands of years of traditional culture and
have created over a hundred kinds of snack delicacies represented by "Xiaolongbao
(soup dumplings), fried rice cakes, and squeezed noodles" through the inheritance
and practice of successive generations. Shengzhou City has deeply studied its food
culture from its long history and local characteristics in recent years. Through the
implementation of a series of actions such as the "Dasheng Return" standardization
project, Shengzhou snack food industry has achieved positive results in aspects such as
standardization of technology, modernization of management, and trendiness of
branding. It has developed into an important industry for enriching the people of
Shengzhou and has become a city card that the city takes pride in. However,
Shengzhou snack food industry also faces issues such as outdated business concepts,
small business scale, and insufficient standardization. To continuously promote the high-
quality development of Shengzhou snack food industry, it is necessary to adapt to the
new trends of market development and the new needs of consumption upgrades. It is also
necessary to promote the vertical extension and horizontal integration of the snack food
industry chain, forming a new type of industry with the organic integration of the
primary, secondary, and tertiary industries. This will promote the "standardization,
chain operation, industrialization, internationalization, and digitalization" of the snack
food industry, build new advantages for the snack food industry to promote wealth, and
push Shengzhou snack food industry to continue to improve.

Keywords: Shengzhou Snacks; Common Prosperity; Industrial Brand

B.17 An Exploration of the Practice of Support for Common
Prosperity Through Scientific and Technological
Innovation in Xinchang County

Research Team of the Party School of CPC Xinchang

County Committee / 250

Abstract: Xinchang, a small county located in the eastern mountainous area of
Zhejiang Province, has leveraged technological innovation to overcome the
limitations of scarce resources and poor geographical conditions, exploring a path to
common prosperity characterized by strong technology, excellent ecology, and a
robust economy. The main approaches adopted by Xinchang to support common
prosperity through technological innovation include: promoting economic growth
through technological innovation to solidify the material foundation for common
prosperity; promoting coordinated development to reduce the "three major gaps"
associated with common prosperity; and fostering shared development to achieve
equitable and inclusive prosperity. It is necessary for Xinchang to continue to support
common prosperity through technological innovation in the future, enhance the
internal momentum of common prosperity, improve the level of balanced common
prosperity, and maintain a value stance of common prosperity by strengthening
strategic determination in innovation, promoting coordinated development in a holistic
manner, and adhering to the people-oriented direction of science and technology. This
will continuously push the county's common prosperity to a new level.

Keywords: Technological Innovation; Common Prosperity; High-quality
Development; Xinchang County

Ⅳ　Themes of Common Prosperity: Industrial Economic Development

B. 18　Development Report on the Transformation and
　　　Upgrading of Shaoxing Yellow Rice Wine Industry
　　　in 2023　　　　　　*Wang Xinbo, Hui Peiyao and Xu Sijia* / 269

Abstract: The yellow rice wine industry, a traditional industry of Shaoxing, is a golden business card of Shaoxing's historical and cultural heritage and also listed as one of the two key historical classic industries. Under the relatively favorable policy environment, yellow rice wine has gradually opened up the consumer market, forming a diversified yet partially concentrated development pattern of production areas, and overall showing characteristics such as continuous growth in scale, relatively concentrated regional distribution, guiding development by leading enterprises, continuous optimization of market order, and increasingly diverse marketing promotion. However, it also faces fierce market competition and issues such as difficulties in breaking through market limitations, low brand recognition, insufficient innovation investment, and fragmented regional spatial layout. Effective measures must be taken in terms of breaking through market limitations, improving brand recognition, increasing innovation efforts, optimizing the regional spatial layout of the industry, and strengthening industry supervision and heritage protection to continuously promote the transformation and upgrading of the yellow rice wine industry.

Keywords: Yellow Rice Wine Industry; Shaoxing; Traditional Industry; Transformation and Upgrading

B.19　Development Report on Shaoxing's "10000 Muand 100 Billion Yuan" Industrial Platform for Integrated Circuits in 2023

Shen Minqi, *Song Luping* / 287

Abstract：Shaoxing has consistently promoted the transformation and upgrading of industries and the continuous conversion of driving forces, vigorously advancing the construction of new industrial platforms. The annual assessment of the Shaoxing integrated circuit industry platform, one of the first batch of the seven "10, 000 mu and 100 billion yuan" new industrial platforms in the province, has always been stable in the top two in the province. In 2023, driven by leading enterprises and major investment projects, Shaoxing integrated circuit industry platform achieved a "chip" leap in industrial scale. In 2024, the development of Shaoxing integrated circuit industry faces both opportunities and challenges, such as the continuation of preferential tax policies for integrated circuit enterprises, the good momentum of automotive chip development, the expected increase in demand for advanced packaging and testing technology, and the further intensification of market competition, etc. Against this backdrop, the research group believes that the development of integrated circuits in Shaoxing should focus on the characteristic development of the track, promote regional coordinated development, and generate internal fission through establishing linkages between invest and capital introduction.

Keywords：Integrated Circuit；"10000 Mu and 100 Billion Yuan" Industrial Platform；Shaoxing

B.20　Report on the Development of Advanced Manufacturing (Manufacturing Cluster) in Shaoxing in 2023

Chen Fangmin, *Xu Sijia* / 297

Abstract：Accelerating the development of advanced manufacturing, as a strategic fulcrum and key link in enhancing Shaoxing's urban competitiveness, is an important measure to build a modern industrial system and achieve high-quality development. This report analyzes the overall development status and achievements of Shaoxing's advanced manufacturing and manufacturing clusters in recent years, and explores Shaoxing's distinctive approaches in promoting the development of advanced manufacturing in aspects such as constructing a policy system, gathering innovative elements, cultivating distinctive advantages, and optimizing the business environment. The report forecasts the innovation development trends of key industries such as modern textiles, biomedicine, and new energy vehicles. The report summarizes the shortcomings of Shaoxing's advanced manufacturing in innovation quality and carriers, digital transformation, enterprise echelon cultivation, and industrial chain cluster development, and puts forward countermeasures and suggestions for comprehensively and continuously strengthening Shaoxing's advanced manufacturing, helping Shaoxing to become a highly competitive and distinctly recognizable hub of advanced manufacturing on both international and domestic fronts.

Keywords: Advanced Manufacturing Industry; Manufacturing Cluster; Industrial Innovation

B.21 Report on the Integrated Development of Culture, Commerce, and Tourism in Shaoxing in 2023

Li Ping, Guo Chunjie and Zhang Jun / 319

Abstract: Currently, the integration of culture, commerce, and tourism in China is experiencing unprecedented dynamism and has become a crucial factor influencing the future development of the cultural and tourism industry as well as regional development. In 2023, Shaoxing accelerated the optimization of its environment for the integration of culture, commerce, and tourism, establishing a more comprehensive development pattern and more solid support mechanisms, enhancing the city brand as a "historic and cultural city", and giving rise to numerous new business forms and models of the integration among culture, commerce, and tourism. However, there are also development challenges such as insufficient depth of integration, limited scope, and a lack of diverse integration models. In this new development stage of the integration of culture, commerce, and tourism, Shaoxing

needs to continue promoting the integration of resource elements, create highlights for urban promotion, improve the integration pattern of the cultural, commercial, and tourism industries, seek transformation through innovation, and achieve high-quality and all-around development in the integration of culture, commerce, and tourism.

Keywords: Integration of Culture; Commerce; and Tourism; Culturally Strong City; City Brand; Shaoxing

B.22 Report on the Development of Core Digital Economy Industries in Shaoxing in 2023

Tian Haiyan, He Jiahao and Qian Zengyang / 337

Abstract: In 2023, in accordance with the unified deployment of the Zhejiang Provincial Party Committee and the Provincial Government, Shaoxing City vigorously advanced the "Number One Development Project" of digital economy innovation and quality enhancement. The core industries of the digital economy in the city are booming, with a growth rate that continues to lead the province. However, there are still challenges such as inadequate industrial clustering and scale effects, unreasonable industrial structure, and imbalanced regional development. It is thus recommended to deepen the systematic planning of the development of the core industries of the digital economy, strive to establish Shaoxing as a core city within the national-level integrated circuit industry cluster surrounding Hangzhou Bay; actively cultivate new growth points in the core digital industries; strengthen the construction of the innovation system; ensure the comprehensive coverage in the statistical accounting of the added value of the core industries of the digital economy; leverage the policy advantages of the comprehensive free trade zone to support the development of the digital economy; and accelerate the cultivation and construction of the Zhuji Intelligent Vision, one of the "10000 mu and 100 billion yuan" new industrial platforms in the province.

Keywords: Digital Economy; Core Industry; Shaoxing City

B . 23　Research Report on Enhancing the Leadership of Listed
　　　　Companies in Shaoxing

Yang Hongxiang, Tian Haiyan and Qian Zengyang / 351

Abstract: A notable characteristic of Shaoxing's economic development is the large number of listed companies, ranking 3rd among similar cities nationwide, with 90% being private manufacturing enterprises. In 2023, the number of A-share listed companies in Shaoxing accounted for 1. 46% of the city's large-scale industrial enterprises, yet their business income and total profit accounted for 51. 2% and 52. 13% of the city's large-scale industrial enterprises respectively, holding a substantial share of Shaoxing industry and making significant contributions to economic development. In recent years, the development of listed companies in Shaoxing has shown new trends: increased emphasis and investment in research and development and technological innovation; intensified efforts in talent introduction and increased investment in the enhancement of employees' human capital, with a growing number of enterprises employing foreign experts and technical personnel from abroad; rapid development and good performance of high-tech enterprises; almost all listed companies are trying to enter new industries and fields; and increasing overseas factory establishment and investment. However, unprecedented new problems have emerged, such as a serious outflow of new investment projects; "bottleneck" issues with key materials, equipment, and components; a decline in profit growth rate, hindering the expansion of production; and large enterprises repeatedly subjected to anti-dumping investigations, etc. The high-quality and stable development of listed companies and the enhancement of their driving force on the regional economy have become important issues.

Keywords: Listed Companies; Institutional Mechanism; Manufacturing Powerhouse; Shaoxing

社会科学文献出版社

皮 书

智库成果出版与传播平台

❖ 皮书定义 ❖

皮书是对中国与世界发展状况和热点问题进行年度监测，以专业的角度、专家的视野和实证研究方法，针对某一领域或区域现状与发展态势展开分析和预测，具备前沿性、原创性、实证性、连续性、时效性等特点的公开出版物，由一系列权威研究报告组成。

❖ 皮书作者 ❖

皮书系列报告作者以国内外一流研究机构、知名高校等重点智库的研究人员为主，多为相关领域一流专家学者，他们的观点代表了当下学界对中国与世界的现实和未来最高水平的解读与分析。

❖ 皮书荣誉 ❖

皮书作为中国社会科学院基础理论研究与应用对策研究融合发展的代表性成果，不仅是哲学社会科学工作者服务中国特色社会主义现代化建设的重要成果，更是助力中国特色新型智库建设、构建中国特色哲学社会科学"三大体系"的重要平台。皮书系列先后被列入"十二五""十三五""十四五"时期国家重点出版物出版专项规划项目；自2013年起，重点皮书被列入中国社会科学院国家哲学社会科学创新工程项目。

皮书网

（网址：www.pishu.cn）

发布皮书研创资讯，传播皮书精彩内容
引领皮书出版潮流，打造皮书服务平台

栏目设置

◆ 关于皮书

何谓皮书、皮书分类、皮书大事记、
皮书荣誉、皮书出版第一人、皮书编辑部

◆ 最新资讯

通知公告、新闻动态、媒体聚焦、
网站专题、视频直播、下载专区

◆ 皮书研创

皮书规范、皮书出版、
皮书研究、研创团队

◆ 皮书评奖评价

指标体系、皮书评价、皮书评奖

所获荣誉

◆ 2008 年、2011 年、2014 年，皮书网均
在全国新闻出版业网站荣誉评选中获得
"最具商业价值网站"称号；

◆ 2012 年，获得"出版业网站百强"称号。

网库合一

2014年，皮书网与皮书数据库端口合
一，实现资源共享，搭建智库成果融合创
新平台。

皮书网

"皮书说"
微信公众号

权威报告·连续出版·独家资源

皮书数据库
ANNUAL REPORT(YEARBOOK)
DATABASE

分析解读当下中国发展变迁的高端智库平台

所获荣誉

- 2022年，入选技术赋能"新闻+"推荐案例
- 2020年，入选全国新闻出版深度融合发展创新案例
- 2019年，入选国家新闻出版署数字出版精品遴选推荐计划
- 2016年，入选"十三五"国家重点电子出版物出版规划骨干工程
- 2013年，荣获"中国出版政府奖·网络出版物奖"提名奖

皮书数据库

"社科数托邦"
微信公众号

成为用户

　　登录网址www.pishu.com.cn访问皮书数据库网站或下载皮书数据库APP，通过手机号码验证或邮箱验证即可成为皮书数据库用户。

用户福利

- 已注册用户购书后可免费获赠100元皮书数据库充值卡。刮开充值卡涂层获取充值密码，登录并进入"会员中心"—"在线充值"—"充值卡充值"，充值成功即可购买和查看数据库内容。
- 用户福利最终解释权归社会科学文献出版社所有。

社会科学文献出版社 SOCIAL SCIENCES ACADEMIC PRESS (CHINA) 皮书系列

卡号：149512529226
密码：

数据库服务热线：010-59367265
数据库服务QQ：2475522410
数据库服务邮箱：database@ssap.cn
图书销售热线：010-59367070/7028
图书服务QQ：1265056568
图书服务邮箱：duzhe@ssap.cn

基本子库
SUB DATABASE

中国社会发展数据库（下设 12 个专题子库）

紧扣人口、政治、外交、法律、教育、医疗卫生、资源环境等 12 个社会发展领域的前沿和热点，全面整合专业著作、智库报告、学术资讯、调研数据等类型资源，帮助用户追踪中国社会发展动态、研究社会发展战略与政策、了解社会热点问题、分析社会发展趋势。

中国经济发展数据库（下设 12 专题子库）

内容涵盖宏观经济、产业经济、工业经济、农业经济、财政金融、房地产经济、城市经济、商业贸易等 12 个重点经济领域，为把握经济运行态势、洞察经济发展规律、研判经济发展趋势、进行经济调控决策提供参考和依据。

中国行业发展数据库（下设 17 个专题子库）

以中国国民经济行业分类为依据，覆盖金融业、旅游业、交通运输业、能源矿产业、制造业等 100 多个行业，跟踪分析国民经济相关行业市场运行状况和政策导向，汇集行业发展前沿资讯，为投资、从业及各种经济决策提供理论支撑和实践指导。

中国区域发展数据库（下设 4 个专题子库）

对中国特定区域内的经济、社会、文化等领域现状与发展情况进行深度分析和预测，涉及省级行政区、城市群、城市、农村等不同维度，研究层级至县及县以下行政区，为学者研究地方经济社会宏观态势、经验模式、发展案例提供支撑，为地方政府决策提供参考。

中国文化传媒数据库（下设 18 个专题子库）

内容覆盖文化产业、新闻传播、电影娱乐、文学艺术、群众文化、图书情报等 18 个重点研究领域，聚焦文化传媒领域发展前沿、热点话题、行业实践，服务用户的教学科研、文化投资、企业规划等需要。

世界经济与国际关系数据库（下设 6 个专题子库）

整合世界经济、国际政治、世界文化与科技、全球性问题、国际组织与国际法、区域研究 6 大领域研究成果，对世界经济形势、国际形势进行连续性深度分析，对年度热点问题进行专题解读，为研判全球发展趋势提供事实和数据支持。

法律声明

　　“皮书系列”（含蓝皮书、绿皮书、黄皮书）之品牌由社会科学文献出版社最早使用并持续至今，现已被中国图书行业所熟知。“皮书系列”的相关商标已在国家商标管理部门商标局注册，包括但不限于LOGO（▨）、皮书、Pishu、经济蓝皮书、社会蓝皮书等。“皮书系列”图书的注册商标专用权及封面设计、版式设计的著作权均为社会科学文献出版社所有。未经社会科学文献出版社书面授权许可，任何使用与“皮书系列”图书注册商标、封面设计、版式设计相同或者近似的文字、图形或其组合的行为均系侵权行为。

　　经作者授权，本书的专有出版权及信息网络传播权等为社会科学文献出版社享有。未经社会科学文献出版社书面授权许可，任何就本书内容的复制、发行或以数字形式进行网络传播的行为均系侵权行为。

　　社会科学文献出版社将通过法律途径追究上述侵权行为的法律责任，维护自身合法权益。

　　欢迎社会各界人士对侵犯社会科学文献出版社上述权利的侵权行为进行举报。电话：010-59367121，电子邮箱：fawubu@ssap.cn。

社会科学文献出版社